Sarah Ok Kyu Strunk
Nachhaltigkeitsrating zur Bewertung der Zukunftsfähigkeit von Immobilien

Schriftenreihe Bauökonomie

---

herausgegeben von
Prof. Dr. Christian Stoy

Band 4

Sarah Ok Kyu Strunk

Nachhaltigkeitsrating zur Bewertung der Zukunftsfähigkeit von Immobilien

—

DE GRUYTER
OLDENBOURG

Sarah Ok Kyu Strunk, geb. Frank
Nachhaltigkeitsrating zur Bewertung der Zukunftsfähigkeit von Immobilien
Dissertation, Universität Stuttgart (D 93), 2016

ISBN 978-3-11-065983-2
e-ISBN (PDF) 978-3-11-053528-0
e-ISBN (EPUB) 978-3-11-053310-1

Library of Congress Cataloging-in-Publication Data
A CIP catalog record for this book has been applied for at the Library of Congress.

Bibliografische Information der Deutschen Nationalbibliothek
Die Deutsche Nationalbibliothek verzeichnet diese Publikation in der Deutschen Nationalbibliografie; detaillierte bibliografische Daten sind im Internet über http://dnb.dnb.de abrufbar.

© 2019 Walter de Gruyter GmbH, Berlin/Boston
Dieser Band ist text- und seitenidentisch mit der 2017 erschienenen gebundenen Ausgabe.
Druck und Bindung: CPI books GmbH, Leck

♾ Gedruckt auf säurefreiem Papier
Printed in Germany

www.degruyter.com

Inhaltsverzeichnis

Abkürzungsverzeichnis ix

Abbildungsverzeichnis xiii

Tabellenverzeichnis xv

Zusammenfassung xvii

Abstract xix

1 Einleitung 1
    1.1 Ausgangslage und Problemstellung 1
    1.2 Zielsetzung 4
    1.3 Stand der Forschung 4
    1.4 Aufbau der Arbeit 14

2 Methodik 15
    2.1 Verfahren zur Unterstützung mehrkriterieller Entscheidungen 15
        2.1.1 Nutzwertanalyse (NWA) 17
        2.1.2 Analytischer Hierarchieprozess (AHP) 23
        2.1.3 Vergleichende Betrachtung: NWA – AHP 29
        2.1.4 Verfahrensauswahl 31
    2.2 Rating 32
    2.3 Vorgehensweise und Methode 34

3 Theoretische Grundlagen und Definitionen   41

3.1 Immobilie und Immobilienmarkt   41
- 3.1.1 Wirtschaftsgut Immobilie   42
- 3.1.2 Immobilienmarkt   46

3.2 Langfristige Veränderungen von exogenen Rahmenbedingungen   52
- 3.2.1 Klimawandel   53
- 3.2.2 Energie- und Ressourcenverbrauch   57
- 3.2.3 Demografische Entwicklung   61
- 3.2.4 Wertewandel in der Gesellschaft   65

3.3 Nachhaltigkeit bei Immobilien   69
- 3.3.1 Leitbild der nachhaltigen Entwicklung   69
- 3.3.2 Nachhaltige Immobilien   73
- 3.3.3 Relevante Zertifizierungssysteme in Deutschland   76
- 3.3.4 Ökonomische Vorteile nachhaltiger Immobilien   80

3.4 Investitionsentscheidungen bei Immobilien   84
- 3.4.1 Rendite   85
- 3.4.2 Risiko   87
- 3.4.3 Risikobereitschaft   89
- 3.4.4 Verständnis von Nachhaltigkeit einer Immobilie aus Investitionssicht   93

3.5 Immobilienwert   95
- 3.5.1 Wertbegriffe und Bewertungsanlässe   96
- 3.5.2 Verkehrswert (Marktwert) und normierte Wertermittlungsverfahren   97
- 3.5.3 Verkehrswert und Nutzwert   99
- 3.5.4 Determinanten der Wertentwicklung   101

4 Modellentwicklung   103
4.1 Anforderungen an das Ratingmodell   103
4.2 Wertrelevante Nachhaltigkeitsmerkmale   104

- 4.3 Spezifizierte und codierte Nachhaltigkeitsmerkmale 118
  - 4.3.1 Indikatoren von Flexibilität und Umnutzbarkeit 120
  - 4.3.2 Indikatoren von Ressourcenverbrauch und Treibhausgase 123
  - 4.3.3 Indikatoren von Standort und Mobilität 126
  - 4.3.4 Indikatoren von Sicherheit 130
  - 4.3.5 Indikatoren von Gesundheit und Komfort 133
- 4.4 Gewichtung der wertrelevanten Nachhaltigkeitsmerkmale 137
  - 4.4.1 Szenarien 138
  - 4.4.2 Eintrittswahrscheinlichkeiten 140
  - 4.4.3 Ausmaße: Ertrags- und Kostenfolgen 141
  - 4.4.4 Umsetzung im risikobasierten Gewichtungsmodell 144
- 4.5 Gewichtete Nachhaltigkeitsmerkmale 149
- 4.6 Sensitivitätsanalyse 152
- 4.7 Umsetzung und Anwendung des Ratingmodells 158
  - 4.7.1 Modellimplementierung und -anwendung 159
  - 4.7.2 Testanwendung: Praxistests 164
  - 4.7.3 Weiterführende Anwendungsmöglichkeiten 165

5 Vergleichende Betrachtung: ESI Deutschland – ESI Schweiz — 169
- 5.1 CCRS Economic Sustainability Indicator (ESI Schweiz) 169
- 5.2 ESI Deutschland – ESI Schweiz 171
  - 5.2.1 Grundlagen 172
  - 5.2.2 Wertrelevante Nachhaltigkeitsmerkmale und deren Indikatoren . 173
  - 5.2.3 Relative Gewichte 183
  - 5.2.4 Anwendung 186
- 5.3 Zusammenfassende Beurteilung der Vergleichbarkeit 187

6 Schlussbemerkungen — 189

Literaturverzeichnis — 195

Anhang — 219

Abkürzungsverzeichnis

AHP	Analytischer Hierarchieprozess
ANP	Analytischer Netzwerkprozess
AR	Assessment Report
BauGB	Baugesetzbuch
BGB	Bürgerliches Gesetzbuch
BGF	Brutto-Grundfläche
BMVI	Bundesministerium für Verkehr und digitale Infrastruktur
BMWi	Bundesministerium für Wirtschaft und Energie
BNB	Bewertungssystem Nachhaltiges Bauen
BRE	Building Research Establishment
BREEAM	Building Research Establishment Environmental Assessment Methodology
C.I.	Consistency Index
CASBEE	Comprehensive Assessment System for Building Environmental Efficiency
CC	Corporate Citizenship
CCRS	Center for Corporate Responsibility and Sustainability
CEDIM	Center for Disaster Management and Risk Reduction Technology
CH_4	Methan
CMP 11	11th Meeting of the Parties to the 1997 Kyoto Protocol

CO_2	Kohlenstoffdioxid
COP 21	United Nations Framework Convention on Climate Change, 21st Conference of the Parties
CSR	Corporate Social Responsibility
DCF	Discounted Cash-Flow
DGNB	Deutsche Gesellschaft für Nachhaltiges Bauen
EAG EE	Europarechtsanpassungsgesetz Erneuerbare Energien
EEWärmeG	Erneuerbare-Energien-Wärmegesetz
EFH	Einfamilienhaus
EnEV	Energieeinsparverordnung
EPBD	Energy Performance of Buildings Directive
EPC	Energy Performance Certificate
EPS	Energy Performance Score
ESI	Economic Sustainability Indicator
ESI-CH	ESI Schweiz
ESI-D	ESI Deutschland
GHD	Sektor Gewerbe, Handel, Dienstleistung
gif	Gesellschaft für Immobilienwirtschaftliche Forschung e.V.
GIS	Geoinformationssystem
HK-BEAM	Hong Kong Building Environmental Assessment Method
HK-GBC	Hong Kong Green Building Council
HQE	Haute Qualité Environnementale
i.e.S.	Im engeren Sinne
i.w.S.	Im weiteren Sinne
IAS	International Accounting Standards
IEKP	Integriertes Energie- und Klimaprogramm
IFRS	International Financial Reporting Standards
ImmoWertV	Immobilienwertermittlungsverordnung
InvG	Investmentgesetz

Abkürzungsverzeichnis

IPCC	Intergovernmental Panel on Climate Change
IVSC	International Valuation Standards Council
LBO	Landesbauordnung
LEED	Leadership in Energy and Environmental Design
LEED EBOM	LEED for Existing Buildings: Operations and Maintenance
MADM	Multiple Attribute Decision Making
MBO	Musterbauordnung
MCDM	Multiple Criteria Desicion Making
MFH	Mehrfamilienhaus
MIV	Motorisierter Individualverkehr
MODM	Multiple Objective Decision Making
N_2O	Lachgas
NABERS	National Australian Built Environment Rating Scheme
NHK	Normalherstellungskosten
NMV	Nicht motorisierter Verkehr
NWA	Nutzwertanalyse
OECD	Organisation for Economic Co-operation and Development
OKFF	Oberkante des Fertigfußbodens
PCB	Polychlorierte Biphenyle
PfandBG	Pfandbriefgesetz
Pkm.	Personenkilometer
REIT	Real Estate Investment Trust
RICS	Royal Institution of Chartered Surveyors
SCoRE	Sustainability Scoring of Real Estate
TDD	Technische Due Diligence
TEGoVA	The European Group of Valuers Associations
TF	Technische Funktionsfläche
THG	Treibhausgas
UDD	Umwelt Due Diligence

UK	Vereinigtes Königreich Großbritannien und Nordirland
UNCED	United Nations Conference on Environment and Development
UNEP-FI	United Nations Environment Programme Finance Initiative
USD	US Dollar
USGBC	U.S. Green Building Council
VIP 13	Valuation Information Paper 13
WECD	World Commission on Environment and Development
WGBC	World Green Building Council
Whg.	Wohnung
ZFH	Zweifamilienhaus
ZIA	Zentrale Immobilien Ausschuss e.V.
ÖPNV	Öffentlicher Personennahverkehr
ÖV	Öffentlicher Verkehr

Abbildungsverzeichnis

Abb. 1   Multiple Criteria Decision Making 17
Abb. 2   Logik der Nutzwertanalyse 19
Abb. 3   Flussdiagramm zum Analytischen Hierarchieprozess 24
Abb. 4   Schematische Darstellung der Vorgehensweise und Methode 35
Abb. 5   Teilmarktstruktur des Immobilienmarktes 46
Abb. 6   Vier-Quadranten-Modell 49
Abb. 7   Auswirkungen von Änderungen in der Temperaturverteilung auf Wetterextreme 56
Abb. 8   Brent-Spot-Rohölpreisentwicklung in drei Szenarien (USD pro Barrel, 2012): 1990–2040 59
Abb. 9   Bevölkerung im Erwerbsalter von 20 bis 64 Jahren 63
Abb. 10   Verkehrsaufkommen (Wege im Jahr) und Verkehrsleistung (Personenkilometer im Jahr) nach Verkehrsart: 2003 und 2025 68
Abb. 11   Drei Dimensionen der Nachhaltigkeit in der Immobilienwirtschaft . . . 73
Abb. 12   Internationale Nachhaltigkeitszertifizierungssysteme 78
Abb. 13   Zusammenhang zwischen baulicher Qualität und ökonomischen Vorteilen 81
Abb. 14   Zusammenhang zwischen Gebäudemerkmalen und immobilienspezifischen Risiken 83
Abb. 15   Abgrenzung zwischen Wirtschaftlichkeit, Rentabilität und Rendite . . . 86
Abb. 16   Sicherheit und Risiko 88
Abb. 17   Risikotypen 90
Abb. 18   Idealtypische Immobilieninvestitionsstile 92

Abb. 19 Anlässe und Rechtsgrundlagen der Bewertung von Immobilien 96

Abb. 20 Beispiel A – Häufigkeitsverteilung für Indikator K_{11} „9 Energieträger: Deckung Wärmebedarf durch erneuerbare Energien" 145

Abb. 21 Beispiel B – Häufigkeitsverteilung für Indikator K_4 „3 Geschosshöhe" . 146

Abb. 22 Streuung der ESI-Indikatoren 157

Abb. 23 Beispiele für die grafische Ergebnisdarstellung: Codierte Teilergebnisse . 162

Abb. 24 Beispiele für die grafische Ergebnisdarstellung: Darstellung in Bezug auf die relativen Gewichte 163

Abb. 25 Integrationsmöglichkeiten des Ertragswertverfahrens für Deutschland und Österreich 167

Abb. 26 Anwendung von ESI Schweiz (2009) als Korrekturfaktor 171

Tabellenverzeichnis

Tab. 1   Internationale empirische Studien zum Einfluss von Nachhaltigkeit auf den Immobilienwert 10
Tab. 2   Rechenschema der Nutzwertanalyse 22
Tab. 3   9-Punkte-Skala von Saaty für die Paarvergleiche 25
Tab. 4   Näherungsverfahren zur vereinfachten Gewichtsberechnung 26
Tab. 5   Random Index $R.I.$ Werte nach Saaty 28
Tab. 6   Bewertungsaspekte nachhaltiger Immobilien gegenüber konkurrierender Begrifflichkeiten 75
Tab. 7   Übersicht über die exogenen Rahmenbedingungen 106
Tab. 8   Wirkung von Rahmenbedingungen auf den Büroimmobilienmarkt 110
Tab. 9   Wertrelevante Nachhaltigkeitsmerkmale 114
Tab. 10 Zusammenfassende Übersicht der spezifizierten Nachhaltigkeitsmerkmale 117
Tab. 11 Beispiel: Sub-Teilindikator „9 Energieträger: Deckung Wärmebedarf durch erneuerbare Energien" 119
Tab. 12 Beispiel: Sub-Teilindikator „17 Bauliche Sicherheitsvorkehrungen: Technische Sicherheitseinrichtungen" 119
Tab. 13 ESI Deutschland: Indikatoren des Nachhaltigkeitsmerkmals Flexibilität und Umnutzbarkeit 121
Tab. 14 ESI Deutschland: Indikatoren des Nachhaltigkeitsmerkmals Ressourcenverbrauch und Treibhausgase 124
Tab. 15 ESI Deutschland: Indikatoren des Nachhaltigkeitsmerkmals Standort und Mobilität 127

Tab. 16 ESI Deutschland: Indikatoren des Nachhaltigkeitsmerkmals Sicherheit . 131

Tab. 17 ESI Deutschland: Indikatoren des Nachhaltigkeitsmerkmals Gesundheit und Komfort 134

Tab. 18 Beispiel A „Risikoschätzungen Kosten": Szenarien-Formulierung 139

Tab. 19 Beispiel B „Risikoschätzungen Ertrag": Szenarien-Formulierung 139

Tab. 20 Beispiel A „Risikoschätzungen Kosten": Schätzung der Eintrittswahrscheinlichkeit jedes Szenarios 140

Tab. 21 Beispiel B „Risikoschätzungen Ertrag": Schätzung der Eintrittswahrscheinlichkeit jedes Szenarios 141

Tab. 22 Beispiel A „Risikoschätzungen Kosten": Schätzung des Ausmaßes als Kostenfolge 142

Tab. 23 Beispiel B „Risikoschätzungen Ertrag": Schätzung des Ausmaßes als Ertragsfolge 143

Tab. 24 Beispiele A und B – Erwartungswerte der Indikatoren K_4 und K_{11} ... 147

Tab. 25 Erwartungswerte der relativen Wertänderung jedes Sub-Teilindikators . 148

Tab. 26 Gewichte des Nachhaltigkeitsratings ESI Deutschland 151

Tab. 27 Berechnungsbeispiele der Standardabweichung 153

Tab. 28 Erwartungswerte und Variationskoeffizienten der Indikatoren 154

Tab. 29 Zusammenfassende Übersicht des Modellaufbaus 158

Tab. 30 Beispielobjekt: Ermittlung des ESI-Ergebnisses 160

Tab. 31 Vergleichende Übersicht über die exogenen Rahmenbedingungen von ESI Deutschland und ESI Schweiz 174

Tab. 32 Nachhaltigkeitsmerkmale von ESI Deutschland und ESI Schweiz 177

Tab. 33 Vergleichende Übersicht über die deutschen und Schweizer ESI-Indikatoren für die Nutzungsart Büro 179

Tab. 34 Relative Gewichte von ESI Deutschland und ESI Schweiz 184

Tab. 35 Quantitative Veränderungen der nachgefragten Bürofläche 222

Tab. 36 „Risikoschätzungen Kosten" 224

Tab. 37 „Risikoschätzungen Ertrag" 230

Tab. 38 Indikatoren und relative Gewichte von ESI Schweiz 250

Zusammenfassung

Klimawandel, Ressourcenverknappung und demografischer Wandel stellen Beispiele für sich abzeichnende, langfristige Veränderungen exogener Rahmenbedingungen dar, welche sich auf den Wert und die Rendite einer Immobilie auswirken können. Entsprechend ihrer zukünftigen Entwicklung, können diese Veränderungen eine Chance oder ein Risiko im Hinblick auf die Wertentwicklung einer Immobilie darstellen und daraus resultierend die Zukunftsfähigkeit einer Immobilie erheblich beeinflussen. In diesem Kontext wird der Umsetzung des Leitbildes der nachhaltigen Entwicklung in der Bau- und Immobilienwirtschaft eine wesentliche Bedeutung zugeschrieben und bietet gleichzeitig signifikante Handlungspotenziale für eine nachhaltige Gestaltung der gebauten Umwelt. Um die ökologischen, ökonomischen und gesellschaftlichen Ziele im Zuge der nachhaltigen Entwicklung voranzutreiben und damit einem weiteren Voranschreiten dieser langfristigen Veränderungen entgegenzuwirken, ist eine höhere Investitionsbereitschaft in nachhaltige Immobilien und eine stärkere Verbreitung von Nachhaltigkeitsstandards im Immobiliensektor erforderlich. Dafür sind ökonomische Anreize unumgänglich. In diesem Zusammenhang kann eine transparente Abbildung und Beurteilung der mit einer Investition in nachhaltige Immobilieneigenschaften verbundenen Chancen und Risiken einen wesentlichen Beitrag leisten.

Vor diesem Hintergrund wird im Rahmen der vorliegenden Arbeit untersucht, welche Nachhaltigkeitsmerkmale einer Immobilie im Hinblick auf das Wertentwicklungsrisiko von Relevanz sind, um darauf aufbauend das Nachhaltigkeitsrating ESI Deutschland zu entwickeln. Der Schwerpunkt liegt dabei auf dem deutschen Büroimmobilienmarkt. Methodisch basiert diese Arbeit, deren Ergebnisse unter Mitwirkung von Experten aus der Praxis und Forschung erarbeitet sind, auf der Nutzwertanalyse als klassisches Verfahren zur Unterstützung mehrkriterieller Entscheidungen. Die Eignung der Nutzwertanalyse für die Modellentwicklung wird in einer vergleichenden Betrachtung mit dem Analytischen Hierarchieprozess als Basis für die methodische Vorgehensweise dieser Arbeit herausgearbeitet. Die theoretischen Grundlagen der Modellentwicklung stellen die Untersuchungen zu dem Themenkomplex Nachhaltigkeit in der Bau- und Immobilienwirtschaft dar. Dabei richtet sich das Hauptaugenmerk auf die definitorische Abgrenzung von Nachhaltigkeit bei Immobilien aus ökonomischer Sicht, welche mittels allgemeiner Grundlagen zu Bewertungsmöglichkeiten und Investitionsentscheidungsgrundlagen im Zusammenhang mit der Nachhaltigkeit von Immobilien komplettiert werden.

Im Rahmen der Modellentwicklung werden zunächst die Wirkungen von langfristigen Entwicklungen exogener Rahmenbedingungen analysiert, deren Veränderungen sich auf den Wert einer Büroimmobilie in Deutschland auswirken können, um die aus den Veränderungen resultierenden zukünftigen Anforderungen an Immobilien abzuleiten. Diese Anforderungen, formuliert als Immobilienmerkmale, bilden die wertrelevanten Nachhaltigkeitsmerkmale, welche anschließend operationalisiert werden. In diesem Zusammenhang werden die Nachhaltigkeitsmerkmale in Teilindikatoren und Sub-Teilindikatoren weiter differenziert sowie unter Berücksichtigung der vorherrschenden Normen und Standards spezifiziert und codiert. Darüber hinaus werden die relativen Gewichte der ESI-Indikatoren mithilfe eines risikobasierten Gewichtungsmodells ermittelt und einer Sensitivitätsanalyse unterzogen. Der Schweizer CCRS Economic Sustainability Indicator stellt die Grundlage der vorliegenden Arbeit dar. Seine Ergebnisse und Strukturen werden abschließend mit den Ergebnissen dieser Arbeit verglichen.

Im Ergebnis identifiziert und bewertet das Ratingmodell die fünf Nachhaltigkeitsmerkmale Flexibilität und Umnutzbarkeit, Ressourcenverbrauch und Treibhausgase, Standort und Mobilität, Sicherheit sowie Gesundheit und Komfort. Diese setzen sich aus insgesamt 23 Teilindikatoren bzw. 34 Sub-Teilindikatoren zusammen. Alle Indikatoren sind mittels drei Ausprägungen der Codierungen +1 (günstig), 0 (durchschnittlich) und −1 (ungünstig) kategorisiert sowie im Hinblick auf das Wertentwicklungsrisiko gewichtet. Das Ratingergebnis wird mit Werten zwischen +1 und −1 abgebildet und impliziert das Wertänderungsrisiko. Ergänzend dazu erlaubt das Ratingmodell eine differenzierte Beurteilung der Objektperformance auf der Ebene der fünf Nachhaltigkeitsmerkmale und zeigt gleichzeitig Handlungspotenziale auf. Die Plausibilität und Validität des Modells wird im Rahmen von Testanwendungen bestätigt sowie dessen Anwendung anhand eines Beispiels dargestellt. Darüber hinaus werden weiterführende Anwendungsmöglichkeiten aufgezeigt. Mit einem geschätzten Datenerfassungsaufwand von durchschnittlich drei Stunden pro Objekt ist der Aufwand für die Bewertung mit ESI Deutschland als relativ gering einzustufen.

Mit der vorliegenden Arbeit wird ein anwendungsorientierter Ansatz aufgezeigt, der es ermöglicht, wert- und nachhaltigkeitsrelevante Immobilienmerkmale im Hinblick auf das Wertentwicklungsrisiko einer Immobilie transparent abzubilden und zu bewerten. Das Rating fokussiert auf das Risiko einer Immobilie aufgrund langfristiger Veränderungen exogener Rahmenbedingungen an Wert zu verlieren bzw. die Chance aufgrund dessen an Wert zu gewinnen und dient der Bewertung der Zukunftsfähigkeit einer Immobilie in Bezug auf nachhaltigkeitsrelevante Immobilieneigenschaften. Die mittels der Anwendung von ESI Deutschland gewonnenen, zusätzlichen Informationen können als Entscheidungsgrundlage bei Immobilieninvestitionen und als Grundlage für die Integration von Nachhaltigkeit in die Wertermittlung Anwendung finden. Dadurch können Unsicherheiten bei der Beurteilung von Nachhaltigkeit, insbesondere aufgrund unvollständiger Informationen, minimiert und gleichzeitig die Transparenz der Bewertungsergebnisse erhöht werden. Auf diese Weise sollen die Ergebnisse dieser Arbeit dazu beitragen, den Anteil nachhaltiger Immobilien in Deutschland zu erhöhen sowie die negativen Einflüsse von Immobilien auf die Umwelt zu mindern.

Abstract

Global climate change, shortage of resources or ageing society are examples for emerging long-term developments of external framework conditions, which can significantly influence the value and the return of a property. According to their future trends, these developments may represent either a substantial opportunity or risk to the property´s financial performance. As a result, these developments can impact the future viability of a property considerably. In this context, a significant importance is attributed to the implementation of the concept of sustainable development in the construction and real estate sector, since an enormous discretion to act regarding sustainable embodiment of the built environment can be identified. In order to expedite the ecological, economic and social objectives in the context of sustainable development and thus counteract a further progress of these long-term devleopments, an enhanced willingness to invest in sustainable real estate and a wider dissemination of sustainability standards in the real estate sector is required. In return, financial incentives are indispensable. Considering this, a transparent evaluation and representation of opportunities and risks related to an investment in sustainable real estate can offer an essential contribution.

To this end, the current study aims to analyze and determine the relevant sustainability attributes that influence property´s future financial performance. On this basis, the main objective is set to develop the sustainability rating model, ESI Germany, focusing on the German office real estate market. The chosen methodology in this study, which results are compiled with the participation of experts from practice and research in the relevant domain, is represented by the utility analysis method as a classical methodology of multiple criteria decision making. In order to evaluate the adequacy of the selected utility analysis method, a comparative investigation with the analytic hierarchy process is conducted. This forms the methodological basis of the current study. The theoretical basis of the model development process is carried out by a detailed literature review covering a range of topics related to the theme complex sustainability in the construction and real estate sector. Additionally, fundamentals in respect of property valuation and real estate investment decision-making processes complement the theoretical basis of this investigation. Through this exercise, a particular concern is the definitional demarcation of sustainability in real estate from economic perspective.

Towards development of the sustainability rating model, first the effects of long-term developments of external framework conditions are analyzed. The current work exclusively addresses to assess the external framework conditions where the trend in the framework condition influences the value of a property. That is, resulting future requirements for properties are able to be derived. These requirements, expressed as property attributes, constitute the value-relevant sustainability attributes of a property, which then are operationalized. In this context, the sustainability attributes are differentiated into indicators and sub-indicators as well as further specified and coded, taking into account the prevailing German norms and standards. Moreover, the relative weights of these indicators are determined by adopting a risk-based weighting model and subjected to a sensitivity analysis. The Swiss CCRS Economic Sustainability Indicator is the benchmark reference of the present research work. To this end, its results and structures are compared with the results by the current work.

As a result, the sustainability rating model ESI Germany identifies and assesses five groups of sustainability attributes in total. Namely, they are flexibility and adaptability for third party use, energy and water dependency, accessibility and mobility, security as well as health and comfort. The sustainability attributes consist of 23 indicators or rather 34 sub-indicators. All indicators are categorized by the three forms of encodings: Value +1 (favourable), value 0 (average) and value −1 (unfavourable). Besides, they are weighted with respect to the property´s performance risk. The rating result is displayed by values between +1 and −1 and implies the risk of change in value. In addition, the rating model enables a differentiated evaluation of the property´s performance at the level of the five sustainability attributes and discloses the potentials to act simultaneously. The model´s plausibility and validity was confirmed since test applications had been performed. Furthermore, the application is presented using a pilot project and pursuing applications are pointed out. With an estimated effort for the data capture of three hours per object on average, the assessment effort with ESI Germany can be classified as relatively low.

With the present research work, an application-oriented approach is demonstrated, which enables the identification and transparent assessment of value- and sustainability-related property attributes with respect to property´s performance risk. The rating model focuses on the risk of a property depreciating in value or the opportunity of gaining in value due to long-term developments of external framework conditions and conduces to the evaluation of property´s future viability in terms of sustainability-related property attributes. The results and additional information obtained, when applying the developed rating model, can be used in decision-making processes of real estate investment decisions as well as for the consideration of sustainability aspects in property valuation. Using ESI Germany, sustainability issues which are either not or only insufficiently taken into account can thus be disclosed, evaluated and retraced transparently. Moreover, uncertainties as a result of incomplete information particularly on future developments can be minimized. In conclusion, the results of this work may contribute to an increasing proportion of sustainable real estate in Germany and to mitigate the negative effects of properties on the environment.

1 Einleitung

1.1 Ausgangslage und Problemstellung

Vor dem Hintergrund einer sich verändernden Umwelt und im allgemeinen Bestreben nach einer nachhaltig zukunftsverträglichen Entwicklung, nimmt die Bau- und Immobilienwirtschaft eine zentrale Rolle ein. Die vorherrschenden Megatrends wie Klimawandel, Ressourcenverknappung und demografischer Wandel wirken sich grundlegend auf den Immobiliensektor aus. Dem 5. Sachstandsbericht des Weltklimarates (Intergovernmental Panel on Climate Change, IPCC) zufolge ist dieser Sektor für einen jährlichen Anteil von rund 30% des Energieverbrauchs, ca. 20% der Treibhausgasemissionen und etwa 50% des Stromverbrauchs weltweit verantwortlich (vgl. IPCC (2014a), S. 677). Zudem sind ca. 20% des weltweiten Wasserverbrauchs, ca. 10% der Flächennutzung und etwa 30% des globalen Rohstoffverbrauchs und Abfallaufkommens pro Jahr zurückzuführen auf die Errichtung, Nutzung und Verwertung von Immobilien. In diesem Zusammenhang wird Immobilien ein großes Potenzial zur Minderung dieser Verbräuche und Emissionen durch geeignete Maßnahmen und Anpassungsstrategien zugeschrieben (vgl. Schäfer et al. (2010), S. 27 f.). Dabei sind insbesondere Bestandsimmobilien von Bedeutung, die einen nicht unerheblichen energetischen und technischen Modernisierungsstau aufweisen (vgl. Deuser (2011), S. 1). Ergänzend kommt hinzu, dass Immobilien als gebaute Umwelt im Hinblick auf soziale Aspekte der gesellschaftlichen Entwicklung eine wichtige Stellung einnehmen. Da Gebäude als bauliche Hülle die Voraussetzung für das Arbeitsumfeld und den Lebensraum der heutigen Gesellschaft darstellen, hat die bauliche Gestaltung einen nicht unwesentlichen Einfluss auf die Gesundheit, Behaglichkeit, Zufriedenheit und Sicherheit der Nutzer und der Gesellschaft (vgl. Lützkendorf (2007a), S. 369).

In Anbetracht dieser Faktoren wird ersichtlich, welche Bedeutung der Bau- und Immobilienwirtschaft im Kontext einer nachhaltig zukunftsverträglichen Entwicklung beizumessen ist. Mit über 790.000 Unternehmen und rund 4 Millionen Erwerbstätigen sowie einer Bruttowertschöpfung von rund 434 Milliarden Euro stellt diese einer der größten und dynamischsten Wirtschaftszweige in Deutschland dar. Der Wert der Wohn- und Nichtwohnbauten beläuft sich auf 7,4 Billionen Euro, wovon 57% auf Wohnbauten und 43% auf Nichtwohnbauten entfallen. Einschließlich der Grundstückswerte von 2,7 Billionen Euro beläuft sich das Immobilienvermögen auf rund 10 Billionen Euro und entspricht somit dem 3,9-fachen des Bruttoinlandsprodukts (vgl. DV/gif (Hrsg.) (2013), S. 1, ZIA (2015)). Es liegt daher im Sinne der deutschen Gesamtwirtschaft, den Wert und Nutzen von Immobilien langfristig zu erhalten und zu sichern. Deshalb ist es unerlässlich, dass die Bau- und Immobilienwirtschaft einen Beitrag zur Umsetzung des Leitbildes der nachhaltigen Entwicklung leistet.

Eine nachhaltige Entwicklung gewährleistet, dass *„die gegenwärtige Generation die Bedürfnisse befriedigt, ohne die Fähigkeit der künftigen Generationen zu gefährden, ihre eigenen Bedürfnisse befriedigen zu können"* (WECD (1987), S. 46, zitiert nach Wallbaum et al. (2011), S. 48) und verfolgt damit eine ausgewogene Umsetzung von ökologischen, ökonomischen und gesellschaftlichen Zielen. Dieser ganzheitliche Ansatz, bei dem die drei Dimensionen der Nachhaltigkeit – Ökologie, Ökonomie und Soziales – gleichermaßen zu betrachten und in Einklang zu bringen sind, findet sowohl weltweit als auch in Deutschland breite Zustimmung und hat sich in nahezu allen Teilen der Gesellschaft, Politik, Wirtschaft und Wissenschaft etabliert. So wurden und werden auf der Basis internationaler Nachhaltigkeitsstrategien wirksame Maßnahmenpakete und Programme auf nationaler Ebene der einzelnen EU-Mitgliedsstaaten zur Umsetzung des Leitbildes der nachhaltigen Entwicklung im Gebäudebereich erarbeitet, die mittels gesetzlicher Regulierungen auf europäischer bzw. nationaler Ebene umgesetzt werden. Diese fokussieren jedoch überwiegend nicht auf den ganzheitlichen Nachhaltigkeitsleitgedanken, sondern beschränken sich im Wesentlichen auf die Reduzierung der Treibhausgasemissionen und der Gesamtenergieeffizienz von Gebäuden (vgl. Friedemann and Büchner (2010), S. 69 ff., Schäfer et al. (2010), S. 28).

Neben den Bemühungen der Politik, einen Beitrag zur Umsetzung der Nachhaltigkeitsstrategien in Bezug auf die Bau- und Immobilienwirtschaft zu leisten, sind auch die Anstrengungen in der Privatwirtschaft deutlich erkennbar, welche sich durch das gesteigerte Interesse von Investoren und Nutzern an nachhaltigen Immobilien quantifizieren lassen. Empirischen Studien zufolge weisen nachhaltige, zertifizierte Immobilien geringere Betriebskosten und eine erhöhte Behaglichkeit sowie eine verbesserte Arbeitsproduktivität auf. Zudem wirkt sich die Nachhaltigkeit positiv auf das Image der Immobilie bzw. des Eigentümers aus (z.B. Eichholtz et al. (2010a), S. 2493 ff., Feige et al. (2013a), S. 7). Darüber hinaus können höhere Transaktions- und Mietpreise sowie höhere Vermietungsquoten bzw. geringere Leerstandsraten bei nachhaltigen Immobilien ermittelt werden (z.B. Fuerst and McAllister (2010), S. 2, Eichholtz et al. (2010b), S. 5). Allerdings beziehen sich diese Studien mehrheitlich auf den US-amerikanischen Markt. Für Deutschland existieren bisher keine vergleichbaren Forschungen, was im Allgemeinen durch eine unzureichende Datengrundlage begründet wird. Es liegen lediglich Studien für einzelne deutsche Städte oder Regionen vor, welche den positiven Einfluss einer energieeffizienten Bauweise auf die Miet- und Transaktionspreise in Teilmärkten nachweisen (z.B. Wameling (2010), S. 32 f., Cajias and Piazolo (2013), S. 64 f.). Darüber hinaus identifizieren einige Research-Analysen privatwirtschaftlicher Unternehmen in den größten Immobilienmärkten der Bundesrepublik eine Zunahme des nachhaltig zertifizierten Büroflächenbestandes (z.B. BNP Paribas Real Estate (Hrsg.) (2014), S. 1).

1.1. Ausgangslage und Problemstellung

Obgleich davon auszugehen ist, dass die Akzeptanz und Bereitschaft für Investitionen in Nachhaltigkeitsaspekte bei Immobilien grundsätzlich vorhanden ist, schreitet die Implementierung von Immobilien-Nachhaltigkeitsstandards in Deutschland nur langsam voran und der Anteil nachhaltiger Immobilien im Verhältnis zum gesamten Immobilienbestand in Deutschland ist gering (vgl. Jones Lang LaSalle (2014), S. 2).

Um die Attraktivität von Investitionen in Nachhaltigkeitsstandards bei Immobilien zu erhöhen, gilt Transparenz hinsichtlich ökonomischer Vor- und Nachteile von nachhaltigen Immobilien als Voraussetzung. Da bei Investitionsentscheidungen in der Regel Rendite- und Nutzenüberlegungen im Vordergrund stehen, ist es in diesem Kontext unumgänglich, den Zusammenhang zwischen nachhaltigen Immobilieneigenschaften und der Wertentwicklung einer Immobilie sowie die mit einer Investition zur Umsetzung dieser Nachhaltigkeitsmerkmale einhergehenden Risikominimierungspotenziale aufzuzeigen. Hierbei können die sich wandelnden Rahmenbedingungen sowie die daraus resultierenden veränderten Anforderungen an Immobilien herangezogen werden. Als Determinanten der Immobiliennachfrage können diese Megatrends den Markt für Immobilien beeinflussen und je nach deren zukünftiger Entwicklungsrichtung eine Chance oder ein Risiko darstellen (vgl. Gondring (2012), S. 21, Just (2009), S. 1, Meins and Burkhard (2014), S. 11). Dennoch werden diese Entwicklungen und die damit verbundenen Auswirkungen auf den Wert und die Rendite bei Entscheidungen im Zusammenhang mit Immobilien oftmals nicht ausreichend und nicht explizit berücksichtigt, obwohl sie einen nicht unwesentlichen Einfluss auf die Zukunftsfähigkeit einer Immobilie haben können (vgl. Meins et al. (2012a), S. 6). Während für die Beurteilung der Rentabilität einer Immobilieninvestition zahlreiche Methoden zur Verfügung stehen, mangelt es bislang noch an etablierten Methoden auf dem deutschen Markt, wertrelevante Nachhaltigkeitsmerkmale einer Immobilie und deren Wertentwicklungsrisiken aufzuzeigen, um daraus resultierend die Zukunftsfähigkeit einer Immobilie zu beurteilen. Darüber hinaus stellt die adäquate und transparente Abbildung dieser Risiken bei einem ermessbaren zeitlichen Beurteilungsaufwand eine weitere Erschwernis dar.

Vor diesem Hintergrund nehmen folgende Fragestellungen eine zentrale Rolle in der vorliegenden Arbeit ein:

– Welche zukünftigen Anforderungen an Immobilien resultieren aus sich wandelnden Rahmenbedingungen? Welche Chancen und Risiken im Hinblick auf die Wertentwicklung einer Immobilie gehen mit diesen Veränderungen einher?

– Auf welche nachhaltigen Immobilieneigenschaften (Nachhaltigkeitsmerkmale) gilt es bei Investitionsentscheidungen zu achten? Welche Nachhaltigkeitsmerkmale sind direkt oder indirekt wertbeeinflussend und daher für die Wertentwicklung tatsächlich von Relevanz?

– Wie können diese Nachhaltigkeitsmerkmale abgebildet, beurteilt und interpretiert werden? Welche Zielgrößen eignen sich für die Operationalisierung dieser Merkmale?

1.2 Zielsetzung

Entsprechend der dargelegten Herausforderungen zur Forcierung des Leitbildes der nachhaltigen Entwicklung in der Bau- und Immobilienwirtschaft, ist die vorliegende Arbeit bestrebt, die aufgezeigten Fragestellungen durch die Entwicklung eines Nachhaltigkeitsratings zu beantworten. Zielsetzung dieser Arbeit ist ein Modell zur Bewertung der Nachhaltigkeit von deutschen Büroimmobilien im Hinblick auf das Wertentwicklungsrisiko und daraus resultierend, zur Beurteilung der Zukunftsfähigkeit einer Immobilie: Der Economic Sustainability Indicator Deutschland („ESI Deutschland"). Die Zukunftsfähigkeit wird als Tendenz des Wertentwicklungsrisikos bezüglich nachhaltigkeitsrelevanter Immobilieneigenschaften (Gebäude- und Standortmerkmale) abgebildet und gibt Aufschluss darüber, ob die Immobilie in der Lage ist, auf ein Marktänderungsrisiko aufgrund langfristiger Entwicklungen exogener Rahmenbedingungen zu reagieren, welches als Teilaspekt des finanziellen Risikos verstanden werden kann.

Mithilfe dieses Nachhaltigkeitsratings, dessen Grundlage der Schweizer CCRS Economic Sustainability Indicator („ESI Schweiz") darstellt, können Unsicherheiten bei der Beurteilung von wert- und nachhaltigkeitsrelevanten Immobilieneigenschaften aufgrund unvollständiger Informationen, insbesondere über zukünftige Entwicklungen, minimiert werden. Überdies kann die Zukunftsfähigkeit einer Immobilie hinsichtlich der Chancen und Risiken in Bezug auf die Wertentwicklung transparent aufgezeigt, beurteilt und nachvollzogen werden. Diese Informationen können beispielsweise durch Immobilieneigentümer, Portfoliomanager und Immobilienbewerter anhand des ESI-Ratings ermittelt und für die strategische Planung sowie als Ankaufs-/Verkaufs- und Modernisierungsentscheidungsgrundlagen angewandt werden. Der ESI-Wert kann als Zielwert für ein Immobilienportfolio eingesetzt werden, um Optimierungsstrategien für Nachhaltigkeitsstandards zu entwickeln. Darüber hinaus können die ESI-Indikatoren bei der Planung von Modernisierungen als Nachhaltigkeits-Checkliste sowie als Grundlage für die Integration von Nachhaltigkeit in die Wertermittlung von Immobilien dienen.

1.3 Stand der Forschung

In den letzten Jahren hat in der Wissenschaft eine verstärkte Auseinandersetzung mit Fragestellungen zur Bewertung von Nachhaltigkeitsaspekten bei Immobilien stattgefunden. In diesem Zusammenhang stand oftmals die Quantifizierung des Einflusses von Nachhaltigkeit auf den Wert einer Immobilie im Vordergrund der Betrachtung. Die Gegenüberstellung von nachhaltigen, zertifizierten Immobilien mit konventionellen Immobilien in einem Markt, zu der in der Regel Immobilienportfolios oder Datenbanken herangezogen werden, ermöglicht einen quantitativen Vergleich beispielsweise hinsichtlich der Miet- und Transaktionspreise sowie der Leerstandsraten. Empirische Untersuchungen dieser Art setzen jedoch eine umfangreiche Datenmenge an nachhaltigen Objekten sowie eine ebenso umfangreiche Anzahl an Objekten in der Kontrollgruppe voraus. Wie aus Tabelle 1 ersichtlich wird, beziehen sich aufgrund dessen die vorliegen-

1.3. Stand der Forschung

den Studien im Bereich der Büroimmobilien überwiegend auf den US-amerikanischen Markt. Hervorzuheben sind hierbei die häufig zitierten Studien von Fuerst and McAllister (2009), Fuerst and McAllister (2010), Eichholtz et al. (2010b) und Wiley et al. (2010), welche auf Daten der CoStar Datenbank basieren und den Vergleich von Energy Star- oder LEED-zertifizierten mit konventionellen Büroimmobilien beinhalten. So belegt beispielsweise die Studie von Eichholtz et al. (2010b), dass nachhaltige und nach LEED bzw. Energy Star zertifizierte Büroimmobilien etwa 11% (LEED) bzw. 13% (Energy Star) höhere Transaktionspreise sowie einen Zuschlag von rund 6% im Mietpreis (LEED und Energy Star) erzielen können (vgl. Eichholtz et al. (2010b), S. 6). Wiley et al. (2010) und Fuerst and McAllister (2009) weisen eine ähnliche Differenz im Mietpreis und einen noch größeren Unterschied im Zuschlag des Transaktionspreises von bis zu 35% für LEED-zertifizierte Objekte nach. Zudem wird eine höhere Vermietungsquote von 8% (LEED) und 3% (Energy Star) bzw. eine geringere Leerstandsrate identifiziert, welche bei rund 17% für LEED-zertifizierte Objekte und etwa 10% für Energy Star-zertifizierte Objekte liegt (vgl. Fuerst and McAllister (2010), S. 2 ff., Wiley et al. (2010), S. 229).

In den weiteren Jahren folgten Studien für den US-amerikanischen Markt, welche überwiegend Mietpreiszuschläge in der Größenordnung von 3–8% identifizieren (z.B. Reichardt et al. (2012), Kok et al. (2012), Eichholtz et al. (2013)). Zudem wurden vermehrt Studien durchgeführt, welche neben dem Preiseffekt weitere Zusammenhänge untersuchen. So belegen Fuerst et al. (2012) neben einem höheren Transaktionspreis für LEED-, Energy Star- und zweifach-zertifizierte (LEED und Energy Star) Büroimmobilien in den USA, dass umweltfreundliche Investoren einen Preiszuschlag von 13% akzeptieren, während konventionelle Investoren einen Mehrpreis von 8% anerkennen (vgl. Fuerst et al. (2012), S. 25 f.). Robinson and McAllister (2015) untersuchen über den Mehrwert nachhaltig zertifizierter Objekte hinaus, den Zusammenhang zwischen Preiszuschlägen und der Immobiliengröße. Sie kommen zu dem Ergebnis, dass nur zertifizierte Immobilien der kleinsten Wertkategorie (Transaktionspreis <26 Millionen USD) und daraus resultierend auch das gesamte Datensample statistisch signifikante Zuschläge im Miet- und Transaktionspreis aufweisen, während für Objekte der mittleren oder größten Wertkategorie (Transaktionspreis >60 Millionen USD) keine oder nur geringe Zuschläge nachweisbar sind (vgl. Robinson and McAllister (2015), S. 9 ff.).

Die ökonomischen Vorteile nachhaltiger Immobilien fanden in den letzten Jahren auch in Asien und Australien zunehmende Beachtung (vgl. Tabelle 1). So weisen unterschiedliche Studien (z.B. Australian Government (2008), Deng et al. (2012), Jayantha and Man (2013), Newell et al. (2014)) ebenfalls ein positiven Einfluss von Nachhaltigkeitsaspekten auf die Immobilienpreise nach. Beispielsweise identifizieren Newell et al. (2014) höhere Marktwerte von max. 9,4% bzw. 11,8%, höhere Mietpreise von max. 6,7% bzw. 6,6% sowie geringere Leerstandsraten von max. −5,3% bzw. −15,8% für NABERS und Green Star-zertifizierte Büroimmobilien in Sydney und Canberra (vgl. Newell et al. (2014), S. 362 ff.). Heinzle et al. (2013) weisen höhere Transaktionspreise von rund 3,5–8,0% (in Abhängigkeit vom Zertifizierungsstandard) für Green Mark zertifizierte Wohnimmobilien in Singapur nach (vgl. Heinzle et al. (2013), S. 1983). In dieser Größenordnung befinden sich ebenfalls die von Jayantha and Man (2013) identifizierten Transaktionspreise für Wohnimmobilien (EFH) in Hongkong, welche mit dem Label HK-BEAM oder dem HK-GBC Award ausgezeichnet sind (vgl. Jayantha and Man (2013), S. 44 ff.). Eine Ausnahme stellt die empirische Untersuchung von Yoshida and Sugiura (2010) für den Wohnungsmarkt in Tokyo dar. Sie kommen zu der Schlussfolgerung, dass ökologische Gebäudeeigenschaften aufgrund erhöhter Instandhaltungskosten zu einem geringeren Transaktionspreis führen (vgl. Yoshida and Sugiura (2010), S. 28).

Für Europa können ebenfalls zahlreiche empirische Studien zu dieser Thematik aufgeführt werden, welche sich vornehmlich auf die Niederlande, die Schweiz und das Vereinigte Königreich (UK) beziehen (vgl. Tabelle 1). In den Niederlanden untersuchen beispielsweise Kok and Jennen (2012) den Zusammenhang von nachhaltigen Immobilieneigenschaften (green und EPC Label A–C) und dem Mietpreis von Büroimmobilien. Je nach Standard kann ein Zuschlag von 5,4–9,7% nachgewiesen werden. Überdies zeigt die Studie auf, dass Büroimmobilien in Mischnutzungsgebieten mit Anbindung an den Öffentlichen Verkehr und weitere Infrastrukturen höhere Mietpreise als reine Büroquartiere erzielen (vgl. Kok and Jennen (2012), S. 489, S. 495). In London werden für BREEAM-zertifizierte Büroimmobilien etwa 5,0% höhere Transaktionspreise sowie ein Mietpreiszuschlag von 2,0% nachgewiesen (vgl. Chegut et al. (2014), S. 22). Darüber hinaus identifizieren Chegut et al. (2014), dass das zunehmende Angebot nachhaltiger Immobilien die durchschnittlichen Miet- und Transaktionspreise nicht zertifizierter Objekte um 19,7% bzw. 14.7% innerhalb des selben regionalen Clusters erhöht (vgl. Chegut et al. (2014), S. 24). Weitere Studien europäischer Länder existieren überwiegend für die Nutzungsart Wohnen. Auch hier können positive Zusammenhänge zwischen zertifizierten Immobilien bzw. ökologischen Immobilieneigenschaften und den Miet- und Transaktionspreisen festgestellt werden (z.B. Fuerst et al. (2016), Fuerst et al. (2015), Hyland et al. (2013), Brounen and Kok (2011), Feige et al. (2013b), Salvi et al. (2010)).

Aufgrund der unzureichenden Datenverfügbarkeit liegen für Deutschland bisher nur vereinzelte Studien vor, deren Gegenstand der Untersuchung der Einfluss energetischer Gebäudeeigenschaften auf die Miet- und Transaktionspreise sowie die Rendite darstellt. Dabei liegt der Fokus auf dem Wohnimmobilienmarkt. So untersuchen Cajias and Piazolo (2013) den Zusammenhang zwischen den Energieeffizienzklassen B–F im Energieausweis (EPC) und ökonomischen Parametern von Wohnimmobilien in Süddeutschland. Sie kommen zu dem Ergebnis, dass je 1% Reduktion des Energieverbrauchs, sich die Miete um 0,08% und die Rendite um 0,015% erhöht. Zudem steigt der Marktwert um 0,45% je 1% höhere Energieeffizienz/$m^2 a$ (vgl. Cajias and Piazolo (2013), S. 64 f.). Michelsen and Kholodilin (2015) identifizieren Auswirkungen der Energieeffizienz von Eigentumswohnungen und Mietwohnungen in Berlin, gemessen als Energy Performance Score (EPS), auf deren Miet- sowie Transaktionspreise. Während für die Transaktionspreise ein Zuschlag von 1,81€ je reduzierte $kWh/m^2 a$ ermittelt wird, ist die Zahlungsbereitschaft für höhere Mietpreise mit einem Zuschlag von 0,71€ je reduzierte $kWh/m^2 a$ deutlich geringer (vgl. Michelsen and Kholodilin (2015), S. 23). Eine weitere Studie kann einen durchschnittlichen Zuschlag im Transaktionspreis von 1,40€ je reduzierte $kWh/m^2 a$ für überwiegend selbstgenutzte Einfamilienhäuser (EFH)

1.3. Stand der Forschung

und Zweifamilienhäuser (ZFH) in Nienburg nachweisen (vgl. Wameling (2010), S. 8). Darüber hinaus wird für Darmstadt ein Mietpreiszuschlag von 0,38–0,50€/m^2 für energieeffiziente Mehrfamilienhäuser identifiziert, welcher im Darmstädter Mietspiegel als Zuschlag für eine höhere wärmetechnische Beschaffenheit ausgewiesen wird (vgl. Stadt Darmstadt (2010), S. 9).

Ergänzend zu den empirischen Studien zur Quantifizierung des Mehrwerts von Nachhaltigkeit in Deutschland, welche gleichzeitig die tatsächlich erfolgte Zahlungsbereitschaft widerspiegeln, existieren im deutschen bzw. deutschsprachigen Raum zahlreiche Studien, welche die (theoretische) Zahlungsbereitschaft mittels Investoren- und Mieterbefragungen nachweisen. Diese lassen vermuten, dass eine zusätzliche Zahlungsbereitschaft für den Mietpreis einer nachhaltigen, zertifizierten Büroimmobilie in der Größenordnung von 5–10% vorliegt (z.B. Roland Berger Strategy Consultants (Hrsg.) (2010), S. 2, Zimmermann and Schaule (2011), S. 97). Dennoch erweist sich der Anteil des zertifizierten Büroflächenbestandes mit knapp unter 5% als verhältnismäßig gering (vgl. Jones Lang LaSalle (2014), S. 2). Zudem wird überwiegend im Segment der großvolumigen und oftmals prominenten Objekte sowie bei Neubauten ein Nachhaltigkeitsnachweis erbracht, wohingegen Bestandsimmobilien lediglich einen Anteil von rund 30% aller zertifizierten Objekte in Deutschland stellen (vgl. Jones Lang LaSalle (2014), S. 3, BNP Paribas Real Estate (Hrsg.) (2014), S. 1 f.).

Neben den aufgezeigten Forschungen zur (tatsächlich erfolgten oder theoretischen) Zahlungsbereitschaft für nachhaltige Immobilien, existieren diverse Ansätze zur Untersuchung der Zusammenhänge zwischen der Nachhaltigkeit und dem Immobilienwert sowie zu Integrationsmöglichkeiten von Nachhaltigkeitsaspekten in Bewertungsprozesse. In diesem Zusammenhang sind die Forschungsansätze von Ellison et al. (2007), Sayce et al. (2007) für England sowie von Bienert et al. (2010) für ausgewählte europäische Länder hervorzuheben. Über die Untersuchungen des Zusammenhangs von Nachhaltigkeit auf den Immobilienwert hinaus, werden in den Forschungen von Ellison and Sayce (2007), Ellison and Sayce (2006), Sayce et al. (2007) die Parameter Energy Efficiency, Climate Control, Pollutants, Waste and Water, Adaptability, Accessibility, Occupier sowie Contextual Fit identifiziert, welche den Einfluss der funktionalen Immobilienperformance aufgrund der Gebäudeeigenschaften auf den Mietzuwachs und die Wertminderung quantifizieren. Diese sind in einer Bewertungs-Checkliste, dem „Sustainable Property Appraisal Tool", gewichtet sowie bewertet zusammengefasst und können in den Wertermittlungsprozess von Immobilien mit den Nutzungen Büro, Handel und Industrie integriert werden. Neben der Analyse unterschiedlicher, internationaler Ansätze zur Berücksichtigung von Nachhaltigkeitsmerkmalen in der Bewertung, vergleichen Bienert et al. (2010) verschiedene europäische Länder (Deutschland, Österreich, hinsichtlich der dort vorherrschenden Nachhaltigkeitsstandards und Bewertungsmethoden. Basierend auf den Erkenntnissen dieser Vergleiche wird eine Methode zur Erfassung und Integration von Energieeffizienz und Lebenszykluskosten in das Ertragswert-, Vergleichswert- und Sachwertverfahren entwickelt, welche an Pilotprojekten in Österreich, Deutschland, Norwegen und Rumänien getestet ist. Geissler et al. (2010) analysieren, aufbauend auf Untersuchungen zu wertrelevanten Nachhaltigkeitseigenschaften einer Immobilie auf dem österreichischen Markt, Integrationsmöglichkeiten zur Berücksichtigung von Nachhaltigkeitsmerkmalen in die Bewertung von Wohn- und Büroimmobilien mit dem Ertrags- und Sachwertverfahren. Zudem resultiert aus den Untersuchungen ein Leitfaden mit Ergänzungs- und Integrationsmöglichkeiten von Nachhaltigkeitsmerkmalen. Allerdings werden hierbei nur energetische Gesichtspunkte berücksichtigt, während Merkmale der sozialen und ökonomischen Nachhaltigkeit wie Komfort, Demografie oder Lebenszykluskosten nicht oder nur indirekt betrachtet werden.

Lützkendorf and Lorenz (2011) entwickeln hingegen ein Konzept, welches nachhaltigkeitsrelevante Wertermittlungsparameter im Sinne des ganzheitlichen Nachhaltigkeitsleitbildes identifiziert. Auf der Grundlage einer Analyse unterschiedlicher Ansätze zur Integration von Nachhaltigkeit in die Wertermittlung (z.B. Anpassung einzelner Wertermittlungsparameter, pauschale Zu-/Abschäge, Korrekturfaktor) wird das Konzept des integrativen Ansatzes vorgeschlagen (s.a. Lützkendorf and Lorenz (2014)). Erwähnenswert ist in diesem Kontext auch der Leitfaden „NUWEL" zur Berücksichtigung von Nachhaltigkeit in der Wertermittlung für Deutschland, Österreich und die Schweiz. Mit dem Leitfaden wird aufgezeigt, wie nachhaltigkeitsrelevante Wertermittlungsparameter in die bestehenden Komponenten des Vergleichswertverfahrens/hedonische Methode, des Sachwertverfahrens sowie in ertragswertorientierte Verfahren integriert werden können. Darüber hinaus werden konkrete Darstellungs- und Dokumentationsmöglichkeiten aufgezeigt. Auf diese Weise soll eine doppelte Berücksichtigung und unvollständige Betrachtung der nachhaltigkeitsrelevanten Komponenten vermieden und ein praxisorientierter Ansatz aufgezeigt werden (vgl. Meins et al. (2011)). Zudem untersuchen Hartenberger et al. (2015) in sieben europäischen Ländern (Belgien, Deutschland, Italien, die Niederlande, Polen, Schweden und Großbritannien) den gegenwärtigen Stand der Integration von Nachhaltigkeitsaspekten in den Wertermittlungsprozess und identifizieren hierbei wesentliche Hindernisse, welche die Berücksichtigung der energetischen Gebäudequalität in der Wertermittlung erschweren. Auf dieser Grundlage soll die Rolle von Wertermittlern bei der Markttransformation hin zu Niedrigstenergiegebäuden gestärkt werden sowie mithilfe von erarbeiteten Schulungs- bzw. Weiterbildungsangeboten aufgezeigt werden, wie nachhaltigkeitsrelevante Immobilieneigenschaften angemessen in einem Wertgutachten berücksichtigt werden können.

Im deutschsprachigen Raum werden in diesem Forschungskontext oftmals Risikomodelle herangezogen. Dabei steht in der Regel im Vordergrund, nachhaltige Immobilieneigenschaften zu identifizieren sowie deren Integration in Risiko- und Immobilienanalyseinstrumente oder Immobilienwertermittlungsverfahren aufzuzeigen. So untersuchen Schäfer et al. (2010) diverse Megatrends, um daraus resultierend Risiken für den deutschen Wohngebäudebestand abzuleiten (s.a. Gromer (2012)). Über einen Abgleich mit den Erfolgsfaktoren von Immobilien, werden die Eigenschaften definiert, welche einen unmittelbaren Einfluss auf die Chancen und Risiken von Wohnimmobilien aufweisen. Diese werden anschließend in ein bestehendes Scoring-Modell implementiert, womit ein Ansatz für die Integration von Nachhaltigkeitsaspekten in Prozesse des Risikomanagements aufgezeigt wird (s.a. Rohde (2011)). Eine weitere Möglichkeit, den Nachhaltigkeitsstandard einer Immobilie über die Risiken zu erfassen, bietet das „Scope Rating", welches die risikoadjustierte Rendite im Verhältnis zur erwarteten Rendite vergleichbarer Portfolios widerspiegelt. Den größten Einfluss auf das Rating haben die aus dem Immobilienportfolio resultierenden Risiken. Neben dem Immobilienportfolio, das die Qualität und Nachhaltigkeit der jeweiligen Investitionsstrategie bewertet, werden zudem die Management Qualität sowie die Finanzstruktur beurteilt (vgl. Nentwig (2009), Doleschal (2008), S. 22). Mit dem „Feri Nachhaltigkeitsrating für Immobilien" steht ein weiteres Modell für die Bewertung der Nachhaltigkeit bei Immobilien zur Verfügung. Mittels der Komponenten Umwelt, Technik, Energie und Gesellschaft wird die Attraktivität und Wettbewerbsposition einer Immobilie oder eines Immobilienportfolios hinsichtlich deren Einflusses auf den Wert der Immobilie bewertet. Diese Ergebnisse fließen anschließend in das Immobilienobjektrating mit ein (vgl. Katzung (2009), Feri Euro Rating Services (2015)). Nicht zuletzt stellt auch der „CCRS Economic Sustainability Indicator" (ESI Schweiz) einen Ansatz dar, nachhaltigkeitsrelevante Immobilieneigenschaften im Hinblick auf deren Wertsteigerungspotenzial bzw. Wertminderungsrisiko zu beurteilen (vgl. Meins and Burkhard (2014)). Für weitere Ausführungen sei an dieser Stelle auf Abschnitt 5.1 verwiesen.

Überdies haben in den vergangenen Jahren zahlreiche Berufs- und Sachverständigenverbände Leitlinien, Empfehlungen und Arbeitshilfen publiziert. Beispielsweise hat der Zentrale Immobilien Ausschuss e.V. (ZIA) mit seinem Nachhaltigkeitskodex Grundlagen für Nachhaltiges Wirtschaften in der Immobilienwirtschaft gelegt und zeigt in seinem Leitfaden Ansätze sowie grundsätzliche Unterschiede in der Herangehensweise bei der Nachhaltigkeitsmessung auf (vgl. ZIA (2013a), ZIA (2013b)). Die Royal Institution of Chartered Surveyors (RICS) vermittelt mit ihrem „Valuation Information Paper 13" (VIP 13) eine grobe Orientierung über nachhaltigkeitsrelevante Aspekte, welche sich auf den Wert einer Immobilie auswirken können. Darüber hinaus wird dargelegt, wie sich Sachverständige der Thematik in der Praxis annehmen können. In diesem Zusammenhang sei auch die „RICS Guidance Note" zum Thema Nachhaltigkeit und Wertermittlung erwähnt (vgl. RICS (2013)). Diese fordert Sachverständige dazu auf, zukünftig umfangreiche nachhaltigkeitsrelevante Informationen zur bewertenden Immobilie und deren Performance vom Auftraggeber anzufordern. Erfolgt keine entsprechende Datenbereitstellung oder Datennacherhebung, muss mit Risikoaufschlägen gerechnet werden. Hervorzuheben ist zudem der Leitfaden „Sustainability metrics – Translation and impact on property investment and management" der United Nations Environment Programme Finance Initiative (UNEP-FI). In dem Leitfaden werden für die Immobilienbranche relevante Nachhaltigkeitsaspekte identifiziert, um darauf aufbauend deren Auswirkungen auf ökonomische Erfolgsfaktoren sowie die Schwierigkeiten für Unternehmen bei der Implementierung von Nachhaltigkeitsstrategien zu analysieren. Auf dieser Basis werden konkrete Handlungsempfehlungen abgeleitet und anhand von Praxisbeispielen veranschaulicht, mit deren Hilfe Akteure der Immobilien-, Finanz- und Versicherungswirtschaft dabei unterstützt werden sollen, Nachhaltigkeit auf allen Handlungsebenen einzubinden (vgl. UNEP-FI (2014)).

Tab. 1: Internationale empirische Studien zum Einfluss von Nachhaltigkeit auf den Immobilienwert

Studie	Nutzungsart	Bezug Nachhaltigkeit	Einfluss auf	Auswirkung	
Michelsen and Kholodilin (2015) Deutschland (Berlin)	Wohnen (Whg.)	EPS	Transaktionspreis	+	1,81 € je reduzierte kWh/m^2a
			Mietpreis	+	0,71 € je reduzierte kWh/m^2a
Cajias and Piazolo (2013) Deutschland (Süd)	Wohnen	EPC Label B–F	Rendite	+	0,015%
		Label B–F	Mietpreis	+	0,08% je 1% Energieverbrauchsreduktion
		Label B–F	Marktwert	+	0,45% je 1% höhere Energieeffizienz/m^2a
Stadt Darmstadt (2010) Deutschland (Darmstadt)	Wohnen (MFH)	Wärmetechnische Beschaffenheit des Gebäudes	Primärenergiekennwert		
			$<250\ kWh/m^2a$	+	0,38 €/m^2
			$<175\ kWh/m^2a$	+	0,50 €/m^2
Wameling (2010) Deutschland (Nienburg)	Wohnen (EFH, ZFH)	Energetisches Wertänderungsmaß w'	Transaktionspreis	+	1,40 € je reduzierte kWh/m^2a (⌀)
Das and Wiley (2014) USA	Büro	LEED	Transaktionspreis	+	10,6%
		Energy Star	Transaktionspreis	+	16,4%
Eichholtz et al. (2013) USA	Büro	LEED	Mietpreis	+	7,9%
		Energy Star	Mietpreis	+	3,5% je eingespartem USD Energiekosten
			Marktwert	+	4,9% je eingespartem USD Energiekosten
Eichholtz et al. (2010b) USA	Büro	LEED	Transaktionspreis	+	11,1%
		LEED	Mietpreis	+	5,9%
		Energy Star	Transaktionspreis	+	~13,0%
		Energy Star	Mietpreis	+	6,6%
Eichholtz et al. (2009) USA	Büro	LEED	Transaktionspreis		keine Signifikanz
		LEED	Mietpreis		keine Signifikanz
		Energy Star	Transaktionspreis	+	~16%
		Energy Star	Mietpreis	+	~6%
Fuerst et al. (2012) USA	Büro	green	Transaktionspreis	+	~6%
		LEED	Transaktionspreis		keine Signifikanz
		Energy Star	Transaktionspreis	+	~4,5%
		LEED+Energy Star	Transaktionspreis	+	~11,0%
Fuerst and McAllister (2010) USA	Büro	LEED	Leerstandsrate	−	8,0%
		Energy Star	Leerstandsrate	−	3,0%

Tab. 1: Internationale empirische Studien zum Einfluss von Nachhaltigkeit auf den Immobilienwert *(Forts.)*

Studie	Nutzungsart	Bezug Nachhaltigkeit	Einfluss auf	Auswirkung	
Fuerst and McAllister (2009) USA	Büro	LEED	Transaktionspreis	+	35,0%
		LEED	Mietpreis	+	6,0%
		Energy Star	Transaktionspreis	+	31,0%
		Energy Star	Mietpreis	+	6,0%
Kok et al. (2012) USA	Büro	LEED EBOM	Mietpreis	+	7,1%
		LEED EBOM	Leerstandsrate	+	~2,0%
McGrath (2013) USA	Büro	LEED	Kapitalisierungszinssatz	−	0,629
		Energy Star			
Miller et al. (2008) USA	Büro	Energy Star	Nutzungskosten (aufgrund der Energiekosten)	−	30,0%
Pivo and Fisher (2010) USA	Büro	Energy Star: ÖV-Nähe, Lage in Stadterneuerungsgebieten	Mietpreis	+	4,8–5,2%
			Leerstandsrate	−	0,2–1,3%
			Marktwert	+	6,7–10,6%
Reichardt et al. (2012) USA	Büro	LEED	Mietpreis	+	2,9% (∅)
		Energy Star	Mietpreis	+	2,5% (∅)
		Energy Star	Vermietungsquote	+	4,5% (∅)
Robinson and McAllister (2015) USA	Büro	LEED	Transaktionspreis	+	~32,0%
		Energy Star	Transaktionspreis	+	~24,0%
		LEED+Energy Star	Transaktionspreis	+	~32,0%
		LEED (nach Wertkategorie)	Transaktionspreis	+	~13,0%
		Energy Star (nach Wertkategorie)	Transaktionspreis	+	~6,0%
		LEED+Energy Star (nach Wertkategorie)	Transaktionspreis	+	~9,0%
Wiley et al. (2010) USA	Büro	LEED	Mietpreis	+	15,2–17,3%
		LEED	Leerstandsrate	−	16,2–17,9%
		Energy Star	Mietpreis	+	7,3–8,9%
		Energy Star	Leerstandsrate	−	10,2–11,0%
Chegut et al. (2014) UK	Büro	BREEAM	Transaktionspreis	+	~5,0%
		BREEAM	Mietpreis	+	~2,0%
Chegut et al. (2010) UK (London)	Büro	BREEAM	Transaktionspreis	+	~8,0%
		BREEAM	Mietpreis	+	~16,0–20,0%

Tab. 1: Internationale empirische Studien zum Einfluss von Nachhaltigkeit auf den Immobilienwert *(Forts.)*

Studie	Nutzungsart	Bezug Nachhaltigkeit	Einfluss auf	Auswirkung
Fuerst et al. (2016) UK (Wales)	Wohnen	EPC (Referenz: Label D)		
		Label A/B	Transaktionspreis	+ 12,8%
		Label C	Transaktionspreis	+ 3,5%
		Label E	Transaktionspreis	− 3,6%
		Label F	Transaktionspreis	− 6,5%
Fuerst et al. (2015) UK (England)	Wohnen	EPC (Referenz: Label D)		
		Label A/B	Transaktionspreis	+ 5,0%
		Label C	Transaktionspreis	+ 1,8%
		Label E	Transaktionspreis	− ∼0,7%
		Label F	Transaktionspreis	− ∼0,9%
		Label G	Transaktionspreis	− ∼6,0%
Hyland et al. (2013) Irland	Wohnen	EPC (Referenz: Label D)		
		Label A	Transaktionspreis	+ 9,0%
		Label B	Transaktionspreis	+ 5,0%
		Label C	Transaktionspreis	+ 1,7%
		Label E	Transaktionspreis	keine Signifikanz
		Label F/G	Transaktionspreis	− 11,0%
		Label A	Mietpreis	+ 1,8%
		Label B	Mietpreis	+ 1,8%
		Label C	Mietpreis	keine Signifikanz
		Label E	Mietpreis	− 1,9%
		Label F/G	Mietpreis	− 3,2%
Banfi et al. (2007) Schweiz	Wohnen (Whg.)	Luftschadstoffe	Mietpreis	− 0,5–2,0% pro 1 $\mu g/m^3$ PM10
		Lärm	Mietpreis	− 0,3–0,6% pro dB
		Elektrosmog	Mietpreis	− 1,8% für Nähe Handy-Antenne
Feige et al. (2013b) Schweiz	Wohnen (Whg.)	ESI Schweiz (2009) (je Zunahme um 0,1 in Gesamtbewertung)	Mietpreis	+ 1,0% für „Energie und Wasser" + 0,85% für „Gesundheit und Komfort" 0,1% für „Sicherheit"
Salvi et al. (2008) Schweiz	Wohnen (EFH, Whg.)	Minergie EFH	Transaktionspreis	+ 7,0%
		Minergie Whg.	Transaktionspreis	+ 3,5%
Salvi et al. (2010) Schweiz	Wohnen (Whg.)	Minergie	Mietpreis	+ 6,0%

1.3. Stand der Forschung

Tab. 1: Internationale empirische Studien zum Einfluss von Nachhaltigkeit auf den Immobilienwert *(Forts.)*

Studie	Nutzungsart	Bezug Nachhaltigkeit	Einfluss auf	Auswirkung	
Kok and Jennen (2012) Niederlande	Büro	green EPC (Referenz: Label D) Label A Label B Label C	Mietpreis Mietpreis Mietpreis Mietpreis	+ + +	6,5% keine Signifikanz 5,4% 9,7%
Brounen and Kok (2011) Niederlande	Wohnen (EFH)	EPC Label A Label B Label C	Transaktionspreis Transaktionspreis Transaktionspreis	+ + +	12,0% 7,0% 4,0%
Newell et al. (2014) Australien (Sydney, Canberra)	Büro	NABERS: 5-star 4/4.5-star 3/3.5-star 2/2.5-star 5-star 4/4.5-star 3/3.5-star 2/2.5-star 5-star 4/4.5-star 3/3.5-star 2/2.5-star Green Star: Kat. 4, 5, 6 Kat. 4, 5, 6 Kat. 4, 5, 6	Marktwert Marktwert Marktwert Marktwert Mietpreis Mietpreis Mietpreis Mietpreis Leerstandsrate Leerstandsrate Leerstandsrate Leerstandsrate Marktwert Mietpreis Leerstandsrate	+ + + − + + + − − − − − + + −	9,4% 4,1% 2,2% 1,1% 6,7% 2,9% 2,3% 0,8% 2,1% 5,3% 4,3% 2,9% 11,8% 6,6% 15,8%
Australian Government (2008) Australien	Wohnen (EFH)	EER-Star Rating	Transaktionspreis	+	1,23%–1,91% je 0.5 EER-Star
Heinzle et al. (2013) Singapur	Wohnen	Green Mark Platinum Certified	Transaktionspreis Transaktionspreis	+ +	7,98% 3,78%
Deng et al. (2012) Singapur	Wohnen (EFH)	Green Mark	Transaktionspreis	+	1,0–15,0%
Jayantha and Man (2013) China (Hongkong)	Wohnen (EFH)	HK-BEAM/ HK-GBC	Transaktionspreis	+	3,5–6,6%
Yoshida and Sugiura (2010) Japan	Wohnen (MFH)	Tokyo Green Labeling System	Transaktionspreis	−	6,0–11,0%

1.4 Aufbau der Arbeit

Die vorliegende Arbeit gliedert sich in sechs Kapitel. In Kapitel 1 werden einleitend der Gegenstand sowie die Zielsetzung und der erwartete Nutzen der Arbeit dargelegt. Darauf folgend wird ein Überblick über bestehende Ansätze zur Beurteilung von Nachhaltigkeit bei Immobilien gegeben, welche die Zielsetzung der vorliegenden Arbeit mit begründen.

In Kapitel 2 werden die methodischen Grundlagen und Definitionen gegeben, um darauf aufbauend die gewählte Vorgehensweise und Methode zu erläutern. Dabei liegt der thematische Schwerpunkt dieses Kapitels auf der eingehenden Betrachtung der Nutzwertanalyse und des Analytischen Hierarchieprozesses als Grundlage für die Auswahl des Verfahrens zur Entwicklung des Nachhaltigkeitsratings.

Kapitel 3 umfasst die Darstellung der theoretischen Grundlagen und Definitionen. Zu Beginn wird auf die Grundlagen des Immobilienmarktes als Basis für die Herleitung der Modellindikatoren eingegangen. Nach der Untersuchung der mit dieser Arbeit im Zusammenhang stehenden Megatrends, erfolgt ausgehend von dem allgemeinen Nachhaltigkeitsverständnis dessen Übertragung auf die Immobilienwirtschaft. Zusammen mit der Erläuterung der grundlegenden Begrifflichkeiten von Investitionsentscheidungen bei Immobilien, dienen diese Ausführungen der Herleitung der konzeptionellen Grundlage dieser Arbeit, welche im Anschluss dargelegt wird. Für die Operationalisierung dieses Konzeptes wird die Wertentwicklung herangezogen, welche abschließend im Kontext der Wertermittlungsgrundlagen erläutert wird.

Gegenstand von Kapitel 4 ist die Entwicklung und Validierung des Ratingmodells ESI Deutschland. Hierfür wird einerseits auf die Herleitung der wertrelevanten Nachhaltigkeitsmerkmale und auf deren weitere Spezifizierung eingegangen. Andererseits wird die Ermittlung der relativen Gewichte der Nachhaltigkeitsmerkmale sowie deren Überprüfung mittels einer Sensitivitätsanalyse dargelegt. Ergänzend dazu wird die Umsetzung des Modells und dessen Validierung anhand von Testanwendungen erläutert sowie an einem Beispielobjekt veranschaulicht.

In Kapitel 5 erfolgt der Vergleich des entwickelten Ratingmodells für Deutschland mit dem Schweizer Modell. Hierzu wird eingangs das Schweizer ESI-Rating mit seiner historischen Entwicklung vorgestellt, um auf dieser Basis die Gemeinsamkeiten und Unterschiede der beiden Modelle herauszuarbeiten und die Vergleichbarkeit der Ergebnisse zu beurteilen.

Den Abschluss bildet Kapitel 6, in welchem die gewonnenen Erkenntnisse und Ergebnisse der vorliegenden Arbeit zusammengefasst dargestellt sind und darüber hinaus ein Ausblick auf den weiterführenden Forschungsbedarf gegeben wird.

2 Methodik

Nach der allgemeinen Einführung in den Gegenstand der Thematik dieser Arbeit erfolgt in Kapitel 2 die Darlegung der Methodik zur Entwicklung des Nachhaltigkeitsratings ESI Deutschland. Dafür werden eingangs Verfahren zur Unterstützung mehrkriterieller Entscheidungen im Allgemeinen beschrieben, um darauf aufbauend auf die Nutzwertanalyse und den Analytischen Hierarchieprozess zu fokussieren. Grundsätzlich können beide Verfahren für die Entwicklung des Ratingmodells herangezogen werden. Als Grundlage der Verfahrensauswahl wird daher im Rahmen einer vergleichenden Betrachtung die Eignung der beiden Verfahren für die Anwendung in dieser Arbeit herausgearbeitet. Da Ratings infolge verschiedener Zielsetzungen unterschiedlich definiert werden, wird anschließend das Verständnis des Ratingbegriffs im Kontext dieser Arbeit dargelegt, bevor die gewählte Vorgehensweise und Methode als Abschluss des zweiten Kapitels beschrieben wird.

2.1 Verfahren zur Unterstützung mehrkriterieller Entscheidungen

Bei vielen Entscheidungsproblemen werden mehrere, oftmals gegenläufige Zielsetzungen parallel verfolgt. Um solche Mehrzielprobleme zu strukturieren und eine Entscheidungsfindung bei mehreren Zielgrößen herbeizuführen, können Verfahren zur Unterstützung mehrkriterieller Entscheidungen (Multiple Criteria Decision Making, MCDM) eingesetzt werden. Im Allgemeinen wird mit der Anwendung von MCDM-Verfahren die Zielsetzung verfolgt, eine Entscheidungsunterstützung unter Berücksichtigung von mindestens zwei Kriterien bereitzustellen. Dabei können sowohl monetär als auch nicht monetär quantifizierbare Größen einbezogen werden. Dies erlaubt die Berücksichtigung verschiedener Aspekte quantitativer sowie qualitativer Natur und vermeidet Schwierigkeiten, die mit der monetären Bewertung einiger Aspekte (v.a. weiche Faktoren) einhergehen (vgl. Anteneh (1994), S. 12 f., Geldermann and Lerche (2014), S. 9 f., Hanne (1998), S. 1 f.).

Grundsätzlich wird in der mehrkriteriellen Entscheidungsfindung zwischen multiobjektiven und multiattributiven Verfahren unterschieden (vgl. Abbildung 1). Vorrangig divergieren diese beiden Bereiche in der Ausgestaltung der Alternativen sowie in den resultierenden Ergebnissen (vgl. Geldermann and Lerche (2014), S. 10 f.). Bei Programmentscheidungen oder Vektormaximumproblemen wird von Multi-Objektive-Entscheidungen (Multiple Objective Decision Making, MODM) gesprochen, wohingegen Einzelentscheidungen als Multi-Attribut-Entscheidungen (Multiple Attribute Decision Making, MADM) bezeichnet werden. Erstere zeichnen sich durch stetige (nicht abzählbare) Lösungsräume aus. So wird mit MODM-Verfahren aus einer stetigen Menge an Alternativen, die unendlich viele implizit festgelegte Elemente umfasst, und unter Berücksichtigung mehrerer Zielfunktionen eine optimale Lösung mithilfe von mathematischen Verfahren ermittelt. Mit MADM-Verfahren wird hingegen eine diskrete (abzählbare), klar voneinander abgrenzbare Menge bereits bekannter Alternativen miteinander verglichen. Die Voraussetzung dafür ist, dass die Menge der zulässigen Alternativen explizit bekannt und folglich endlich ist (vgl. Anteneh (1994), S. 13 f., Götze (2006), S. 173, Kühmaier (2011), S. 13).

Innerhalb der MADM-Verfahren wird weiterhin zwischen klassischen Verfahren und Outranking-Verfahren differenziert (vgl. Abbildung 1). Outranking-Verfahren basieren auf der Annahme, dass der Entscheidungsträger seine Präferenzen nicht eindeutig kennt und daraus resultierend nicht exakt abbilden kann. Aus diesem Grund ist es bei Outranking-Verfahren auch möglich, widersprüchliche Informationen zu berücksichtigen, die mittels paarweisen Vergleichen und den zugrunde liegenden Präferenzfunktionen dargestellt werden können. Demzufolge liegt das Ziel der Outranking-Verfahren in der Generierung von Informationen sowie der Strukturierung und Transparenzerhöhung des Entscheidungsprozesses. Das Anwendungsergebnis eines Outranking-Verfahrens wird in Form einer Rangfolge abgebildet, das jedoch im Zusammenhang mit den zusätzlich gewonnenen Informationen bewertet werden sollte (vgl. Geldermann and Lerche (2014), S. 10 f.). Den klassischen Verfahren liegt die Annahme zugrunde, dass der Entscheidungsträger seine Präferenzen differenziert formulieren und kommunizieren kann. Diese Präferenzen lassen sich mittels einer entsprechenden Nutzenfunktion darstellen, welche die Zuordnung eines entsprechenden Teilnutzwertes für jede Ausprägung einer Alternative hinsichtlich jedes Kriteriums ermöglicht und abschließend zu einem Gesamtnutzwert aggregiert wird. Der Nutzwert basiert auf den tatsächlichen Präferenzen des Entscheiders und soll diese exakt abbilden. Mit den klassischen Verfahren wird das Ziel verfolgt, die Präferenzen der Entscheidungsträger offen zu legen und korrekt abzubilden. Zu den weit verbreiteten klassischen Verfahren zählen zum Beispiel die Nutzwertanalyse und der Analytische Hierarchie-/Netzwerkprozess (vgl. Geldermann and Lerche (2014), S. 11 f.).

2.1. Verfahren zur Unterstützung mehrkriterieller Entscheidungen

Multiple Criteria Decision Making (MCDM)	
Multiple Objective Decision Making (MODM)	**Multiple Attribute Decision Making (MADM)**
– Alternativen beschränkt durch Nebenbedingungen (stetiger Lösungsraum) – Alternativen nur implizit vorgegeben – Zielerfüllung quantifizierbar – Funktionale Beziehung zwischen den Alternativen und Bewertungskriterien darstellbar	– Begrenzte Auswahl an Alternativen (diskreter Lösungsraum) – Alternativen explizit vorgegeben – Attributerfüllung nicht quantifizierbar – Auswahl mittels interattributiver Vergleiche
– Vektoroptimierung – Zielprogrammierung – Anspruchsniveaus – etc.	**Klassische Ansätze** (Amerikanische Schule) – NWA – AHP/ANP – MAUT/MAVT – etc. **Outranking Ansätze** (Europäische Schule) – ELECTRE – PROMETHEE – ORESTE – etc.

Abb. 1: Multiple Criteria Decision Making (Eigene Darstellung, in Anlehnung an Anteneh (1994), S. 13, Geldermann and Lerche (2014), S. 11)

2.1.1 Nutzwertanalyse (NWA)

Die Nutzwertanalyse (benefit, utility, worth analysis; NWA) wurde unter der Bezeichnung „utility analysis" in den USA entwickelt. In den 1970er Jahren wurde die NWA durch Christof Zangemeister in Deutschland eingeführt und hat seitdem weite Verbreitung gefunden. Auch in der deutschen Immobilienwirtschaft wird dieses Verfahren häufig eingesetzt (vgl. Schneeweiß (1991a), S. 120, Zangemeister (1971), S. 45, Nentwig (2009), S. 367). Die Nutzwertanalyse ist *„die Analyse einer Menge komplexer Handlungsalternativen mit dem Zweck, die Elemente dieser Menge entsprechend den Präferenzen des Entscheidungsträgers bezüglich eines multidimensionalen Zielsystems zu ordnen. Die Abbildung dieser Ordnung erfolgt durch Angabe der Nutzwerte*[1] *(Gesamtwerte) der Alternativen. Die gesuchten Nutzwerte stellen jeweils das Ergebnis einer ganzheitlichen Bewertung sämtlicher Zielerträge einer Alternative dar"* (Zangemeister (1971), S. 45). Demgemäß werden bei der Nutzenanalyse sämtliche Zielkriterien berücksichtigt, die je nach ihrer Bedeutung für den Entscheidungsträger gewichtet und zu einem additiven Modell zusammengefasst werden. Der Grad der Zielerreichung wird mittels der verschiedenen Alternativen gemessen und als Teilnutzenwerte angegeben. Die Teilnutzenwerte werden unter Berücksichtigung der Gewichtung jedes Kriteriums zu einem Gesamtwert für jede Alternative aggregiert, dem Nutzwert (Schneeweiß (1991a), S. 76, Götze (2006), S. 180 f.). Die Angabe des Nutzwertes ist jedoch nur dann möglich, wenn $n \geq 2$ Alternativen sowie $m \geq 2$ Ziele vorliegen, um die kardinale Messbarkeit der Präferenzen sowie deren Transformation in Nutzwerte zu gewährleisten. Ordinal oder

---

[1] *„Der Nutzwert ist der subjektive, durch Tauglichkeit zur Bedürfnisbefriedigung bestimmte Wert eines Gutes" (Wirtschaftslexikon (1965), S. 442, zitiert nach Zangemeister (1971), S. 45).*

nominal skalierte Alternativen hingegen führen zu einem Genauigkeitsverlust. In diesem Fall kann die NWA aber noch als Entscheidungsgrundlage zur Strukturierung des Bewertungsprozesses beitragen (vgl. Zangemeister (1971), S. 46, Pfnür (2011), S. 72). Liegt nur eine Alternative vor, ist die Anwendung der Nutzwertanalyse nicht durchführbar und nicht sinnvoll. Hier besteht lediglich die Möglichkeit, die gegebene Alternative einer hypothetischen Alternative gegenüberzustellen. Sind mehrere Alternativen mit einem einzigen Zielertrag zu ordnen, so sind die Alternativen durch ihre Zielerträge bereits eindeutig geordnet und die Anwendung der NWA ist somit gegenstandslos (vgl. Zangemeister (1971), S. 46, Pommer (2007), S. 72).

Die Vorgehensweise der Nutzwertanalyse lässt sich in die nachfolgend aufgeführten Verfahrensschritte gliedern, welche in Abbildung 2 dargestellt sind: Festlegen des hierarchischen Zielsystems, Ermitteln der Zielerträge, Ermitteln der Zielwerte, Bestimmen der Zielerträge, Durchführen der Wertsynthese (vgl. Zangemeister (1971), S. 73, Heinrich and Stelzer (2009), S. 381). Den Ausgangspunkt der Nutzwertanalyse bildet der Aufbau eines hierarchischen Zielsystems, welches aus der Art der Entscheidungssituation und aus den Präferenzen des Entscheidungsträgers hervorgeht. Das Zielsystem kann entweder dem Top-Down-Ansatz (Zerlegung des Oberziels in Teilziele) oder Bottom-Up-Ansatz (Zusammenfassen mehrerer Teilziele zu einem Oberziel) folgend festgelegt werden, auf dessen Grundlage die relevanten Kriterien determiniert und in einer Kriterienhierarchie zusammengefasst werden. Jedes Zielsystem kann nach den Präferenzen des Entscheidungsträgers beliebig tief gegliedert werden, wobei mit zunehmender Zielkonkretisierung und -zerlegung sowohl die Anzahl als auch die Operationalität der Ziele zunimmt und damit einhergehend der Aufwand für die Ermittlung der Zielerträge steigt (vgl. Geldermann and Lerche (2014), S. 24, Heinrich and Stelzer (2009), S. 382). Um die Übersichtlichkeit zu wahren, sollte bei der Festlegung des Zielsystems die Hierarchie nicht zu tief und zu breit untergliedert werden. Darüber hinaus sollten folgende Eigenschaften des Zielsystems angestrebt werden: Modellierbarkeit von geeigneten, messbaren Zielkriterien für alle Ziele (Operationalität), Berücksichtigung aller entscheidungsrelevanten Merkmale der Alternativen (Vollständigkeit) sowie Vermeidung von Mehrfacherfassungen der Zielerträge (Redundanzfreiheit) (vgl. Schneeweiß (1991a), S. 65 f.). In diesem Zusammenhang ist auch die Nutzenunabhängigkeit[2] der Zielkriterien zu gewährleisten. Diese liegt vor, wenn die Zielerreichung eines Kriteriums möglich ist ohne dass die Erfüllung eines anderen Kriteriums vorausgesetzt wird (vgl. Götze (2006), S. 181). Um der Nutzenunabhängigkeit und Redundanzfreiheit als wesentliche Prämissen der Nutzwertanalyse gerecht werden zu können, empfiehlt es sich, auf die Einbeziehung monetärer Kriterien zu verzichten. Als Grund hierfür kann aufgeführt werden, dass Ein- und Auszahlungen bzw. Erträge und Aufwendungen in der Regel durch viele Eigenschaften beeinflusst werden, die bereits in anderen Zielkriterien erfasst sind bzw. die entsprechenden Zielerreichungsgrade determinieren. Daher bedarf die Festlegung der Zielkriterien einer sorgfältigen Analyse und Strukturierung des Zielsystems (vgl. Zangemeister (1971), S. 79 ff., Pfnür (2011), S. 72, Götze (2006), S. 181 f.).

---

[2] Eine vollkommene Nutzenunabhängigkeit ist oftmals nicht erzielbar. Zumeist kann jedoch davon ausgegangen werden, dass eine bedingte Nutzenunabhängigkeit für eine Entscheidungsfindung ausreicht (vgl. Zangemeister (1971), S. 79).

2.1. Verfahren zur Unterstützung mehrkriterieller Entscheidungen

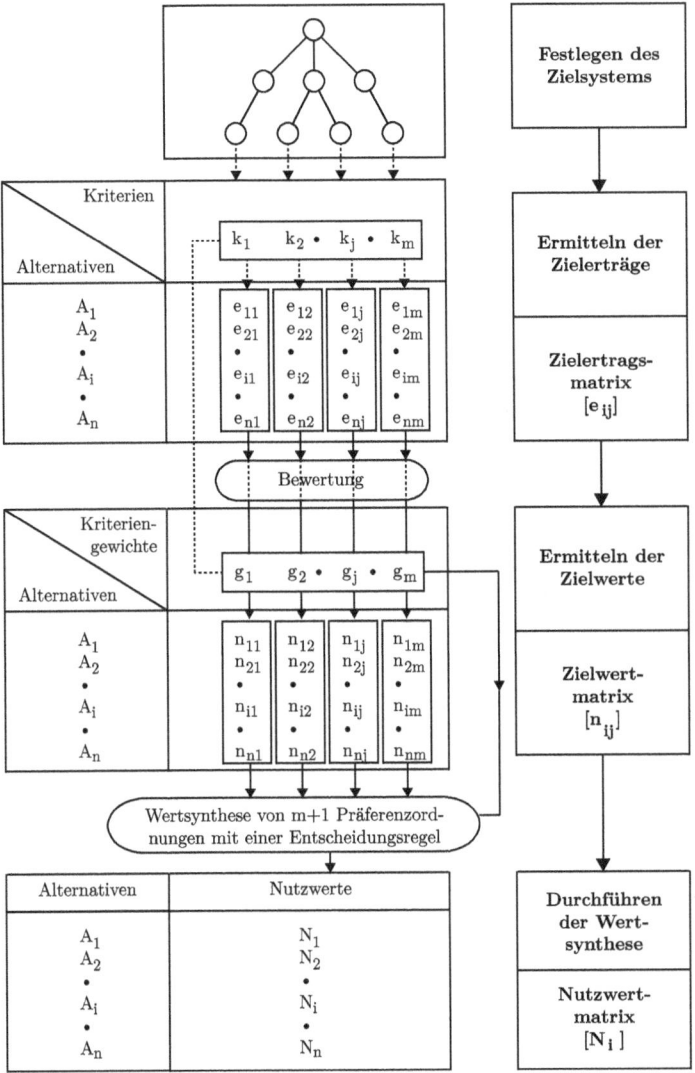

Abb. 2: Logik der Nutzwertanalyse (Heinrich and Stelzer (2009), S. 381, nach Zangemeister (1971), S. 73)

Nach der Festlegung des Zielsystems werden für jedes Kriterium und jede Alternative die Zielerträge im nächsten Verfahrensschritt ermittelt. Dies bedeutet, dass alle Kriterien und Alternativen mittels Ausprägungen konkretisiert werden. Hierfür werden den Ausprägungen jeweils eine Maßeinheit und gegebenenfalls ein entsprechender Wertebereich sowie das Ziel einer Maximierung oder Minimierung zugeordnet. Die Ausprägungen beschreiben somit die Auswirkungen einer Alternative hinsichtlich des entsprechenden Kriteriums und stellen daher das Maß der Zielerreichung dar. In diesem Zusammenhang bieten Kennzahlen eine Möglichkeit für die Operationalisierung, wofür entweder Grundkennzahlen (absolute Größen) oder Verhältniszahlen (relativ zu anderen Größen) verwendet werden können. Bei der NWA können sowohl quantitative als auch qualitative Kriterien einbezogen werden. Ausprägungen von quantitativen Kriterien können direkt mit dem jeweiligen Wert abgebildet werden, wobei es sich bei qualitativen Kriterien zumeist empfiehlt, diese in eine Kardinalskala zu überführen (vgl. Geldermann and Lerche (2014), S. 24, Heinrich and Stelzer (2009), S. 383). Wie in Abbildung 2 schematisch dargestellt, wird das Zielsystem durch die Zielkriterien k_j beschrieben und zusammen mit den Alternativen A_j durch eine explizite Angabe der entsprechenden Zielerträge e_{ij} in der Zielertragsmatrix abgebildet (vgl. Zangemeister (1971), S. 73, Heinrich and Stelzer (2009), S. 381 ff.).

Aufgrund der Tatsache, dass die Zielkriterien für die Entscheidungsträger im Allgemeinen von unterschiedlicher Relevanz sind, ist eine Offenlegung und Darstellung der Präferenzen ein bedeutendes Ziel der Nutzwertanalyse. Einerseits werden die Wertfunktionen (Höhenpräferenzen) der Zielerträge unter der Annahme der schwachen Präferenzunabhängigkeit jeweils getrennt voneinander festgelegt. Andererseits wird über eine Gewichtung (Artenpräferenzen) der Kriterien die Bedeutsamkeit des entsprechenden Kriteriums innerhalb des Zielsystems abgebildet. Die Kombination dieser beiden Aspekte drückt letztendlich die Präferenz des Entscheidungsträgers aus (vgl. Geldermann and Lerche (2014), S. 28, Lillich (1991), S. 84, Schneeweiß (1991b), S. 183 f.). Wie in Abbildung 2 veranschaulicht, werden die physisch messbaren Zielerträge durch Skalieren und Gewichten mittels Präferenzfunktionen zunächst in Zielwerte (Teilnutzen) transformiert, sodass ein Zielwert n_{ij} durch seinen numerischen Wert den Teilnutzen des Zielkriteriums k_j für die Alternative A_i in der Zielwertmatrix abbildet. Dazu werden den Zielerträgen e_{ij} Zahlen zugeordnet, um die Zielerträge unterschiedlicher Wertdimensionen miteinander vergleichen und aggregieren zu können (vgl. Heinrich and Stelzer (2009), S. 383).

Für die Skalierung stehen verschiedene Skalenniveaus zur Verfügung: Die nominale, ordinale und kardinale Skala. Bei der Nominalskala wird durch kategoriale Urteile bewertet, in welche Wertkategorie eine Alternative eindeutig einzuordnen ist und ob ein vorgegebenes Zielertragsniveau erfüllt wird (z.B. ja/nein, vorhanden/nicht vorhanden). Zwischen den Wertkategorien existieren keine Größenrelationen (vgl. Zangemeister (1971), S. 149 ff., Heinrich and Stelzer (2009), S. 383 f., Götze (2006), S. 174). Die Bewertung mittels einer Ordinalskala erfolgt durch das Herstellen einer Rangreihe n-ter Ordnung bei n Alternativen (Rangordnung), wofür das Randordnungsverfahren oder der vollständige Paarvergleich angewendet werden kann. Die Rangordnung gibt jedoch nur das Verhältnis zwischen dem Zielwert und einer Alternative an (z.B. kleiner, größer, gleich) und berücksichtigt nicht die absolute Differenz zwischen den Zielwerten (vgl. Zangemeister (1971), S. 151 f., Schneeweiß (1991a), S. 43 f., Götze (2006), S. 174). Eine metrische Skala (Kardinalskala) liegt vor, wenn die Zielwerte durch eine quantitative Messung bewertet werden können. Dies ist der Fall, wenn zusätzlich zur Ordnung auch die Größe des Abstands zwischen den Zielwerten festgelegt ist. Der Informationsgehalt metrisch skalierter Urteile ist hinsichtlich des Skalenniveaus am höchsten. Innerhalb der Kardinalskala wird weiterhin zwischen der Intervall- und Verhältnisskala sowie der absoluten Skala differenziert. Bei einer Intervallskala weisen die Skaleneinheiten gleiche

Abstände auf, welche Operationen wie Addition, Subtraktion und Mittelwertbildung ermöglichen. Jedoch sind bei der Intervallskala die Abstände der Skaleneinheiten sowie der Nullpunkt nicht definiert, weshalb eine Quotientenbildung nicht sinnvoll ist. Bei der Verhältnisskala liegt hingegen ein natürlicher Nullpunkt als Ausgangspunkt vor, welcher die Quotientenbildung von Messwerten bzw. aussagekräftige Verhältniswerte zulässt. Bei einer absoluten Skala ist darüber hinaus auch die Skaleneinheit definiert. Die Skala setzt sich aus reellen Zahlen bzw. dimensionslosen Werten zusammen. Die absolute Skala weist das höchste Messbarkeitsniveau auf (vgl. Zangemeister (1971), S. 153 ff., Schneeweiß (1991a), S. 40 ff., Heinrich and Stelzer (2009), S. 383 f., Götze (2006), S. 174). Aufgrund des bereits aufgeführten Genauigkeitsverlusts nominal und ordinal skalierter Kriterien, sollten die Zielerträge jedoch möglichst in einen kardinal skalierten Nutzwert transformiert werden (vgl. Pfnür (2011), S. 72, Götze (2006), S. 183).

Um die Bedeutung eines Zielkriteriums hinsichtlich der subjektiven Präferenzen eines Entscheiders zuzuordnen, ist eine Präferenzordnung der Zielkriterien herzustellen, indem die Zielkriterien mit Gewichten belegt werden. Die Präferenzordnung ermöglicht, dass die Zielwerte (Teilnutzen) bei der nachfolgenden Wertsynthese mit einem unterschiedlichen Gewicht Eingang in den Gesamtnutzen finden. Zur Herstellung der Präferenzordnung stehen verschiedene Verfahren wie beispielsweise die direkte oder absolute Gewichtung, der singuläre oder sukzessive Vergleich oder das Matrixverfahren zur Verfügung. Oftmals wird aufgrund des geringeren Aufwandes die direkte Gewichtung, die Zuweisung von Gewichten „aus dem Bauch heraus", in der praktischen Anwendung bevorzugt eingesetzt und ist daher weit verbreitet. Jedoch bietet sich diese sehr einfache Art der Gewichtung höchstens bei einer überschaubaren Kriterienanzahl an (vgl. Riedl (2006), S. 113, Pommer (2007), S. 121 ff., Heinrich and Stelzer (2009), S. 384).

Bei der anschließenden Wertsynthese werden die Teilnutzen der entsprechenden Alternativen in Bezug auf das jeweilige Kriterium zum Gesamtnutzen aggregiert. Die Aggregation wird mithilfe einer Entscheidungsregel durchgeführt, welche davon abhängt, ob nominal, ordinal oder metrisch skalierte Zielwerte vorliegen. Oftmals wird die einfache und praktische Vorgehensweise gewählt, die Zielwerte n_{ij} jeder Alternative A_i hinsichtlich des Kriteriums k_j mit den Gewichten g_j des Kriteriums k_j zu multiplizieren, um schließlich die Summe zu bilden, welche als Nutzwert N_i bezeichnet wird. Auf diese Weise kann eine endliche Anzahl mehrkriteriell zu beurteilender Alternativen unter Verwendung eines linearen Präferenzindex Φ^{NWA} in eine Präferenzordnung gebracht werden, welcher die Wertvorstellungen des Entscheidungsträgers modelliert (Zangemeister (1971), S. 84 f., S. 149 ff., Schneeweiß (1991b), S. 183 f., Lillich (1991), S. 84). Dabei gilt:

$$\Phi^{NWA} = N_i = \sum_{j=1}^{m} g_j n_{ij} \qquad (1)$$

Der Nutzwert N_i einer Alternative i ist dann die Summe der gewichteten Teilnutzenwerte (vgl. Tabelle 2). Die Gegenüberstellung der Nutzwerte der Alternativen resultiert in einer vollständigen Ordnung einer gegebenen Menge von Alternativen, die nach dem Nutzwert der einzelnen Alternativen (Gesamtnutzen) geordnet sind. Bei der Beurteilung der relativen Vorteilhaftigkeit wird die Alternative mit dem größten Nutzwert den anderen Alternativen vorgezogen. Eine absolute Vorteilhaftigkeit einer Alternative liegt vor, wenn der Nutzwert größer als ein vorzugebender Grenzwert ist (vgl. Riedl (2006), S. 114, Götze (2006), S. 184, Heinrich and Stelzer (2009), S. 386).

Tab. 2: Rechenschema der Nutzwertanalyse (Bechmann (1978), S. 31, modifiziert)

Kriterien	Alternativen Gewicht	A_1 Zielertrag	Zielwert	Teilnutzwert	A_2 Zielertrag	Zielwert	Teilnutzwert
k_1	g_1	e_{11}	n_{11}	$N_{11} = g_1 n_{11}$	e_{12}	n_{12}	$N_{12} = g_1 n_{12}$
k_2	g_2	e_{21}	n_{21}	$N_{21} = g_2 n_{21}$	e_{22}	n_{22}	$N_{22} = g_2 n_{22}$
k_3	g_3	e_{31}	n_{31}	$N_{31} = g_3 n_{31}$	e_{32}	n_{32}	$N_{32} = g_3 n_{32}$
$\sum$	$g_1 + g_2 + g_3$	Nutzwert von A_1		N_1	Nutzwert von A_2		N_2

Aufgrund der hohen Subjektivität der Gewichte und deren großer Einfluss auf das Gesamtergebnis ist es sinnvoll, eine abschließende Sensitivitätsanalyse durchzuführen. Mit der Durchführung einer Sensitivitätsanalyse wird das Ziel verfolgt zu überprüfen, wie stark das Endergebnis von der Unsicherheit der Eingangsparamter beeinflusst wird und wie sich Veränderungen der Eingangsparameter auf das Endergebnis auswirken. Beispielsweise können qualitative, skalierte Kriterien dahingehend überprüft werden, inwiefern die Variation eines bestimmten Gewichts das Endergebnis in Form der Rangfolge verändern würde (vgl. Geldermann and Lerche (2014), S. 44 ff.). Neben der Gewichtung können viele weitere Eingangsparameter wie der Zielertrag oder das Skalenniveau variiert werden, um die Auswirkungen der Variation auf den ermittelten Nutzwert aufzuzeigen. Entweder erfolgt diese Analyse über die Berechnung der Grenzwerte (kritische Werte) für die Variation einzelner oder mehrerer Eingangsparameter oder es werden die Auswirkungen zuvor definierter Abweichungen eines Wertes oder mehrerer Werte in Form von Simulationen berechnet (vgl. Pfnür (2011), S. 116, Heinrich and Stelzer (2009), S. 387, Pommer (2007), S. 75 f.). Durch die Ergebnisse der Sensitivitätsanalyse können drei Arten an Maßnahmen ausgelöst werden: Bei einer Bestätigung der ursprünglichen Ergebnisse bleibt die Handlungsempfehlung ohne jede Änderung. Werden große Schwankungen identifiziert, sollten die Analyseschritte wiederholt werden, um beispielsweise Modifikationen hinsichtlich des Zielsystems oder des Gewichtungsinstruments vorzunehmen. Führt das Ergebnis der Sensitivitätsanalyse zu einer abweichenden Handlungsempfehlung, sollte eine stabilere Alternative zur Strukturierung und Lösung des Problems herangezogen werden (vgl. Lifka (2009), S. 74).

2.1.2 Analytischer Hierarchieprozess (AHP)

Der Analytische Hierarchieprozess (Analytic Hierarchy Process; AHP) wurde Anfang der 1970er Jahre von Thomas L. Saaty zur Strukturierung und Lösung mehrkriterieller Entscheidungsprobleme mit einer endlichen Anzahl von Alternativen entwickelt (Saaty (1990b), S. 9, Lillich (1991), S. 75). Während die Nutzwertanalyse besonders im deutschsprachigen Raum weite Verbreitung gefunden hat, wird im internationalen Kontext dem Analytischen Hierarchieprozess (AHP) der Vorzug gegeben (vgl. Pommer (2007), S. 77). Der AHP basiert auf dem Leitgedanken, ein Entscheidungsproblem als Hierarchie einzelner Entscheidungselemente zu verstehen, zwischen denen bestimmte Beziehungen existieren (vgl. Haedrich et al. (1986), S. 121): *„The Analytic Hierarchy Process (...) is a theory of measurement. When applied in decision making it assists one to describe the general decision operation by decomposing a complex problem into multi-level hierarchic structure of objectives, criteria, subcriteria and alternatives"* (Saaty (1990a), S. 259).

Die dem Analytischen Hierarchieprozess zugrunde liegende Philosophie drückt sich bereits in der Namensgebung des Verfahrens aus: „Analytisch" bedeutet, dass die Entscheidungsunterstützung beim AHP mittels mathematisch, logischer Schlüsse erfolgt, die auf numerische Werte angewendet werden. Dabei können auch nicht direkt quantifizierbare Kriterien zur Entscheidungsfindung einbezogen werden. „Hierarchie"[3] weist darauf hin, dass beim AHP ein Entscheidungsproblem in Teilprobleme unterteilt wird, um es zu vereinfachen. Dabei wird das Entscheidungsproblem in Ebenen strukturiert, indem ein übergeordnetes Ziel (Oberziel) hierarchisch in Unterziele aufgelöst wird, an deren Basis sich die möglichen Alternativen befinden. „Prozess" bedeutet, dass jedes reale Entscheidungsproblem einen Prozess des Lernens, der Diskussion sowie der Revision von Prioritäten umfasst. Der AHP unterstützt diesen Entscheidungsprozess durch die Identifikation auftretender Widersprüche im Entscheidungsverhalten (vgl. Pommer (2007), S. 78, Schneeweiß (1991a), S. 158, Meixner and Haas (2015), S. 177, Zimmermann and Gutsche (1991), S. 65 f., Riedl (2006), S. 101).

In der entscheidungstheoretisch orientierten Literatur wird der Analytische Hierarchieprozess nicht als prinzipiell neues Verfahren, sondern als eine Variante der Nutzwertanalyse bezeichnet, dessen Besonderheit die Art und Weise zur Ermittlung der Wertfunktionen (Höhenpräferenzen) und Gewichte (Artenpräferenzen) darstellt. Diese werden beim AHP in sehr ähnlicher Weise bestimmt, sodass die Höhen- und Artenpräferenzen lediglich durch die Hierarchieebenen unterschieden werden können (vgl. Schneeweiß (1991a), S. 157 f., Pommer (2007), S. 78). Neben dieser gleichwertigen Behandlung und Betonung der Hierarchieebenen ist weiterhin die Annahme, dass Menschen kognitiv eher in der Lage sind, relative Einschätzungen abzugeben anstatt absolute Urteile zu treffen, kennzeichnend für dieses Verfahren (vgl. Schneeweiß (1991a), S. 158, Saaty (1982), S. 17 ff., Saaty (1986), S. 841). Aufgrund dessen werden beim AHP die Kriteriengewichte und Alternativenbewertungen immer im Paarvergleich auf

---

[3] *„A hierarchy is an abstraction of the structure of a system to study the functional interactions of its components and their impacts on the entire system" (Saaty (1980), S. 5).*

einer standardisierten Skala durch den Entscheidungsträger geschätzt. Dabei können geringfügige Inkonsistenzen des Entscheidungsträgers toleriert werden, da sie sich nicht wesentlich auf den Gewichtungsvektor auswirken und dennoch zu korrekten Gewichtungen führen (vgl. Saaty (2002), S. 86, Pommer (2007), S. 93, Götze (2006), S. 193).

Das Vorgehen des AHP wird durch das Flussdiagramm in Abbildung 3 wiedergegeben und nachfolgend näher beschrieben: Im ersten Schritt wird das Entscheidungsproblem strukturiert und hierarchisch in mindestens drei Ebenen abgebildet. Üblicherweise erfolgt die Hierarchiebildung nach dem Top-Down-Ansatz. Dabei ist darauf zu achten, dass die Teilziele und Alternativen klar voneinander abgegrenzt werden. Darüber hinaus ist die Erfassung aller Teilziele, welche die Erreichung des Oberziels bedingen, von großer Bedeutung (vgl. Weber (1993), S. 77, Zimmermann and Gutsche (1991), S. 68, Pommer (2007), S. 80). In der ersten Ebene steht ein Oberziel, welches in Teilziele bzw. Kriterien zerlegt wird. Wie bei der Nutzwertanalyse können beim Analytischen Hierarchieprozess sowohl qualitative als auch quantitative Kriterien berücksichtigt werden. Die Teilziele werden in der zweiten Hierarchieebene dargestellt, können aber auch in weitere Unterziele bzw. Sub-Kriterien auf niedrigeren Hierarchieebenen unterschiedlich tief gegliedert werden. Dabei ist zu berücksichtigen, dass zwischen den Teilzielen einer Ebene keine oder nur geringfügige Beziehungen existieren, da sie sich gegenseitig nicht beeinflussen dürfen. Dies gilt ebenfalls für die in der untersten Ebene angegebenen möglichen Alternativen (vgl. Pommer (2007), S. 80 f., Götze (2006), S. 188 f.).

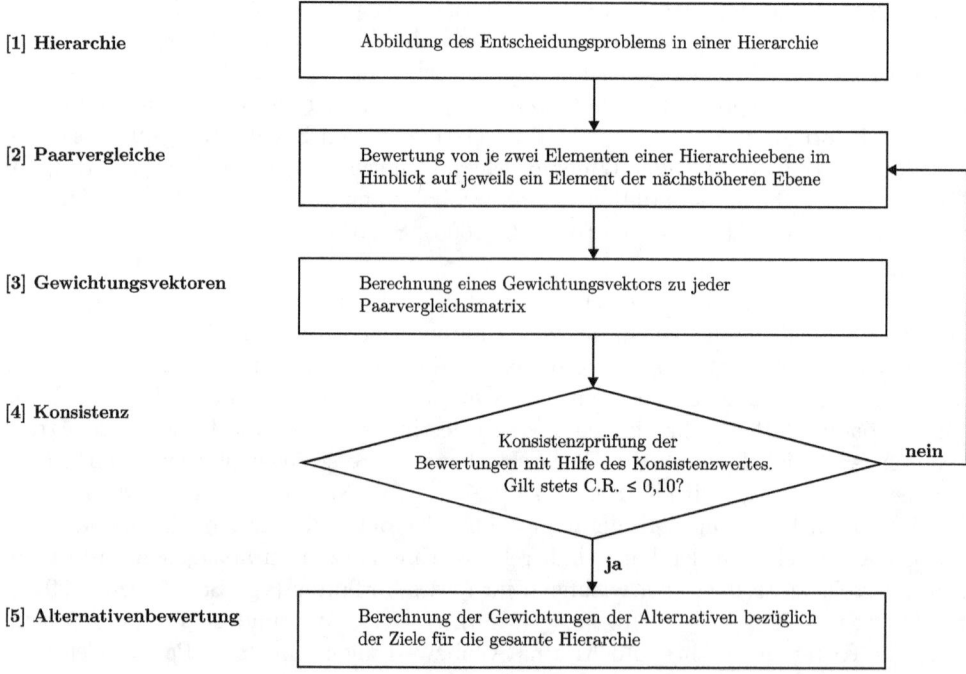

Abb. 3: Flussdiagramm zum Analytischen Hierarchieprozess (Zimmermann and Gutsche (1991), S. 70, modifiziert)

Im nächsten Schritt wird die relative Bedeutung aller Elemente einer Hierarchieebene im Hinblick auf jedes Element der nächst höheren Ebene bestimmt. Bei den Teilzielen bzw. Kriterien kann die relative Bedeutung als Anteil zur Erfüllung des Oberziels interpretiert werden, wohingegen sie bei den Alternativen den Vorteilhaftigkeitsgrad repräsentiert (vgl. Pommer (2007), S. 82, Lillich (1991), S. 76). Die relative Bedeutung wird mittels Paarvergleichen beurteilt, die in Form von Matrizen dargestellt und auf einer Verhältnisskala bewertet werden. Dafür kann die von Saaty entwickelte 9-Punkte-Skala verwendet werden (vgl. Tabelle 3). Für jedes Element des hierarchischen Systems wird eine Paarvergleichsmatrix erstellt, bei der im qualitativen Vergleich beurteilt wird, welches der beiden Elemente bedeutsamer ist. Diese qualitativen Beurteilungen werden mithilfe der 9-Punkte-Skala numerisch zugeordnet. Die 9-Punkte-Skala ermöglicht somit die Transformation von qualitativen Informationen in ein Verhältnisskalenniveau (vgl. Pommer (2007), S. 131 f., Zimmermann and Gutsche (1991), S. 70). Bei quantitativen Kriterien erfolgt der Paarvergleich über das numerische Verhältnis der Ausprägungen (vgl. Lillich (1991), S. 76). Als Voraussetzung für die Paarvergleiche gilt die Eigenschaft der Reziprozität. Das heisst, dass der Vergleichswert eines Paarvergleichselements gegenüber des anderen Elements dem Kehrwert des Vergleichswertes entspricht. Beurteilt der Entscheidungsträger beispielsweise Alternative A als dreimal bedeutsamer als Alternative B, so besagt die reziproke Aussage, dass Alternative B ein Drittel so bedeutsam ist wie Alternative A. Aufgrund der unterstellten Reziprozität der Paarvergleichsmatrizen lässt sich die Anzahl der Paarvergleiche halbieren. Das bedeutet, dass beim Paarvergleich von n Alternativen nur eine Anzahl von $\frac{1}{2}n(n-1)$ Vergleichen notwendig ist, um die Paarvergleichsmatrix vollständig zu füllen (vgl. Schneeweiß (1991a), S. 160 f., Zimmermann and Gutsche (1991), S. 67, Pommer (2007), S. 83).

Tab. 3: 9-Punkte-Skala von Saaty für die Paarvergleiche (Übersetzung aus dem Englischen: Saaty (1980), S. 54, zitiert nach Haedrich et al. (1986), S. 123)

Skalenwert	Definition	Interpretation
1	Gleiche Bedeutung	Beide verglichenen Elemente haben die gleiche Bedeutung für das nächst höhere Element.
3	Etwas größere Bedeutung	Erfahrung und Einschätzung sprechen für eine etwas größere Bedeutung eines Elements im Vergleich zu einem anderen.
5	Erheblich größere Bedeutung	Erfahrung und Einschätzung sprechen für eine erheblich größere Bedeutung eines Elements im Vergleich zu einem anderen.
7	Sehr viel größere Bedeutung	Die sehr viel größere Bedeutung eines Elements hat sich in der Vergangenheit klar gezeigt.
9	Absolut dominierend	Es handelt sich um den größtmöglichen Bedeutungsunterschied zwischen zwei Elementen.
2, 4, 6, 8	Zwischenwerte	

Auf der Grundlage der zuvor erstellten Paarvergleichsmatrizen werden im dritten Verfahrensschritt die Höhen- und Artenpräferenzen (Gewichtungsvektoren) für alle

Hierarchieelemente bestimmt. Für jede Paarvergleichsmatrix wird dazu die relative Bedeutung des entsprechenden Hierarchieelements im Kontext der Gesamthierarchie ermittelt und als Gewichtungsvektor zusammengestellt, welcher die Vielzahl der in den Paarvergleichen enthaltenen Informationen widerspiegelt (vgl. Götze (2006), S. 191). Die Ermittlung der Gewichtungsvektoren[4] kann entweder durch ein Näherungsverfahren oder mittels einer exakten Berechnung im Rahmen eines iterativen Prozesses erfolgen. Die exakte Berechnung, auch als Eigenvektormethode bezeichnet, gilt als theoretisches Fundament des Analytischen Hierarchieprozesses.[5] Die Eigenvektormethode ist wesentlich aufwendiger als das Näherungsverfahren durchzuführen, welches nachfolgend beschrieben wird.[6] Liegen vollkommen konsistente Matrizen vor, so führen beide Verfahren zum gleichen Ergebnis. Jedoch gilt anzumerken, dass eine vollkommene Konsistenz bei einer praktischen Durchführung nur schwer erreichbar ist (vgl. Pommer (2007), S. 85, Riedl (2006), S. 106, Götze (2006), S. 191 ff.).

Mithilfe eines Näherungsverfahrens, das in Tabelle 4 dargestellt ist, wird der gesuchte Gewichtungsvektor approximativ aus den Paarvergleichsmatrizen in vier Schritten abgeleitet. Die Summe aller Gewichte einer Paarvergleichsmatrix ergibt den Wert 1 bzw. 100%. Im ersten Schritt werden die Spaltensummen c_i der Paarvergleichsmatrix gebildet (Gleichung (2)). Diese spiegeln das Verhältnis der Beurteilung eines Elements gegenüber einem anderen Element wieder. Dabei gilt: Je höher die Spaltensumme eines Elements im Verhältnis zu Anderen ist, desto größer ist die Bedeutung (Präferenz, Gewicht, usw.) des entsprechenden Elements. Darauf aufbauend wird im zweiten Schritt die normierte Paarvergleichsmatrix berechnet, sodass die Summe der Spaltensummen sowie die Summe der finalen Gewichte den Wert 1 ergibt. Anschließend folgt im dritten Schritt die Berechnung der Zeilensummen r_i (Gleichung (3)). Im vierten und letzten Schritt werden die Gewichte w_i bestimmt (Gleichung (4)). Dazu werden die Zeilensummen durch die Anzahl der Elemente dividiert, um den Vektor zu berechnen, welcher die Bedeutungsgewichte der Elemente repräsentiert (vgl. Pommer (2007), S. 85 f., Riedl (2006), S. 107, Meixner and Haas (2015), S. 214 ff.).

Tab. 4: Näherungsverfahren zur vereinfachten Gewichtsberechnung (Pommer (2007), S. 87, nach Meixner and Haas (2015), S. 216)

	Schritt 1			Schritt 2				Schritt 3	Schritt 4
	Paarvergleichsmatrix			**Normierung**				$\sum$ **Zeilen**	**Gewicht**
	a_1	a_2	... a_n	a_1	a_2	...	a_n	r_i	w_i
a_1	$a_{11}=1$	a_{12}	... a_{1n}	a_{11}/c_1	a_{12}/c	...	a_{1n}/c_n	r_1	$w_{1=r_1/n}$
a_2	$a_{21}=1/a_{12}$	1	a_{2n}	a_{21}/c	a_{22}/c_2	...	a_{2n}/c_n	r_2	$w_{2=r_2/n}$
⋮	⋮	⋮	⋮	⋮	⋮		⋮	⋮	⋮
a_n	$a_{n1}=1/a_{1n}$	a_{2n}	... $a_{nn}=1$	a_{n1}/c_1	a_{n2}/c	...	a_{nn}/c_n	r_n	$w_{n=r_n/n}$
c_i	c_1	c_2	... c_n	1	1	...	1	n	1

---

[4] Zur Bestimmung der Artenpräferenzen wird beim AHP die gleiche Methode wie bei den Wertfunktionen verwendet (vgl. Lillich (1991), S. 81).
[5] Für weiterführende Informationen zur mathematischen Berechnung siehe Saaty (1982), S. 77 ff.
[6] Neben dem hier aufgeführten Näherungsverfahren existieren weitere Verfahren, welche beispielsweise in Saaty (2001), S. 55 f. näher erläutert werden (vgl. Pommer (2007), S. 85).

2.1. Verfahren zur Unterstützung mehrkriterieller Entscheidungen

Für das Näherungsverfahren zur vereinfachten Gewichtsberechnung gilt:

$$c_1 = \sum_{i=1}^{n} a_{i1}, ..., c_n = \sum_{i=1}^{n} a_{in} \qquad (2)$$

$$r_1 = \sum_{i=1}^{n} \frac{a_{1i}}{c_i}, ..., r_n = \sum_{i=1}^{n} \frac{a_{ni}}{c_i}; n = \sum_{i=1}^{n} r_i \qquad (3)$$

$$\sum_{i=1}^{n} w_i = 1 \qquad (4)$$

Um die Reliabilität der subjektiven Entscheidungen zu überprüfen und Widersprüche aufzudecken, wird im vierten Verfahrensschritt eine Konsistenzprüfung aller Paarvergleichsmatrizen durchgeführt. Ist eine Einschätzung bzw. Entscheidung konsistent, so liegen keine Widersprüche vor. Saaty (2002) differenziert dabei in ordinale Transitivität und kardinale Konsistenz. Eine Entscheidung wird als ordinal transitiv bezeichnet, wenn zum Beispiel A wichtiger als B, B wichtiger als C und gleichzeitig A wichtiger als C ist. Ist beispielsweise A zweimal wichtiger als B und B dreimal wichtiger als C, ist A bei einer kardinal konsistenten Entscheidung folglich sechsmal wichtiger als C (vgl. Saaty (2002), S. 86, Belton (1986), S. 12, Riedl (2006), S. 107). Für die Beurteilung der Konsistenz der Paarvergleichsurteile wird zunächst ein Konsistenzindex $C.I.$ (Consistency Index) ermittelt (Gleichung (5)). Liegt eine vollkommene Konsistenz einer Paarvergleichsmatrix vor, entspricht deren größter Eigenwert λ_{max} der Anzahl der Elemente n des gesuchten Eigenvektors ($\lambda_{max} = n$).[7] Bei inkonsistenten Urteilen ist $\lambda_{max} \geq n$. Folglich sind die Paarvergleichsurteile umso konsistenter, je näher λ_{max} bei n liegt (vgl. Zelewski and Peters (2003), S. 1212, Pommer (2007), S. 94):

$$C.I. = \frac{\lambda_{max} - n}{n - 1} \qquad (5)$$

Bei der Durchführung einer Vielzahl von Paarvergleichen kann nicht von der Konsistenz aller Entscheidungen ausgegangen werden (vgl. Götze (2006), S. 194, Riedl (2006), S. 107). Wie bereits erwähnt, ist ein gewisses Maß an Inkonsistenz akzeptierbar und für die Güte einer Entscheidung unerheblich. Jedoch sollten die Paarvergleichsurteile nochmals hinterfragt werden, wenn zulässige Grenzen überschritten werden. Daher wird auf der Grundlage des Konsistenzindex $C.I.$ und des Random Index $R.I.$ ein Konsistenzwert $C.R.$ (Consistency Ratio) als relatives Konsistenzmaß ermittelt (vgl. Pommer (2007), S. 95, Zelewski and Peters (2003), 1212). Es gilt:

---

[7] Weiterführende Informationen zur Berechnung von λ_{max} sind beispielsweise bei Saaty (2002), S. 87 ff. zu finden.

$$C.R. = \frac{C.I.}{R.I.} \tag{6}$$

Der Random Index $R.I.$ ist ein durchschnittlicher Konsistenzindex, welcher aus zufällig ermittelten, reziproken Matrizen empirisch hergeleitet wurde und aus entsprechenden Tabellen entnommen werden kann. In Tabelle 5 sind beispielsweise die Werte des Random Index für Matrizen bis zu einer Dimension von $n = 15$ dargestellt (vgl. Saaty (1980), S. 21, Zelewski and Peters (2003), S. 1212). Nach Saaty (1980) können Werte des Random Index $\leq 0,10$ als akzeptabel angesehen werden (vgl. Saaty (1980), S. 21). Wird der Random Index überschritten, ist eine Überprüfung und Revision der Paarvergleichsurteile notwendig (vgl. Pommer (2007), S. 95).

Tab. 5: Random Index $R.I.$ Werte nach Saaty (Saaty (1980), S. 21)

n	1	2	3	4	5	6	7	8	9	10	11	12	13	14	15
$R.I.$	0,00	0,00	0,58	0,90	1,12	1,24	1,32	1,41	1,45	1,49	1,51	1,48	1,56	1,57	1,59

Liegen keine oder akzeptable Inkonsistenzen der Paarvergleichsurteile vor, werden im fünften Verfahrensschritt die Gewichtungen der vorliegenden Alternativen hinsichtlich der Ziele für die gesamte Hierarchie berechnet. In den vorangegangenen Schritten wurde die relative Bedeutung der Elemente für ein Element der nächst höheren Ebene bestimmt und in einem Gewichtungsvektor zusammengefasst. Darauf aufbauend wird die globale Priorität (Gewichtung) ermittelt. Das heißt, es erfolgt die Bedeutungseinschätzung der einzelnen Zielkriterien, um daraus resultierend die Vorteilhaftigkeit bestimmter Alternativen in Bezug auf die oberste Zielsetzung abzuleiten. Dies ist erforderlich, um die Gewichtungsvektoren hinsichtlich der Elemente aller weiteren Ebenen aggregieren zu können (vgl. Götze (2006), S. 195, Riedl (2006), S. 110). Aus den Paarvergleichen resultiert der Gewichtungsvektor für diejenige Hierarchieebene, welche dem Oberziel direkt untergeordnet ist. Dieser Gewichtungsvektor drückt die relative Bedeutung der jeweiligen Teilziele bzw. Kriterien hinsichtlich des Oberziels (lokale bzw. globale Priorität) aus und stellt die Ausgangslage für die Ermittlung der Elementgewichte in den nachfolgenden Hierarchieebenen dar. Durch die Multiplikation dieses Vektors mit den Gewichtungsvektoren der nachfolgenden Ebene wird erneut ein Gewichtungsvektor errechnet, welcher die entsprechende globale Priorität für die Elemente der nachfolgenden Ebene darstellt. Die Fortsetzung dieses Vorgehens führt zur Berechnung der Gewichtungen der in der untersten Hierarchieebene erfassten Alternativen (vgl. Zimmermann and Gutsche (1991), S. 71 f., Pommer (2007), S. 96 ff., Götze (2006), S. 195 f., Riedl (2006), S. 110). Vergleichbar mit der Nutzwertanalyse wird beim AHP ein Gesamtnutzenindex U ermittelt. Dazu werden die Wertfunktionen u_i und Gewichte w_i der Elemente i zu einem linearen Präferenzindex der Form

$$\Phi^{AHP} = U = \sum_{i=1}^{n} w_i u_i \tag{7}$$

aggregiert, welcher jedoch nur für die betrachteten n Alternativen gültig ist (vgl. Schneeweiß (1991a), S. 81, Zelewski and Peters (2003), S. 1216). Ändert sich beispielsweise die Anzahl der Alternativen, so ist die vorliegende Präferenzordnung in der Regel nicht stabil. In diesem Fall sollte die Bestimmung der Gewichte durch eine Neubewertung der Kriterien kompensiert werden. Darüber hinaus gilt anzumerken, dass die globalen Prioritäten auf eine andere Art und Weise berechnet werden als die Gewichte der Zielkriterien bei der Nutzwertanalyse[8] (vgl. Zelewski and Peters (2003), S. 1216, Götze (2006), S. 196, Lillich (1991), S. 81).

Die Summe aller globalen Prioritäten je Alternative ergibt deren Gewicht und wird als Anteil des Wertes 1 bzw. als prozentualer Anteil angegeben. Ähnlich wie bei der Ermittlung des Nutzwerts im Rahmen der Nutzwertanalyse, kann die globale Priorität als Summe gewichteter Teilprioritäten verstanden werden, welche das jeweilige Gewicht der Alternative im Vergleich zu anderen Alternativen ausdrückt. Für die Beurteilung der Alternativen gilt: Je höher das Gewicht einer Alternative ist, desto stärker ist diese zu präferieren (vgl. Pommer (2007), S. 98, Götze (2006), S. 195 f.). Bevor jedoch eine Entscheidung getroffen wird, empfiehlt es sich, eine Sensitivitätsanalyse analog zum dargelegten Vorgehen im Rahmen der Nutzwertanalyse durchzuführen.[9] Diese zeigt die Veränderungen des Gesamtgewichts bei veränderten Kriterien- oder Alternativengewichten auf (vgl. Pommer (2007), S. 98, Riedl (2006), S. 111).

2.1.3 Vergleichende Betrachtung: NWA – AHP

Sowohl die Nutzwertanalyse als auch der Analytische Hierarchieprozess sind Verfahren, die es ermöglichen, ein Entscheidungsproblem systematisch zu strukturieren und transparent darzustellen. Beide Verfahren lassen sich in durchzuführende Verfahrensschritte gliedern, die chronologisch zu durchlaufen sind. Dabei gilt anzumerken, dass beim AHP Rücksprünge nach Abschluss bestimmter Phasen nur eingeschränkt möglich sind (vgl. Riedl (2006), S. 116 f., Götze (2006), S. 187).

Die Nutzwertanalyse ist ein relativ einfaches und gut nachvollziehbares Verfahren, bei dem sich die Ergebnisse leicht interpretieren lassen (v.a. bei einer Normierung auf den Wert 1 oder 100). Darüber hinaus lässt sich die NWA mit geringem Rechenaufwand durchführen (vgl. Götze (2006), S. 197). Der Analytische Hierarchieprozess ist mathematisch anspruchsvoller, was mit einem vergleichsweise hohen Rechenaufwand einhergeht. Die Wertfunktionen und Gewichte können über die Eigenwertmethode ermittelt und für die vorliegenden Alternativen exakt angepasst werden. Darin liegt auch die Stärke des AHP. Diese Genauigkeit ist gleichzeitig auch seine Schwäche. Die Beurteilungen und daraus resultierenden Rangfolgen aufgrund von Paarvergleichen sind nur für die vorliegenden Alternativen gültig. Eine nachträgliche Berücksichtigung von

---

[8] Als Grund hierfür kann aufgeführt werden, dass beim AHP die Elemente einer Ebene mit denen der nächst höheren Ebene verbunden sein können, während dies bei der Nutzwertanalyse nicht möglich ist (vgl. Götze (2006), S. 196).
[9] Siehe auch Abschnitt 2.1.1.

Alternativen kann zu Rangreversionen (rank reversals) führen, ohne dass sich das Wertverhalten des Entscheidungsträgers geändert hat. Gegeben sind beispielsweise zwei Alternativen A und B, wobei gilt: A > B. Wird eine weitere Alternative C hinzugefügt, kann sich folgende neue Präferenzordnung ergeben, bei der sich die Rangfolge zwischen A und B umkehrt: C > B > A. Diese Veränderung der Rangfolge wird von den meisten Kritikern als nicht logisch bezeichnet (vgl. Schneeweiß (1991a), S. 174 f., Götze (2006), S. 203 f., Riedl (2006), S. 116 f.). Dahingegen sind Anpassungen aufgrund ergänzender Anforderungen bei der Nutzwertanalyse zumeist leicht vorzunehmen (vgl. Bechmann (1978), S. 41).

Neben dem Rechenaufwand ist beim AHP auch der Datenermittlungsaufwand relativ groß, da für alle Elemente Paarvergleiche hinsichtlich der Elemente in der nächst höheren Ebene durchgeführt werden. Aufgrund dessen ist die Verwendung des AHP nicht für eine umfangreichere Menge an Alternativen vorgesehen (vgl. Schneeweiß (1991b), S. 192). Die Verwendung der 9-Punkte-Skala erleichtert diesen Vorgang, birgt jedoch aufgrund des fehlenden natürlichen Nullpunkts ein Fehlerpotenzial bei der Beurteilung der Paarvergleiche[10] (vgl. Belton (1986), S. 11, Götze (2006), S. 203). Aber auch die Datenermittlung bei der NWA kann mit Schwierigkeiten verbunden sein, da die Festlegung der Zielgewichte und Teilnutzenwerte kardinales Messniveau erfordert. Darüber hinaus werden die Zielkriterien, die Zielgewichte und die Transformationsfunktionen mithilfe von subjektiven Einschätzungen ermittelt. So erfolgt die Generierung der Kriterienrangfolge bei der Nutzwertanalyse nicht durch Paarvergleiche, sondern zumeist durch eine direkte Gewichtung, die intuitive Zuweisung eines prozentualen Schätzwerts. Allerdings können die Unsicherheiten und deren Auswirkungen hinsichtlich der Validität der generierten Daten mittels ergänzender Verfahren wie Sensitivitäts- oder Risikoanalysen untersucht werden (vgl. Götze (2006), S. 187, Pommer (2007), S. 121). Auch beim Analytischen Hierarchieprozess empfiehlt es sich, diese abschließend durchzuführen, obgleich eine Konsistenzprüfung als wesentlicher Bestandteil des Verfahrens erfolgt. Ein grundlegender Unterschied zwischen den beiden Verfahren ist die Tatsache, dass diese Überprüfung der Widerspruchsfreiheit bzw. der logischen Konsistenz aller Beurteilungen sowie der Stabilität der Ergebnisse bei der Nutzwertanalyse nicht existiert (vgl. Lifka (2009), S.111, Götze (2006), S. 204).

Weiterhin unterscheiden sich die beiden Verfahren hinsichtlich der Berücksichtigung von qualitativ und quantitativ messbaren Größen, welche grundsätzlich zulässig und möglich ist. Beim Analytischen Hierarchieprozess können diese direkt miteinander verglichen werden. Demgegenüber müssen bei der Nutzwertanalyse verschieden skalierte Kriterien zur Herstellung einer Vergleichbarkeit im Zuge der Transformation der Zielerträge in Zielwerte zuerst umgewandelt werden. Dies kann mit einem Informationsverlust einhergehen, wenn eine Transformation von einem höheren auf ein niedrigeres Skalenniveau erfolgt, z.B. wenn quantitative Daten in „quasi-metrische" bzw. ordinale Daten transformiert werden (vgl. Riedl (2006), S. 117, Götze (2006), S. 187).

---

[10] Die logische Inkonsistenz der 9-Punkte-Skala wird in der Literatur oftmals aufgeführt. Wird beispielsweise einem Element A im Vergleich zu B sowie einem Element B im Vergleich zu C jeweils der Skalenwert 5 zugeordnet, müsste bei Konsistenz A gegenüber C den Skalenwert 25 repräsentieren. Dies ist jedoch aufgrund der Beschränktheit der Skala (Werte zwischen $\frac{1}{9}$ und 9) nicht möglich (vgl. Lillich (1991), S. 77).

Abschließend kann als Gemeinsamkeit beider Verfahren aufgeführt werden, dass die Inexistenz von Interdependenzen zwischen Elementen bzw. Kriterien von Bedeutung ist. Dies lässt sich in einer realitätsgetreuen Abbildung eines Entscheidungsproblems zumeist nur bedingt umsetzen. In diesem Zusammenhang sei erwähnt, dass der Analytische Hierarchieprozess zur Lösung dieser Problematik zum Analytischen Netzwerkprozess (Analytic Network Process; ANP) weiterentwickelt wurde (vgl. Riedl (2006), S. 115 f., Saaty (2001), S. 83 ff.). Die Vorgehensweise sowie die methodischen Grundlagen des AHP und ANP sind weitestgehend identisch. Der maßgebliche Unterschied zum Analytischen Hierarchieprozess und der Nutzwertanalyse besteht darin, dass beim Analytischen Netzwerkprozess Abhängigkeiten[11] zwischen Elementen zulässig sind (vgl. Saaty (2004), S. 129, Peters and Zelewski (2008), S. 478).

2.1.4 Verfahrensauswahl

Aus den vorangegangenen Ausführungen kann geschlossen werden, dass sich sowohl die Nutzwertanalyse als auch der Analytische Hierarchieprozess trotz diverser Unterschiede im Verfahrensablauf, welche bei beiden Verfahren mit Vor- und Nachteilen verbunden sind, für eine transparente und systematische Strukturierung des im Kontext dieser Arbeit zu entwickelnden Ratingmodells eignen. Beide Verfahren setzen voraus, dass die Ziele klar definiert und alle für die Beurteilung relevanten Überlegungen offengelegt werden. Dabei können Kriterien unterschiedlicher Dimensionen berücksichtigt und beurteilt werden. Letztendlich dienen beide Verfahren dazu, ein Entscheidungsproblem strukturiert zu vereinfachen und daraus resultierend eine Entscheidungsfindung herbeizuführen. Grundsätzlich hätten auch weitere MCDM-Verfahren in Betracht gezogen werden können (z.B. der ANP), die Eingrenzung auf die NWA und den AHP im Rahmen dieser Arbeit erscheint jedoch angemessen.

Ohne Zweifel stellt der AHP eine geeignete Methode für die Entwicklung des vorliegenden Nachhaltigkeitsratings dar, dem einige Vorteile hinsichtlich der Ermittlung der Gewichte mittels Paarvergleichen sowie der Überprüfung der Logik und Konsistenz der Paarvergleichsurteile zugeschrieben werden können, welche allerdings mit einem erheblichen Rechenaufwand verbunden ist. In dieser Hinsicht bietet die NWA als gut nachvollziehbares Verfahren mit leicht interpretierbaren Ergebnissen einen entscheidenden Vorteil. Darüber hinaus sind Modifikationen aufgrund zusätzlicher oder veränderter Anforderungen leicht durchführbar. Lediglich die Herstellung der Kriterienrangfolge ist kritisch anzusehen, da zumeist eine direkte Gewichtung vorgenommen wird.

Aufgrund der vorangegangenen Ausführungen wird im Rahmen dieser Arbeit die Nutzwertanalyse angewandt. Diese wird allerdings dahingehend modifiziert, dass die relativen Kriteriengewichte in einer risiko- und szenarienbasierten Betrachtung herge-

---

[11] Dies umfasst Abhängigkeiten innerhalb einer Hierarchieebene sowie die Abhängigkeit von Paarvergleichen innerhalb einer Ebene von der nächst höheren und/oder von der nächst tieferen Ebene, welche in einem sogenannten Entscheidungsnetzwerk dargestellt werden (vgl. Saaty (2004), S. 129, Peters and Zelewski (2008), S. 478).

leitet werden. Die Vorziehenswürdigkeit dieses Verfahrens liegt zudem darin begründet, dass eine Vergleichbarkeit von ESI Deutschland und ESI Schweiz angestrebt wird. Die Anwendung der Nutzwertanalyse im Rahmen dieser Arbeit wird im Zusammenhang mit der Darstellung der Vorgehensweise und Methode in Abschnitt 2.3 näher erläutert.

Zuletzt sei angemerkt, dass im deutschsprachigen Raum Verfahren zur Unterstützung mehrkriterieller Entscheidungen auch als Bewertungsverfahren oder Bewertungsmethoden bezeichnet werden, beispielsweise im Zusammenhang mit den Bereichen Immobilienwertermittlung oder Immobilienrating (vgl. Pommer (2007), S. 70). Da die vorliegende Arbeit diesen Bereichen thematisch zugeordnet werden kann, wird im Folgenden nicht mehr von entscheidungsunterstützenden Verfahren gesprochen, sondern die Bezeichnung Bewertungsverfahren im Kontext der Entwicklung eines Nachhaltigkeitsratings verwendet.

2.2 Rating

Der Begriff des Ratings entstammt dem englischen Sprachgebrauch und bedeutet im Deutschen vorrangig Bewertung, Beurteilung, Einstufung und Einschätzung. Dabei kann sowohl das Verfahren zur Generierung eines Ratingergebnisses, als auch das Verfahrensergebnis selbst gemeint sein. Die Definition eines Ratings kann daher in Abhängigkeit der Zielsetzung sehr stark variieren (vgl. Doleschal (2008), S. 13, Everling and Schneck (2004), S. 87). Da die Zielsetzung und das damit im Zusammenhang stehende Anwendungsgebiet nicht festgelegt ist, lässt sich ein Rating im Allgemeinen als ein Ergebnis bzw. Verfahren beschreiben, welches der Bewertung von Personen, Objekten oder Situationen mithilfe von Skalen dient und in verschiedenen Bereichen eingesetzt werden kann. Beispielsweise können Länder, Regionen, Branchen, Unternehmen, Eigenkapital- und Schuldtitel oder auch Immobilien einem Rating unterzogen werden (vgl. Landgraf and Rohde (2010), S. 230, Doleschal (2008), S. 13).

Unabhängig vom Bewertungsgegenstand, ist ein Rating klar von einer Rangfolge, auch als Scoring oder Ranking bezeichnet, zu unterscheiden, obgleich diese Begrifflichkeiten im Sprachgebrauch oftmals synonym verwendet werden. Beide Verfahren verfolgen die Zielsetzung einer Kriterienbewertung und einer zusammenfassenden Gesamtbeurteilung des Bewertungsgegenstandes, um auf diese Weise Informationsdefizite zu reduzieren. Jedoch gibt es diverse Unterschiede zwischen einem Rating und einer Rangfolge (vgl. Doleschal (2008), S. 14). Für die Abgrenzung der Arbeit wird nachfolgend kurz auf die Rangfolgen eingegangen. Darauf folgend werden Ratings und die allgemeinen Ratingtypen im immobilienwirtschaftlichen Kontext dargestellt, welche dem Verständnis für die Zielsetzung dieser Arbeit – ein Nachhaltigkeitsrating – dienen.

Rangfolgen gelten als Vorstufen zu Ratings, da sie keine Prognosefähigkeit besitzen. Dies bedeutet, dass mithilfe von Rangfolgen keine Aussagen zur Eintrittswahrscheinlichkeit einer bestimmten Zielgröße oder eines Ereignisses getroffen werden können.

2.2. Rating

Bei Rangfolgen wird den Bewertungsobjekten einer peer group anhand einer Skala ein Rangplatz zugeordnet. Da als Bewertungsgrundlage quantifizierbare Inputgrößen herangezogen werden, weshalb zumeist keine Bildung von Kategorien im Sinne einer ordinalen Skalierung erfolgt, stellt das Rangfolgenergebnis lediglich die Entwicklung des Bewertungsgegenstands im entsprechenden Betrachtungszeitraum im Verhältnis zu Wettbewerbern dar (vgl. gif (2004), S. 7, Doleschal (2008), S. 14).

Ratings hingegen besitzen eine Prognosefähigkeit und stellen daher ein zukunftsorientiertes und aktuelles Verfahren bzw. Ergebnis dar. Beim Rating wird nicht das eigentliche Bewertungskriterium beurteilt, sondern es werden die zugrunde liegenden Einflussgrößen einer Bewertung unterzogen, um basierend auf den Prognosen zu den verschiedenen Einflussgrößen eine Aussage über die zukünftige Entwicklung des eigentlichen Kriteriums abzuleiten. Dabei können sowohl quantitative als auch qualitative Inputgrößen herangezogen werden. Um eine zusammengefasste, skalierte Gesamtbeurteilung als Ergebnis zu erhalten, welche als Entscheidungsgrundlage fungieren kann, werden Messstandards und ein entsprechender Verrechnungsschlüssel definiert (vgl. Landgraf and Rohde (2010), S. 230, Doleschal (2008), S. 14 f.). Das bedeutet, dass die Bewertungsergebnisse für einzelne Merkmale bzw. Ausprägungen auf einer Ratingskala, welche markierte Abschnitte eines Ausprägungskontinuums vorgibt, dargestellt und mithilfe einer definierten Gewichtung für jedes Kriterium zu einem Gesamtergebnis oder einer Ratingklassifikation zusammengefasst werden. Dabei werden häufig die Ratingklassifikationen AAA bis E– verwendet (vgl. Knepel and Völxen (2009), S. 248 f., Nentwig (2009), S. 367). Grundsätzlich wird ein Rating als ein systematisches und objektiviertes Bewertungsverfahren mithilfe einer standardisierten Durchführung angesehen. Allerdings sei angemerkt, dass ein Rating insbesondere hinsichtlich der Prognoseelemente subjektive Einschätzungen über die Zukunft enthält, welche sich auf heute gültige Annahmen stützen (vgl. Landgraf and Rohde (2010), S. 230, Doleschal (2008), S. 15).

Im immobilienwirtschaftlichen Kontext können Ratings in unterschiedlichen Bereichen eingesetzt werden. Dabei kann in die nachfolgenden, relevanten Ratingtypen differenziert werden:

— Markt- und Standortrating: Einerseits trägt die Bau- und Immobilienwirtschaft einen nicht unwesentlichen Anteil zur gesamtwirtschaftlichen Entwicklung bei, andererseits steht sie in Abhängigkeit von konjunkturellen Faktoren. Diese Faktoren werden mithilfe des Markt- und Standortratings bewertet.[12] Somit dient dieser Ratingtyp der Bewertung der Marktgegebenheiten sowie des Mikro- und Makrostandorts einer Immobilie im Hinblick auf die zukünftigen Entwicklungen von Chancen und Risiken (vgl. Landgraf and Rohde (2010), S. 233, Trotz, R. (Hrsg.) (2004), S. 23).

— Immobilienobjektrating: Das Immobilienobjektrating stellt eine umfassende Bewertung aller Faktoren dar, welche die Wertentwicklung einer Immobilie beeinflussen können. Zudem wird mit einem Immobilienobjektrating die Wirtschaft-

---
[12] Für weiterführende Informationen siehe z.B. Landgraf and Rohde (2010), S. 232.

lichkeit einer Investition in ein Immobilienobjekt bewertet, wodurch die wirtschaftlichen und technischen Risiken sowie die daraus resultierenden Chancen aufgezeigt werden können (vgl. Landgraf and Rohde (2010), S. 233).[13] Einsatzgebiete von Objektratings sind beispielsweise Investitions- und Desinvestitionsentscheidungen, die Portfolioanalyse und -steuerung, Risikoanalyse von Portfolien, Marktwertermittlung nach IAS/IFRS, Kreditanalyse bei der Gewährung von Immobiliendarlehen, Internal Rating Advanced Approach (vgl. Trotz, R. (Hrsg.) (2004), S. 23).

- Produktrating: Produktratings dienen der Bewertung eines Immobilienanlageproduktes wie beispielsweise Immobilienfonds oder Real Estate Investment Trusts (REITs). Das Rating soll Informationen über sicherheitsrelevante Eigenschaften des Anlageproduktes liefern, jedoch keine Empfehlung darstellen. Vielmehr soll ein Produktrating die Vergleichbarkeit verschiedener Investitionsalternativen gewährleisten (vgl. Landgraf and Rohde (2010), S. 234).

Die vorliegende Arbeit fokussiert auf das Rating von Immobilienobjekten hinsichtlich nachhaltigkeitsrelevanter Immobilieneigenschaften (Gebäude- und Standortmerkmale). Dabei wird unter dem Begriff des Ratings das Verfahrensergebnis, nicht jedoch das Verfahren zur Generierung eines Ratingergebnisses verstanden. Die hierfür angewandte Vorgehensweise und Methode wird im Folgenden dargelegt.

2.3 Vorgehensweise und Methode

Im Rahmen dieser Arbeit soll das Nachhaltigkeitsrating ESI Deutschland entwickelt werden. Es wird nicht angestrebt, ein bestehendes Objektrating um Nachhaltigkeitskriterien zu erweitern, sondern ein eigenständiges Modell zur Beurteilung der Nachhaltigkeit von Büroimmobilien in Deutschland zu entwickeln. Für die Modellentwicklung wird die Nutzwertanalyse herangezogen. Diese wird hinsichtlich der Kriteriengewichtung dahingehend modifiziert, dass die Gewichte nicht in einer direkten Gewichtung zugewiesen, sondern mithilfe eines risikobasierten Gewichtungsmodells hergeleitet werden, welches zukünftige Entwicklungen modelliert und daher Prognosekraft besitzt.

Um die Praktikabilität, Plausibilität sowie Validität des Nachhaltigkeitsratings zu gewährleisten, wird die vorliegende Arbeit von Experten aus Praxis und Forschung (Projektbeirat) begleitet. Der Projektbeirat repräsentiert Vertreter unterschiedlicher Interessen und Kenntnisse des deutschen Immobilienmarktes im Zusammenhang mit der Thematik der vorliegenden Arbeit und setzt sich aus Immobilieneigentümern, Immobilienwertermittlern und -beratern, Baukostenplanern und Vertretern anderer Hoch-

---

[13] *Siehe auch* Definition der gif: *„Das Immobilienobjekt-Rating besteht aus der Beurteilung der qualitativen und quantitativen Eigenschaften sowie der Wettbewerbsfähigkeit des Objektes. Die Frage der Finanzierung und Kreditaufnahme fließt in das Objektrating nicht ein" (gif (2004), S. 9).*

2.3. Vorgehensweise und Methode

schulen sowie Verbänden zusammen.[14] Zudem stellt der Projektbeirat die „Experten der Risikoschätzungen"[15] zur Herleitung der relativen Gewichte des Ratings. Begleitend zur Ratingentwicklung werden darüber hinaus zwei Reihen von Testanwendungen (Praxistests) zur Optimierung und Validierung der Ergebnisse durchgeführt. Im Folgenden werden die einzelnen Arbeitsschritte zur Entwicklung des Nachhaltigkeitsratings ESI Deutschland näher erläutert, welche in Abbildung 4 schematisch dargestellt sind.

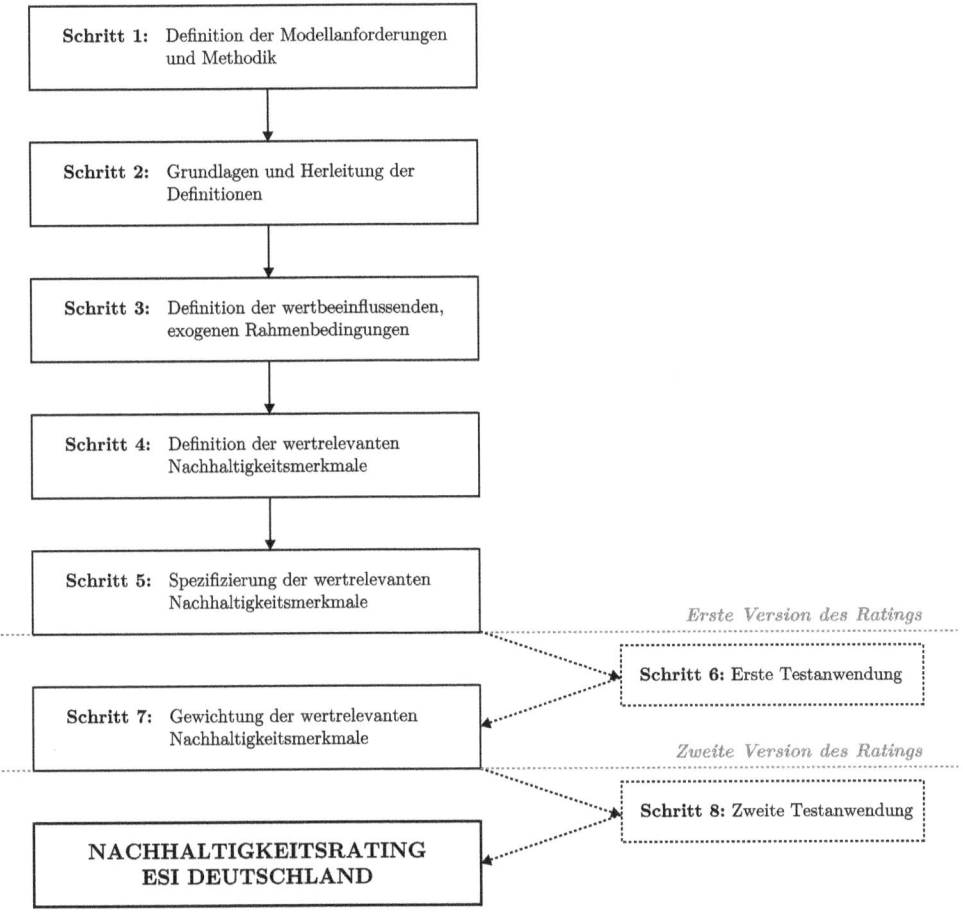

Abb. 4: Schematische Darstellung der Vorgehensweise und Methode
(Eigene Darstellung)

---

[14] *Siehe auch* Anhang A.
[15] Die Expertengruppe der Risikoschätzungen besteht aus Immobilienbewertern und Immobilieneigentümern zur Durchführung der Ertragsschätzungen sowie aus Baukostenermittlern/-planern für die Schätzungen der Kostenfolgen (Kostenschätzungen); s.a. Anhang A.

Schritt 1: Definition der Modellanforderungen und Methodik Zu Beginn der Modellentwicklung erfolgt die Definition der Anforderungen an das Nachhaltigkeitsrating ESI Deutschland. Dabei steht neben der Plausibilität des Ratingmodells dessen Praktikabilität im Vordergrund, welche sich in diesem Zusammenhang auf eine adäquate Beurteilbarkeit innerhalb eines angemessenen Zeitaufwandes und die Verfügbarkeit der abgefragten Daten in der Praxis stützt. Ergänzend hierzu spielt der CCRS Economic Sustainability Indicator (ESI Schweiz) eine tragende Rolle. Dieser wurde parallel zur Modellentwicklung von ESI Deutschland von einem Korrekturfaktor bei der Ermittlung des Immobilienwerts zu einem allein stehenden Nachhaltigkeitsrating weiterentwickelt.[16] Diese Version des Schweizer ESI-Ratings aus den Jahren 2011/12 wird als Grundlage für die vorliegende Arbeit herangezogen. Um einen Vergleich zwischen den beiden Modellen zu ermöglichen, wird daher eine vergleichbare Herangehensweise zur Entwicklung des deutschen Ratingmodells angestrebt, wobei inhaltliche Unterschiede aufgrund der Modifikationen des Schweizer Ratings für den deutschen Immobilienmarkt unumgänglich sind. Vor diesem Hintergrund liegt eingangs neben der Definition der Modellanforderungen die Methodik im Fokus der Betrachtung. Grundsätzlich können sowohl die Nutzwertanalyse als auch der Analytische Hierarchieprozess für die Modellentwicklung herangezogen werden. Aus diesem Grund werden beide Verfahren zur Unterstützung mehrkriterieller Entscheidungen analysiert und die Vor- und Nachteile im Rahmen einer vergleichenden Betrachtung herausgearbeitet und beurteilt. Diese Erkenntnisse bilden die Grundlage für die Vorgehensweise und Methode zur Entwicklung des deutschen Nachhaltigkeitsratings.

Schritt 2: Grundlagen und Herleitung der Definitionen Im zweiten Schritt werden die theoretischen Grundlagen des Themenkomplexes Nachhaltigkeit in der Bau- und Immobilienwirtschaft dargestellt, um darauf aufbauend die im Kontext dieser Arbeit relevanten Begriffe herzuleiten und zu definieren. Als Grundlage für die Definition von Nachhaltigkeit bei Immobilien wird zunächst das Begriffsverständnis von Immobilien und deren spezifische Charakteristika erörtert, welche Immobilien deutlich von anderen Gütern abgrenzen. Darauf aufbauend wird die Definition des Immobilienbegriffs in dieser Arbeit festgelegt. Da unterschiedliche Konzepte und Begrifflichkeiten für nachhaltige Immobilien vorliegen, welche Nachhaltigkeit auf verschiedene Weise interpretieren, definieren und bewerten, wird ausgehend von dem Leitbild der nachhaltigen Entwicklung das Nachhaltigkeitsverständnis im immobilienwirtschaftlichen Kontext hergeleitet. Anschließend werden die Zusammenhänge zwischen ökonomischen Parametern und den nachhaltigen Eigenschaften einer Immobilie sowie die Entscheidungsgrundlagen bei Immobilieninvestitionen erörtert, um auf dieser Basis das Begriffsverständnis einer nachhaltigen Immobilie im Kontext der vorliegenden Arbeit herzuleiten. Das hergeleitete Verständnis von Nachhaltigkeit einer Immobilie aus Investitionssicht bildet die konzeptionelle Grundlage für die Entwicklung des Nachhaltigkeitsratings. Für die Operationalisierung dieses Konzeptes wird das Wertentwicklungsrisiko als Zielgröße herangezogen. Hierfür ist eine Abgrenzung des zugrunde gelegten Wertbegriffs erforderlich, welche zur Festlegung des investorenspezifischen Nutzwerts (market worth) als

---

[16] Die Weiterentwicklung des CCRS Economic Sustainability Indicator (ESI Schweiz) hat unter wesentlicher Mitwirkung der Autorin stattgefunden (vgl. Meins et al. (2012b)).

Wertdefinition dieser Arbeit sowie den Determinanten der Wertentwicklung als theoretisches Fundament für die Operationalisierung von ESI Deutschland führt.

Schritt 3: Definition der wertbeeinflussenden, exogenen Rahmenbedingungen Auf der Grundlage der im vorangegangenen Arbeitsschritt gewonnenen Erkenntnisse, Überlegungen und hergeleiteten Definitionen erfolgt im dritten Schritt der Aufbau des hierarchischen Zielsystems, dessen Oberziel die Festlegung wert- und nachhaltigkeitsrelevanter Immobilieneigenschaften darstellt. Dazu gilt es zunächst, die wertbeeinflussenden, exogenen Rahmenbedingungen und deren Entwicklungstrends zu identifizieren. Vor diesem Hintergrund werden die aus den charakteristischen Merkmalen von Büroimmobilien resultierenden Besonderheiten des Büroimmobilienmarktes sowie das Marktgleichgewicht analysiert. Zu diesem Zweck wird das Vier-Quadranten-Modell nach DiPasquale and Wheaton (1996) herangezogen, mit dessen Hilfe die Auswirkungen von Veränderungen exogener Parameter auf die Immobilienteilmärkte untersucht werden können. Neben den Hauptdeterminanten wie beispielsweise Konjunktur, Zinsen oder Preise sind auch weitere exogene Rahmenbedingungen (z.B. Klimawandel, Energie- und Ressourcenverbrauch, Demografische Entwicklung, Wertewandel in der Gesellschaft) wichtige Determinanten des Angebots und der Nachfrage auf dem Immobilienmarkt. Angesichts dessen wird eine Vielzahl von Szenarien ökologischer, ökonomischer, politischer und gesellschaftlicher Rahmenbedingungen für Deutschland in einem Betrachtungszeitraum von rund 30 Jahren identifiziert und ausgewertet. Anschließend werden diejenigen Rahmenbedingungen selektiert, deren langfristige Veränderungen sich auf den Wert einer Immobilie auswirken können. Dies bedingt, dass die exogenen Rahmenbedingungen einen eindeutigen Entwicklungstrend aufweisen und daher Aussagen über Auswirkungen auf den Immobilienwert erlauben.

Schritt 4: Definition der wertrelevanten Nachhaltigkeitsmerkmale Im vierten Schritt werden basierend auf der Annahme, dass langfristige Veränderungen exogener Rahmenbedingungen veränderte Anforderungen an Immobilien hervorrufen können und daher in einem kausalen Zusammenhang mit dem langfristigen Wert einer Immobilie stehen, wertrelevante Merkmale einer Büroimmobilie in Deutschland identifiziert. Hierfür werden mittels Kausalketten zukünftige, veränderte Anforderungen aufgrund langfristiger Veränderungen exogener Rahmenbedingungen abgeleitet. Dabei ist zwischen quantitativen und qualitativen Veränderungen zu differenzieren. Im Weiteren sind nur die qualitativen Veränderungen exogener Rahmenbedingungen und die damit einhergehenden Nachfrageänderungen von Relevanz. Denn diese Veränderungen und daraus resultierenden Anforderungen dürften in einer relativen Betrachtung zukünftig an Bedeutung gewinnen und daher voraussichtlich zu einer veränderten Bewertung von Immobilien führen. Auf diese Weise lassen sich die Veränderungen der nachgefragten Bürofläche in Immobilienmerkmalen ausdrücken. Die hergeleiteten Immobilienmerkmale (Lage- und Objektmerkmale) lassen sich in fünf Nachhaltigkeitsmerkmale zusammenfassen, welche die Teilziele darstellen, und werden im Weiteren operationalisiert.

Schritt 5: Spezifizierung der wertrelevanten Nachhaltigkeitsmerkmale Im Rahmen der Operationalisierung werden im fünften Schritt die Nachhaltigkeitsmerkmale in Zielkriterien tiefer untergliedert, welche im Rahmen der vorliegenden Arbeit als Teilindikatoren und Sub-Teilindikatoren in der nächst tieferen Ebene bezeichnet werden und quantitativer oder qualitativer Natur sein können. Anschließend werden die Zielerträge aller Sub-Teilindikatoren ermittelt, um sie in Zielwerte zu überführen. Dazu werden die Ausprägungen jedes Sub-Teilindikators in drei Kategorien festgelegt und ausformuliert sowie mit den Werten +1 (günstige Ausprägung), 0 (durchschnittliche Ausprägung) und −1 (ungünstige Ausprägung) codiert. In diesem Zusammenhang werden die drei Ausprägungen jedes Sub-Teilindikators unter Berücksichtigung der geltenden Normen und in der Praxis vorherrschenden Standards konkretisiert. Dabei liegt die Herausforderung darin, die Ausformulierung der Ausprägungen unter Berücksichtigung der Anforderungen an die Plausibilität und Praktikabilität zur Beurteilung der Indikatoren umzusetzen. Als Abschluss dieses Arbeitsschrittes werden die spezifizierten Nachhaltigkeitsmerkmale zu einer ersten Version des Nachhaltigkeitsratings ESI Deutschland zusammengefasst.

Schritt 6: Erste Testanwendung (Erste Praxistests) Im sechsten Schritt wird die erste Version von ESI Deutschland anhand von acht Objekten getestet, welche von Mitgliedern des Projektbeirats zur Verfügung gestellt werden. Als Testobjekte werden Büroimmobilien unterschiedlicher Größe und Standards an verschiedenen Standorten in Deutschland herangezogen. Ziel der Testanwendung (Praxistests) ist es, Erfahrungen mit dem Nachhaltigkeitsrating in der Praxis zu sammeln. Der Fokus der Praxistests liegt auf der Plausibilisierung der Indikatoren sowie auf der Überprüfung der Datenverfügbarkeit, Anwendbarkeit und Praxistauglichkeit der noch ungewichteten Version des Nachhaltigkeitsratings in digitaler Form und in Form eines Erhebungsbogens (Papierform) bei Objektbegehungen. Daher werden die Praxistests sowohl von Mitgliedern des Projektbeirats als auch von Personen durchgeführt, welche nicht an der Modellentwicklung beteiligt sind. Basierend auf den gewonnenen Erkenntnissen und ausgewerteten Testergebnissen wird das Rating anschließend modifiziert und optimiert.

Schritt 7: Gewichtung der wertrelevanten Nachhaltigkeitsmerkmale Im Anschluss an die Testanwendung werden im siebten Schritt die Sub-Teilindikatoren mithilfe einer risiko- und szenarienbasierten Betrachtung der einzelnen Indikatoren mit Gewichten belegt, um eine Präferenzordnung herzustellen. Dazu wird ein risikobasiertes Gewichtungsmodell angewandt, welches die drei Komponenten Szenarien, Eintrittswahrscheinlichkeiten und Ausmaße umfasst. So werden für jeden Sub-Teilindikator jeweils vier Szenarien modelliert, welche die Folgen zukünftiger, langfristiger Veränderungen exogener Rahmenbedingungen am Ende des Betrachtungszeitraums von 30 Jahren abbilden. Als Eingangsgrößen des Risikomodells dienen Schätzungen der Eintrittswahrscheinlichkeiten und Ausmaße der hinterlegten Szenarien jedes Sub-Teilindikators, welche von den „Experten der Risikoschätzungen" durchgeführt werden. Um möglichst objektive Schätzergebnisse zu generieren, wird dafür ein zweistufiger Ansatz gewählt: In einer ersten Stufe erfolgen individuelle und voneinander unabhängige Schätzungen

2.3. Vorgehensweise und Methode

der Eintrittswahrscheinlichkeiten und Ausmaße aller Szenarien durch jeden teilnehmenden Experten. Auf dieser Basis werden die Schätzungen in einer zweiten Stufe im Rahmen eines Workshops mit allen Experten gemeinsam validiert. Um die Vergleichbarkeit der Schätzergebnisse zu gewährleisten, werden die Risikoschätzungen auf der Grundlage eines Referenzobjektes durchgeführt. Die Schätzergebnisse ermöglichen die Berechnung der Erwartungswerte jedes Sub-Teilindikators und daraus abgeleitet, die Ermittlung der relativen Gewichte aller ESI-Indikatoren. Die auf diese Weise ermittelten Gewichte jedes Sub-Teilindikators werden in der Wertsynthese zum Gesamtnutzen aggregiert und einer varianzbasierten Sensitivitätsanalyse unterzogen, um die Streuung der ermittelten Gewichte jedes ESI-Indikators zu beurteilen. Abschließend werden die ermittelten Gewichte in das Gesamtmodell implementiert.

Schritt 8: Zweite Testanwendung (Zweite Praxistests) Im achten Schritt wird eine zweite Reihe an Testanwendungen (Praxistests) durchgeführt, um die Ergebnisse abschließend zu erproben. Dabei wird die Zielsetzung verfolgt, das Gesamtmodell zu plausibilisieren und zu validieren. Bei der Durchführung der zweiten Praxistests, welche auf vergleichbare Weise wie die ersten Tests erfolgt, wird auf die Objekte der ersten Testanwendung zurückgegriffen. Nach der Auswertung der Testergebnisse werden im letzten Arbeitsschritt unerhebliche, finale Modifizierungen ohne Auswirkungen auf das Gesamtergebnis wie beispielsweise die Präszisierung von Ausformulierungen einzelner Codierungen vorgenommen. Damit ist die Modellentwicklung des Nachhaltigkeitsratings ESI Deutschland abgeschlossen.

3 Theoretische Grundlagen und Definitionen

Gegenstand des vorliegenden Kapitels sind die theoretischen Grundlagen und Definitionen dieser Arbeit zum Themenkomplex Nachhaltigkeit in der Bau- und Immobilienwirtschaft. Um die Nachhaltigkeit von Immobilien zu definieren, werden zunächst Grundlagen des Immobilienmarktes aufgezeigt. Darauf folgend werden die Untersuchungen von Megatrends dargelegt, welche der Identifizierung von wertrelevanten Nachhaltigkeitsmerkmalen im Rahmen der Modellentwicklung dienen. Im Anschluss daran wird ausgehend vom Leitbild der nachhaltigen Entwicklung das Nachhaltigkeitsverständnis im immobilienwirtschaftlichen Kontext erörtert. Diese Erläuterungen sowie die darauf folgenden Ausführungen zu den grundlegenden Begrifflichkeiten von Investitionsentscheidungen bei Immobilien bilden die Basis für die Herleitung des Verständnisses von Nachhaltigkeit einer Immobilie aus Investitionssicht als konzeptionelle Grundlage der Entwicklung von ESI Deutschland. Für die Operationalisierung dieses Konzeptes wird das Wertentwicklungsrisiko als Zielgröße herangezogen. Hierfür ist eine Abgrenzung des zugrunde gelegten Wertbegriffs sowie die Herleitung der Determinanten der Wertentwicklung notwendig, welche im Rahmen der Ausführungen zu den Wertermittlungsgrundlagen als Abschluss des dritten Kapitels gegeben werden.

3.1 Immobilie und Immobilienmarkt

Die Immobilienwirtschaft umfasst alle wirtschaftlichen Funktionen, bei denen die Immobilie im Ergebnis des Leistungsprozesses (Beschaffung, Produktion und Absatz) als materielles Produktionsergebnis entsteht. Beispielsweise investiert ein Investor in eine Immobilie und generiert durch den Neubau oder die umfangreiche Modernisierung als Ergebnis ein neues materielles Produkt. Der Leistungsprozess ist erst dann abgeschlossen, wenn die Immobilie entwickelt, gebaut und verkauft ist (vgl. Brauer, K.-U. (Hrsg.) (2013), S. 6 ff.). Neben der Immobilie als Ergebnis des betrieblichen Leistungsprozesses kann eine Immobilie auch als Produktionsfaktor betrachtet werden. Aus dieser Perspektive beinhaltet die Immobilienwirtschaft alle Dienstleistungsprozesse, bei denen eine Immobilie als Medium für das Erbringen einer Dienstleistung durch ein Immobilienunternehmen fungiert. Ziel dabei ist es, ein wirtschaftliches Ergebnis[17] aus der Dienstleistung an der Immobilie erzielen zu können. Die Dienstleistung kann beispielsweise in der Vermietung oder Bewirtschaftung der Immobilie liegen (vgl. Brauer, K.-U. (Hrsg.) (2013), S. 7 ff.). Somit beinhaltet die Immobilienwirtschaft alle Leistungsprozesse, welche in direktem Zusammenhang mit dem Lebenszyklus einer Immobilie stehen. So schließt an die Fertigstellung einer Immobilie als Ergebnis des Produktionsprozesses ein verhältnismäßig langer Nutzungszeitraum der Immobilie an, in dem diverse Dienstleistungen zu erbringen sind und gleichzeitig wirtschaftliche Erträge generiert werden. Dies verdeutlicht, dass die Produktions- und Dienstleistungsprozesse in der Immobilienwirtschaft eng miteinander verbunden sind, was ein besonderes Merkmal im Vergleich zu anderen Wirtschaftswissenschaften darstellt und auf die Besonderheiten von Immobilien zurückzuführen ist (vgl. Brauer, K.-U. (Hrsg.) (2013), S. 9 f.).

3.1.1 Wirtschaftsgut Immobilie

Im allgemeinen Sprachgebrauch wird der Begriff der Immobilie als Synonym für „unbewegliche Güter" (immobilis, lat.: eine unbewegliche Sache) verwendet. Eine einheitliche Definition des Immobilienbegriffs gibt es jedoch nicht; vielmehr existiert eine Vielzahl teilweise synonym verwendeter Begriffe wie „Grundstück", „Grund und Boden", „Liegenschaft", „Realvermögen", etc. (vgl. Bone-Winkel et al. (2008), S. 5). Eine erste Begriffsannäherung kann über die Funktion einer Immobilie erfolgen. Zu den Hauptfunktionen zählen Wohnen, Arbeiten, Ver- und Entsorgung und Freizeit. Darüber hinaus kann eine Immobilie zusätzliche Funktionen wie beispielsweise die Kreditbesicherung oder Altersvorsoge übernehmen (vgl. Bone-Winkel et al. (2008), S. 5, Vornholz (2013), S. 5). Nach Bone-Winkel et al. (2008) ist der Immobilienbegriff aus ingenieurwissenschaftlicher physischer, rechtlicher juristischer und ökonomischer Sicht zu sehen:

Physischer Immobilienbegriff Die ingenieurwissenschaftliche bzw. physische Sichtweise beschränkt sich auf die materiellen Eigenschaften als bestimmende Merkmale der Immobilie. Wände, Böden, Decken und Dächer werden auf einem Segment der Erdoberfläche errichtet und können dadurch als umbauter Raum oder dreidimensionales Gebilde gesehen werden, das durch seine physische Substanz sowohl Flächen und Räume als auch eine Trennung zwischen „innen" und „außen" erschafft. Bei dieser Sichtweise werden ausschließlich die Gebäudestrukturen betrachtet, Grund und Boden sowie der Nutzen der Immobilie bleiben unberücksichtigt (vgl. Bone-Winkel et al. (2008), S. 7).

---

[17] Das Ergebnis kann als einmaliges wirtschaftliches Ergebnis (z.B. Provisionseinnahme durch Verkauf oder Vermietung) oder als dauerhaftes wirtschaftliches Ergebnis eintreten, wie z.B. durch Einnahmen aus Tätigkeiten im Bestandsmanagement (vgl. Brauer, K.-U. (Hrsg.) (2013), S. 7).

Juristischer Immobilienbegriff Eine einheitliche Verwendung oder allgemeingültige Legaldefinition des Immobilienbegriffs gibt es in Deutschland nicht. Nur in wenigen Gesetzen wie beispielsweise dem Investmentgesetz (InvG)[18] wird der Begriff „Immobilie" verwendet. In der Regel wird die Immobilie über das „Grundstück" oder den „Grund und Boden" definiert (z.B. Bürgerliches Gesetzbuch (BGB), Baugesetzbuch (BauGB)). Aus juristischer Sicht wird das Grundstück als ein räumlich abgegrenzter Teil der Erdoberfläche betrachtet. Dazu gehören der Raum über der Erde und der Boden unter der Erdoberfläche. Dabei stellen die wesentlichen Bestandteile eines Grundstücks die mit Grund und Boden fest verbundenen Objekte dar, insbesondere das Gebäude. Darüber hinaus gehören zum Grundstück die mit dem Eigentum verbundenen Rechte.[19] Die juristische Perspektive definiert eine Immobilie über den Grund und Boden. Dadurch werden Gebäude nicht als eine juristisch eigenständige Sache, sondern als ein Bestandteil des Grundstücks angesehen, wodurch die Nutzenstiftung des Gebäudes vernachlässigt wird (vgl. Bone-Winkel et al. (2008), S. 8 ff.).

Ökonomischer Immobilienbegriff Aus wirtschaftlicher Sicht existieren zwei Konzepte zum Begriff der Immobilie, das investitionstheoretische und das produktionstheoretische Verständnis von Immobilien. Investitionstheoretisch betrachtet stellen Immobilien eine Kapitalanlage[20] oder Sachvermögen dar, wohingegen sie aus produktionstheoretischer Sichtweise ein Produktionsfaktor sind. Bei beiden Konzepten begründet sich der ökonomische Charakter der Immobilie daher nicht aus der physischen Produktion (Herstellungskosten), sondern aus der Nutzung bzw. der Nutzungshonorierung durch den Markt. Unter produktionstheoretischen Gesichtspunkten sind Immobilien Teil des Ressourcen- bzw. Produktionsfaktorenbestands von Unternehmen. Produktionsfaktoren sind Güter, die im betrieblichen Leistungsprozess für die Erstellung anderer Güter eingesetzt werden. Dazu gehören neben den Faktoren Arbeit, Kapital und Boden auch Immobilien, welche die räumliche Dimension des Leistungsprozesses darstellen. Das zentrale Konzept des investitionstheoretischen Verständnisses einer Immobilie ist die Transformation von Raum-Zeit-Einheiten in Zeit-Geld-Einheiten (vgl. hierzu ursprünglich Pyhrr et al. (1989), S. 4, s.a. Bone-Winkel et al. (2008), S. 11). Für den Eigentümer stellt eine Immobilie eine bestimmte Menge von Raumeinheiten dar, welche über den gesamten Lebenszyklus der Immobilie zur Verfügung stehen und am Markt angeboten werden können. Wird die Immobilie zur Nutzung einem Dritten überlassen, erhält der Eigentümer ein Entgelt (in der Regel in Form von Miet- oder Pachtzahlungen) dafür. Durch die Mietzahlungen werden die Raum-Zeit-Einheiten in Zeit-Geld-Einheiten transformiert. Hierbei wird die Immobilie im Allgemeinen als Kapitalanlage oder Investment angesehen. Ziel eines Investors ist sowohl die Realisierung laufender Erträge als auch die Option auf ein Wertsteigerungspotenzial (vgl. Bone-Winkel et al. (2008), S. 10 f., Vornholz (2013), S. 6). Dabei stehen mehrere Möglichkeiten für die Investition zur Verfügung.

---

[18] §2 Abs. 4 InvG
[19] §94, §905 BGB
[20] Unter einer Kapitalanlage wird der Prozess der Anlage von Geldvermögen zwischen zwei Zeitpunkten (Periode) bezeichnet. Dabei wird die Zielsetzung verfolgt, eine Rendite zu erwirtschaften (vgl. Gromer (2012), S. 14).

Grundsätzlich haben Investoren die Möglichkeit, zwischen einer Direktanlage in Immobilien, auf welche sich die vorliegende Arbeit bezieht, und indirekten Anlageformen zu wählen: Direkte Immobilienanlagen umfassen den Ankauf einer oder mehrerer Immobilien und Projektentwicklungen durch einzelne Investoren oder Joint Ventures. Der Vorteil dieser Investitionsform ist die direkte Kontrolle des Eigentümers über das Objekt, welche eine aktive Wertsteuerung und Wertschöpfung ermöglicht und bei anderen Anlageformen wie Anleihen oder Aktien nicht gegeben ist. Andererseits ist die eingeschränkte Flexibilität dieser Anlageform als Nachteil anzusehen, welche auf die geringe Marktliquidität, einen beachtlichen Verwaltungsaufwand und hohe Such-, Bewertungs- und Transaktionskosten zurückzuführen ist (vgl. Schulte and Holzmann (2005), S. 37 f., Schäfer, J., Conzen G. (Hrsg.) (2011), S. 20). Mit einer indirekten Immobilienanlage erwirbt der Investor kein direktes Sachvermögen, sondern stellt sein Kapital einem professionellen Marktteilnehmer zur Verfügung, welcher das Kapital in Immobilien anlegt. Hierfür gibt es drei klassische Anlagevehikel: Die offenen und geschlossenen Immobilienfonds sowie Immobilien-Aktiengesellschaften. Im Vergleich zur Direktanlage sind die Transaktionskosten indirekter Immobilienanlagen niedriger und eine Beteiligung ist bereits mit einem geringen Kapitaleinsatz möglich. Weitere Vorteile indirekter Immobilienanlagen sind ein geringerer Verwaltungsaufwand pro Objekt sowie die Möglichkeit einer höheren Flexibilität und Diversifikation. Jedoch hat der Investor im Gegensatz zur Direktanlage geringere Kontrollmöglichkeiten und Einschränkungen in der aktiven Wertsteuerung und Wertschöpfung (vgl. Schulte and Holzmann (2005), S. 39, Schäfer, J., Conzen G. (Hrsg.) (2011), S. 20 f., Gromer (2012), S. 15).

Die vorliegende Arbeit fokussiert auf direkte Immobilienanlagen mit einer langfristig orientierten Anlagestrategie (s.a. Abschnitt 3.4.4). Sie stützt sich zudem auf die immobilienökonomische Definition des Immobilienbegriffs von Bone-Winkel et al. (2008) (S. 16), welche die physische, juristische und ökonomische Definition des Immobilienbegriffs umfasst: *„Immobilien sind Wirtschaftsgüter, die aus unbebauten Grundstücken oder bebauten Grundstücken mit dazugehörigen Gebäuden und Außenanlagen bestehen. Sie werden von Menschen im Rahmen physischer-technischer, rechtlicher, wirtschaftlicher und zeitlicher Grenzen für Produktions-, Handels-, Dienstleistungs- und Konsumzwecke genutzt."* Diese Definition des Immobilienbegriffes zeigt auf, dass sich Immobilien stark von anderen Wirtschaftsgütern, insbesondere von beweglichen Gütern, unterscheiden. Dies kann auf die nachfolgend aufgelisteten charakteristischen Merkmale von Immobilien zurückgeführt werden, die das Wirtschaftsgut Immobilie kennzeichnen (vgl. Bone-Winkel et al. (2008), S. 17 ff., Vornholz (2013), S. 6 ff.):

– Standortgebundenheit bzw. Immobilität: Aus immobilienökonomischer Sicht wird eine Immobilie als die Kombination von Grundstück und baulicher Anlage definiert. Diese bedingt die Standortgebundenheit einer Immobilie, welche die zentrale Eigenschaft einer Immobilie darstellt. Der Standort bestimmt zum einen die Nutzungsmöglichkeiten und ist zum anderen eine wesentliche Determinante des ökonomischen Wertes und der Wertentwicklung einer Immobilie.

– Heterogenität: Immobilien sind heterogen, da sie hinsichtlich ihrer Eigenschaften (Architektur, Ausstattung, Standort, etc.) einzigartig und individuell, dennoch in einem gewissem Grad substituierbar sind und in Konkurrenz zueinander stehen. Selbst Immobilien, deren Bauweisen, Fassaden, etc. identisch sind, weisen beispielsweise unterschiedliche Lagen auf und sind demzufolge Unikate.

— Dauer des Entwicklungsprozesses: Im Vergleich zu anderen Wirtschafts-/Konsumgütern ist der Entwicklungsprozess von Immobilien relativ lange. Abhängig von Faktoren wie Größe und Komplexität des Bauvorhabens, Projektorganisation, planungs- und baurechtlichen Aspekten usw. beträgt die Projektlaufzeit eines Bauvorhabens von der Projektidee bis hin zur Fertigstellung und Übergabe des Gebäudes an die Nutzer mehrere Jahre. Zudem kann die Fertigstellung begonnener Projekte aus betriebswirtschaftlichen oder produktionstechnischen Gründen nicht beliebig verändert werden. Dies hat zur Folge, dass das Immobilienangebot auf Marktveränderungen nur träge reagieren kann.

— Höhe des Investitionsvolumens: Für den Erwerb einer Immobilie ist üblicherweise ein hoher und dauerhafter Kapitaleinsatz notwendig. Dies begrenzt den Kreis potenzieller Investoren für den direkten Immobilienerwerb. Indirekte Anlageformen stellen eine Alternative dar, insbesondere die Investition in Anteile von Immobilienfonds oder der Erwerb von Immobilienaktien.

— Höhe der Transaktionskosten: Neben dem Investitionsvolumen existieren bei Immobilien relativ hohe Transaktionskosten. So entstehen bei der Eigentumsübertragung die Grunderwerbsteuer, Grundbuch- und Notargebühren. Darüber hinaus werden aufgrund der geringen Markttransparenz und Heterogenität oftmals hohe Such- und Informationskosten für den Investor ausgelöst.

— Länge des Lebenszyklus: Immobilien weisen eine lange Nutzungsdauer und einen deutlich längeren Lebenszyklus als andere Wirtschafts-/Konsumgüter auf. Dabei gilt zu differenzieren, dass die Nutzungsdauer des Grundstücks normalerweise zeitlich unbegrenzt möglich ist, wohingegen bei Gebäuden in eine wirtschaftliche und eine technisch mögliche Nutzungsdauer unterschieden wird. In der Regel übersteigt die technische Nutzungszeit die wirtschaftliche Nutzungsdauer eines Gebäudes bei Weitem. Aufgrund der technologischen Fortschritte und damit einhergehenden veränderten Nutzeranforderungen entsteht die Tendenz einer weiteren Verkürzung der wirtschaftlichen Nutzungsdauer von Gebäuden.

— Begrenzte Substituierbarkeit: Sowohl für das Wohnen als auch für die gewerbliche Nutzung ist der notwendige Raum nicht oder nur begrenzt substituierbar. Der Bedarf nach Raum lässt sich in zeitlicher und qualitativer Hinsicht nur aufschieben. Wohnen zählt zu den Grund- und Existenzbedürfnissen; für Wohnraum gibt es weder Ersatzgüter noch ist eine temporär unbegrenzte Alternative vorstellbar. Und auch für die gewerbliche Nutzung ist das Gut „Raum" eine Voraussetzung für die Erhaltung der unternehmerischen Existenz.

Diese Besonderheiten des Wirtschaftsgutes Immobilie wirken sich direkt auf den Markt für Immobilien aus.

3.1.2 Immobilienmarkt

Im Allgemeinen stellt ein Markt einen Ort des Tauschens von Gütern gegen Geld dar, auf welchem Angebot und Nachfrage zusammentreffen. Demzufolge ist ein Immobilienmarkt ein Ort, auf welchem Immobilien und die damit im Zusammenhang stehenden Dienstleistungen gehandelt werden (vgl. Gondring, H. (Hrsg.) (2009), S. 24, Vornholz (2013), S. 9). Es gibt jedoch nicht den oder einen Immobilienmarkt, sondern es existiert eine Vielzahl von Immobilienmärkten, welche sich in erster Linie aus den charakteristischen Immobilienmerkmalen Standortgebundenheit und Heterogenität ergeben und sich in Abhängigkeit der Sichtweise unterschiedlich differenzieren lassen. Wie in Abbildung 5 veranschaulicht, erfolgt die Differenzierung in der Regel nach räumlichen und sachlichen Teilmärkten (vgl. Bone-Winkel et al. (2008), S. 21 f., Brauer, K.-U. (Hrsg.) (2013), S. 14).

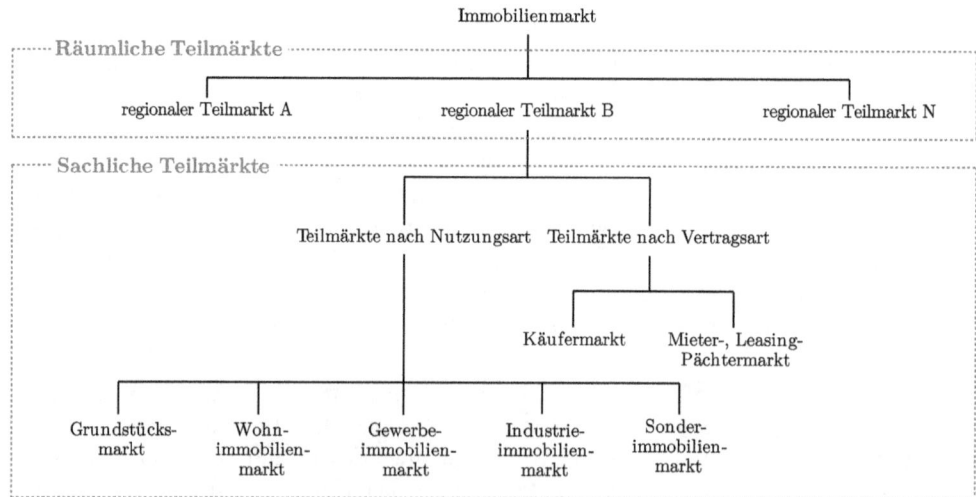

Abb. 5: Teilmarktstruktur des Immobilienmarktes (Gromer (2012), S. 29, nach Brauer, K.-U. (Hrsg.) (2009), S. 14)

Die räumlichen Teilmärkte sind im Wesentlichen zurückzuführen auf die Standortgebundenheit einer Immobilie und entstehen aufgrund von Unterschieden in Angebot und Nachfrage in verschiedenen Regionen, Städten oder Stadtteilen. Diese Teilmärkte können sich angesichts verschiedener und spezifischer Marktbedingungen unterschiedlich entwickeln. In Deutschland gibt es aufgrund der föderalen Struktur keinen dominanten Metropolenmarkt, sondern mehrere bedeutende lokale Märkte. Zu den wichtigsten Immobilienmärkten Deutschlands zählen Berlin, Düsseldorf, Frankfurt am Main, Hamburg, Köln, München und Stuttgart. Darüber hinaus existieren viele weitere Immobilienteilmärkte von geringerer Bedeutung. Zudem lassen sich neben der Differenzierung nach Regionen räumliche Teilmärkte innerhalb von Städten nach Makro- und Mikrostandort abgrenzen. Im Zusammenhang mit Büroimmobilien wird dabei in der Regel von City, City-Rand, Stadtteillage, Nebenlage oder Peripherie gesprochen (vgl. Bone-Winkel et al. (2008), S. 22, Vornholz (2013), S. 10, Gromer (2012), S. 30).

3.1. Immobilie und Immobilienmarkt

Infolge der Heterogenität von Immobilien und den damit einhergehenden unterschiedlichen Nutzungs- und Vertragsarten, lassen sich die räumlichen Teilmärkte nach sachlichen Eigenschaften in eine Vielzahl weiterer Teilmärkte untergliedern. Beispielsweise kann bei einer weiteren Unterscheidung der Teilmärkte nach der Nutzungsart in die Märkte für Grundstücke, Wohn-, Gewerbe-, Industrie- und Sonderimmobilien differenziert werden. Dabei spielt die Funktion eine übergeordnete Rolle, eine einheitliche Typisierung liegt aber im Allgemeinen nicht vor (vgl. Brauer, K.-U. (Hrsg.) (2013), S. 14, Bone-Winkel et al. (2008), S. 22, Walzel (2008), S. 119 f.). Die vorliegende Arbeit fokussiert auf Büroimmobilien[21], welche neben den Handels- und Logistikimmobilien sowie Gewerbeparks zu den Gewerbeimmobilien zählen und ausschließlich oder überwiegend zu erwerbswirtschaftlichen Zwecken genutzt werden (vgl. Walzel (2008), S. 120). Auch hier ergeben sich, ebenso wie innerhalb aller anderen Teilmärkte, weitere Differenzierungen, da sich die Flächennachfrage auch innerhalb einer Nutzungsart unterschiedlich darstellen kann. Beispielsweise divergieren die Anforderungen an den Standort, die Ausstattung oder die Zonierungsmöglichkeiten der Büroflächen sowie die Zahlungsbereitschaft potenzieller Mieter oder Käufer von Büroimmobilien und -flächen teilweise sehr stark, woraus eine feinere Segmentierung von Angebot und Nachfrage auf dem Büroimmobilienmarkt resultiert (vgl. Schulte et al. (2008), S. 17 f.).

Trotz dieser Vielzahl von Untergliederungsmöglichkeiten führen die Besonderheiten des Wirtschaftsgutes Immobilie zu einigen gemeinsamen Eigenschaften der Märkte für Immobilien. So weicht der Immobilienmarkt stark vom Modell des vollkommenen Marktes[22] ab. Als ein Beispiel hierfür kann die fehlende Homogenität von Immobilien aufgeführt werden. Aus der fehlenden Homogenität von Immobilien resultieren Präferenzen für bestimmte Angebote, insbesondere räumliche, zeitliche und persönliche Präferenzen. Zudem kann aufgrund der langen Realisierungsdauer von Immobilien zeitlich nur stark verzögert auf Marktschwankungen reagiert werden. Somit ist die Angebotselastizität im Vergleich zum vollkommenen Markt gering. Des Weiteren haben die vielen Teilmärkte mit ihren unterschiedlichen Organisationsformen einen negativen Einfluss auf die Markttransparenz, sodass keine objektübergreifende oder für den Gesamtmarkt gültige Aussage getroffen werden kann. Eine weitere Gemeinsamkeit der Immobilienmärkte ist die Eigenschaft der Zyklizität. Die Zyklizität lässt sich am besten aufzeigen, indem das Marktgleichgewicht als Ausgangspunkt herangezogen und die Marktreaktion beobachtet wird, während das Gleichgewicht durch exogene Veränderun-

---

[21] Die Gesellschaft für Immobilienwirtschaftliche Forschung e.V. (gif) definiert Büroimmobilien als *„diejenigen Flächen, auf denen typische Schreibtischtätigkeiten durchgeführt werden bzw. durchgeführt werden könnten und die auf dem Büroflächenmarkt gehandelt, das heißt als Bürofläche vermietet werden können. Hierzu zählen vom privaten oder vom öffentlichen Sektor eigengenutzte sowie zu Büros umgewidmete Flächen, ferner selbständig vermietbare Büroflächen in gemischt genutzten Anlagen, insbesondere in Gewerbeparks"* (gif (2008), S. 3).

[22] In einem vollkommen Markt wird von den nachfolgenden Bedingungen ausgegangen: Die Marktform des Polypols ist gegeben, es herrscht vollkommener Wettbewerb; die angebotenen Güter sind homogen, d.h. es existieren keine sachlichen, personengebundenen, räumlichen und zeitlichen Präferenzen; die Anpassung an Veränderungen von Rahmenbedingungen/Preise sowie Angebot und Nachfrage müssen gleichzeitig aufeinandertreffen; es existieren keine Marktzutrittsbeschränkungen; der Markt ist friktionslos, d.h. es gibt weder Steuern noch Transaktionskosten; alle Marktteilnehmer sind rational agierende Nutzenmaximierer; alle Güter sind beliebig aufteilbar; Markttransparenz ist gegeben, d.h. alle Informationen zum Marktgeschehen liegen den Marktteilnehmern vor (vgl. Vornholz (2013), S. 96, Gromer (2012), S. 37).

gen gestört wird (vgl. Bone-Winkel et al. (2008), S. 22 f., Gondring, H. (Hrsg.) (2009), S. 25, Levalisier (2010), S. 29). Mithilfe des ökonomischen Modells des Immobilienmarktes nach DiPasquale and Wheaton (1996), dem sogenannten Vier-Quadranten-Modell, lassen sich die Wirkungen auf die Teilmärkte erklären. Zudem verdeutlicht dieses Modell, dass sich sowohl jeder Immobilienteilmarkt als auch der gesamte Immobilienmarkt neben einer sachlichen und räumlichen Differenzierung der Teilmärkte in inhaltlich unterschiedliche immobilienbezogene Teilmärkte gliedern lässt. Diese Teilmärkte sind zwar interdependent, allerdings werden auf den Märkten unterschiedliche Güter und Dienstleistungen gehandelt. Anhand des Modells können Auswirkungen exogener Parameteränderungen auf die endogenen Gleichgewichtsvariablen untersucht werden, während andere Veränderungen in der Volkswirtschaft ausgeblendet werden (ceterisparibus-Klausel) (vgl. Cieleback (2008), S. 136, Bone-Winkel et al. (2008), S. 23). Das Vier-Quadranten-Modell, welches im Zusammenhang mit den Veränderungen exogener Rahmenbedingungen und deren Wirkungen auf den Büroimmobilienmarkt zur Herleitung der Nachhaltigkeitsmerkmale im Rahmen der Modellentwicklung in Abschnitt 4.2, Tabelle 8, von Relevanz ist, wird im Weiteren näher beschrieben.

Das Vier-Quadranten-Modell in Abbildung 6 veranschaulicht, wie der Preis und die Miete auf dem Investment- und Mietmarkt bestimmt werden. Wie die schematische Darstellung zeigt, wird im Modell zwischen vier Teilmärkten unterschieden. Diese werden mittels vier Quadranten grafisch dargestellt: Quadrant I stellt die Ermittlung und Bestimmung der Mieten im Markt für Mietflächen dar. In Quadrant II werden die Marktbedingungen im Investmentmarkt durch die Kapitalisierungsrate veranschaulicht, welche zur Preisbildung führt. Die Angebotsfunktion neuer Flächen wird in Quadrant III, dem Investmentmarkt für Neubautätigkeiten, aufgezeigt. Quadrant IV bildet die Menge der Neubauflächen ab, welche erforderlich ist, um die natürliche Minderung des Flächenbestands zu ersetzen (vgl. DiPasquale et al. (1996), S. 6 ff.). Im Folgenden werden die einzelnen Quadranten näher erläutert:

Flächen-/Mietmarkt: Bestimmung Miete (Quadrant I) Auf dem Mietmarkt wird die Verwertung des bauwirtschaftlichen Kapitals gehandelt. In diesem Markt sorgt die Miete als zentraler Preis des Marktes für den Ausgleich zwischen Angebot und Nachfrage. Die Nachfrage nach Mietfläche wird als fallende Kurve in Quadrant I dargestellt und spiegelt die Flächennachfrage von Nutzern D in Abhängigkeit des Mietpreisniveaus R in einem vorgegebenen Wirtschaftsumfeld $Economy$ wider. Die Mietflächen-Nachfragekurve entspricht einer generellen Form, bei der ein niedriger Preis eine höhere Nachfrage auslöst. Auf dem Mietmarkt passt sich der Preis der Miete so an, dass ein Gleichgewicht zwischen der Nachfrage nach Fläche und dem Angebot an vermietbarer Fläche beibehalten wird bzw. sich einstellt (Marktgleichgewicht). Dieser Gleichgewichtszustand $D = S$ des Flächen-/Mietmarktes, bei dem sich Angebot S und Nachfrage D entsprechen, wird in Abbildung 6 dargestellt und es finden theoretisch keine Anpassungen statt (vgl. auch Cieleback (2008), S. 136 f., Levalisier (2010), S. 27).

3.1. Immobilie und Immobilienmarkt

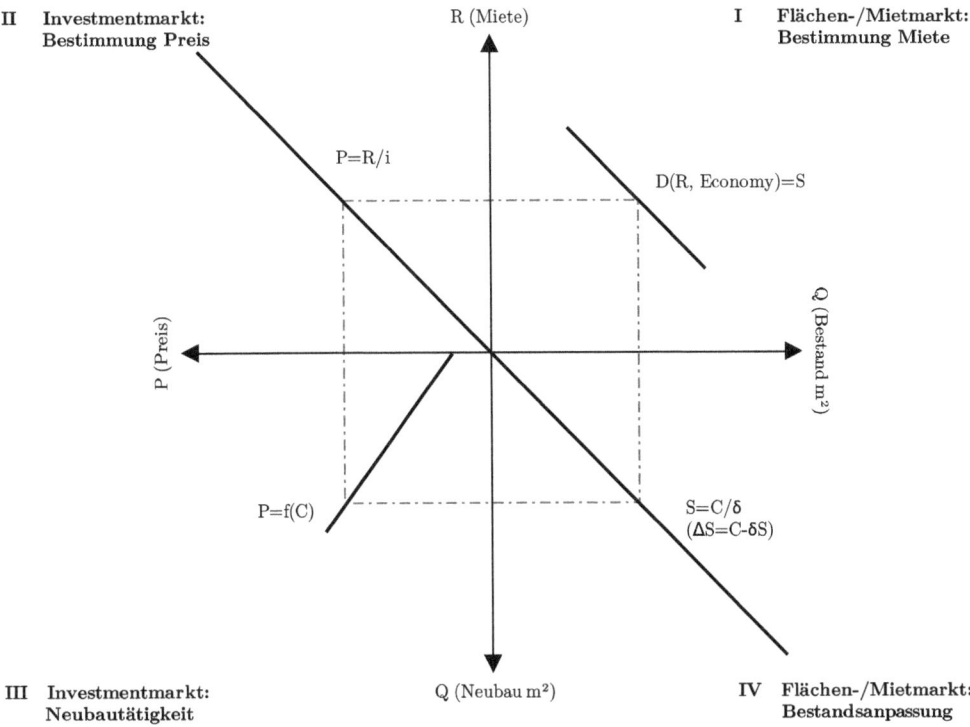

Abb. 6: Vier-Quadranten-Modell (Eigene Darstellung, in Anlehnung an DiPasquale and Wheaton (1996), S. 6 ff.)

Investmentmarkt: Bestimmung Preis (Quadrant II) Die gleichgewichtete Miete des Mietmarktes ist eine wesentliche Determinante des Immobilienwerts. Unter der Annahme, dass sich ein langfristiges Gleichgewicht durch den Ausgleich von Angebot und Nachfrage eingestellt hat, gilt, dass dieser Mietertrag ohne externe Veränderungen periodisch in gleicher Höhe anfällt und somit für lange Zeit gültig ist. Auf dem Investmentmarkt werden diese Cashflows (Mieten) aus dem Mietmarkt in Preise transformiert, sodass jeder Punkt auf der Geraden $P = R/i$ einer vom Mietmarkt in Quadrant I determinierten Miete einem Preis auf dem Investmentmarkt in Quadrant II zuordnet werden kann. Das bedeutet, es wird die vom Ursprung ausgehende Kapitalisierungsrate von Immobilienanlagen, das Verhältnis von Rendite R und Preis P ermittelt, zu welchem Investoren bereit sind, ihre Immobilienanlagen zu halten und nicht zu verändern. Die Bewertung der vom Mietmarkt determinierten Renditen in Form von Mieten ergeben sich im Vergleich mit anderen Anlagemöglichkeiten, welche durch die Einbeziehung der allgemeinen, langfristigen Kapitalisierungsrate i vereinfachend im Modell berücksichtigt wird. Der Investmentmarkt ist demzufolge ein Kapitalmarkt für Mieterträge, auf dem die zukünftigen Mieterträge kapitalisiert werden. Das heißt, der Preis einer Immobilie auf dem Kapitalmarkt entspricht dem Barwert oder Gegenwartswert der (zukünftigen) Mieterträge (vgl. auch Cieleback (2008), S. 138 f., Levalisier (2010), S. 28).

Investmentmarkt: Neubautätigkeiten (Quadrant III) Quadrant III bildet die Tätigkeiten der Bau- und Immobilienwirtschaft auf dem Neubaumarkt ab, welcher anders ausgedrückt die Angebotsseite des Investmentmarkts darstellt. Bei einer Investitionsentscheidung in ein Neubauprojekt sind vorrangig zwei Größen von Bedeutung: Der Wert einer Immobilie, welcher durch den Investmentmarkt determiniert wird, sowie die Herstellungskosten einer Immobilie. Die Kosten für Ersatz- bzw. Neubauten werden mittels der Kurve $f(C)$ abgebildet, wobei angenommen wird, dass diese bei einer erhöhten Bautätigkeit steigen. Liegt der Wert der Immobilien über den Herstellungskosten, so ist eine Neubautätigkeit für den Investor rentabel und hat in der Regel zur Folge, dass die Neubautätigkeit einsetzt. Dies wird in Abbildung 6 durch den Schnittpunkt der Baukostenkurve mit der Preisachse veranschaulicht, welcher das Mindestpreisniveau repräsentiert. Liegt der Immobilienwert darunter, kommt es zu keinem Neubau. Grafisch bedeutet dies, dass der Zusammenhang zwischen Immobilienwert und Neubau nicht im Ursprung des Koordinatensystems beginnt. Die Neubautätigkeiten nehmen so lange zu, bis die Herstellungskosten dem Immobilienwert entsprechen ($P = f(C)$). Diese Situation repräsentiert den Gleichgewichtszustand auf dem Investmentmarkt für Neubautätigkeiten (gleichgewichtetes Neubauvolumen) bei dem kein Anreiz besteht, die Neubautätigkeit auszuweiten oder einzuschränken und wird durch den Schnittpunkt der Baukostenkurve mit dem vom Investmentmarkt determinierten Preisniveau P grafisch dargestellt (vgl. auch Cieleback (2008), S. 139 f., Levalisier (2010), S. 28).

Flächen-/Mietmarkt: Bestandsanpassung (Quadrant IV) Die Veränderung des Flächenbestands ΔS, die sich durch die Differenz der während einer Zeitperiode durchgeführten Neubautätigkeit C und der Minderung des bereits existierenden Flächenbestands δS ergibt, wird in Quadrant IV veranschaulicht. Um ein langfristiges Bestandsgleichgewicht zu erreichen, ist es erforderlich, dass das jährliche Neubauvolumen auf dem Immobilienmarkt genau der sich aus der Abschreibungsrate δ ergebenden Minderung des Flächenbestands entspricht, sodass der Bestand konstant bleibt. Dies wird durch die Ursprungsgerade $S = C/\delta$ bzw. $\Delta S = C - \delta S$ in Quadrant IV ausgedrückt (vgl. auch Cieleback (2008), S. 140, Levalisier (2010), S. 28).

Vier-Quadranten-Modell (Gesamtmodell) Bei einer Zusammenführung der beschriebenen vier Teilmärkte in ein Gesamtmodell zeigt sich, dass grundlegende Verknüpfungen zwischen dem Investmentmarkt und dem Mietmarkt existieren. Beispielsweise beeinflusst die am Mietmarkt erzielte Rendite unmittelbar die Immobiliennachfrage auf dem Investmentmarkt. Grafisch drücken sich diese Verbindungen wie folgt aus: Der Flächen-/Mietmarkt zur Bestimmung der Miete und der Investmentmarkt zur Festlegung des Werts bzw. Preises einer Immobilie haben die Achse Miete gemeinsam. Gleichzeitig hat der Investmentmarkt zur Festlegung des Werts bzw. Preises die Achse Preis gemeinsam mit dem Investmentmarkt für Neubautätigkeiten, während dieser sich die Achse Neubau mit dem Flächen-/Mietmarkt für Bestandsanpassungen teilt. Darüber hinaus hat der Mietmarkt mit dem Flächen-/Mietmarkt für Bestandsanpassungen grafisch die Achse Bestand gemein. Durch diese grafische Herleitung des Gleichgewichts auf dem Immobilienmarkt können mithilfe dieses Modells die Änderungen der exogenen

Rahmenbedingungen und deren Wirkungen auf die Miethöhe, den Preis, die Neubautätigkeiten sowie die Bestandsflächen analysiert werden (vgl. Cieleback (2008), S. 141, Levalisier (2010), S. 28).

Exogene Rahmenbedingungen (Determinanten) können sich in verschiedenen Immobilienteilmärkten unterschiedlich auswirken. Da die Teilmärkte korrelieren, können mehrere Effekte gleichzeitig ausgelöst werden. Grundsätzlich bewirken die Änderungen eine unmittelbare Veränderung entweder in der Nachfrage auf dem Mietmarkt, der Marktbedingungen auf dem Investmentmarkt oder des Angebots an Bautätigkeiten. Jede Änderung dieser Determinanten wirkt sich auf die restlichen Quadranten aus und hat daher zirkuläre Anpassungsprozesse im Gleichgewichtsmodell zur Folge, welche in einem vollkommenen Markt ohne zeitliche Verzögerungen zu einem neuen langfristigen Gleichgewichtszustand im Markt führen (vgl. DiPasquale and Wheaton (1996), S. 11, Levalisier (2010), S. 28 f., Cieleback (2008), S. 141). Mithilfe von Kausalketten können die Änderungen von Rahmenbedingungen mit Immobilienmerkmalen (Teilmarkt) verbunden werden (vgl. Meins and Burkhard (2009), S. 9). Am Beispiel des Wirtschaftswachstums lässt sich die Veränderung der Mietzahlungsbereitschaft veranschaulichen: In den meisten Fällen bedeutet ein wirtschaftliches Wachstum, dass der Output des Unternehmens (höherer Produktumsatz) steigt. Unter der Annahme, dass die benötigte Fläche pro Arbeitnehmer gleich bleibt, ist eine höhere Flächennachfrage die Folge. Dies führt zu einer höheren Mietzahlungsbereitschaft der Unternehmen und kann im Modell als eine Verschiebung der Nachfragekurve in Quadrant I nach rechts interpretiert werden. In dieser Situation, in welcher die Nachfrage höher als das Angebot ist und daher ein Ungleichgewicht des Marktes vorherrscht, müssen Prozesse erfolgen, sodass sich alle Teilmärkte an die veränderte Situation anpassen. Aufgrund der gestiegenen Mieten steigt der Immobilienwert ebenfalls an. Im Neubaumarkt führt dies zu einer steigenden Zahl an Neubauten, aus welcher ein höherer Immobilienbestand resultiert. Aufgrund dessen verschiebt sich die Angebotskurve nach rechts (Quadrant I), wodurch die Mieten wieder leicht sinken und sich ein neues Gleichgewicht einstellt. Die Erhöhung der Mietzahlungsbereitschaft hat dazu geführt, dass die Mieten im Vergleich zum Ausgangsgleichgewicht gestiegen sind. Daraus resultieren gestiegene Immobilienwerte sowie eine erhöhte Anzahl an Neubauten und ein höherer Immobilienbestand (vgl. Cieleback (2008), S. 144, Levalisier (2010), S. 32 f.).

Neben den sogenannten Hauptdeterminanten (Konjunktur, Zinsen, Preise, staatliche Maßnahmen und Erwartungen der Marktteilnehmer, etc.) stellen weitere exogene Rahmenbedingungen wie beispielsweise die demografische Entwicklung der Gesellschaft, der kulturelle Wandel (Wertewandel) oder der technische Fortschritt ausschlaggebende Determinanten des Angebots und der Nachfrage auf dem Immobilienmarkt dar (Gondring, H. (Hrsg.) (2009), S. 27). Im folgenden Abschnitt werden die für den Büroimmobilienmarkt relevanten exogenen Rahmenbedingungen und deren langfristige Veränderungen analysiert, welche den Ausgangspunkt für die Herleitung der wertrelevanten Nachhaltigkeitsmerkmale in Abschnitt 4.2 repräsentieren.

3.2 Langfristige Veränderungen von exogenen Rahmenbedingungen

Aufgrund langfristiger, globaler Veränderungen steht die Welt zunehmend vor einem Wandel. Im Zusammenhang mit einer sich verändernden Umwelt wird oftmals der Begriff der Megatrends verwendet, der von dem Trend- und Zukunftsforscher John Naisbitt Anfang der 1980er Jahre geprägt und folgendermaßen definiert wurde: *„Megatrends [are] large social, economic, political, and technological changes [...], they influence us for some time – between seven and ten years, or longer" (Naisbitt (1982), S. xxiii)*. In der Literatur lassen sich diverse Ableitungen wiederfinden. Vielfach werden Megatrends wie folgt charakterisiert: Ein Megatrend weist eine Dauer von mindestens 30 Jahren auf und bildet Signale in allen Lebensbereichen, er hat grundlegend globalen Charakter, wenngleich er in verschiedenen Kulturen und Regionen unterschiedliche Ausprägungen erfährt, und hält temporären Rückschlägen stand, ohne seine Dynamik zu verlieren (vgl. Deckers and Heinemann (2008), S. 57). Demzufolge sind Megatrends komplexe, mehrdimensionale Entwicklungen, die mit langanhaltenden, grundlegenden Veränderungen und Auswirkungen einhergehen. Aufgrund ihrer Komplexität und Mehrdimensionalität bedingen Megatrends Wechselwirkungen und Abhängigkeiten, die als Interferenzen angesehen werden können. So kann es auftreten, dass sich Megatrends auch untereinander beeinflussen, überlagern oder ein Megatrend einen anderen Trend bedingt. Daher ist eine isolierte Betrachtung und exakte Abgrenzung einzelner Megatrends kaum möglich (vgl. Gondring (2012), S. 19).

In den folgenden Abschnitten werden nachstehende exogene Rahmenbedingungen und deren langfristige Veränderungen (Megatrends) analysiert und näher erläutert:

– Klimawandel

– Energie- und Ressourcenverbrauch

– Demografische Entwicklung

– Wertewandel in der Gesellschaft

Diese Auflistung ist nicht abschließend und stellt lediglich diejenigen Rahmenbedingungen dar, welche im Zusammenhang mit der deutschen Bau- und Immobilienwirtschaft stehen und aufgrund ihrer Entwicklungen und Trends für die vorliegende Arbeit von Relevanz sind. In Abschnitt 4.2 wird im Rahmen der Modellentwicklung auf weitere Zusammenhänge eingegangen.

3.2.1 Klimawandel

Der Klimawandel rückte im Jahr 2007 ins Zentrum des öffentlichen Interesses, nachdem der Stern-Report und der 4. Sachstandsbericht (AR4) des Weltklimarates (IPCC) vor den Folgen des Klimawandels warnten und darüber hinaus zu einem aktiven und nachhaltigen Handeln aufforderten, um die sich abzeichnenden Auswirkungen abzumildern und zu begrenzen sowie diesen entgegenzuwirken (vgl. Stern (2007), IPCC (2007)).

Unter dem Begriff des Klimawandels wird die Veränderung des globalen Klimasystems verstanden, welche anhand der gemittelten Erd- und Ozean-Oberflächentemperaturen gemessen wird. Einerseits ist die Klimaveränderung auf natürliche interne und externe Faktoren wie beispielsweise große Vulkanausbrüche, die Kontinentaldrift, Veränderungen in der Sonnenaktivität oder Schwankungen der Umlaufparameter der Erde um die Sonne zurückzuführen. Andererseits wird der Klimawandel durch anthropogene Stoffe und Prozesse wie die globale Erderwärmung aufgrund menschlicher Aktivitäten verursacht. Die Klimaveränderungen sind immer als eine Folge der Kombination aus natürlichen Klimaschwankungen und anthropogenen Einflüssen zu verstehen (vgl. Keenlyside and Ba (2010), UBA (2005)). Dennoch spielen die anthropogenen Treiber eine entscheidende Rolle, wie der Weltklimarat (IPCC) in seinem aktuellen Sachstandsbericht aus dem Jahr 2014 darlegt (vgl. IPCC (2014b), S. 47 f.).

Der Sachstandsbericht des Weltklimarates fasst in regelmäßigen Abständen den wissenschaftlichen Kenntnisstand der globalen Klimaforschung zusammen.[23] Die Tatsache, dass sich die Erde kontinuierlich erwärmt, ist laut der Berichtergebnisse erwiesen: Die mittlere globale Erdoberflächentemperatur hat sich zwischen den Jahren 1906 und 2005 um 0,74 °C erhöht (AR4). Zusätzlich zeigen die Messungen, dass die Erwärmung der Erdoberfläche in der zweiten Hälfte (1956–2005) fast zweimal so hoch ausfiel wie diejenige über den gesamten Betrachtungszeitraum von 100 Jahren. Ebenso ist zu beobachten, dass elf der letzten 12 Jahre (1995–2006) zu den 12 wärmsten Jahren zählen, seitdem die flächendeckenden Temperaturmessungen im Jahr 1850 begonnen wurden (vgl. IPCC (2007), S. 30 f., 44 f.). Die auf Basis dieser Daten berechneten Modellprojektionen (Szenarien) prognostizieren eine mittlere globale Erderwärmung an der Erdoberfläche von 2,0 °C bis 4,5 °C mit einem wahrscheinlichsten Wert von 3 °C für das Ende des 21. Jahrhunderts (2090–2099) bezogen auf die Jahre 1980–1999 (vgl. BMU et al. (2013)).

In dem aktualisierten Bericht (AR5) wird ein Anstieg der mittleren globalen Erdoberflächentemperatur für den Zeitraum zwischen 1880 und 2012 von 0,85 °C belegt. Darüber hinaus wird nachgewiesen, dass die Erdoberflächentemperatur in jedem der letzten drei Jahrzehnte höher war als in allen vorangegangenen Jahrzehnten seit dem Jahr 1850 (vgl. IPCC (2014b), S. 40). Die Szenarien über die zukünftige mittlere globale

---

[23] Der vorliegenden Arbeit liegen die Modellprojektionen des 4. Sachstandberichts aus dem Jahr 2007 zugrunde (AR4), die um Erkenntnisse des zwischenzeitlich aktualisierten Berichts (5. Sachstandsbericht (AR5), 2014) ergänzt sind. Die für die vorliegende Arbeit relevanten Kernaussagen der beiden Berichte über die zukünftigen Entwicklungen und Szenarientrends stimmen überein, auch wenn die Modellberechnungen des aktuellen Berichts teilweise nach unten korrigiert wurden.

Erdoberflächentemperatur bis zum Ende des 21. Jahrhunderts (2081–2100) zeigen zwischenzeitlich einen verlangsamten Temperaturanstieg in einer Bandbreite von 1,5 °C bis 4,5 °C im Vergleich zu 1850–1900 auf. Abhängig von der Umsetzung politischer Maßnahmen zur Begegnung des Klimawandels könnte die mittlere globale Erdoberflächentemperatur bis zum Ende dieses Jahrhunderts wahrscheinlich um 0,9 °C bis 5,4 °C gegenüber der vorindustriellen Zeit ansteigen. Dabei ist es wahrscheinlich, dass die Änderung der mittleren globalen Erdoberflächentemperatur 1,5 °C überschreiten wird, abhängig von Emissionsreduktionen. Jedoch liegt eine Begrenzung des maximalen Temperaturanstiegs von 2,0 °C in einem realisierbaren Bereich (vgl. IPCC (2014b), S. 48 ff., BMU et al. (2013)). Seit der UN-Klimakonferenz 2015 in Paris soll dieser Wert nicht mehr nur ein realisierbarer Bereich oder Richtwert darstellen. Das völkerrechtlich verbindliche Klimaschutzabkommen beinhaltet die Begrenzung des globalen Temperaturanstiegs auf unter 2,0 °C im Vergleich zur vorindustriellen Zeit. Zudem sind die Staaten dazu aufgefordert, den Temperaturanstieg darüber hinaus auf möglichst 1,5 °C zu begrenzen sowie eine globale Treibhausgasneutralität für die zweite Hälfte des 21. Jahrhunderts zu erzielen (vgl. UNFCCC (2015), S. 22).

Zurückzuführen ist die globale Klimaerwärmung mit einer Wahrscheinlichkeit von 95–100% auf menschliche Aktivitäten, insbesondere auf die Emission von Treibhausgasen (THG) (vgl. IPCC (2014b), S.47 f.). Die atmosphärische Konzentration der anthropogenen Treibhausgase Kohlendioxid (CO_2), Methan (CH_4) und Lachgas (N_2O) ist zwischen den Jahren 1750 und 2011 aufgrund menschlicher Aktivitäten um 40% (CO_2), 150% (CH_4) bzw. 20% (N_2O) angestiegen. Dies entspricht Konzentrationswerten, welche seit mindestens 800.000 Jahren nicht gemessen wurden. Als wichtigstes anthropogenes Treibhausgas gilt Kohlenstoffdioxid, dessen Konzentrationserhöhung insbesondere auf Emissionen aus fossilen Brennstoffen, aber auch auf Emissionen aufgrund von Landnutzungsänderungen zurückgeführt wird (vgl. IPCC (2014b), S. 44 f.). In diesem Kontext spielt die Bau- und Immobilienwirtschaft eine tragende Rolle, da Immobilien über den gesamten Lebenszyklus hinweg einen maßgeblichen Anteil an Treibhausgasemissionen verursachen und gleichzeitig große Einsparpotenziale bieten. Mit der Erzeugung von bis zu 19% der energetisch bedingten CO_2-Emissionen weltweit, gelten Gebäude und Aktivitäten in Gebäuden zu den Hauptverursachern von Treibhausgasemissionen (THG). Dabei sind etwa zwei Drittel der THG-Emissionen dem Stromverbrauch und der Deckung des Heizwärmebedarfs in Gebäuden (indirekte Emissionen) zuzuschreiben (vgl. IPCC (2014a), S. 678).

Aufgrund der steigenden Erd- und Ozeantemperaturen werden weitere Veränderungen im globalen Klimasystem wie das Abschmelzen der Gletscher und Eiskappen sowie der Anstieg des mittleren globalen Meeresspiegels und daraus resultierenden Bedrohung der Küstenregionen beobachtet. Darüber hinaus führt der Klimawandel zu Veränderungen in den Niederschlagsmengen (Häufigkeit und Muster), in Windmustern und in der Klimavariabilität (vgl. IPCC (2007), S. 30 ff., IPCC (2014b), S. 40 ff.). Extremwetterereignisse sind grundsätzlich ein Bestandteil der natürlichen Klimavariabilität. Jedoch zeigen Beobachtungen seit 1950, dass der Klimawandel zu Änderungen der Intensität, Eintrittshäufigkeit, Länge oder räumlichen Ausdehnung einiger extremer Wetterereignisse geführt hat (vgl. Abbildung 7). Auch für die Zukunft sind zunehmende Extremwetterereignisse zu erwarten, deren Ausmaße stark von den anthropogenen Treibern des Klimawandels abhängen (vgl. IPCC (2012), S. 7, S. 11 ff.). So ist bis zum Ende des 21. Jahrhunderts mit einer deutlichen Steigerung der extremen Temperaturen und längeren Hitzewellen zu rechnen. Beispielsweise wird für die meisten Regionen der Erde erwartet, dass die Tageshöchsttemperaturen im Zweijahresrhythmus auftreten werden, welche gegenwärtig nur alle 20 Jahre wiederkehren (vgl. IPCC (2012), S. 136 ff.). Zusammen mit den zunehmenden Durchschnittstemperaturen wirken sich diese Entwicklungen unmittelbar auf den Gebäudebestand aus. Beispielsweise verändern sich die Anforderungen an den sommerlichen Wärmeschutz von Gebäuden, die als Folge einer zunehmenden Hitzebelastung gesehen werden können.

Neben diesen langsamen Veränderungsprozessen, die zu Wetterextremen führen und in veränderte Anforderungen an Gebäude resultieren können, ist von weiteren Extremwetterereignissen wie von einer zunehmenden Intensität tropischer Wirbelstürme, einer höheren Intensität und zunehmenden Eintrittshäufigkeit von Dürren in einigen Regionen sowie Erdrutschen und Gletscherseeausbrüchen auszugehen (vgl. IPCC (2012), S. 13 ff.). Überdies wird die Zunahme und Intensivierung von Starkniederschlägen in den meisten Landregionen der mittleren Breiten und feuchten tropischen Regionen als sehr wahrscheinlich angenommen. Klimamodelle projizieren, dass die maximale tägliche Niederschlagsmenge, die momentan einmal in 20 Jahren auftritt, bis zum Ende des 21. Jahrhunderts alle fünf bis 15 Jahre vorkommen wird (vgl. IPCC (2012), S. 144 ff.). In Bezug auf Gebäude und technische Infrastrukturen zählen Extremwetterereignisse zu den größten Gefahrenpotenzialen. Extreme Wetterereignisse können zu erheblichen Schäden der Bausubstanz (Gebäude als Ganzes oder einzelne Gebäudeteile) führen und darüber hinaus eine nicht unerhebliche Gefahr für die Menschen darstellen (vgl. BBSR (2015), S. 17, BMVBS (2013), S. 11).

In Deutschland haben sich die wetterbedingten Naturkatastrophen zwischen 1980 und 2011 mehr als verdoppelt (vgl. BMVBS (2013), S. 11). Eine Vorhersage und Risikoeinschätzung von gegenwärtigen und zukünftigen Extremwetterereignissen ist zwischenzeitlich ein zentrales Thema auf verschiedenen Ebenen geworden (z.B. politische und gesellschaftliche Bestrebungen zur Begrenzung der Klimarisiken, (Versicherungs-)unternehmen, Forschungen, etc.). Im Bereich Forschung sind die fortschreitenden Entwicklungen unter anderem dem Center for Disaster Management and Risk Reduction Technology (CEDIM) zuzuschreiben (vgl. Rohde (2011), S. 22). Das CEDIM stellt das frei zugängliche geoinformationssystem-basierte (GIS-basierte) Online-Tool CEDIM RiskExplorer Germany zur Verfügung, welches anhand von Kartenmaterial die Möglichkeit bietet, die Gefährdung, die Vulnerabilität und das Risiko von Naturkatastrophen und anthropogenen Katastrophen sowie die räumliche Verteilung der gefährdeten Sachwerte weitestgehend flächendeckend für Deutschland abzulesen. Daher wird im Rahmen der vorliegenden Arbeit für die Einschätzung der Risiken hinsichtlich möglicher zukünftiger Naturgefahren auf den CEDIM RiskExplorer Germany zurückgegriffen (vgl. CEDIM RiskExplorer (2011), s.a. Abschnitt 4.3).

Different changes in temperature distributions between present and future climate and their effects on extreme values of the distributions:

Shifted Mean

Effects of a simple shift of the entire distribution toward a warmer climate

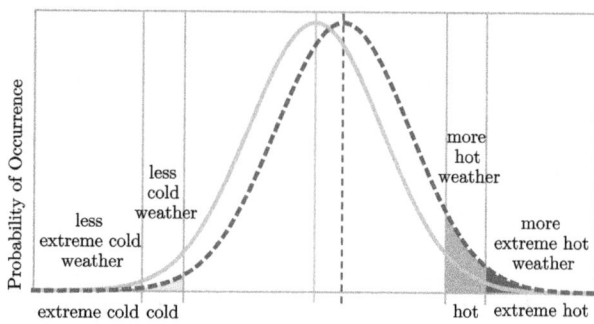

Increased Variability

Effects of an increase in temperature variability with no shift in the mean

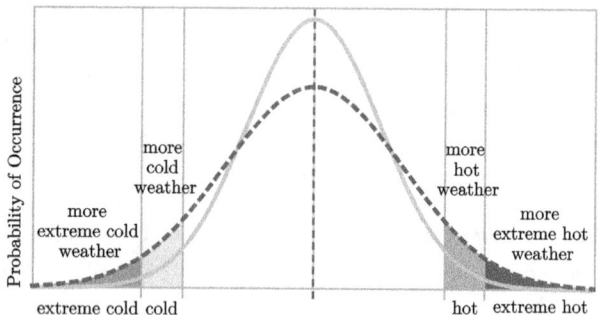

Changed Symmetry

Effects of an altered shape of the distribution, in this example a change in asymmetry toward the hotter part of the distribution

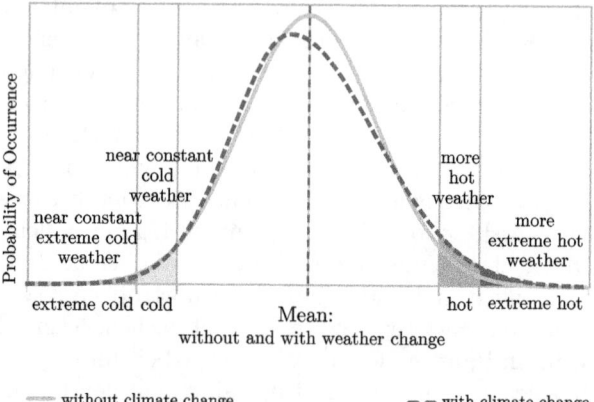

Abb. 7: Auswirkungen von Änderungen in der Temperaturverteilung auf Wetterextreme (IPCC (2012), S. 7)

3.2.2 Energie- und Ressourcenverbrauch

In Diskussionen um den Klimawandel und die Ressourcenverknappung sowie die damit im Zusammenhang stehende Preisentwicklung von Energie, Strom und Rohstoffen ist die Bau- und Immobilienwirtschaft ein zentraler Bestandteil, da ein maßgeblicher Anteil am globalen Ressourcenverbrauch und der Erzeugung umweltbelastender Emissionen zurückzuführen ist auf die Errichtung, Nutzung und Verwertung von Immobilien. Weltweit entfallen jährlich 30–40% des Rohstoff- und Endenergieverbrauchs, ca. 20% des Wasserverbrauchs, etwa 10% der Flächennutzung sowie 20–30% des globalen Abfall- und Abwasseraufkommens auf die Bau- und Immobilienbranche. Hinzu kommen die bereits erwähnten, durch Gebäude und durch Aktivitäten in Gebäuden verursachten Treibhausgasemissionen mit einem weltweiten Anteil von fast 20%. Diese Zahlen verdeutlichen die großen Einsparpotenziale, welche durch Verbrauchs- und Emissionsreduktionen im Gebäudebereich, insbesondere bei Bestandsgebäuden, erzielt werden können, um zu einer Reduzierung des Ressourcenverbrauchs und einer Verminderung des Klimawandels beizutragen (vgl. IPCC (2014a), S. 675 ff., BMWi (2014), S. 6, Schäfer et al. (2010), S. 27 f.). In diesem Zusammenhang spielen gesetzliche Regulierungen eine wesentliche Rolle. Die internationale und nationale Gesetzgebung beschränkt sich jedoch überwiegend auf energie- und umweltpolitische Ziele und Vorgaben respektive auf die Erhöhung der Energieeffizienz und Reduktion der Treibhausgasemissionen im Gebäudebereich zum Erhalt der natürlichen Umwelt und Sicherung einer funktionsfähigen Volkswirtschaft (vgl. Friedemann and Büchner (2010), S. 69 ff.).

Mit der Einführung der EU-Gebäuderichtlinie Directive 2002/91/EC (Energy Performance of Buildings Directive) im Jahr 2003 zur Erfüllung der im Kyoto-Protokoll vereinbarten Verpflichtungen trat eine der bis dahin deutlichsten energie- und klimapolitischen Vorschriften für den Gebäudebereich in Kraft, die mit der Novellierung der Energieeinsparverordnung (EnEV) im Jahr 2007 auf nationaler Ebene rechtskräftig wurde. Im Wesentlichen wird in der Richtlinie eine Harmonisierung der Anforderungen an die Gesamtenergieeffizienz von Neubauten und großen Bestandsgebäuden mit einer Gesamtnutzfläche von mehr als 1.000 m^2, die größeren Renovierungen unterzogen werden, angestrebt. Darüber hinaus zielt die Richtlinie darauf ab, die Transparenz durch die Vorlage von Energieausweisen bei Transaktionen und einer öffentlichen Kenntlichmachung der Gesamtenergieeffizienz von Gebäuden mit hohem Publikumsverkehr zu erhöhen (vgl. Directive 2002/91/EC, BGBl. I (2007), Brey (2010), S. 334).

Aufgrund der Folgen des Klimawandels, der wachsenden Abhängigkeit von fossilen Brennstoffen und der steigenden Energiepreise sowie motiviert durch den erhöhten Druck auf die Europäische Union, eine umfassende und ehrgeizige Energiepolitik zu verfolgen, hat der Europäische Rat mit dem im Frühjahr 2007 beschlossenen „20-20-20-Ziel" zum Klimaschutz und dem Ausbau von erneuerbaren Energien und der Energieeffizienz die Weichen für eine integrierte europäische Klima- und Energiepolitik gestellt und gleichzeitig die Richtung bis zum Jahr 2050 vorgegeben (vgl. Kommission der Europäischen Union (2008), S. 4, BMWi and BMU (2007), S. 2). Als Zielvorgaben bis zum Jahr 2020 gelten die Reduktion der Treibhausgasemissionen um 20%, der Ausbau des Anteils erneuerbarer Energien auf 20% sowie die Steigerung der Energieeffizienz um 20% gegenüber dem Referenzjahr 1990 (vgl. Brey (2010), S. 329). Zur Umsetzung dieser Zielvorgaben hat die deutsche Bundesregierung das „Integrierte Energie- und Klimaprogramm" (IEKP), die sogenannten „Meseberger Beschlüsse", im Herbst 2007 verabschiedet, das sich an dem auf europäischer Ebene gültigen Zieldreieck aus Versorgungssicherheit, Wirtschaftlichkeit und Umweltverträglichkeit orientiert. Mit diesem aus 29 Eckpunkten bestehenden Maßnahmenpaket, von dem sich sechs der Eckpunkte[24] unmittelbar auf die Bau- und Immobilienwirtschaft auswirken, soll bis zum Jahr 2020 eine Reduktion der Treibhausgasemissionen um 40% erzielt werden (vgl. BMWi and BMU (2007), S. 2, Brey (2010), S. 337 ff.). Die Fortschreibung der "20-20-20-Ziele"[25] sowie die Novellierungen der gesetzlichen Regulierungen zur Verschärfung der Anforderungen an die Energieeffizienz und zur Reduktion der Treibhausgasemissionen verdeutlichen das zunehmende Bewusstsein und den weiteren Handlungsbedarf im Gebäudebereich. Zu den Novellierungen gesetzlicher Regulierungen zählen beispielsweise die EU-Gebäuderichtlinien Directive 2010/31/EU und Directive 2012/27/EU auf europäischer Ebene sowie die novellierten Energieeinsparverordnungen aus den Jahren 2009, 2014 und 2016 auf nationaler Ebene, welche eine stetige Verringerung des Jahres-Primärenergiebedarfs sowie zunehmende Anforderungen an den sommerlichen Wärmeschutz von Gebäuden umfassen (vgl. BGBl. I (2009), BGBl. I (2013)).[26] Überdies strebt die Bundesregierung mit ihrem „Klimaschutzplan 2050" an, die weiteren Schritte zur Reduktion der Treibhausgasemissionen im Kontext der Ergebnisse der UN-Klimakonferenz 2015 in Paris bis zu einem Zielwert von 80–95% im Jahr 2050 (Referenzjahr: 1990) festzuschreiben sowie Leitbilder, indikative strategische Pfade und Maßnahmen für alle Handlungsfelder zu formulieren. Im Gebäudebereich liegt dabei der Fokus auf der weiteren Senkung des Energieverbrauchs und dem gleichzeitigen Ausbau erneuerbarer Energien (vgl. BMUB (2015b), S. 6 ff., BMUB (2014), S. 10).

Nicht zuletzt spiegelt sich die Notwendigkeit des weiteren Handlungsbedarfs auch in den steigenden Preisen fossiler Energieträger, der CO_2-Zertifikate und des Stroms als Folge der Ressourcenverknappung und der Substitution von Erdöl durch Strom wider (vgl. Meins and Burkhard (2014), S. 52). Den Referenzszenarien der US-Regierung (vgl. IEO2014 Reference case, s.a. Abbildung 8) zufolge, fällt der Preis für Brent-Spot-Rohöl von 113 USD pro Barrel im Jahr 2011 zunächst auf 92 USD pro Barrel im Jahr 2017, steigt danach jedoch kontinuierlich auf 141 USD pro Barrel im Jahr 2040 an (vgl. EIA (2014), S. 2). Dieser Preisanstieg steht in Abhängigkeit mit dem weltweiten Verbrauch von Erdöl und anderer flüssiger Brennstoffe, welcher gemäß der IEO2014 Projektion von 87 Millionen Barrel/Tag im Jahr 2010 auf 119 Millionen Barrel/Tag im Jahr 2040 ansteigen wird. Während der prognostizierte Verbrauch von Erdöl und anderer flüssiger Brennstoffe in den OECD-Ländern aufgrund des relativ stabilen wirtschaftlichen Wachstums und einer stagnierenden oder sinkenden Bevölkerungszahl konstant bleibt bzw. sinken wird (Reduktion von 1,4 Millionen Barrel/Tag von 2010 bis 2040), nimmt

---

[24] Diese sind die Novellierungen der Energieeinspar- und der Heizkostenverordnung und des Kraft-Wärme-Kopplungs-Gesetzes sowie das Erneuerbare-Energien-Wärmegesetz und die Fortführung des CO_2-Gebäudesanierungsprogramms (vgl. BMWi and BMU (2007), S. 4 ff.).

[25] Unter der Fortschreibung der „20-20-20-Ziele" werden die EU-Klima- und Energieziele bis zum Jahr 2030 verstanden (vgl. Europäische Kommission (2014)).

[26] Die derzeit rechtskräftige EnEV 2016 basiert auf der Verordnung aus dem Jahr 2014, welche eine erneute Erhöhung der Standards ab dem 1. Januar 2016 integriert (vgl. BGBl. I (2013)).

3.2. Langfristige Veränderungen von exogenen Rahmenbedingungen 59

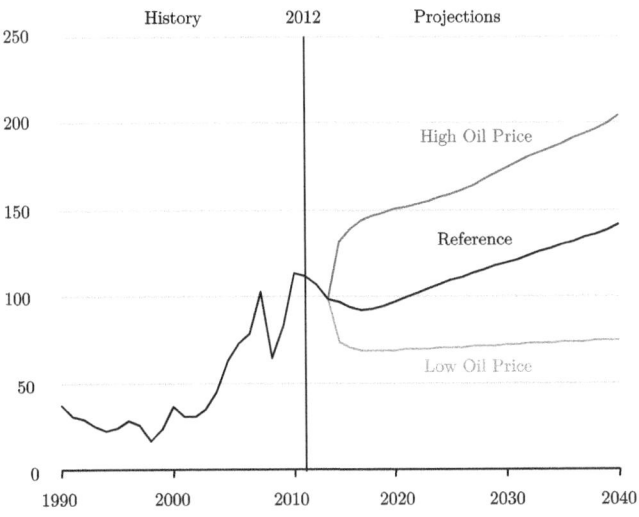

Year	Reference	Low Oil Price	High Oil Price
2010	83	83	83
2020	97	69	150
2025	109	70	159
2030	119	72	174
2035	130	73	188
2040	141	75	204

Abb. 8: Brent-Spot-Rohölpreisentwicklung in drei Szenarien (USD pro Barrel, 2012): 1990–2040 (EIA (2014), S. 2)

der Anteil der Nicht-OECD-Mitgliedsstaaten am weltweiten Verbrauch von Erdöl und anderer flüssiger Brennstoffe bis zum Jahr 2040 wesentlich zu (von 47% im Jahr 2010 auf 63% im Jahr 2040)[27] (vgl. EIA (2014), S. 2).

Eine vom Bundesministerium für Wirtschaft und Energie (BMWi) herausgegebene Studie veranschaulicht vergleichbare Trendszenarien für die Preisentwicklung von fossilen Energieträgern sowie für den Endenergieverbrauch in Deutschland (vgl. BMWi (2014), S. 70 ff.). Darüber hinaus wird in der Studie aufgezeigt, dass der Preis für CO_2-Zertifikate und Strom langfristig ebenfalls steigen wird. Der Preis für CO_2-Zertifikate bleibt mit 10€/t CO_2 im Jahr 2020 im Vergleich zum Basisjahr 2011 (13€/t CO_2) zunächst niedrig. Danach steigt dieser deutlich an, sodass bis zum Jahr 2030 von einem Preis von 40 EUR/t ausgegangen wird, der sich bis zum Jahr 2050 bis auf 76€/t entwickeln soll (vgl. BMWi (2014), S. 71). Ähnliche Entwicklungsmuster weisen die Szenarien

---

[27] Dabei dominieren die asiatischen Nicht-OECD-Mitgliedsstaaten, die den größten Verbrauch weltweit verzeichnen (Wachstum von 23,4 Millionen Barrel/Tag von 2010 bis 2040), wobei China für ein Wachstum von 10,7 Millionen Barrel/Tag verantwortlich ist und bis zum Jahr 2035 die USA als weltweit größten Verbraucher flüssiger Brennstoffe ablösen wird (vgl. EIA (2014), S. 6).

des Strompreises in Deutschland auf. Dieser steht unter anderem in Abhängigkeit mit dem Strombedarf bzw. -verbrauch. So wird davon ausgegangen, dass sich der Stromverbrauch in Deutschland bis zum Jahr 2050 gegenüber dem Basisjahr 2011 nur wenig verringert. Für das Jahr 2030 wird prognostiziert, dass der Wert von 2011 um 6% und im Jahr 2050 um 7% unterschritten wird, wodurch sich der Anteil von Strom im Endenergiemix von 21% (Jahr 2011) auf 24% (Jahr 2030) sowie auf 27% bis zum Jahr 2050 erhöht. Dies hat zur Folge, dass Strom in einer langfristigen Betrachtung damit zum bedeutendsten Energieträger im Endverbrauch über verschiedene Nutzungen wird (vgl. BMWi (2014), S. 90). Jedoch gilt aufgrund unterschiedlich hoher Jahresstromverbräuche und verschiedener Verbrauchsprofile zwischen den Verbrauchergruppen der privaten Haushalte, dem Sektor Gewerbe, Handel und Dienstleistung (GHD) sowie der stromintensiven Industrie zu unterscheiden. Diese Differenzierung ist ebenfalls bei der Darstellung der Endverbraucherpreise für Strom sinnvoll. Aus der Szenarienmodellierung der Endverbraucherpreise für Strom geht hervor, dass der Strompreis bis zum Jahr 2025 auf 312 EUR$_{2011}$/MWh ansteigen und danach leicht zurückgehen wird, jedoch gegenüber dem Referenzjahr 2011 noch immer eine Preissteigerung von knapp 10% darstellt. Gleichartige Trends weisen auch die Szenarien für den GHD-Sektor und die Industrie mit Preissteigerungen um knapp 25% bzw. 20% bis zum Jahr 2030 auf. Für die stromintensive Industrie wird von Erhöhungen des Strompreises, auf welchen sich langfristig steigende Börsenpreise für Strom unmittelbar auswirken, in der Größenordnung von 40% bis zum Jahr 2030 gegenüber dem Basisjahr 2011 ausgegangen (vgl. BMWi (2014), S. 70, S. 226 f.).

Durch die Verwendung innovativer und weiterentwickelter Technologien in der Nutzung, Bereitstellung und Umwandlung von Energie kann eine erhebliche Steigerung der Energieeffizienz erzielt sowie der Ausbau zur Nutzung erneuerbarer Energieträger unterstützt werden und darüber hinaus der Endenergieverbrauch stabilisiert und deutlich gesenkt werden (vgl. IPCC (2014a), 686 ff., BMWi (2014), S. 3). Dabei weisen der Sektor Gewerbe, Handel und Dienstleistung sowie die privaten Haushalte die größten relativen Einsparpotenziale auf. Den Szenarien des BMWi zufolge lassen sich bei der Raumwärme und der Beleuchtung von und in Gebäuden Einsparungen von rund 30% bis zum Jahr 2030 (Basisjahr: 2011) realisieren. Aber auch die Prozesswärme und mechanische Energie sowie der Stromverbrauch in der Informations- und Kommunikationstechnik lassen sich jeweils zwischen 11% und 18% reduzieren. Zudem ist vor dem Hintergrund der steigenden Komfortansprüche an Immobilien und den im Zusammenhang mit der globalen Klimaerwärmung stehenden sich erhöhenden Durchschnittstemperaturen sowie der daraus resultierenden zunehmenden Bedeutung der Klimatisierung und Automatisierung von Gebäudefunktionen in Büroimmobilien davon auszugehen, dass in einer mittel- und langfristigen Betrachtung erheblich mehr Energie für die Gebäudetechnik aufgewendet wird, um diesen Anforderungen gerecht zu werden (vgl. BMWi (2014), S. 89, S. 173). Neben Bestrebungen, diese Verbräuche durch Nutzerverhalten zu senken, spielen bei diesen Szenarienmodellierungen effiziente technologische Lösungen eine entscheidende Rolle für die Kompensation. Nicht zuletzt können eine umfassende energetische Modernisierung des Gebäudebestands und die Erhöhung der Energieeffizienzstandards für Neubauten einen wesentlichen Anteil zur Minderung der Energie- und Stromverbräuche leisten (vgl. IPCC (2014a), 686 ff.).

3.2. Langfristige Veränderungen von exogenen Rahmenbedingungen

3.2.3 Demografische Entwicklung

Der Begriff „demografische Entwicklung" bezeichnet Veränderungen im Umfang einer Bevölkerung sowie in der Zusammensetzung der Altersstruktur einer Gesellschaft, welche durch die drei Faktoren Geburtenrate/Fertilität, Lebenserwartung/Mortalität und Wanderungssaldo determiniert werden. Oftmals wird auch von einem sogenannten demografischen Wandel gesprochen. Mithilfe von Bevölkerungsvorausberechnungen können die aus heutiger Sicht absehbaren, zukünftigen Entwicklungen der Bevölkerung unter Berücksichtigung der genannten drei Faktoren modelliert, in Varianten aufgezeigt und deren Auswirkungen beurteilt werden (vgl. Statistisches Bundesamt (2009), S. 11).

In Deutschland leben rund 81 Millionen Menschen (vgl. Statistisches Bundesamt (2015a), S. 15). Im Wesentlichen wird die demografische Entwicklung Deutschlands durch eine zunehmende Alterung der Bevölkerung sowie Zuwanderungen geprägt. Bis zum Jahr 2003 konnten die verzeichneten Zuwanderungsüberschüsse die hohen Sterbefallüberschüsse ausgleichen, seitdem nimmt die Zahl der deutschen Bevölkerung kontinuierlich ab. Ohne Zuwanderungen wäre die Bevölkerungszahl bereits seit Beginn der 1970er-Jahre zurückgegangen (vgl. Deutscher Bundestag (2002), S. 15, Statistisches Bundesamt (2009), S. 5). Der 12. koordinierten Bevölkerungsvorausberechnung[28] des Statistischen Bundesamtes zufolge ist davon auszugehen, dass bis zum Jahr 2060 zwischen 65 und 77 Millionen Menschen in Deutschland leben werden. Die sinkende Bevölkerungszahl ist darauf zurückzuführen, dass die Sterberate die Geburtenrate auch zukünftig übersteigen wird und die Differenz durch Zuwanderungen nicht ausgeglichen werden kann (vgl. Statistisches Bundesamt (2009), S. 12 f.). Zwar ist die Bevölkerungszahl in den Jahren 2011 bis 2013 aufgrund von erheblichen Zuwanderungen gestiegen, die grundsätzlichen Ursachen des Bevölkerungsrückgangs bestehen allerdings fort und werden langfristig betrachtet noch stärkere Auswirkungen als in der Vergangenheit aufweisen (vgl. Statistisches Bundesamt (2015a), S. 15). Auch die im Jahr 2015 rapide angestiegene Zuwanderung Schutzsuchender hat nur sehr eingeschränkte Auswirkungen auf die langfristige Bevölkerungsentwicklung und spiegelt sich insbesondere in einem kurzfristigen Anstieg der Bevölkerungszahl wider (vgl. Statistisches Bundesamt (2016a)).

Die justierte Bestandsfortschreibung im Rahmen der 13. koordinierten Bevölkerungsvorausberechnung prognostiziert einen Rückgang auf rund 67,5–73 Millionen der in Deutschland lebenden Menschen bis zum Jahr 2060 (vgl. Statistisches Bundesamt (2015a), S. 6). Auch mit einer maximal zu erwartenden Bevölkerungszahl werden für das Jahr 2060, mit einer Zahl von 79 Millionen Menschen, weniger in Deutschland lebende Menschen als heute vorausberechnet. Dieser Berechnung liegt jedoch ein starker Anstieg

---

[28] Dieser Arbeit liegen die Ergebnisse der 12. koordinierten Bevölkerungsvorausberechnung aus dem Jahr 2009 zugrunde, welche um die aktualisierten Auswertungen der 13. koordinierten Bevölkerungsvorausberechnung aus dem Jahr 2015 ergänzt sind. Die wesentlichen Aussagen der vorherigen Bevölkerungsvorausberechnung behalten auch unter Berücksichtigung der nach dem Zensus 2011 erforderlichen Korrekturen ihre Gültigkeit (vgl. BiB (2013), S. 9, Statistisches Bundesamt (2015a), S. 5).

der Lebenserwartung, ein langfristiges und jährlich hohes Wanderungssaldo sowie eine steigende Geburtenhäufigkeit zugrunde (vgl. Statistisches Bundesamt (2015a), S. 15). Seit etwa 1970 liegt die jährliche Geburtenrate allerdings auf einem Niveau von 1,4 Kindern je Frau und wird auch für die Zukunft in dieser Größenordnung prognostiziert (vgl. Statistisches Bundesamt (2009), S. 13, Statistisches Bundesamt (2015a), S. 15). Dieser Wert liegt deutlich unterhalb der als notwendig modellierten Geburtenhäufigkeit von 2,1 Kindern je Frau und führt daher weiterhin zu einer sinkenden Geburtenrate (vgl. Statistisches Bundesamt (2015a), S. 15, S. 32).

Dahingegen wird die Mortalitätsrate aufgrund der bedeutenden Altersstrukturverschiebung der deutschen Bevölkerung zunehmen, welche durch das Altern der geburtenstarken Jahrgänge von heute hervorgerufen wird. Im Jahr 2013 setzte sich die Bevölkerung aus 18% Kindern und jungen Menschen unter 20 Jahren, aus 61% der 20- bis unter 65-Jährigen und aus 21% der 65-Jährigen und Älteren zusammen (vgl. Statistisches Bundesamt (2015a), 17). Für das Jahr 2060 wird angenommen, dass der Anteil der Kinder und unter 20-Jährigen auf 16% und der Anteil der 20- bis unter 65-Jährigen auf 51% sinken wird. Demgegenüber werden 33% der heutigen Bevölkerung mindestens 65 Lebensjahre durchlebt haben und doppelt so viele 70-Jährige leben wie Kinder geboren werden (vgl. Statistisches Bundesamt (2015a), S. 17). Aufgrund eines kontinuierlichen Rückgangs der Sterblichkeit und einer höheren Lebenserwartung, wofür die Fortschritte in der medizinischen Versorgung und der Hygiene, der Ernährung und der allgemeinen Wohnsituation sowie die verbesserten Arbeitsbedingungen und der gestiegene materielle Wohlstand verantwortlich sind, nimmt auch die Zahl der Hochbetagten gravierend zu. Die Zahl der 80-Jährigen und Älteren umfasste im Jahr 2013 fast 4,5 Millionen Menschen in Deutschland. Diese Zahl wird bis zum Jahr 2050 kontinuierlich auf fast 10 Millionen Menschen steigen. Auch wenn davon ausgegangen wird, dass die Zahl der Hochbetagten zwischen 2050 und 2060 auf 9 Millionen sinken wird, ist damit zu rechnen, dass im Jahr 2060 zwischen 12% und 13% der Bevölkerung hochbetagt sein werden (vgl. Statistisches Bundesamt (2015a), S. 6, S. 19, Statistisches Bundesamt (2009), S. 29).

Neben der natürlichen Bevölkerungsentwicklung spielt der Wanderungssaldo der Außenwanderungen, die Differenz der Zu- und Abwanderungen nach und aus Deutschland, für die zukünftige Bevölkerungszahl und Altersstruktur eine wichtige Rolle. Der Wanderungssaldo ist sowohl von dem Migrationspotenzial in den Herkunftsländern, bedingt durch politische, wirtschaftliche, soziale und ökologische Entwicklungen, als auch von der deutschen Migrationspolitik sowie der wirtschaftlichen und sozialen Attraktivität Deutschlands abhängig. Aufgrund dieser Abhängigkeiten ist die Zahl der jährlichen Zu- und Abwanderungen stark schwankend. Obgleich sich aus den bisherigen Wanderungssalden kein eindeutiger Trend ableiten lässt, ist davon auszugehen, dass der Wanderungssaldo die prognostizierte Mortalitätsrate nicht ausgleichen kann und demzufolge die Bevölkerungszahl in Deutschland bis zum Jahr 2060 deutlich zurückgehen wird (vgl. Statistisches Bundesamt (2015a), S. 37, Statistisches Bundesamt (2009), S. 31 ff., BiB (2013), S. 9). Die sinkende Bevölkerungszahl und zunehmende Alterung der Gesellschaft wirkt sich besonders stark auf die Erwerbstätigenzahl aus. Gegenwärtig umfasst die Zahl der Erwerbstätigen in Deutschland, die Bevölkerung im Alter

3.2. Langfristige Veränderungen von exogenen Rahmenbedingungen

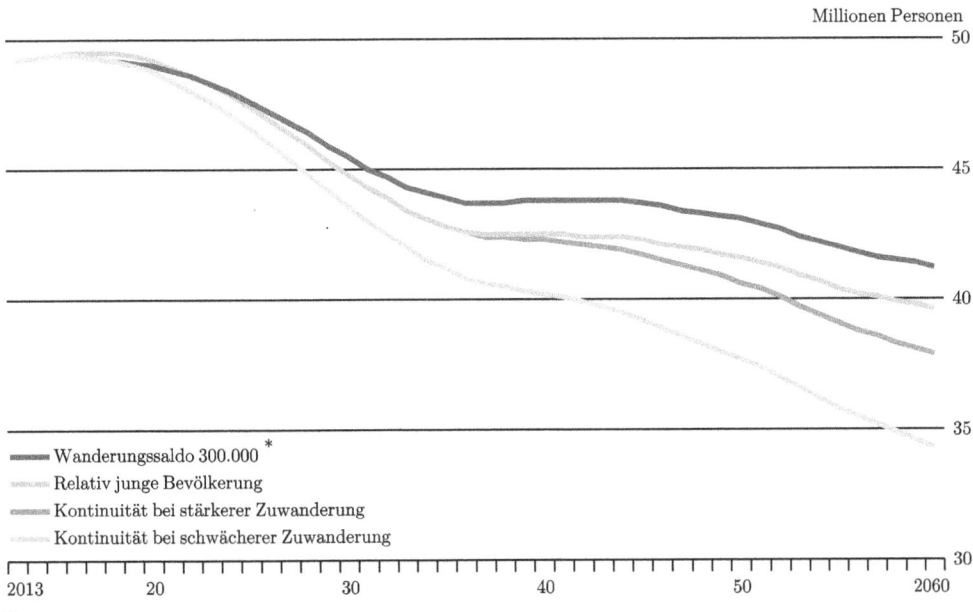

Abb. 9: Bevölkerung im Erwerbsalter von 20 bis 64 Jahren (Statistisches Bundesamt (2015a), S. 20)

von 20 bis 64 Jahren, rund 49 Millionen Menschen. Wie in Abbildung 9 dargestellt, wird angenommen, dass die Bevölkerung im Erwerbsalter erst nach dem Jahr 2020 deutlich abnehmen wird. Jedoch ist davon auszugehen, dass bis zum Jahr 2060 nur noch 34–38 Millionen Menschen dieser Altersgruppe angehören werden. Diese Schrumpfung entspricht einem Minus von 23–30% und steht in starker Abhängigkeit zur Höhe der zukünftigen Zuwanderungen nach Deutschland, wobei auch ein hoher Wanderungssaldo den Rückgang der Bevölkerung im Erwerbsalter nicht kompensieren kann (vgl. Statistisches Bundesamt (2015a), S. 20 ff.).

Der demografische Wandel hat zudem Einfluss auf die Größe und Struktur der Privathaushalte. Seit mehr als 30 Jahren stellen die Einpersonenhaushalte den größten Anteil an der Gesamtzahl aller Privathaushalte in Deutschland und verzeichnen zudem ein kontinuierliches Wachstum (vgl. Statistisches Bundesamt (2011), S. 4). Nach den Ergebnissen des Mikrozensus im Jahr 2014 gibt es in Deutschland rund 40 Millionen Privathaushalte mit rund 81 Millionen Haushaltsmitgliedern. Somit ist die Anzahl der Privathaushalte um fast 5 Millionen und die Zahl der Haushaltsmitglieder um etwa 0,6 Millionen seit dem Jahr 1991 angestiegen, während sich die durchschnittliche Personenanzahl je Privathaushalt von 2,27 Personen im Jahr 1999 auf 2,01 Personen im Jahr 2014 verringerte (vgl. Statistisches Bundesamt (2015b), S. 24, Statistisches Bundesamt (2016b)). Bis zum Jahr 2030 wird sich der Anteil der Einpersonenhaushalte auf etwa 43% aller deutschen Haushalte erhöhen. Ebenso verzeichnet die Zahl der Zweipersonenhaushalte eine beständige Zunahme (ca. 38% aller deutschen Haushalte im

Jahr 2030). Nur die Zahl der Haushalte mit mindestens drei Personen sinkt dahingegen stetig. Es wird angenommen, dass Haushalte mit drei oder mehr Personen im Jahr 2030 einen Anteil von etwa 19% stellen werden (vgl. Statistisches Bundesamt (2011), S. 4 ff., Statistische Ämter des Bundes und der Länder (Hrsg.) (2011), S. 28 ff.).

Überdies trägt die Migration innerhalb Deutschlands, die sogenannte Binnenwanderung, zu regionalspezifischen Veränderungen in den Haushaltsgrößen und -strukturen bei, welche wiederum die regionalspezifische Erwerbstätigenzahl bzw. die Auslastung und Nutzbarkeit von Büroflächen beeinflussen kann. Für Binnenwanderungen sind vorrangig wirtschaftliche Faktoren relevant. Stabile Wirtschaftsstandorte mit einem breiten Spektrum an Arbeitsplätzen haben gemeinhin einen positiven Binnenwanderungssaldo, wohingegen Standorte mit schwächerer wirtschaftlicher Entwicklung in der Regel einen negativen Saldo verzeichnen (vgl. Statistische Ämter des Bundes und der Länder (Hrsg.) (2011), S. 18 f., S. 30). Die deutsche Binnenwanderung ist von einer kontinuierlichen Abwanderung der Bevölkerung aus den ostdeutschen/neuen Bundesländern in die westdeutschen/alten Bundesländer gekennzeichnet. Zwischen 1991 und 2008 ist ein Bevölkerungsrückgang aufgrund von Fortzügen von rund 1,1 Millionen Einwohnern in den neuen Ländern zugunsten der alten Bundesländer zu verzeichnen. Bis zum Jahr 2020 wird eine konstante Fortzugsrate der einzelnen Altersgruppen in ein anderes Bundesland angenommen. Zwischen den Jahren 2020 und 2030 wird ein sukzessiver Rückgang der Binnenwanderung auf Null-Niveau erwartet. In diesem Zusammenhang wird auch die Ost-West-Wanderung geringer ausfallen, die mit einem geringeren Zustrom an Personen im Erwerbsalter in die alten Bundesländer einhergeht. Dies hat insbesondere Auswirkungen auf Länder, die bisher von Zuwanderungen aus dem Osten Deutschlands stark profitiert haben wie beispielsweise Bayern, Niedersachsen und Baden-Württemberg (vgl. Statistische Ämter des Bundes und der Länder (Hrsg.) (2011), S. 18 ff.).

Die aus heutiger Sicht absehbare demografische Entwicklung der deutschen Bevölkerung wird sich insbesondere in der Zukunft stark auf die Bau- und Immobilienwirtschaft auswirken. Davon ist sowohl der Wohnimmobilienmarkt als auch der Markt für Büroimmobilien betroffen. Aufgrund der zunehmenden Anzahl an Haushalten bis zum Jahr 2030 wird im Bereich des Wohnimmobilienmarktes die Nachfrage nach Wohnfläche zunehmen. Danach wird ein Nachfragerückgang angenommen, welcher zu einer Verschiebung der Nachfrage nach anderen Immobilientypen führt. Im Bereich des Büroimmobilienmarkts spielt die Abnahme der Erwerbstätigenzahl eine übergeordnete Rolle. Bereits ab dem Jahr 2020 kann von einem Rückgang an nachgefragter Bürofläche, resultierend aus der sinkenden Erwerbstätigenzahl, ausgegangen werden. Allerdings sind neben der Erwerbstätigenzahl auch weitere Einflussgrößen wie beispielsweise die Verlängerung der Lebensarbeitszeit oder die Erhöhung des Flächenbedarfs je Bürobeschäftigtem versus des Trends zu Desk Sharing zu berücksichtigen. Im Allgemeinen kann jedoch davon ausgegangen werden, dass der Fokus auf Modernisierungen und Umnutzungen von Bestandsimmobilien im Zusammenhang mit einer veränderten Nachfragesituation resultierend aus sich wandelnden Anforderungen und Bedürfnissen an Immobilien liegen wird (vgl. Arens (2006), S. 338 f.).

3.2.4 Wertewandel in der Gesellschaft

Unter einem gesellschaftlichen Wertewandel werden die Veränderungen der Wertvorstellungen und Verhaltensprämissen von Individuen in der Bevölkerung westlicher Industrienationen verstanden, die sich seit Ende der 1960er Jahre vollzogen haben. In diesem Zusammenhang wird oftmals auf die Theorie von Ronald Inglehart verwiesen, welche eine lineare, sich gegenseitig substituierende Werteverschiebung von materialistischen hin zu postmaterialistischen Werten postuliert (vgl. Inglehart (1977)). Dabei repräsentieren materialistische Werte physische und ökonomische Sicherheitsbedürfnisse wie Wohlstand (Vermögen und Besitztum). Postmaterialistische Werte stellen intellektuelle und ästhetische sowie soziale Bedürfnisse wie Partizipation und Menschenwürde (Kommunikation und Selbstverwirklichung) dar (vgl. Schlöder (1993), S. 173 ff.).

Vor diesem Hintergrund wird deutlich, dass der Megatrend der Individualisierung eine wesentliche Komponente des Wertewandels in der Gesellschaft darstellt. Der Begriff der Individualisierung wurde 1986 von dem Soziologen Ulrich Beck als eines der wichtigsten Stichworte des gesellschaftlichen Wandels geprägt und umfasst seiner These nach nachfolgende, drei Dimensionen: *„[Die] Herauslösung aus historisch vorgegebenen Sozialformen und -bindungen im Sinne traditionaler Herrschafts- und Versorgungszusammenhänge („Freisetzungsdimension"), [den] Verlust von traditionalen Sicherheiten im Hinblick auf Handlungswissen, Glauben und leitende Normen („Entzauberungsdimension") und (...) eine neue Art der sozialen Einbindung durch Institutionen („Kontroll- und Reintegrationsdimension")"* (Beck (1986), S. 206). Individualisierung bedeutet, dass traditionelle Wertvorstellungen und Orientierungen ihre gesellschaftliche Selbstverständlichkeit verlieren und an deren Stelle postindustrielle Werte der Selbstbestimmung und Selbstverwirklichung entstehen. Dieser Entwicklungsprozess wird charakterisiert durch die kontinuierliche Ablösung der Gesellschaftsmitglieder aus den Strukturen traditioneller Lebens-, Familien- und Haushaltsformen und kann auf Entwicklungen wie verbesserte Lebensstandards, überwiegende soziale Sicherheit und neuartige Lebenschancen zurückgeführt werden. Als positiver Effekt kann die Vielzahl von Wahlmöglichkeiten und Entscheidungssituationen für jedes Individuum genannt werden, wodurch sich auch das Spektrum der Verhaltensoptionen erweitert. Obgleich diese Optionserweiterungen als ein Verlust von sozialen und gesellschaftlichen Gewissheiten bzw. als eine Notwendigkeit zu Entscheidungen angesehen werden können, welche leicht zur Überforderung des Individuums führen können, bieten sich jedem Individuum der Gesellschaft eigenständige Wahlentscheidungen, die sich auf diverse Bereiche des gesellschaftlichen Zusammenlebens auswirken (vgl. BMFSFJ (2014)).

Der Individualisierungsprozess kann insbesondere im Zusammenhang mit der demografischen Entwicklung verdeutlicht werden. Anfang des 20. Jahrhunderts prägte die Lebensform der Großfamilie die deutsche Gesellschaft, bis dieses Familienmodell in den 1960er Jahren von der klassischen Kleinfamilie als gesellschaftliche Norm abgelöst wurde. Bis heute dominiert diese Lebensform, jedoch ergänzt von diversen Alternativen wie beispielsweise nicht-ehelichen Lebensgemeinschaften, Patchworkfamilien, Alleinerziehenden, getrennt lebenden Paaren oder dem Trend zu mehreren Wohnsitzen. Diese Entwicklung hat Einfluss auf die Veränderungen in den Haushaltsgrößen und

-strukturen und trägt zu dem Trend der sinkenden Haushaltsgrößen bei (vgl. Gondring (2012), S. 42 f., s.a. Abschnitt 3.2.3). Neben der Pluralisierung und Ausdifferenzierung der Lebensstile wird auch die Zahl der Erwerbstätigen durch die Entwicklung der Individualisierung beeinflusst. So wandeln sich die Lebensläufe von der klassischen dreiphasigen hin zu einer fünfphasigen Biografie[29] (vgl. Baltes (1999), S. 445 ff., Gondring (2012), S. 42, Horx (2011), S. 5). Diese Erweiterung der Biografie aufgrund der zunehmenden Selbstbestimmung und Selbstverwirklichung der individualisierten Gesellschaft hat wiederum Einfluss auf die sinkende Erwerbstätigenzahl, die ebenfalls aus der demografischen Entwicklung der deutschen Bevölkerung resultiert. Der verzögerte Eintritt in das Erwerbsleben wirkt sich negativ auf das Verhältnis der Erwerbstätigen zu Nicht-Erwerbstätigen bzw. auf die Gesamtzahl der Erwerbstätigen aus (vgl. Gondring (2012), S. 42).

Eine weitere Entwicklung im Kontext des demografischen Wandels stellt die Urbanisierung dar. Nach Erhebungen der Vereinten Nationen lebten im Jahr 2014 mit einem Anteil von 54% der Weltbevölkerung mehr Menschen in städtischen als in ländlichen Gebieten. Im Vergleich dazu lag im Jahr 1950 der weltweite Anteil der Stadtbevölkerung bei 30% und wird bis zum Jahr 2050 voraussichtlich 66% erreichen (vgl. UN/DESA (2014), S. 1). Für die Entwicklung der Stadtbevölkerung in Deutschland wird ebenfalls ein zunehmender Trend prognostiziert. Von 1990 bis 2014 war ein Zuwachs der Stadtbevölkerung mit einem Anteil von 73% auf 75% an der Gesamtbevölkerung zu verzeichnen. In den nächsten 35 Jahren soll sich dieser Anteil auf rund 83% bis zum Jahr 2050 erhöhen, obwohl die Gesamtbevölkerungszahl von einer Schrumpfung gekennzeichnet ist (vgl. UN/DESA (2014), S. 23). Das zunehmende Wachstum der Städte hat jedoch auch Konsequenzen für die Bau- und Immobilienwirtschaft. Beispielsweise wirkt sich diese Entwicklung auf die Miet- und Kaufpreise, die Flächeninanspruchnahme und die Verkehrsbelastung aus. Daher stehen neue und flexible Lebens- und Arbeitsformen sowie die Entwicklung von Infrastrukturlösungen und eine langfristig angelegte Stadtplanung im Fokus der zukünftigen Herausforderungen (vgl. HTW Berlin, pom+International GmbH (Hrsg.) (2014), S. 12).

Als weitere Ausprägung des gesellschaftlichen Wertewandels ist die zunehmende Verantwortungsübernahme gegenüber der Umwelt[30] und Gesundheit anzusehen. Nicht nur technologische Fortschritte in der medizinischen Versorgung verbessern die welt-

---

[29] Unter einer dreiphasigen Biografie werden die Lebensabschnitte des Kindes-, Jugendalters und der Ausbildung, das Erwerbs- und Familienleben sowie der Ruhestand verstanden. Dieses dreiphasige Konzept der Biografie wird zum einen um die Zeit der Postadoleszenz erweitert, die als Experimentierphase (z.B. für Reisen, Selbstfindung und Orientierung) zwischen dem Jugendalter und Erwerbsleben gesehen wird. Zum anderen differenziert sich die Phase des Ruhestands in die sogenannten Phasen der Belle Epoque und des Trauerflors. Dabei repräsentiert die Belle Epoque den Aufbruch im Alter von etwa 60–65 Jahren, in der oftmals eine Neuorientierung im Vordergrund steht. Die Phase des Trauerflors beginnt häufig erst mit dem 75.–80. Lebensjahr oder später und ist geprägt von physischen Einschränkungen. (vgl. Baltes (1999), S. 445 ff., Horx (2011), S. 5, Gondring (2012), S. 42).

[30] Corporate Social Responsibility (CSR) kann in der Zwischenzeit nicht mehr nur als Strategie für öffentlichkeitswirksame Auftritte eines Unternehmens angesehen werden, sondern wird mittlerweile auch von der Bundesregierung mittels einer nationalen CSR-Strategie, dem Aktionsplan CSR, forciert (vgl. BMAS (2010)).

weite Gesundheit. Ebenso wichtig sind dabei das zunehmende Gesundheitsbewusstsein sowie das entsprechende gesundheitsfördernde Handeln in der Bevölkerung, welches sich durch den Bedeutungszuwachs körperlicher Fitness und gesunder Ernährung ausdrückt (vgl. Gondring (2012), S. 52). Zudem geht mit dieser veränderten Haltung gegenüber der Umwelt und menschlichen Gesundheit ein steigender Anspruch an die gebaute Umwelt einher, die Vermeidung oder Minderung von gesundheitlichen Belastungen durch die gebaute Umwelt sowie damit verbundene Komfortansprüche bekommen einen neuen Stellenwert. Bei Nutzern oder Mietern führt dies zu einer eingehenden Beschäftigung mit Themen zur Umwelt- und Gesundheitsverträglichkeit von Immobilien (vgl. Schäfer et al. (2010), S. 45).

Darüber hinaus spiegelt die Transformation zur Wissens- und Informationsgesellschaft die Entwicklungen des Wertewandels im Zusammenhang mit dem Individualisierungsprozess wider, welche durch die beiden Wachstumstreiber Ideen und technische Innovationen vorangetrieben wird und mit einem Bedeutungszuwachs des Tertiärsektors (Dienstleistungssektor) und des Quartärsektors (Informationssektor) einhergeht. In Bezug auf die gebaute Umwelt wirkt sich diese Veränderung anhand eines erhöhten Flächenbedarfs bei Büroimmobilien aus (vgl. Arens (2006), S. 332). Demgegenüber steht die zunehmende Bedeutung der Flexibilität und Mobilität als Wettbewerbsfaktor eines Erwerbstätigen. Diese soziale Mobilität und Flexibilisierung der Arbeitnehmer wirken sich sowohl auf das Privatleben, als auch auf das Berufsleben aus und tragen zu einer Veränderung der Bildungs- und Arbeitswelt bei. In diesem Zusammenhang gewinnt die Flexibilisierung der Arbeitssphäre an Bedeutung, die in vielen Bereichen nicht nur flexibler, sondern auch mobiler und dezentraler wird und daher veränderte Anforderungen an den Büroflächenbedarf mit sich bringt (vgl. Gondring (2012), S. 44, S. 55 f., S. 172 f.).

Neben der sozialen Mobilität nimmt auch die physische Mobilität der Menschen seit der Industrialisierung stetig zu, insbesondere in der zweiten Hälfte des 20. Jahrhunderts (vgl. Gondring (2012), S. 44). Aus Modellprojektionen zur Mobilitätsentwicklung in Deutschland geht hervor, dass vor allem die individuelle Mobilität weiter zunehmen wird. Dabei steht der Motorisierte Individualverkehr (MIV) im Vordergrund. So ist von einer weiteren Zunahme der Menge und relativen Attraktivität des MIV auszugehen, während die Menge und relative Attraktivität des Öffentlichen Verkehrs (ÖV) abnimmt.[31] Abbildung 10 veranschaulicht, dass bis zum Jahr 2025 eine Steigerung der Verkehrsleistung von ca. 115 Milliarden Personenkilometer (13%) gegenüber 2003 erwartet wird, wobei sich die Verteilung des Transportaufkommens auf verschiedene Verkehrsmittel (Modal Split) kaum verändert. Der Anteil der Fahrleistungen mit privaten Kraftfahrzeugen nimmt um fast ein Fünftel zu, wovon etwa ein Drittel auf das Wachstum im Berufsverkehr zurückzuführen ist. Daneben wird das Verkehrsaufkommen im MIV mit einem Anteil von ca. 58% im Jahr 2003 bis zum Jahr 2025 leicht zunehmen, während die Nutzung des Fahrrads und Erledigungen zu Fuß (ca. 34%)

---

[31] Dies wird in Szenarien zur Verkehrsleistung privater Haushalte deutlich. Dafür wird die räumliche Mobilität von Personen durch die Anzahl von Wegen (Verkehrsaufkommen) und durch die Summe der zurückgelegten Distanzen (Verkehrsleistung in Personenkilometern) innerhalb eines Betrachtungszeitraums (Periode, z.B. ein Jahr) erfasst (vgl. ifmo (2008), S. 23).

sowie die Nutzung von öffentlichen Verkehrsmitteln mit einem Anteil von 8% des deutschen Verkehrsaufkommens abnehmen wird (vgl. ifmo (2008), S. 25 f., S. 85).

In einer vom BMVI herausgegebenen Studie wird ebenfalls ein zunehmender Anteil des Motorisierten Individualverkehrs von 82,7% im Jahr 2010 auf 83,3% im Jahr 2030 prognostiziert. Mit einer Steigerung der Fahrtenanzahl von 4,6% im Jahr 2030 gegenüber dem Ausgangsjahr 2010, erhöht sich somit die Dominanz des MIV im gesamten Personenverkehr, während das Verkehrsaufkommen im Öffentlichen Straßenpersonenverkehr um 2,3% abnimmt (vgl. BMVI (2014), S. 231 f.). Für diese Entwicklungen existieren zahlreiche Einflussfaktoren. Beispielhaft können das verfügbare Einkommen mit dem damit verbundenen Motorisierungsgrad sowie die Mobilitätskosten (z.B. Aufwendungen für Mobilität, Konsumbudgets) und die mit der demografischen Entwicklung im Zusammenhang stehende Erwerbsbeteiligung und Qualifikation angeführt werden. Wie Mobilität zukünftig erhalten und weiter ausgebaut werden kann, zeigen beispielsweise Trends, welche eine effiziente Erzeugung, Nutzung und Speicherung sowie eine ökologische Umsteuerung bei Energie und Ressourcen mittels weiterentwickelter Technologien ermöglichen. Zudem unterstützt die Attraktivitätssteigerung des Öffentlichen Verkehrs und die daraus resultierende Nutzungszunahme langfristig die Sicherung einer nachhaltigen und gesellschaftlich akzeptierten Mobilität, welche im Bestreben nach einer vernetzten Steuerung von Verkehr und Infrastrukturen sowie einer nachhaltigen Mobilitätsentwicklung verfolgt wird (vgl. ifmo (2008), S. 12 f., Gondring (2012), S. 44).

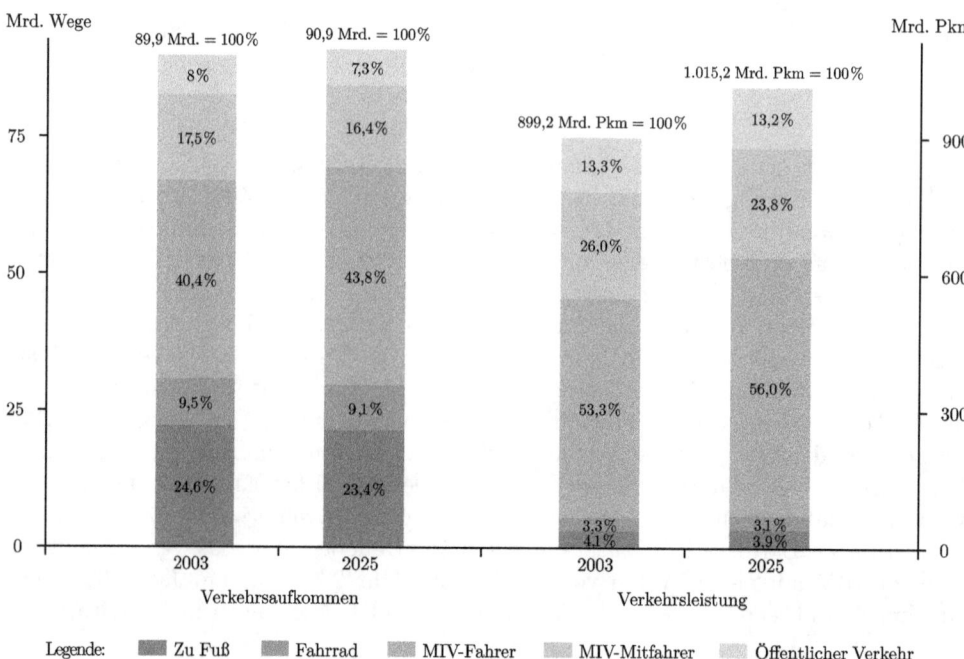

Abb. 10: Verkehrsaufkommen (Wege im Jahr) und Verkehrsleistung (Personenkilometer im Jahr) nach Verkehrsart: 2003 und 2025 (ifmo (2008), S. 25)

3.3 Nachhaltigkeit bei Immobilien

Bereits vor mehreren Jahrhunderten wurde der Begriff der Nachhaltigkeit geprägt. Dennoch ist erst über die letzten Jahrzehnte hinweg ein stärkeres Bewusstsein für diese Thematik in der Gesellschaft, aber auch in der Politik, Wirtschaft und Wissenschaft wahrzunehmen. Seitdem hat sich das Leitbild der nachhaltigen Entwicklung zu einem zentralen Begriff entwickelt und ist aus der wissenschaftlichen und politischen Diskussion nicht mehr wegzudenken (vgl. Schneider (2013), S. 18, Grunwald and Kopfmüller (2012), S. 11, Deutscher Bundestag (1998), S. 16). Zunehmend etabliert sich Nachhaltigkeit zu einem Verhaltensgrundsatz einer ganzen Generation und erscheint vor dem Hintergrund der derzeitigen Nutzung der Umwelt und deren endlicher Ressourcen erforderlich, um das System selbst mit seinen Eigenschaften zu erhalten und das natürliche Nachwachsen seines Bestands zu ermöglichen (vgl. Rottke and Reichardt (2010), S. 28, Schneider (2013), S. 18). Obwohl sich die Inhalte und Schwerpunkte von Nachhaltigkeitskonzepten und -definitionen teilweise stark unterscheiden, besteht ein allgemeiner Konsens hinsichtlich des Grundverständnisses von Nachhaltigkeit, welches im Folgenden näher erläutert wird.

3.3.1 Leitbild der nachhaltigen Entwicklung

Der Begriff „Nachhaltigkeit" entstammt ursprünglich der Forstwirtschaft und wurde erstmals im Zusammenhang mit der Zielsetzung, ökonomische Überlegungen mit dem Faktor Natur in Einklang zu bringen, von Hans Carl von Carlowitz im Jahr 1713 erwähnt.[32] Der zunehmende industrielle Holzbedarf hatte in vielen Regionen zu einer Übernutzung der Wälder geführt. Vor dem Hintergrund knapper werdender Holzbestände wurde unter einer nachhaltigen Forstwirtschaft eine Waldbewirtschaftung verstanden, welche es ermöglicht, das ökonomische Ziel der maximalen dauerhaften Nutzung des Waldes mit den ökologischen Bedingungen des Nachwachsens zu vereinen. Dies bedeutet, dass dem Wald nur so viel Holz entnommen werden darf wie nachwachsen kann, damit dieser noch in der Lage ist, sich selbst zu reproduzieren und auf diese Weise den Holzbestand zu sichern (vgl. von Carlowitz (1713), S.105 f., Grunwald and Kopfmüller (2012), S. 18 f.).[33] Dieses Prinzip, von den Erträgen einer Substanz und nicht von der Substanz selbst zu leben, wurde Vorbild für spätere Nachhaltigkeitsüberlegungen. So wurde das zunächst forstwirtschaftlich geprägte Nachhaltigkeitsprinzip zu Beginn des 20. Jahrhunderts in der Fischereiwirtschaft angewandt und später auf weitere Wirtschaftszweige übertragen (vgl. Grunwald and Kopfmüller (2012), S. 19 f.).

---

[32] „Sylvicultura oeconomica oder Haußwirthliche Nachricht und Nachricht und Naturmäßige Anweisung zur Wilden Baum-Zucht", Abhandlung des sächsischen Oberberghauptmanns Hans Carl von Carlowitz aus dem Jahr 1713, von Carlowitz (1713).

[33] *„Wird derhalben die größte Kunst/Wissenschaft/Fleiß und Einrichtung hießiger Lande darinnen beruhen/wie eine sothane Conservation und Anbau des Holtzes anzustellen/daß es eine continuierliche beständige und nachhaltende Nutzung gebe/weiln es eine unentberliche Sache ist/ohne welche das Land in seinem Esse nicht bleiben mag."* (von Carlowitz (1713), S. 105 f.)

In der zweiten Hälfte des 20. Jahrhunderts traten Themen wie die Umweltverschmutzung und die leichtfertige Nutzung endlicher Ressourcen in die Wahrnehmung des öffentlichen Interesses und fanden Eingang in den wissenschaftlichen Diskurs, als die Abhängigkeit der Menschheit von den natürlichen Grundlagen realisiert wurde und gleichzeitig der technische Fortschritt die Natur zu zerstören drohte. Diese Erkenntnis kam in dem Bericht „Limits to Growth" des Club of Rome zum Ausdruck.[34] Die zentralen Schlussfolgerungen des Berichts waren, dass eine Fortschreibung der damaligen Entwicklungen im Wachstum der Weltbevölkerung, der Industrialisierung und Umweltverschmutzung sowie Ausbeutung von natürlichen Rohstoffen im Laufe der folgenden 100 Jahre zu einem Erreichen der absoluten Wachstumsgrenzen auf der Erde führen würde, welche eine irreparable Zerstörung der Umwelt mit negativen Auswirkungen für die Wirtschaft zur Folge hätte. Daher sei es notwendig, die Wachstumstendenzen zu ändern, um einen ökologischen und ökonomischen Gleichgewichtszustand herbeizuführen. Dies setze jedoch ein Umdenken der Menschheit im Umgang mit der Umwelt voraus (vgl. Meadows et al. (1972), S. 15 f.). Verstärkt wurde die Wirkung des Berichts durch die Ölkrise von 1973. Obwohl der Bericht des Club of Rome konzeptionell und methodisch sehr angreifbar war, hat er maßgeblich dazu beigetragen, dass intensiver über die Zusammenhänge zwischen Produktions- und Lebensstilen, Wirtschaftswachstum und der Endlichkeit von Ressourcen nachgedacht wurde (vgl. Grunwald and Kopfmüller (2012), S. 21 f.)

In den folgenden Jahren bekamen Umweltprobleme und deren Bewältigung immer größeres Gewicht in der Öffentlichkeit und Politik. Im Zusammenhang mit weiteren zunehmenden Problemen in den ökonomischen und sozialen Bereichen, gründeten die Vereinten Nationen als unabhängige Sachverständigenkommission die Weltkommission für Umwelt und Entwicklung (WCED) unter der Leitung der damaligen norwegischen Ministerpräsidentin Gro Harlem Brundtland. Zielsetzung der Kommission war die Erstellung eines Perspektivberichts zu einer langfristig tragfähigen und umweltschonenden Entwicklung bis zum Jahr 2000 und darüber hinaus (vgl. Wallbaum et al. (2011), S. 48). Weltweite Bekanntheit erlang der Begriff „Nachhaltigkeit" bzw. „Nachhaltige Entwicklung"[35] durch den Abschlussbericht „Our Common Future" der WCED im Jahr 1987, dem sogenannten „Brundtland Bericht". In dem Bericht formuliert die Brundtland-Kommission die bis heute vielfach zitierte Definition des Leitbildes der nachhaltigen Entwicklung (WECD (1987), S. 46):

> „Sustainable development is development that meets the needs of the present without compromising the ability of future generations to meet their own needs."

---

[34] „Limits to Growth" (zu Deutsch: „Die Grenzen des Wachstums") ist eine Studie zur Zukunft der Weltwirtschaft des „Club of Rome" aus dem Jahr 1972, Meadows et al. (1972).

[35] In der vorliegenden Arbeit werden die Begriffe „Nachhaltige Entwicklung" und „Nachhaltigkeit" synonym verwendet. Zutreffender ist sicherlich der Begriff „Nachhaltige Entwicklung", da dieser den (Entwicklungs-)Prozess impliziert (s.a. Wallbaum et al. (2011), S. 48).

3.3. Nachhaltigkeit bei Immobilien

Der Brundtland Bericht, welcher die drei Dimensionen der Nachhaltigkeit (Ökologie, Ökonomie und Soziales) skizziert, beeinflusste die internationale Debatte über die Entwicklungs- und Umweltpolitik in großem Maße und gilt als der Beginn des weltweiten Diskurses über Nachhaltigkeit, welcher in der Konferenz der Vereinten Nationen für Umwelt und Entwicklung (UNCED) im Jahr 1992, dem sogenannten Weltgipfel von Rio de Janeiro, seinen vorläufigen Höhepunkt fand (vgl. Rottke and Reichardt (2010), S. 29). In dieser Konferenz wurden erstmals „Dokumente" verabschiedet, um die Weichen für eine weltweite, nachhaltige Entwicklung im 21. Jahrhundert zu stellen. Hierzu zählen unter anderem die „Deklaration von Rio über Umwelt und Entwicklung", welche in den 27 Prinzipien (Grundsätzen) erstmalig das globale Recht auf eine nachhaltige Entwicklung (sustainable development) verankert, die Klima-Rahmenkonvention zur Stabilisierung der globalen THG-Emissionen auf einem umweltverträglichen Niveau sowie die Agenda 21. Die Agenda 21 ist das von mehr als 170 Staaten verabschiedete Aktionsprogramm für Ziele, Maßnahmen und Instrumente zur Umsetzung des Leitbildes mit detaillierten Handlungsaufträgen und dient dazu, einer weiteren Verschlechterung der aktuellen Situation entgegenzuwirken sowie die nachhaltige Nutzung natürlicher Ressourcen sicherzustellen. Keines der verabschiedeten Dokumente beinhaltet jedoch konkrete Verpflichtungen (vgl. United Nations (Hrsg.) (1992a), United Nations (Hrsg.) (1992b), United Nations (Hrsg.) (1992c)).

Als wichtiger Meilenstein mit ersten konkreten Beschlüssen nach dem Weltgipfel von Rio de Janeiro ist das Kyoto-Protokoll von 1997 anzusehen, einem Zusatzprotokoll zur Ausgestaltung der Klimarahmenkonvention mit rechtsverbindlichen Begrenzungs- und Reduzierungsverpflichtungen für die Industrieländer. Darüber hinaus kam es zu einer Reihe von Folgeaktivitäten, um die Umsetzung der Nachhaltigkeitsziele zu forcieren (vgl. BMUB (1997), von Hauff and Kleine (2009), S.11, Ebert et al. (2010), S. 17). In jüngster Zeit ist aus der UN-Klimakonferenz 2015 in Paris (COP 21/CMP 11) das erste Klimaschutzabkommen hervorgegangen, welches alle Nationen in die Verantwortung nimmt und gleichzeitig die veraltete Zweiteilung zwischen Industrie- und Entwicklungsländern überwindet (vgl. BMUB (2015a)). Mit dem Pariser Abkommen wird erstmals völkerrechtlich verbindlich die Begrenzung des globalen Temperaturanstiegs auf deutlich unter 2,0 °C verankert. Überdies wird in dem Abkommen eine globale Treibhausgasneutralität in der zweiten Hälfte des Jahrhunderts festgelegt (vgl. UNFCCC (2015), S. 22). Zur Erreichung dieser Ziele sollen die Staaten ab dem Jahr 2020 ambitionierte Klimaschutzpläne vorlegen, welche im fünfjährigen Turnus fortzuschreiben sind, sodass eine Senkung der atmosphärischen Belastung bis zur Dekarbonisierung erreicht werden kann. Perspektivisch bedeutet die Zielsetzung des Pariser Abkommens die Abwendung von fossilen Energien, hin zu einer auf erneuerbaren Energien basierenden Weltwirtschaft im Sinne des Leitbildes der nachhaltigen Entwicklung (vgl. BMUB (2015a)), UBA (2016)).

In der Zwischenzeit ist das Leitbild der nachhaltigen Entwicklung in nahezu allen Teilen der Gesellschaft, Politik, und Wirtschaft etabliert. Dennoch gibt es kein einheitliches Verständnis einer nachhaltigen Entwicklung, welches ein sehr breites Spektrum von thematischen Dimensionen umfasst. Vielmehr haben sich die Sichtweisen, Inhalte und Begrifflichkeiten über die Jahre hinweg weiterentwickelt, sodass sich verschiedene

Strategien und Konzepte zur Operationalisierung des Leitbildes der nachhaltigen Entwicklung herausgebildet haben. Beispielsweise priorisiert das „Ein-Säulen-Modell" die ökologische Dimension der Nachhaltigkeit, da die natürliche Umwelt als die Basis allen Lebens und Wirtschaftens verstanden wird, wohingegen dem „Drei-Säulen-Modell" nach Elkington (1994) die Theorie zugrunde liegt, dass eine nachhaltige Entwicklung im Sinne der Brundtland-Definition nur durch das simultane und gleichberechtigte Umsetzen der ökologischen, ökonomischen und sozialen Dimensionen der Nachhaltigkeit erreicht werden kann. Ebenso existiert ein „Gewichtetes Drei-Säulen-Modell", bei dem die ökologischen Aspekte als Fundament der drei Säulen Ökonomie, Kultur und Soziales dienen. Neben verschiedenen Priorisierungen der berücksichtigten Nachhaltigkeitsaspekte gibt es darüber hinaus „Integrative Nachhaltigkeitskonzepte", die das Postulat global verstandener Gerechtigkeit in Zeit und Raum auf die menschliche Nutzung sozialer und natürlicher Ressourcen und ihre Weiterentwicklung beziehen und Konzepte, welche das klassische Drei-Säulen-Modell um zusätzliche Dimensionen erweitern. So ergänzt zum Beispiel das „Tetraeder der Zukunftsfähigkeit" das Drei-Säulen-Modell um eine institutionelle Dimension (Mitbestimmung, Partizipation), die „Fünf Ebenen der Nachhaltigkeit" erweitern dieses um kulturelle und spirituelle Aspekte (vgl. Ebert et al. (2010) S. 20 f., Gehrlein (2004) S. 18 ff.).[36]

Sowohl weltweit als auch in Deutschland findet das dreidimensionale Konzept der Nachhaltigkeit einen breiten Konsens und hat sich mehrheitlich durchgesetzt. Zur Etablierung dieses Konzepts in Deutschland hat die Enquete-Kommission „Schutz des Menschen und der Umwelt" des Deutschen Bundestages maßgeblich beigetragen (vgl. von Hauff and Kleine (2009), S. 12, Müller-Christ und Rehm (2010), S. 18, Schneider (2013), S. 19). Mit der Wahl des Drei-Säulen-Modells[37] als konzeptionelle Grundlage und aufbauend auf den Brundtland Bericht, definiert die Kommission in ihrem Abschlussbericht das Leitbild einer nachhaltig zukunftsverträglichen Entwicklung wie folgt: *„Nachhaltigkeit ist die Konzeption einer dauerhaft zukunftsfähigen Entwicklung der ökonomischen, ökologischen und sozialen Dimension menschlicher Existenz. Diese drei Säulen der Nachhaltigkeit stehen miteinander in Wechselwirkung und bedürfen langfristig einer ausgewogenen Koordination" (Deutscher Bundestag (1998), S. 27 ff., zitiert nach von Hauff and Kleine (2009), S. 12)*. Diese Definition verdeutlicht die enge Verbundenheit der drei Dimensionen der Nachhaltigkeit miteinander, deren Ziele und Nachhaltigkeitseffekte auch gegenläufig sein können. Daher bedarf es einer ausgewogenen Abstimmung und Koordination im Zusammenwirken der verschiedenen Dimensionen mit der Zielsetzung, ein Gleichgewicht herzustellen und zugleich das Gesamtoptimum für alle Dimensionen zu erzielen (vgl. Rottke and Reichardt (2010), S. 31, Grunwald and Kopfmüller (2012), S. 59 f., Schneider (2013), S. 20).

---

[36] Die Ausführungen sind nicht abschließend und dienen lediglich dem Aufzeigen verschiedener Operationalisierungskonzepte des Leitbildes der nachhaltigen Entwicklung.

[37] Für den Begriff des Drei-Säulen-Modells existiert eine Vielzahl synonym verwendeten Begrifflichkeiten. So wird das Modell im deutschen Sprachgebrauch beispielsweise auch als „Triple-Bottom-Line-Ansatz", eingeführt durch John Elkington, oder als „Magisches Dreieck" der Nachhaltigkeit, geprägt durch die Enquete-Kommission „Schutz des Menschen und der Umwelt" des Deutschen Bundestages, bezeichnet (vgl. Elkington (1994), Deutscher Bundestag (1998)).

3.3.2 Nachhaltige Immobilien

Das Leitbild der nachhaltigen Entwicklung kann auf verschiedene Bereiche angewendet werden. Um die Übertragbarkeit dieses Leitbildes auf die Bau- und Immobilienwirtschaft zu veranschaulichen, werden zunächst die drei Nachhaltigkeitsdimensionen im Allgemeinen beschrieben, um darauf aufbauend den Bezug zur Nachhaltigkeit bei Immobilien her- und darzustellen. Dieser Bezug wird zudem in Abbildung 11 zusammenfassend veranschaulicht.

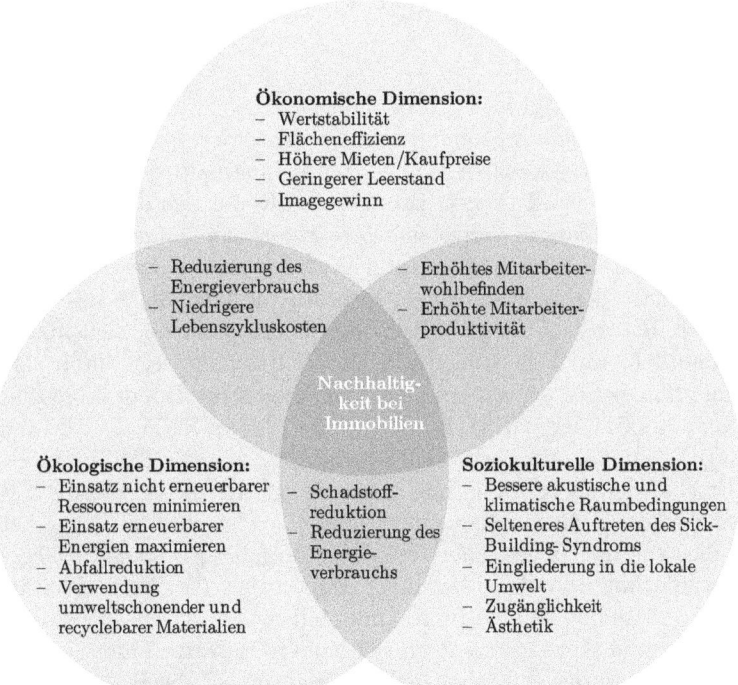

Abb. 11: Drei Dimensionen der Nachhaltigkeit in der Immobilienwirtschaft (Rottke and Reichardt (2010), S. 32)

Ökologische Nachhaltigkeit Die ökologische Dimension der Nachhaltigkeit orientiert sich am stärksten an dem ursprünglichen Gedanken, von den Erträgen und nicht von der Substanz selbst zu leben, und hat die Erhaltung der natürlichen Umwelt zum Ziel. Dabei nehmen die Belastbarkeitsgrenzen der natürlichen Umwelt eine zentrale Rolle ein. Ein schonender Umgang mit natürlichen Ressourcen ist erforderlich, um die Natur als Lebens- und Wirtschaftsgrundlage für heutige und zukünftige Generationen erhalten zu können (vgl. Deutscher Bundestag (1998), S. 19 f., Grunwald and Kopfmüller (2012), S. 54 ff., Rottke and Reichardt (2010), S. 30). Im Zusammenhang mit Immobilien verfolgt die ökologische Dimension der Nachhaltigkeit die Zielsetzung, den Energie- und Ressourcenbedarf bei der Erstellung, Nutzung und Verwertung einer Immobilie zu minimieren. Dies umfasst die Minimierung der Verwendung fossiler Energieträger sowie die Maximierung des Einsatzes erneuerbarer Energieträger und insbesondere die Reduzierung des CO_2-Ausstoßes, welcher für die Zerstörung der Ozonschicht und die Entstehung des Treibhauseffekts verantwortlich ist. Daneben ist auf die Reduzierung weitere Schadstoffe zu achten, die zu Luft- und Wasserverunreinigungen führen und sich negativ auf die lokale und globale Umwelt auswirken. Weiterhin sind die Reduzierung des Wasserverbrauchs, des durch die Immobilie produzierten Abwasser- und Abfallaufkommens und von versiegelten Flächen sowie der erhöhte Einsatz umweltschonender und rezyklierbarer Bauprodukte von Bedeutung (vgl. Rottke and Reichardt (2010), S. 31, Hugenroth (2010), S. 138, Lützkendorf and Lorenz (2014), S. 343).

Ökonomische Nachhaltigkeit Die ökonomische Dimension der Nachhaltigkeit stützt sich auf die Zielsetzung des ökonomischen Systems, der Wohlfahrtsmaximierung des Individuums und der Gesellschaft. Die Akteure innerhalb des Systems produzieren und konsumieren Güter und Dienstleistungen und versuchen dadurch ihr Einkommen zu maximieren. Der Fokus dieses Systems liegt traditionell auf der Produktion und Verbreitung von Gütern und Dienstleistungen. Aufgrund der begrenzten Ressourcen und des Umstands, dass der Einsatz von Ressourcen die Grundlage des wirtschaftlichen Handelns darstellt, wird die enge Verbundenheit der ökonomischen und ökologischen Dimension deutlich. Im Allgemeinen gilt eine Wirtschaftsweise dann als nachhaltig, wenn sie dauerhaft betrieben werden kann (vgl. Deutscher Bundestag (1998), S. 20 ff., Grunwald and Kopfmüller (2012), S. 57 f., Fifka (2011), S. 35, Rottke and Reichardt (2010), S. 30). Ziel der ökonomischen Dimension der Nachhaltigkeit in der Bau- und Immobilienwirtschaft ist die Minimierung der Lebenszykluskosten und die Reduktion der Modernisierungskosten zum Erhalt einer Immobilie. Da rund 80% der Lebenszykluskosten auf die Nutzungsphase einer Immobilie entfallen, besteht in dieser Phase ein enormes Optimierungspotenzial. Darüber hinaus spielt die Wertstabilität und Wertentwicklung einer Immobilie eine Rolle. Immobilien, die sich beispielsweise durch eine hohe Flexibilität und Anpassbarkeit an sich ändernde Nutzeranforderungen auszeichnen, können aufgrund dieser Eigenschaften einfacher auf die Bedürfnisse des Mieters angepasst werden und damit das Leerstandsrisiko minimieren. Die Reduzierung der Leerstandsdauer sichert nicht nur die laufenden Erträge, sondern führt aufgrund der höheren Erträge zu einem höheren Immobilienwert (vgl. Gromer (2012), S. 57, Rottke and Reichardt (2010), S. 31 f., Gondring and Wagner (2012), S. 303).

Soziale Nachhaltigkeit Die soziale Dimension der Nachhaltigkeit bezieht sich auf die gerechte Verteilung sogenannter sozialer Grundgüter wie individuelle Güter (Gesundheit, Grundversorgung mit Lebensmitteln, Kleidung und Wohnraum, elementare politische Rechte, etc.) und soziale Ressourcen (Toleranz, Solidarität, Integrationsfähigkeit, Gemeinwohlorientierung, etc.). Zudem sind der Erhalt der Ressourcen sowie die Weiterentwicklung der Güter für die Weitergabe an zukünftige Generationen wesentliche Bestandteile der sozialen Dimension. Darüber hinaus umfasst die soziale Nachhaltigkeit auch die Lösung von Verteilungsproblemen, da aufgrund des ökonomischen

Systems Ungleichgewichte entstehen (vgl. Deutscher Bundestag (1998), S. 22 ff., Grunwald and Kopfmüller (2012), S. 58 ff., Rottke and Reichardt (2010), S. 30 f.). Bezogen auf Immobilien fokussiert die soziale Dimension der Nachhaltigkeit vorrangig auf die Erhöhung des Gebäudekomforts, welcher die Zufriedenheit, Gesundheit und Produktivität der Mitarbeiter und somit auch die Personalkosten positiv beeinflusst. Dabei sind sowohl der thermische, visuelle als auch akustische Komfort von Bedeutung. Darüber hinaus sind der Erhalt von kulturellen Werten (z.B. Baudenkmäler), die Integration der Immobilie in das Landschafts- und Stadtbild einschließlich der Anbindung an das Verkehrsnetz, die Zugänglichkeit zur Immobilie sowie die Vermeidung von Risiken für die Umwelt Aspekte der sozialen Nachhaltigkeitsdimension (vgl. Gondring and Wagner (2012), S. 303 f., Gromer (2012), S. 58, Hugenroth (2010), S. 138).

Für die Umsetzung und Beschreibung dieser Ziele im bau- und immobilienwirtschaftlichen Kontext existieren diverse Konzepte und eine Vielzahl von Begrifflichkeiten wie Low Energy Building, Low Emission Building, High Performance Building, Green Building oder Sustainable Building, welche zumeist synonym verwendet werden, obwohl sie sich inhaltlich unterscheiden. Dies lässt sich darauf zurückführen, dass der ökologischen Qualität, insbesondere der Energieeffizienz, oftmals eine übergeordnete Bedeutung beigemessen wird, sodass der Begriff Nachhaltigkeit teilweise mit dem Begriff Energieeffizienz gleichgesetzt wird. Zudem existiert keine allgemeingültige Definition des Nachhaltigkeitsbegriffs in der Bau- und Immobilienwirtschaft (vgl. RICS (2009), S. 10, Gromer (2012), S. 59, Gondring and Wagner (2012), S. 304, Rottke and Reichardt (2010), S. 34). In Tabelle 6 wird aufgezeigt, dass bei Low Energy Buildings die energetische Qualität im Vordergrund steht, wohingegen Low Emmission Buildings eine emissionsarme/-freie Nutzung fokussieren. Beiden Konzepten ist gemeinsam, dass sie sich auf die Nutzungsphase einer Immobilie beschränken und damit nur einen Teil des ganzheitlichen Nachhaltigkeitskonzepts abbilden, ebenso wie High Performance Buildings, deren Schwerpunkte die (Energie)effizienz und Funktionalität darstellen (vgl. Lützkendorf (2009), S. 63).

Tab. 6: Bewertungsaspekte nachhaltiger Immobilien gegenüber konkurrierender Begrifflichkeiten (Lützkendorf (2009), S. 65, modifiziert)

Konzepte	Funktionalität	Energieeffizienz	Ressourcenintensität	Umweltverträglichkeit	Gesundheit	Sozio-kultur. Aspekte	Lebenszykluskosten	Wert/Ertrag	Techn. Qualität
Low Energy Building/ Niedrigenergiehaus		+	(+)	(+)	(+)				
Low Emission Building/ Niedrigemissionshaus		(+)	(+)	+	(+)				
Green Building		+	+	+	+	(+)			
High Performance Building	+	+	(+)		(+)				
Sustainable Building/ Nachhaltige Immobilie	+	+	+	+	+	+	+	+	+

Der Begriff des Green Buildings ist eines der am häufigsten verwendeten Synonyme für nachhaltige Immobilien. Nach Yudelson (2008)[38] werden unter diesem Begriff Immobilien verstanden, welche auf die ökologische und soziale Dimension der Nachhaltigkeit abzielen, während die ökonomischen Aspekte vernachlässigt werden (vgl. Gondring and Wagner (2012), S. 304). Ein ebenfalls synonym verwendeter Begriff für eine nachhaltige Immobilie ist Sustainable Building, der von Lützkendorf and Lorenz (2007) wie nachfolgend dargestellt definiert wird. Diese Definition verdeutlicht, dass Sustainable Buildings bzw. nachhaltige Immobilien alle drei Dimensionen der Nachhaltigkeit berücksichtigen.

> *„A sustainable building is meant to be a building that contributes – through its characteristics and attributes – to sustainable development. By safeguarding and maximizing functionality and serviceability as well as aesthetic quality a sustainable building should contribute to the minimization of life cycle costs; the protection and/or increase of capital values; the reduction of land use, raw material and resource depletion; the reduction of malicious impacts on the environment; the protection of health, comfort and safety of workers, occupants, users, visitors and neighbours; and (if applicable) to the preservation of cultural values and heritage"* (Lützkendorf and Lorenz (2007), S. 646).

In einer vergleichenden Betrachtung von Green Buildings und Sustainable Buildings kann festgestellt werden, dass beide Konzepte den gesamten Lebenszyklus einer Immobilie einbeziehen. Während bei Green Buildings vordergründig Umweltaspekte wie Energieeffizienz und Ressourcenverbrauch sowie Aspekte der Gesundheit, Behaglichkeit und Nutzerzufriedenheit Beachtung finden, wird das Konzept der Sustainable Buildings bzw. nachhaltigen Immobilien darüber hinaus um ökonomische Aspekte ergänzt. Hierzu zählen die Bau- und Nutzungskosten, die Kosten für den Rückbau bzw. die Verwertung sowie die Wertstabilität und Wertentwicklung einer Immobilie (vgl. Landgraf and Rohde (2010), S. 235). Zur Beurteilung des umgesetzten oder vorhandenen Nachhaltigkeitskonzepts können beispielsweise Nachhaltigkeitsratings herangezogen werden, die im Immobilienbereich als Zertifizierungssysteme oder Labels bezeichnet werden (vgl. Gromer (2012), S. 62). Im nachfolgenden Abschnitt werden die für Deutschland relevanten Systeme näher betrachtet.

3.3.3 Relevante Zertifizierungssysteme in Deutschland

Zwischenzeitlich existieren neben Standards, Richtlinien und Planungszielen weltweit mehr als 600 Methoden zur Bewertung der nachhaltigen Gebäudequalität (vgl. Reed et al. (2009), S. 2 f., Ebert et al. (2010), S. 24). In diesem Zusammenhang wurden diverse Verbände und Gesellschaften zusammen mit politischen und staatlichen Gre-

---

[38] *„A green building is a high-performance property that considers and reduces its impact on the environmental and human health. A green building is designed to use less energy and water and to reduce life-cycle environmental impacts of the material used"* (Yudelson (2008), S. 13).

mien gegründet, deren Zielsetzung die Umsetzung von Nachhaltigkeitsaspekten und -standards bei Immobilien in Form von Nachhaltigkeitsratings (Zertifizierungssysteme, Labels[39]) darstellt. Diese Zertifizierungssysteme ermöglichen eine umfassende Bewertung eines Gebäudes als Gesamtsystem und dienen der Überprüfung einzelner Kriterien sowie der Beurteilung deren Erfüllungsgrades. Dabei werden verschiedenste Teilaspekte des nachhaltigen Bauens, aufbauend auf die jeweiligen, national gültigen Standards und Normen, berücksichtigt. Für diese Einstufung eines Objekts hinsichtlich nachhaltigkeitsrelevanter Eigenschaften wird anschließend eine Auszeichnung (z.B. Zertifikat, Medaille) verliehen. Auf diese Weise können Nachhaltigkeitsaspekte einer Immobilie transparent abgebildet und beurteilt werden. Darüber hinaus kann die Zertifizierung den unterschiedlichen Marktteilnehmern als Leitlinie dienen, dessen Ergebnis zudem wichtige Informationen für Investoren und Nutzer enthält (vgl. Ebert et al. (2010), S. 24, Gondring and Wagner (2012), S. 313, Gromer (2012), S. 62). Jedoch gilt anzumerken, dass eine Vergleichbarkeit der Ergebnisse nur innerhalb eines Systems gegeben ist, obgleich alle Verfahren Nachhaltigkeit auf eine ähnliche Art und Weise zu bewerten scheinen. Die Vergabe von Auszeichnungen in verschiedenen Klassen, welche aus dem Erfüllungsgrad der jeweiligen Anforderungen und Eigenschaften resultiert, ist eine Gemeinsamkeit aller Zertifizierungssysteme. Diese unterscheiden sich allerdings in der Anzahl und Zusammensetzung der Kriterien sowie deren relative Gewichte teilweise erheblich, wie aus den nachfolgenden Erläuterungen geschlossen werden kann. Auch sollte ein Vergleich zertifizierter Immobilien in unterschiedlichen Ländern aufgrund der jeweils nationalen Rahmenbedingungen hinterfragt werden (vgl. Hugenroth (2010), S. 136). Abbildung 12 zeigt eine Übersicht an Nachhaltigkeitszertifizierungssystemen weltweit, die sich teilweise sehr stark unterscheiden (vgl. Gromer (2012), S. 64). Neben den abgebildeten Zertifizierungssystemen gibt es darüber hinaus Adaptionen der etablierten Zertifizierungssysteme in diversen Ländern.[40]

Als erstes internationales Zertifizierungssystem wurde die Building Research Establishment Environmental Assessment Methodology (BREEAM) im Jahr 1990 eingeführt. Sechs Jahre später wurde das französische Pendant Haute Qualité Environnementale (HQE) lanciert, welches größtenteils nur in französischer Sprache verfügbar ist. Seit Mitte der 1990er Jahre sind international zahlreiche Nachhaltigkeitsratings entwickelt worden, die überwiegend unter der Schirmherrschaft des World Green Building Council (WGBC) stehen. Daher bauen die im internationalen Kontext anerkannten Bewertungsverfahren zumeist aufeinander auf und integrieren die Erfahrungen der Vorgängersysteme (vgl. Ebert et al. (2010), S. 26, Beyerle (2010), S. 251). So folgten im Jahr 1998 das Schweizer Label Minergie und das amerikanische Bewertungssystem Leadership in Energy and Environmental Design (LEED), das mit dem Label BREEAM die Grundlage für das im Jahr 2001 entwickelte japanische Zertifizierungssystem Comprehensive Assessment System for Building Environmental Efficiency (CASBEE) sowie für das australische Label Green Star im Jahr 2003 darstellt. Die genannten Zertifizierungssysteme gehören der ersten Generation an, welche vorwiegend die ökologischen und energetischen Gebäudeeigenschaften bewerten. Die Zertifizierungssysteme

---

[39] Die Begriffe Zertifizierungssystem und Label werden im Folgenden synonym zum Begriff Bewertungsverfahren verwendet.

[40] Beispiele hierfür sind: LEED Emirates, LEED Mexico, LEED Brazil, LEED India, BREEAM Russia, BREEAM Netherlands, etc. (vgl. Ebert et al. (2010), S. 24 ff.).

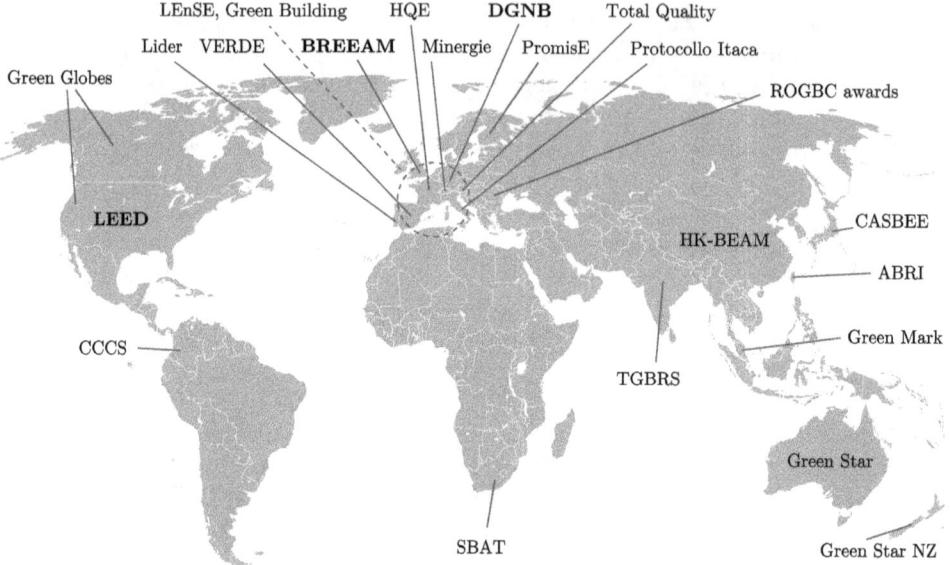

Abb. 12: Internationale Nachhaltigkeitszertifizierungssysteme (Eigene Darstellung, in Anlehnung an Reed et al. (2009), S. 2, Buttler (2009))

der zweiten Generation bauen auf diesen Systemen auf und integrieren neben den ökologischen und soziokulturellen Aspekten der Nachhaltigkeit darüber hinaus auch ökonomische Gesichtspunkte über den gesamten Gebäudelebenszyklus hinweg. Bei manchen Systemen werden diese Aspekte um Kriterien der Prozess- und Standortqualität sowie der Technik ergänzt. Als Beispiel sei hier das deutsche DGNB-Zertifikat aus dem Jahr 2008 aufgeführt (vgl. Salvi et al. (2010), S. 8, Ebert et al. (2010), S. 26). Obgleich in verschiedenen Ansätzen versucht wurde, ein einheitliches internationales Label zu entwickeln, hat sich bislang kein einheitliches internationales Bewertungsverfahren durchgesetzt. Auch auf nationaler Ebene existieren diverse Ansätze nebeneinander. In Deutschland gibt es beispielsweise neben dem DGNB-Zertifikat das Bewertungssystem Nachhaltiges Bauen (BNB) oder das Sustainability Scoring of Real Estate (TÜV Süd SCoRE). Darüber hinaus haben sich in Deutschland die international angewandten Zertifizierungssysteme BREEAM und LEED durchgesetzt (vgl. Ebert et al. (2010), S. 26, Gromer (2012), S. 64 f.). Aufgrund ihrer Relevanz in Deutschland werden diese im Folgenden neben dem DGNB-Zertifikat zusammenfassend vorgestellt.

BREEAM Das britische Zertifizierungssystem BREEAM des Building Research Establishment (BRE) ist nicht nur der Pionier unter den Nachhaltigkeitsbewertungsverfahren, sondern stellt mit rund 425.000 zertifizierten und ca. zwei Millionen registrierten Objekten weltweit das weit verbreiteteste Bewertungsverfahren dar (vgl. BREEAM (2015a)). Im Bereich der Gewerbeimmobilien existieren in Deutschland elf vorzertifizierte Objekte (Modernisierung und Neubau) sowie 117 zertifizierte Objekte (neun Modernisierungsobjekte und Neubauten, 108 Bestandsobjekte) (vgl. RICS (2015), S. 4 ff.).

3.3. Nachhaltigkeit bei Immobilien

BREEAM zählt zu den klassischen Green Building-Labels und bezeichnet sich selbst als Label zur Bewertung der ökologischen Performance von Gebäuden. Mithilfe von BREEAM können unterschiedliche Gebäudenutzungstypen[41] in unterschiedlichen Ländern[42] bewertet werden. Dabei werden sowohl qualitative, als auch quantitative Kriterien in den Bewertungskategorien Management, Gesundheit und Behaglichkeit, Energie, Transport, Wasser, Materialien, Abfall, Flächenverbrauch und Grundstücksökologie sowie Emissionen herangezogen. Die Summe der Produkte aus den erreichten Punkten der einzelnen Kategorien und den entsprechenden Gewichtungen stellt das Ergebnis der Zertifizierung als prozentuale Gesamterfüllung dar (gewichtetes Punktesystem oder Multiplikatorensystem), welches von Bestanden ($\geq$30% Gesamterfüllung) über Gut, Sehr Gut, Exzellent bis hin zu Herausragend ($\geq$85%) reicht (vgl. Ebert et al. (2010), S. 30 ff., Hugenroth (2010), S. 150, Schneider (2013), S. 43).

LEED Das Label LEED des U.S. Green Building Council (USGBC), welches auf dem Label BREEAM aufbaut, ist mit rund 82.000 registrierten und zertifizierten Objekten das zweitgrößte Nachhaltigkeitsbewertungsverfahren weltweit (vgl. Gertis et al. (2010), S. 176, LEED (2015b)). In Deutschland sind 125 gewerbliche Immobilien (92 Modernisierungsobjekte und Neubauten, 33 Bestandsobjekte) nach LEED zertifiziert. Darüber hinaus existieren 226 registrierte Gewerbeimmobilien in der Bundesrepublik (vgl. RICS (2015), S. 4 ff., LEED (2015b)). Seit der Erstanwendung im Jahr 1995 wurde das Bewertungsverfahren kontinuierlich weiterentwickelt und stellt heute den international akzeptierten Marktführer dar[43] (vgl. Schneider (2013), S. 26). Als klassisches Green Building Label bewertet LEED vorrangig die ökologische Performance des Bewertungsobjektes, welche durch soziokulturelle Aspekte ergänzt wird. Abhängig von der Systemvariante[44] (Nutzungsart) werden unterschiedliche Schwerpunkte gesetzt. Die LEED-Zertifizierung ist auf einem Punktesystem aufgebaut, bei dem für die Erfüllung von Mindestanforderungen sowie der über 50 Einzelkriterien Punkte vergeben werden. Dabei werden nur „ganze" Punkte (erfüllt/nicht erfüllt) vergeben und direkt ausgewiesen (kein Multiplikatorensystem). Die Kriterien, deren Anzahl und Gewichtung nach der Systemvariante variiert und die qualitativer und quantitativer Natur sein können, lassen sich in sieben Hauptkategorien[45] gruppieren. Insgesamt können 110 Punkte erreicht werden, die am Ende durch die Zertifizierungsstufen LEED Certified (40–49 Punkte), Silver (50–59 Punkte), Gold (60–79 Punkte) und Platinum (mind. 80 Punkte) ausgewiesen werden (vgl. LEED (2015a), Ebert et al. (2010), S. 40, Schneider (2013), S. 26).

---

[41] Es können sowohl Einzelobjekte als auch Quartiersentwicklungen mittels BREEAM bewertet werden (vgl. Ebert et al. (2010), S. 31).

[42] Derzeit existieren Adaptionen des Labels für BREEAM International, England, Deutschland, Norwegen, Spanien, Schweden, Österreich und die Niederlande (vgl. BREEAM (2015b)).

[43] LEED wird in mehr als 150 Ländern auf allen Kontinenten außer der Antarktis angewendet (vgl. LEED (2015c)).

[44] Zu den LEED-Systemvarianten gehören: Building Design and Construction, Interior Design and Construction, Building Operations and Maintenance, Neighborhood Development und Homes. Diese sind jeweils für mehrere Objektarten anwendbar (vgl. LEED (2015a)).

[45] LEED-Hauptkategorien: Nachhaltiger Grund und Boden, Effiziente Wassernutzung, Energie und Atmosphäre, Materialien und Ressourcen, Komfort und Innenraumklima, Innovation und Planungsprozess sowie Regionale Schwerpunkte (Ebert et al. (2010), S. 40).

DGNB-Zertifikat Das DGNB-Zertifikat der Deutschen Gesellschaft für Nachhaltiges Bauen (DGNB) stützt sich auf den Lebenszyklusgedanken und das Dreisäulenmodell der Nachhaltigkeit (vgl. DGNB (2015a), Gondring and Wagner (2012), S. 315). Anders als bei den meisten eingeführten Nachhaltigkeitsbewertungsverfahren werden daher beim DGNB-Zertifikat neben den ökologischen und sozialen Aspekten auch die ökonomischen Gesichtspunkte des nachhaltigen Bauens betrachtet und mittels der sechs Themenfelder bzw. Hauptkriteriengruppen Ökologische Qualität, Ökonomische Qualität, Soziokulturelle Qualität, Technische Qualität, Prozessqualität und Standortqualität[46] abgebildet und bewertet (vgl. DGNB (2015a)). In diesen Hauptkriteriengruppen werden qualitative und quantitative Kriterien mithilfe von Bewertungspunkten beurteilt und je nach Nutzungsprofil[47] gewichtet. Zusätzlich wird ein Mindesterfüllungsgrad in jedem Themenfeld vergeben. Das aufsummierte Produkt ergibt das Ergebnis des Gesamterfüllungsgrads in Prozent (gewichtetes Punktesystem oder Multiplikatorensystem) (vgl. Ebert et al. (2010), S. 51 ff., DGNB (2015a)). Die Zertifikatsvergabe erfolgt entsprechend diesem Ergebnis mit Auszeichnungen in Bronze ($\geq$35% Gesamterfüllungsgrad, kein Mindesterfüllungsgrad) über Silber und Gold bis hin zu Platin ($\geq$80% Gesamterfüllungsgrad, $\geq$65% Mindesterfüllungsgrad) (vgl. DGNB (2015a)). Weltweit sind rund 270 Projekte diverser Nutzungsprofile mit einem DGNB-Vorzertifikat und etwa 480 Projekte mit einem DGNB-Zertifikat ausgezeichnet, welche sich überwiegend in Deutschland befinden (vgl. DGNB (2015b)). Dies zeigt sich auch an den ausgezeichneten Objekten im Bereich der deutschen Gewerbeimmobilien, wonach 198 Objekte den Status der Vorzertifizierung aufweisen und 402 Objekte (380 Modernisierungsobjekte und Neubauten, 22 Bestandsobjekte) bereits zertifiziert wurden (vgl. RICS (2015)).

3.3.4 Ökonomische Vorteile nachhaltiger Immobilien

Die Nachhaltigkeit von Immobilien steht mit diversen ökonomischen Parametern wie beispielsweise den Bau- und Nutzungskosten, Finanzierungs- und Versicherungskonditionen, den finanziellen Risiken, dem Wert und der Wertstabilität sowie der Wertentwicklung in wechselseitiger Beziehung, Wirkung und Beeinflussung. Die besondere Qualität nachhaltiger Immobilien hinsichtlich städtebaulicher, architektonischer, funktionaler und technischer Eigenschaften lässt sich in eine ökonomische Vorteilhaftigkeit überführen (vgl. Lützkendorf and Lorenz (2014), S. 345, Landgraf and Rohde (2010), S. 237 f.). So kann die Art der architektonischen, baulichen Lösung und Einbindung in die städtebaulichen Strukturen das Wohlbefinden und die Behaglichkeit der Gebäudenutzer beeinflussen und sich daraus resultierend auf die Gesundheit und Produktivität der Nutzer auswirken (vgl. Lützkendorf (2007b), S. 34). Abbildung 13 veranschaulicht

---

[46] Im Gegensatz zu allen anderen aufgeführten Themenfeldern bzw. Hauptkriteriengruppen wird die Standortqualität in einer gesonderten Bewertung vorgenommen, welche nicht in die Gesamtbewertung einfließt, sondern separat ausgewiesen wird (vgl. Ebert et al. (2010), S. 53).

[47] Derzeit stehen mehr als 20 verschiedene Nutzungsprofile auf nationaler und internationaler Ebene zur Verfügung, z.B. Neubauten (Büro-/Verwaltungs-, Handels-, Hotel-, Bildungs-, Industrie-, Gesundheits-, Labor-, Wohnbauten, Parkhäuser, etc.) und Bestandsgebäude (Büro-/Verwaltungsbauten) sowie Quartiere (Stadt- und Gewerbequartiere, Industriestandorte) (vgl. DGNB (2015c)).

3.3. Nachhaltigkeit bei Immobilien

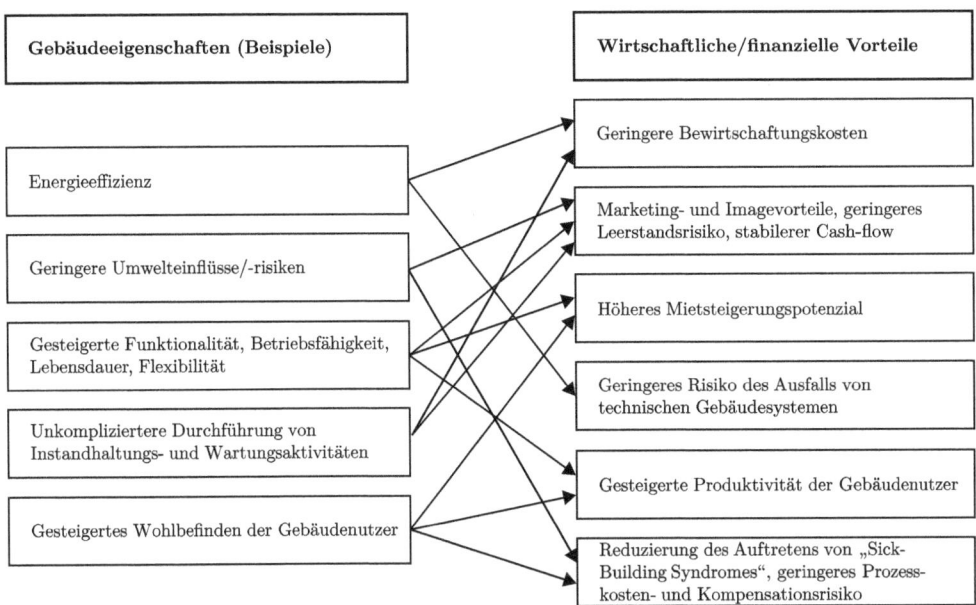

Abb. 13: Zusammenhang zwischen baulicher Qualität und ökonomischen Vorteilen (Lützkendorf (2007b), S. 37)

beispielhaft die Zusammenhänge zwischen einzelnen Immobilieneigenschaften und der Wirtschaftlichkeit nachhaltiger Immobilien. Da die ökonomischen Vorteile nachhaltiger Immobilien einerseits vom Markt getrieben werden, andererseits durch Effizienzsteigerungen und Einsparungen hervorgerufen werden, stehen diese oftmals in engem Zusammenhang mit den ökologischen bzw. energetischen Immobilieneigenschaften. So führen Maßnahmen im Zuge der nachhaltigen Entwicklung beispielsweise zu Reduktionen des Schadstoffausstoßes, zur Steigerung der Energieeffizienz und zu einem verstärkten Einsatz erneuerbarer Energieträger. In diesem Zusammenhang weisen nachhaltige Immobilien ein großes Einsparpotenzial auf, da durch die Modernisierung des Gebäudebestands oder mittels einer nachhaltigen Planung von Neubauten die wirtschaftliche Lebensdauer einer Immobilie verlängert sowie die Lebenszykluskosten gegenüber konventionellen Immobilien gesenkt werden können (s.a. Abschnitte 3.2.1 und 3.2.2, vgl. Rottke and Reichardt (2010), S. 41, Gondring and Wagner (2012), S. 321). Auch sind teilweise die Energiekosten sowie die Kosten für die Wasserversorgung und -entsorgung nachhaltiger Immobilien deutlich geringer als bei konventionellen Immobilien, was auf fortschrittliche technologische Lösungen zurückzuführen ist. Diese können zudem in verringerten Kosten für die Instandhaltung und Instandsetzung resultieren, wobei dieser Aspekt sehr stark vom umgesetzten Konzept der technischen Gebäudeausstattung abhängt.[48] Daher empfiehlt es sich, die zu erwartenden Nutzungskosten bereits während der Planung abzuschätzen und einzubeziehen, da eine verlässliche Planbarkeit der Nutzungskosten insbesondere bei selbstgenutzten Immobilien oder im Hinblick auf die

---

[48] Stark technologisierte Lösungen können zu erhöhten Inspektions-, Wartungs-, Instandsetzungs- und Ersatzkosten führen (vgl. Lützkendorf and Lorenz (2014), S. 345).

Vermarkt- und Vermietbarkeit der Immobilie einen wichtigen Aspekt darstellt (vgl. Lützkendorf and Lorenz (2014), S. 345 f.).

Die Berücksichtigung von Nachhaltigkeitsaspekten über den gesamten Lebenszyklus einer Immobilie hinweg stellt somit in der Zwischenzeit eine begründete Anforderung an Immobilien dar, welche bei Kauf- und Mietentscheidungen oftmals eine Rolle spielt. Sowohl Anbieter als auch Nachfrager zeigen zunehmendes Interesse an nachhaltigen Immobilen, was einerseits durch die steigende Anzahl an Nachhaltigkeitszertifizierungen deutlich wird, andererseits mittels Umfragen und diverser empirischer Studien zum finanziellen Mehrwert von Nachhaltigkeit zum Ausdruck gebracht wird (vgl. Schneider (2013), S. 21, Rottke and Reichardt (2010), S. 41 f.). Wie in Abschnitt 1.3 bereits dargelegt, lässt sich ein positiver Zusammenhang zwischen der Nachhaltigkeit und den Mieterträgen, dem Leerstandsrisiko sowie den Transaktionskosten bei nachhaltig zertifizierten Immobilien gegenüber konventionellen Immobilien nachweisen. Auch wenn das Ausmaß der finanziellen Vorteile in den verschiedenen Studien stark differiert, bilden die Studien die Tendenz zugunsten einer höheren Wertstabilität bzw. Wertsteigerung nachhaltiger Immobilien ab. Neben einer höheren Wertstabilität und Wertentwicklung kann als weiterer ökonomischer Vorteil für Investoren und Eigentümer aufgeführt werden, dass die Eigenschaften nachhaltiger Immobilien zur Verringerung immobilienspezifischer Risiken beitragen (vgl. Abbildung 14). So kann sich beispielsweise die Flexibilität, Anpassbarkeit und Umbaubarkeit einer Immobilie an sich ändernde Nutzeranforderungen positiv auf das Marktänderungsrisiko auswirken und gleichzeitig die Drittverwendungsfähigkeit dieser Immobilie verbessern (vgl. Lützkendorf and Lorenz (2014), S. 346).[49]

Auch die sozialen Aspekte von Immobilien sollten nicht unterschätzt werden, die zudem mit weiteren ökonomischen Vorteilen verbunden sind und daher vor allem für Investoren, aber auch für Nutzer von übergeordneter Bedeutung sind. Menschen halten sich bis zu 90% des Tages in Gebäuden auf. Daher nimmt die gebaute Umwelt eine wesentliche Rolle als Lebensraum und Arbeitsumgebung ein, deren Qualität durch die architektonische und städtebauliche Qualität (z.B. Gestaltung, Funktionalität, Behaglichkeit von Immobilien, etc.) wesentlich beeinflusst wird (vgl. Lützkendorf (2007a), S. 369). Das gesteigerte Wohlbefinden der Immobiliennutzer, welches beispielsweise aufgrund eines verbesserten Raumklimas, guten Lichtverhältnissen und verbesserter Kommunikation erzielt werden kann, wirkt sich positiv auf die Gesundheitskosten für die Nutzer bzw. Mitarbeiter aus und führt zu sinkenden Abwesenheitstagen und Leistungseinbußen der Mitarbeiter (vgl. Rottke and Reichardt (2010), S. 42). Zudem gibt es einen weiteren direkten Zusammenhang mit einer gesteigerten Arbeitsproduktivität der Mitarbeiter (vgl. Eichholtz et al. (2010a), S. 2493 f.). Die Höhe der Einsparungen ist nur schwer quantifizierbar. Verschiedene US-amerikanische Studien belegen eine Produktivitätssteigerung durch nachhaltige Immobilien von durchschnittlich 1-2%. Da auf die Personalkosten rund 80% der Gesamtkosten eines Unternehmens entfallen, bieten diese ebenfalls ein großes Einsparpotenzial (vgl. Rottke and Reichardt (2010), S. 42).

---

[49] Für weiterführende Informationen siehe z.B. Urschel (2010).

3.3. Nachhaltigkeit bei Immobilien

Merkmale und Eigenschaften nachhaltiger Gebäude	Auswirkung auf immobilienspezifische Risiken
Flexibilität und Anpassbarkeit an sich ändernde Nutzeranforderungen	Verringerung des Marktänderungsrisikos bei gleichzeitiger Verbesserung der Drittverwendungsfähigkeit
Hohe architektonische und städtebauliche Qualität (z.B. Gestaltung, Funktionalität, Behaglichkeit) in Verbindung mit positivem Image	Verringerung des Reputationsrisikos und Verringerung des Leerstandsrisikos durch hohe Nutzerzufriedenheit
Verwendung umwelt- und gesundheitsverträglicher Bauprodukte	Verringerung von Prozess- und Haftungsrisiken im Zusammenhang mit der Vermeidung von unerwünschten Wirkungen auf die lokale Umwelt sowie auf die Gesundheit von Nutzern, Besuchern oder Anwohnern, wirkt zusätzlich auf die Verringerung des Leerstandsrisikos
Einhaltung bzw. Übererfüllung gesetzlicher Anforderungen im Bereich Energieeffizienz, Umwelt- und Gesundheitsschutz	Verringerung des Wertänderungsrisikos im Zusammenhang mit Vermeidung von Modernisierungsrisiken sowie kostenträchtiger Nachrüstungen zur Erfüllung gesetzlicher Auflagen, Reduzierung des Gesetzesänderungsrisikos
Energieeffizienz und Einsparmöglichkeiten für Trinkwasser	Verringerung des Preisänderungsrisikos bei Energie und Wasser/Abwasser
Qualität der Planung und Ausführung der technischen Lösung, systematische Instandhaltung	Verringerung des Wertänderungsrisikos durch Vermeidung eines Instandhaltungsstaus

Abb. 14: Zusammenhang zwischen Gebäudemerkmalen und immobilienspezifischen Risiken (Lützkendorf (2007b), S. 38, modifiziert)

Oftmals wird davon ausgegangen, dass nachhaltige Immobilien im Vergleich zu konventionellen Immobilien mit wesentlich höheren Baukosten verbunden sind. Jedoch kann anhand konkreter Objektbeispiele aufgezeigt werden, dass sich die Baukosten in einer Größenordnung von etwa 0-5% erhöhen (vgl. Lützkendorf and Lorenz (2014), S. 345). Voraussetzung für eine moderate Kostensteigerung ist allerdings die Anwendung von Methoden der integralen Planung zur frühzeitigen Formulierung der Nachhaltigkeitsanforderungen sowie deren kontinuierliche Überprüfung während der Umsetzung (vgl. Lützkendorf and Lorenz (2014), S. 345, Rottke and Reichardt (2010), S. 42). Zudem ist es von Vorteil, nachhaltigkeitsrelevante Immobilienmerkmale und -eigenschaften nicht nur zu planen und umzusetzen, sondern darüber hinaus auch zu dokumentieren und zu kommunizieren. Einerseits kann sich der Nachweis nachhaltigkeitsrelevanter Eigenschaften positiv auf die Finanzierungs- und Versicherungskonditionen auswirken, andererseits kann ein Nachweis oder eine Dokumentation der Nachhaltigkeit einer Immobilie die Außenwirkung des Mieters bzw. Investors vorteilhaft beeinflussen, beispielsweise durch eine Zertifizierung der Immobilie mittels eines Labels oder Zertifizierungssystems. Gerade für Mieter oder Investoren, die sich verstärkt mit ihrer gesellschaftlichen und ökologischen Verantwortung innerhalb (Corporate Social Responsibility, CSR) und außerhalb (Corporate Citizenship, CC) des Kerngeschäfts beschäftigen, ist die Nachhaltigkeit bei Immobilien von Bedeutung, da sie zur Imageförderung und -verbesserung beitragen und zu einer höheren Unternehmensbewertung führen kann (vgl. Rottke and Reichardt (2010), S. 42, Landgraf and Rohde (2010), S. 240, Lützkendorf and Lorenz (2014), S. 345, Schneider (2013), S. 52).

Die aufgeführten Wechselbeziehungen zwischen ökonomischen Parametern und der Nachhaltigkeit von Immobilien verdeutlichen die Wichtigkeit, nicht nur die ökonomischen Zielgrößen bei Investitionsentscheidungen zu berücksichtigen, sondern darüber hinaus nachhaltigkeitsrelevante Aspekte heranzuziehen. Zunehmend orientieren sich Investoren bei ihrer Investitionsstrategie an übergeordneten Prinzipien der Nachhaltigkeit, sodass der Anspruch eines Investors, eine Rendite mit seiner Anlage zu erwirtschaften mit der Erwartung kombiniert wird, ökologische und soziale Aspekte in die Investitionsentscheidung einzubeziehen (vgl. Gondring and Wagner (2012), S. 323). Vor diesem Hintergrund werden in den nachfolgenden Abschnitten Entscheidungsgrundlagen bei Immobilieninvestitionen erörtert.

3.4 Investitionsentscheidungen bei Immobilien

Entscheidungen im Zusammenhang mit Immobilien sind vielfach klassische Investitionsentscheidungen, ergo Entscheidungen über den Einsatz von Geldvermögen zum Erwerb von Immobilienvermögen. Dabei wird bei Renditeobjekten die Zielsetzung verfolgt, mit dieser Kapitalanlage eine Rendite zu realisieren und den Werterhalt der Immobilie zu sichern bzw. eine Wertsteigerung zu erzielen. Bei selbstgenutzen Objekten ist zudem ein möglichst großer Nutzen, beispielsweise als Arbeitsumfeld, von besonderer Bedeutung (vgl. Meins and Burkhard (2014), S. 18, Pfnür (2011), S. 93, Levalisier (2010), S. 47). Mit der Langlebigkeit einer Immobilie als charakteristische Besonderheit von Immobilien geht ein langer Immobilienlebenszyklus einher. Den Beginn des Lebenszyklus einer Immobilie stellt die Projektentwicklung (Neubau oder Bestand) dar. Darauf folgt die erste Nutzungsphase der Immobilie, welche in einem Leerstand für einen gewissen Zeitraum enden kann. Bevor eine zweite Nutzungsphase beginnen kann, ist oftmals eine Revitalisierung der Immobilie mittels einer Modernisierung erforderlich. Ist die wirtschaftliche Lebensdauer der Immobilie erreicht, erfolgt in der Regel der Abriss des Gebäudes sowie die Umnutzung des Grundstückes, welche wiederum den Beginn eines neuen Immobilienlebenszyklus darstellt. Auf diese Weise schließt sich der Kreislauf des Immobilienlebenszyklus (vgl. Alda et al. (2011), S. 11, Gromer (2012), S. 26). Aufgrund der langen Lebenszyklusdauer weisen Immobilien im Vergleich zu anderen Wirtschafts- und Konsumgütern die Möglichkeit eines langen Anlagehorizontes von 60 bis 100 Jahren auf, in dessen Verlauf mehrere Entscheidungssituationen hinsichtlich einer Immobilieninvestition entstehen (vgl. Meins and Burkhard (2014), S. 18).

3.4. Investitionsentscheidungen bei Immobilien

Der Investitionsbegriff der vorliegenden Arbeit stützt sich auf die folgende Definition von Schmidt and Terberger (1997), S. 52:

„Eine Investition ist eine Zahlungsreihe, die in der Regel mit einer (sicheren) Auszahlung beginnt, auf die zu späteren Zeitpunkten (unsichere) Einzahlungen folgen."

Bei einer Immobilieninvestition[50] handelt es sich hierbei um Einzahlungen aus dem Verkauf oder der Vermietung sowie um Auszahlungen für den Bau, den Betrieb und die Instandhaltung einer Immobilie (vgl. Meins and Burkhard (2014), S. 19). Üblicherweise erfolgt die wirtschaftliche Beurteilung einer Immobilieninvestition anhand der Rentabilität. Neben Aspekten der Liquidität bzw. Fungibilität stellen daher Risiko- und Renditeüberlegungen zentrale Entscheidungskriterien bei Investitionsentscheidungen dar, wobei der Stellenwert der einzelnen Zielgrößen von der Mentalität des Entscheidungsträgers und dem zeitlichen Planungshorizont abhängt (vgl. Maier (2007), S. 3, Meins and Burkhard (2014), S. 31).

3.4.1 Rendite

Eine Tätigkeit ist wirtschaftlich, wenn sie dem Wirtschaftlichkeitsprinzip entspricht. Hierbei gibt es zwei Kernprinzipien der Wirtschaftlichkeit, das Minimal- und das Maximalprinzip. Beim Minimalprinzip wird von einem gewünschten bzw. angestrebten Ergebnis ausgegangen. Es wird versucht, dieses Ergebnis mit minimalem Kapitaleinsatz zu erreichen. Beim Maximalprinzip hingegen wird versucht, mit einem gegebenen Kapitaleinsatz ein maximales Ergebnis zu erzielen. Es wird somit vom vorhandenen Kapital ausgegangen. Demzufolge drückt die Wirtschaftlichkeit einer Tätigkeit das Verhältnis zwischen erreichtem Ergebnis und dafür aufgewendeten Kapitaleinsatz aus (vgl. Brauer, K.-U. (Hrsg.) (2013), S. 440). In diesem Zusammenhang ist zwischen der absoluten und relativen Wirtschaftlichkeit zu unterscheiden, wie in Abbildung 15 dargestellt wird. Bei der absoluten Wirtschaftlichkeit wird der Erfolg einer Investition an einer absoluten Größe wie beispielsweise dem Gewinn gemessen, während die relative Wirtschaftlichkeit mittels einer Gegenüberstellung einer Erfolgsgröße (z.B. Gewinn) und einer Aufwands- oder Umsatzgröße (z.B. Eigen-/Fremdkapital bzw. Umsatz) beurteilt wird. Damit ist Rentabilität die relative Wirtschaftlichkeit einer Investition (vgl. Brauer, K.-U. (Hrsg.) (2013), S. 440, Maier (2007), S. 4).

Rentabilität kann mithilfe von statischen Berechnungsmethoden (z.B. Kostenvergleichsrechnung, Gewinnvergleichsrechnung, Rentabilitätsvergleichsrechnung) oder dynamischen Berechnungsmethoden (z.B. Kapitalwertmethode, Annuitätenmethode, interne Zinsfuß-Methode) ermittelt werden (Brauer, K.-U. (Hrsg.) (2013), S. 441, Götze (2006), S. 49 ff.). In der Praxis werden bei Immobilieninvestitionen oftmals statische Methoden angewandt (vgl. Meins and Burkhard (2014), S. 31). Dazu werden in der

---

[50] Wenn im Folgenden von Immobilieninvestitionen gesprochen wird, bezieht sich dies jeweils auf direkte Immobilienanlagen (s.a. Abschnitt 3.1.1).

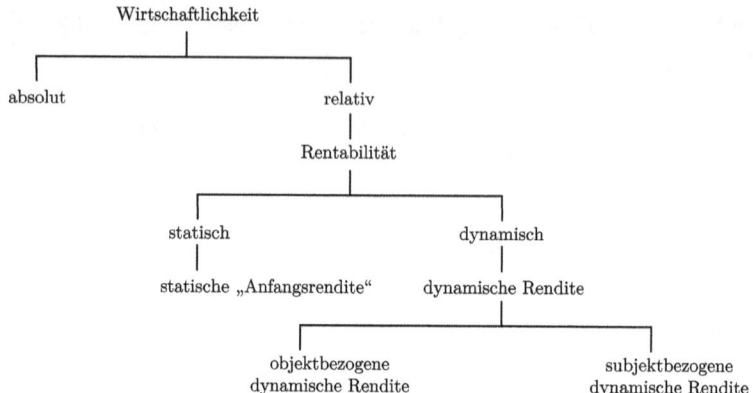

Abb. 15: Abgrenzung zwischen Wirtschaftlichkeit, Rentabilität und Rendite (Brauer, K.-U. (Hrsg.) (2013), S. 440)

Regel die im ersten Jahr oder die durchschnittlich erwarteten Jahresroherträge (Nettokaltmieten) dem Kaufpreis gegenübergestellt. Die auf diese Weise ermittelte statische „Anfangsrendite" kann jedoch höchstens als erste Orientierungsgröße oder als Ausgangspunkt für weiterführende Berechnungen dienen. Zudem ermöglicht die Anfangsrendite nur eine kurzfristige Beurteilung, da Veränderungen in der Zukunft aufgrund der statischen Betrachtung außer Acht gelassen werden (vgl. Meins and Burkhard (2014), S. 31 f., Brauer, K.-U. (Hrsg.) (2013), S. 441, Maier (2007), S. 4). Als Alternative können dynamische Methoden der Investitionsrechnung für die Berechnung der Rendite herangezogen werden, bei denen die Ein- und Auszahlungen über den gesamten Betrachtungszeitraum der Investition berücksichtigt werden. Die zu unterschiedlichen Zeitpunkten anfallenden Zu- und Abflüsse (Erträge und Kosten) werden durch Abzinsung auf den heutigen Zeitpunkt t_0 miteinander vergleichbar gemacht. Die Rendite drückt somit die Verzinsung der Kosten durch die Erträge aus (vgl. Brauer, K.-U. (Hrsg.) (2013), S. 441). Weiterhin wird bei der dynamischen Rendite zwischen einer objektbezogenen und einer subjektbezogenen Rendite unterschieden. Diese Differenzierung ist abhängig davon, ob in der Renditeberechnung allein Daten aus dem Immobilienobjekt berücksichtigt werden oder ob subjektive Faktoren des Investors wie beispielsweise Abschreibungen oder der Fremdkapitalanteil mit einfließen (vgl. Meins and Burkhard (2014), S. 32, Brauer, K.-U. (Hrsg.) (2013), S. 441).

Für die Berechnung der Rendite einer Immobilieninvestition ist es wichtig, zwischen einer Berechnung für einen Zwischeninvestor und für einen Endinvestor zu unterscheiden, auf dessen Sichtweise sich die vorliegende Arbeit stützt. Ein Zwischeninvestor wie beispielsweise ein Projektentwickler investiert über einen begrenzten Zeitraum in eine Immobilien und erzielt den Ertrag aus dem Verkaufserlös. Demgegenüber investiert ein Endinvestor langfristig in eine Immobilie. Er erwirbt die Immobilie mit dem Ziel, diese langfristig im Eigentum zu behalten. Die Verzinsung ergibt sich daher aus der nachhaltigen Erzielung von Miet- bzw. von Reinerträgen aufgrund einer dauerhaften Vermietung sowie aus der Wertentwicklung der Immobilie. Ist eine dauerhafte Vermietung gesichert, so ist es für einen Zwischeninvestor nicht schwer, einen Endinvestor

3.4. Investitionsentscheidungen bei Immobilien

zu finden. Dies verdeutlicht, dass die erzielbare Rendite eines Zwischeninvestors vom erzielbaren Verkaufspreis, aber auch der Vermarktungsfähigkeit der Immobilie abhängt (vgl. Brauer, K.-U. (Hrsg.) (2013), S. 442). Neben der Differenzierung zwischen End- und Zwischeninvestoren ist für die Renditeberechnung der betrachtete Investitionszeitraum von großer Wichtigkeit. Der zeitliche Anfall der Kosten und Erträge ist umso wichtiger, je länger der Betrachtungszeitraum ist. Umso weiter die Zahlungen in der Zukunft liegen, desto größer sind die Unsicherheiten. Wenn eine Angabe der Unsicherheiten mit objektiven und/oder subjektiven Wahrscheinlichkeiten möglich ist, können Unsicherheiten als Risiko erfasst und in Investitionsentscheidungen einbezogen werden (vgl. Meins and Burkhard (2014), S. 32 f., Francke (2008), S. 32, Brauer, K.-U. (Hrsg.) (2013), S. 441).

3.4.2 Risiko

Letztendlich wird der Erfolg einer Investitionsentscheidung von der Entwicklung des zukünftigen wirtschaftlichen Umfeldes determiniert. Da Marktveränderungen jedoch nicht mit Sicherheit prognostiziert werden können, sind fast alle Entscheidungen im Zusammenhang mit Immobilien aufgrund ihrer starken Zukunftsorientierung in sehr hohem Maße mit Unsicherheiten bzw. Risiko behaftet. Um den Begriff der Unsicherheiten weiter zu präzisieren, werden im Folgenden die Beziehungen zwischen Sicherheit und Unsicherheit bzw. Risiko und Ungewissheit voneinander abgegrenzt und in Abbildung 16 veranschaulicht (vgl. Maier (2007), S. 5 f., Francke (2008), S. 32).

Bei einer Entscheidung unter Sicherheit treten die Ergebnisse der Handlungsalternativen mit einer Wahrscheinlichkeit von 1,0 ein. Das bedeutet, dass jeder Entscheidung ein sicherer Wert zugeordnet werden kann. Bei einer Entscheidung unter Unsicherheit, welche dem Normalfall immobilienwirtschaftlicher Entscheidungsprozesse entspricht, lassen sich die Ergebnisse der unterschiedlichen Handlungsmöglichkeiten nicht mit absoluter Gewissheit vorhersagen, also einer Wahrscheinlichkeit von 1,0 oder 0,0. Unsicherheit (Risiko im weiteren Sinne) bedeutet daher, dass eine Abweichung des Ergebnisses vom erwarteten Referenzwert möglich ist. Diese Abweichung lässt sich auf eine unvollkommene Informationslage über das Eintreten zukünftiger Rahmenbedingungen oder mangelhafte Kenntnisse des Entscheidungsträgers zurückführen. Eine negative Ergebnisabweichung vom Referenzwert stellt die Gefahr eines Schadens dar, während eine positive Zielverfehlung eine Chance charakterisiert. Entscheidungen unter Unsicherheit lassen sich weiterhin in Entscheidungen unter Risiko im engeren Sinne und Entscheidungen unter Ungewissheit (Wagnis) gliedern (vgl. Maier (2007), S. 6, Urschel (2010), S. 72). Eine Risikosituation liegt vor, wenn der Entscheidungsträger Eintrittswahrscheinlichkeiten bestimmter Umweltzustände oder Rahmenbedingungen angeben kann. Demzufolge ist Risiko i.e.S. wahrscheinlichkeitstheoretisch fundiert und daher quantifizierbar. Diese Wahrscheinlichkeiten können objektiv und/oder subjektiv sein: Statistisch berechnete Wahrscheinlichkeiten werden als objektive Wahrscheinlichkeiten bezeichnet. Liegen Werte vor, welche auf der Erfahrung oder den Kenntnissen des Entscheidungsträgers basieren, wird von subjektiven Wahrscheinlichkeiten gesprochen (vgl. Maier (2007), S. 6, Francke (2008), S. 32 f.). Können weder objektive noch subjektive Wahrscheinlichkeiten angegeben werden, handelt es sich um eine Entscheidung unter Ungewissheit. Anders ausgedrückt bedeutet dies, dass ein Entscheidungsträger kein Risiko, sondern ein unberechenbares Wagnis eingeht, wenn er eine Entscheidung trifft, ohne die Konsequenzen seines Handelns abschätzen zu können (vgl. Maier (2007), S. 6, Urschel (2010), S. 73).

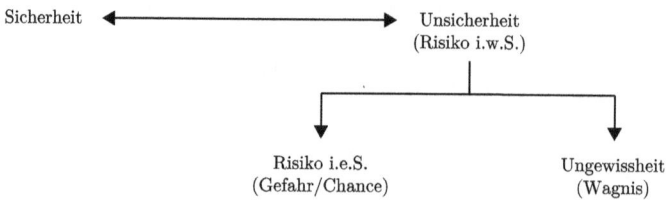

Abb. 16: Sicherheit und Risiko (Maier (2007), S. 6)

Der vorliegenden Arbeit wird der Risikobegriff im engeren Sinne zugrunde gelegt, welcher in der Kapitalanlagetheorie gemeinhin Verwendung findet, um das Risiko mittels einer Zahl ausdrücken zu können (vgl. Francke (2008), S. 33, Rehkugler (2014), S. 48). Dabei wird zusätzlich zwischen systematischen und unsystematischen Risiken unterschieden[51] (vgl. Meins and Burkhard (2014), S. 33, Francke (2008), S. 33). Systematische Risiken umfassen Chancen und Gefahren, welche aus gesamtwirtschaftlichen Marktentwicklungen resultieren und sich auf den gesamten Immobilienmarkt beziehen. Oftmals liegen für systematische Risiken empirische Muster vor, sodass sie leichter quantifizierbar und prognostizierbar sind als unsystematische Risiken. Zu den wichtigsten Einflussfaktoren des systematischen Risikos zählen beispielsweise konjunkturelle Veränderungen, Schwankungen des Marktzinsniveaus, Ausschläge bei den Wechselkursen, Änderungen in der Gesetzgebung oder andere Determinanten politischer oder gesellschaftlicher Natur, welche den Gesamtmarkt beeinflussen. Diese makroökonomischen Faktoren wirken sich entscheidend auf die Wertentwicklung von Aktien, Renditen und auch Immobilien aus. Als Beispiele für systematische Risiken einer Immobilieninvestition auf nationaler Ebene können das Konjunktur-, das Natur- oder das Preisänderungsrisiko aufgeführt werden (vgl. Maier (2007), S. 12, S. 213, Francke (2008), S. 33, Meins and Burkhard (2014), S. 33).

Im Gegensatz dazu zählen zu den unsystematischen Risiken regional oder lokal wirkende Risiken ökonomischer Art wie beispielsweise die Arbeitslosigkeit oder die Kaufkraftentwicklung innerhalb einer bestimmten Region. Auf Objektebene stellen beispielsweise das Lage-, Fertigstellungs-, Mietausfall-, Bonitäts- oder Altlastenrisiko unsystematische Risiken dar. Unsystematische Risiken werden von mikroökonomischen bzw.

---

[51] Diese Unterscheidung geht auf die finanzwirtschaftlichen Ansätze und Überlegungen von Harry M. Markowitz zurück, welche in der Portfolio Selection Theorie zur Erklärung des Anlageverhaltens und zur Optimierung von Portfolien entwickelt wurde (vgl. Maier (2007), S. 215). Für weiterführende Informationen siehe z.B. Breuer et al. (2010), S. 137 ff., Maier (2007), S. 215 ff. Neben der Unterscheidung zwischen systematischen und unsystematischen Risiken gibt es weitere Sytematisierungsansätze: Eindimensionale/zweidimensionale Risiken, quantifizierbare/nicht quantifizierbare Risiken, existenzielle/finanzielle Risiken (vgl. Maier (2007), S. 10 ff.). Für weiterführende Informationen siehe z.B. Maier (2007), S. 10 ff., Urschel (2010), S. 150 ff.

objektspezifischen Determinanten beeinflusst und beziehen sich nur auf einzelne Immobilien. Sie stehen nicht im Zusammenhang mit übergeordneten gesamtwirtschaftlichen Ursachen. Vielmehr liegen die Risikoursachen in den einzelnen Investitionsobjekten begründet (z.B. spezielle Immobilie, einzelne Immobilienaktiengesellschaft). Da unsystematische Risiken verschiedener Investitionsobjekte weitestgehend unabhängig voneinander auftreten, sind sie nur schwer quantifizierbar und prognostizierbar (vgl. Maier (2007), S. 13, S. 213 f., Francke (2008), S. 33, Meins and Burkhard (2014), S. 33). Im Fokus der vorliegenden Arbeit liegen die systematischen Risiken wie Trendänderungen oder Strukturbrüche. Damit gemeint sind Risiken, welche aus Veränderungen der exogenen Rahmenbedingungen resultieren.

Um Risiken bei Immobilieninvestitionen methodisch zu messen, existieren verschiedene Methoden, welche vom individuellen Risikoverständnis abhängen (vgl. Rehkugler (2014), S. 48). Das Risiko kann als Produkt der Eintrittswahrscheinlichkeit und des Ausmaßes eines Ereignisses dargestellt werden (s.a. Abschnitt 4.4.4). Oftmals wird das Risiko auch als Verteilung der potenziellen Ereignisse ausgedrückt, z.B. als Häufigkeitsverteilung von Schadensereignissen. Dazu muss jedoch die Eintrittswahrscheinlichkeit für das jeweilige Schadensausmaß bekannt sein, um die Häufigkeitsverteilung durch eine Verteilungsfunktion zu modellieren (vgl. Meins and Burkhard (2014), S. 34). Nach dem symmetrischen, schwankungsbasierten Risikoverständnis wird das Risiko als positive oder negative Abweichung vom Erwartungswert verstanden, welche bei Investitionen die Verfehlung der Zielrendite darstellt. Während nach dem symmetrischen Risikoverständnis unwichtig ist, ob die Zielrendite über- oder unterschritten wird, beschränkt sich demgegenüber das asymmetrische Risikoverständnis auf eine negative Entwicklung. Das bedeutet, dass nur eine Unterschreitung einer bestimmten Mindestrendite von Relevanz ist (vgl. Rehkugler (2014), S. 48, Meins and Burkhard (2014), S. 34). Als gebräuchliches, schwankungsbasiertes Maß zur Messung von Marktrisiken hat sich die Volatilität etabliert. Diese Kennzahl wird mit der Standardabweichung gemessen, die als Quadratwurzel aus der Summe der quadrierten Abweichung der Renditen vom Erwartungswert definiert ist (s.a. Abschnitt 4.6). Mit dem Verständnis von Risiko als Schwankung geht auch eine Verschiebung des Fokus einher. Das bedeutet, dass neben den Gefahren auch die Chancen fokussiert werden, welche sich durch die Risiken ergeben (vgl. Meins and Burkhard (2014), S. 34 f.).

3.4.3 Risikobereitschaft

Als grundsätzliche Voraussetzung für unternehmerisches Handeln gilt das Eingehen von Risiken. Dabei ist neben dem Rendite-Risiko-Verhältnis einer Investition das Risikobewusstsein bzw. die Risikobereitschaft des Investierenden (Investors) von Bedeutung. Diese drückt aus, wie viel Risiko ein Investor einzugehen bereit ist (vgl. Wellner (2003), S. 13). In der finanzwissenschaftlichen Theorie wird für Investitionen mit einem höheren Risiko eine Risikoprämie erwartet, welche sich durch eine höhere Rendite ausdrücken lässt. Diese Überlegungen sind vor dem Hintergrund zu betrachten, dass Investoren nur dann höhere Risiken eingehen, wenn mit höheren Erträgen zu rechnen ist. Dennoch ist die Risikobereitschaft nicht bei allen Investoren identisch (vgl. Meins and Burkhard (2014), S. 33). Vielmehr steht die Risikobereitschaft und die damit im Zusammenhang stehende Risikoentscheidung in Abhängigkeit von der individuellen Einstellung des Investors (z.B. Umweltsituation, Persönlichkeit, Risikoart und mögliche Formen der Risikohandhabung) (vgl. Gondring (2007), S. 3, Wellner (2003), S. 16).

In der Theorie wird auf Basis bestimmter Risiko-Nutzen-Funktionen zwischen drei Arten von Risikoeinstellungen differenziert, welche in Abbildung 17 dargestellt sind (vgl. Gondring (2007), S. 3, Wellner (2003), S. 14 f.):

– Konkave Nutzenfunktion: Risikoscheuer (risikoaverser) Investor

– Lineare Nutzenfunktion: Risikoneutraler Investor

– Konvexe Nutzenfunktion: Risikofreudiger Investor

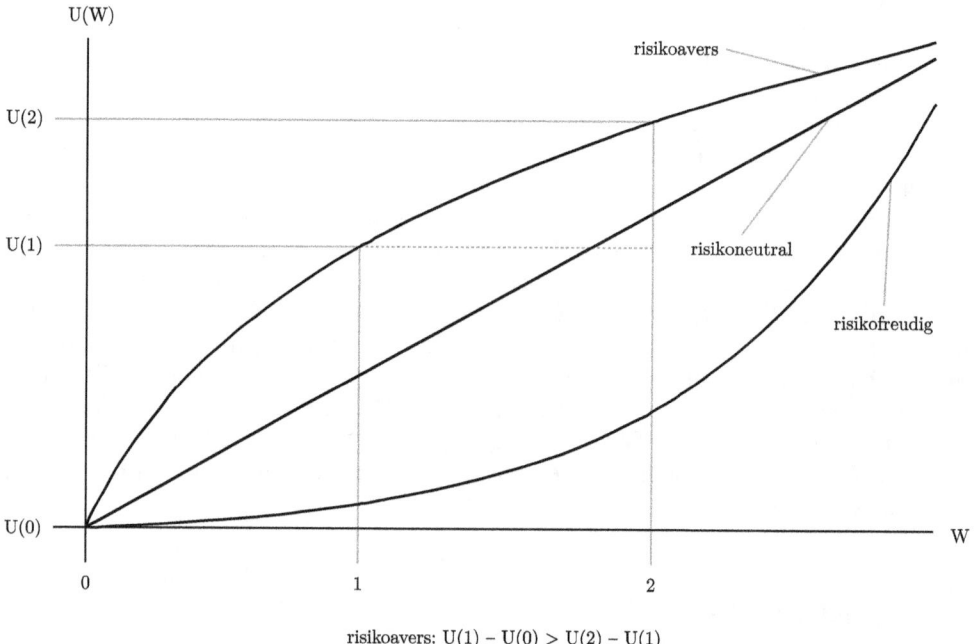

Abb. 17: Risikotypen (Gondring (2007), S. 3)

Während der risikofreudige Investor eine progressive Bepreisung des Risikos verlangt (gleiche Risikonutzen $U(W)$) und einen zunehmenden Grenznutzen hat, hat der risikoaverse Investor einen abnehmenden Grenznutzen. Daher wird bei einer risikoaversen Einstellung der Risikoaspekt im Vergleich zu einer sicheren Anlage mehr oder weniger stark überbetont. Dies bedeutet, dass bei gleichem Erwartungswert der Erträge gemeinhin diejenige Investition präferiert wird, welche ein geringeres Risiko aufweist

3.4. Investitionsentscheidungen bei Immobilien

(vgl. Gondring (2007), S. 3, Meins and Burkhard (2014), S. 33, Maier (2007), S. 17). Demgegenüber ist ein risikofreudiger Investor dazu bereit, für jeden Renditezuwachs ein beliebig höheres Risiko einzugehen, auch wenn dieses überproportional zunimmt. Diese Risikoeinstellung lässt sich darauf zurückführen, dass die in einer Risikosituation enthaltenen Chancen überdurchschnittlich hoch bewertet werden (vgl. Maier (2007), S. 17, Wellner (2003), S. 14). Zwischen dem risikofreudigen und risikoaversen Investor liegt der risikoneutrale Investor, welcher einen gleichbleibenden Grenznutzen hat, sodass er so lange ein Risiko eingeht wie es eingepreist wird. Das heißt, dass der Risikoaspekt weitgehend vernachlässigt wird und dass sich der risikoneutrale Investor bei seiner Entscheidung in hohem Maße von Renditeüberlegungen leiten lässt (vgl. Gondring (2007), S. 3, Maier (2007), S. 17).

Bei direkten Immobilienanlagen verhalten sich die Investoren in der Regel risikoavers (vgl. Meins and Burkhard (2014), S. 33). Dennoch kann die risikoaverse Haltung eines Investors mit unterschiedlichen Rendite- und Risikopräferenzen einhergehen, welche Immobilien in den Kategorien Core, Core+, Value-added und Opportunistic umfassen kann (vgl. Abbildung 18). Der Risikograd und die Höhe der Renditen dieser Investitionsstile steigt von Kategorie zu Kategorie an und geht in der Regel mit einem kürzeren Zeitraum einher, in welchem eine Immobilie im Besitz eines Eigentümers verbleibt (vgl. Meins and Burkhard (2014), S. 33, Schulte and Holzmann (2005), S. 30). Bei Core-Investments handelt es sich um risikoarme Engagements in hochwertige Immobilien der gängigsten Immobilienarten (z.B. Wohn- und Büroimmobilien), welche sich in bester Lage befinden und langfristige Mietverträge aufweisen. Diese Anlageklasse bietet eine vergleichsweise hohe Sicherheit, da die regelmäßigen Mieten stabile Einnahmen für regelmäßige Ausschüttungen an die Anleger generieren. Zudem kann die Tilgung des Fremdkapitals anteilig aus laufenden Liquiditätsüberschüssen in der Bewirtschaftungsphase bedient werden (vgl. Rüschen (2009), S. 123, Schulte and Holzmann (2005), S. 31 f.). Wenn eine Immobilie die Anforderungen an eine Core-Immobilie hinsichtlich der Lage und der Mieterbonität in gleichem Maße erfüllt, jedoch vor der Vermietung des Objektes noch Modernisierungs- oder kleinere Umbaumaßnahmen erforderlich sind, wird von einer Core+-Immobilie gesprochen. Darüber hinaus können Core+-Immobilien auch Core-Immobilien in A-Lagen und sehr guten B-Lagen mit guten Mietern aber höheren Ausfallwahrscheinlichkeiten und kürzeren Mietvertragslaufzeiten sein. Das Rendite-Risiko-Profil einer Core+-Immobilie liegt daher im Vergleich zu Core-Immobilien auf einem leicht höheren Niveau (vgl. Rüschen (2009), S. 124, Linsin (2009), S. 35).

Value-added-Investitionen zielen hingegen auf Objekte ab, die einen deutlichen Anteil der Kapitalrückflüsse aus der Wertsteigerung generieren, eine bemerkbare Volatilität aufweisen und/oder nicht den Definitionen einer Core-Immobilie entsprechen. Dabei spielen die laufenden Einnahmen eine nur untergeordnete Rolle. Da der Großteil der Kapitalrückflüsse für den Anleger durch zukünftige Wertsteigerungen erzielt werden, sind diese bei Value-added-Immobilien weniger planbar als bei Core-Immobilien. Charakteristisch für diesen Investitionsstil sind Immobilien, die mit baulichen, finanziellen und managementspezifischen Problemen behaftet sind und daher ein aktives Management, Modernisierungsmaßnahmen und eine Neupositionierung bei der Vermietung erfordern. Dabei wird das Ziel verfolgt, eine dem Risiko angemessene höhere Rendite zu erwirtschaften (vgl. Schulte and Holzmann (2005), S. 34, Rüschen (2009), S. 124, Linsin (2009), S. 35). Opportunistische Investitionen weisen den höchsten Risikograd und damit auch die höchste Zielrendite auf. Sie fokussieren auf Immobilien, bei denen die Rendite im Wesentlichen aus zukünftigen, teilweise hochspekulativen und damit äußerst volatilen Wertsteigerungen erzielt wird (z.B. Projektentwicklungen, Bestandsimmobilien mit deutlichem Wertsteigerungspotenzial wie Problemimmobilien in B- und C-Lagen mit ungewisser Marktperspektive).[52] Damit sind für diesen Investitionsstil fast ausschließlich Immobilien von Relevanz, welche auf Wertsteigerungen durch Veräußerungen am Ende der vergleichsweise kurzen Laufzeit von regelmäßig unter zehn Jahren abzielen, während laufende Erträge nicht der Zielsetzung opportunistischer Engagements entsprechen (vgl. Schulte and Holzmann (2005), S. 36, Linsin (2009), S. 36, Rüschen (2009), S. 125).

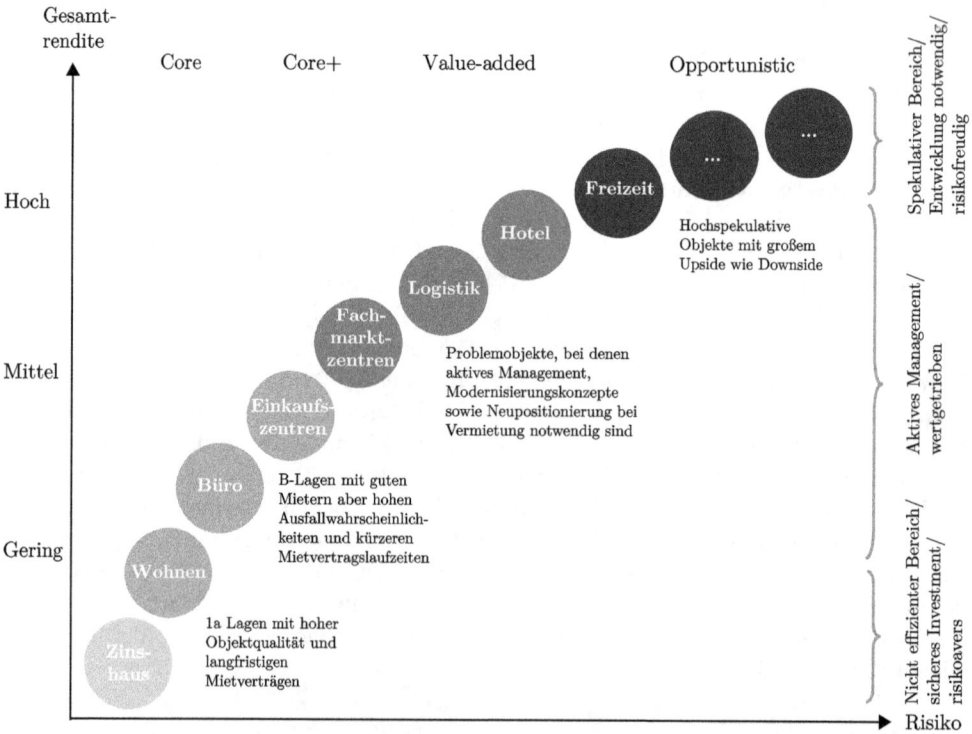

Abb. 18: Idealtypische Immobilieninvestitionsstile (Bienert (2013), S. 28, modifiziert)

---

[52] Als Gründe hierfür können beispielsweise ein hohes Vermietungsrisiko, ein hoher Fremdkapitalanteil oder eine Immobilienprojektentwicklung aufgeführt werden (Schulte and Holzmann (2005), S. 36). Charakteristisch für Immobilienprojektentwicklungen ist die Chance auf hohe Erträge, welche normalerweise bereits nach vergleichsweise kurzer Laufzeit aus dem Verkauf der Immobilie entstehen sollen. Demgegenüber stehen jedoch die jeder Projektentwicklung immanenten Risiken (z.B. Genehmigungs-, Termin-, Fertigstellungs-, Kosten-, Verwertungsrisiko) (vgl. Rüschen (2009), S. 125).

3.4. Investitionsentscheidungen bei Immobilien

Diese Arbeit stützt sich auf eine risikoaverse und langfristig orientierte Investitionsstrategie in Core-Immobilien. Das Verständnis von Risiken im Rahmen dieser Arbeit umfasst die Beurteilung der Risiken, die auf dem symmetrischen Risikoverständnis fußt und die Volatilität berücksichtigt. Darüber hinaus ist eine Beurteilung der Risiken erforderlich, welche auf das asymmetrische Risiko aufbaut und die systematischen Risiken darlegt. In diesem Zusammenhang kann die Berücksichtigung von Nachhaltigkeit bei Investitionsentscheidungen einen Beitrag leisten (vgl. Meins and Burkhard (2014), S. 35). Hierfür wird im nachfolgenden Abschnitt das für diese Arbeit als Basis dienende Verständnis von Nachhaltigkeit einer Immobilie aus Investitionssicht präzisiert.

3.4.4 Verständnis von Nachhaltigkeit einer Immobilie aus Investitionssicht

Den Ausgangspunkt zur Definition von Nachhaltigkeit einer Immobilie im Kontext der vorliegenden Arbeit stellt das Nachhaltigkeitsverständnis der WECD (1987) dar, welches als Kernelement eine langfristige Betrachtungsweise und demzufolge die Erweiterung des zeitlichen Betrachtungshorizonts zum Ausdruck bringt. Das zweite zentrale Element liefert das dreidimensionale Konzept der Nachhaltigkeit, der Triple-Bottom-Line-Ansatz nach Elkington (1994). Dessen grundlegendes Ziel ist die ganzheitliche Betrachtung der drei Dimensionen Umwelt, Wirtschaft und Gesellschaft. Zudem werden mit diesem Konzept die Durchführung von Maßnahmen zur Förderung des Umweltschutzes und zur Reduzierung des Ressourcenverbrauchs sowie zur Förderung der Stabilität und des Wachstums der Wirtschaft unter Berücksichtigung der sozialen Gerechtigkeit gleichermaßen angestrebt. Im Zusammenhang mit Immobilien wird dieses Konzept durch die Definition nach Lützkendorf and Lorenz (2007) wiedergegeben, auf welche sich die Nachhaltigkeitsdefinition dieser Arbeit ebenfalls stützt (s.a. Abschnitt 3.3.2).

Aus diesen Definitionen lässt sich ableiten, dass eine Immobilie nachhaltig ist, wenn sie langfristig betrachtet sowohl einen ökologischen, als auch ökonomischen und sozialen Nutzen in gleichem und größtmöglichen Maße stiftet. In der praktischen Umsetzung dieses theoretischen Ansatzes treten jedoch immer wieder Zielkonflikte zwischen den drei Dimensionen der Nachhaltigkeit auf, welche sich teilweise auf negative externe Effekte (Externalitäten) zurückführen lassen. Diese unkompensierten Auswirkungen treten auf, wenn der Verursachende nicht selbst für die Kosten der negativen Externalitäten aufkommt, sondern diese von der Allgemeinheit bzw. Dritten getragen werden. Als Beispiel können die Schadenskosten eines Extremwetterereignisses als Folge des Klimawandels aufgeführt werden. Diese Kosten fallen nicht bei denjenigen an, welche Treibhausgasemissionen verursachen, sondern werden von der Allgemeinheit getragen und gehen nicht mit den „ökologisch wahren Preisen" in die Preiskalkulation ein. Da aufgrund des (noch) zu günstigen Preises für das Emittieren von Treibhausgasen mehr CO_2 ausgestoßen wird als unter Berücksichtigung des dreidimensionalen Nachhaltigkeitskonzepts substanziiert wäre, ist das ökonomische Optimum nicht deckungsgleich mit dem ökologischen Optimum (vgl. Meins and Burkhard (2009), S. 6, Meins and Burkhard (2014), S. 36 f.).

Für die Operationalisierung des dreidimensionalen Nachhaltigkeitskonzeptes gilt es daher, eine Lösung für den Umgang mit Zielkonflikten zu finden. Als theoretisches Fundament kann die auf dem Rational-Choice-Ansatz begründete Nutzentheorie herangezogen werden.[53] Im Zusammenhang mit der Umsetzung der drei Nachhaltigkeitsziele bedeutet dies, dass durch Priorisieren und Abwägen eine Dimension der Nachhaltigkeit gewählt wird, aus deren Perspektive der Nutzen maximiert wird. Dabei gilt jedoch die Bedingung, dass der Nutzen der beiden anderen Dimensionen ebenfalls weitestgehend erreicht werden sollte und gleichzeitig im Minimum nicht beeinträchtigt wird. Hierfür ist eine transparente Darstellung der Zielkonflikte und deren systematische Beurteilung unerlässlich, um eine fundierte Entscheidungsgrundlage darzustellen. Dieser Ansatz wird bereits in vielen bestehenden Nachhaltigkeitszertifizierungssystemen und -standards umgesetzt, die zumeist auf die ökologischen Aspekte der Nachhaltigkeit fokussieren. Welche Dimension in den Vordergrund gestellt wird, steht in Abhängigkeit mit der jeweiligen Fragestellung bzw. Zielsetzung (vgl. Meins and Burkhard (2009), S. 6, Meins and Burkhard (2014), S. 37).

Entsprechend der Ausrichtung der vorliegenden Arbeit wird die Betrachtungsweise eines Investierenden eingenommen, für welchen die nachfolgenden Annahmen und Überlegungen gelten: Das Verständnis einer nachhaltigen Immobilie aus Investitionssicht bezieht sich auf direkte Immobilienanlagen von Endinvestoren oder Eigentümern. Daher wird eine Risikoaversion und eine auf Core-Immobilien eingegrenzte, langfristig orientierte Anlagestrategie unterstellt, welche sich demnach auf Immobilien beschränkt, die langfristig gehalten werden sowie ein geringeres Risiko und eine geringere Rendite implizieren. Daher kann angenommen werden, dass für einen Endinvestor oder Eigentümer der langfristige wirtschaftliche Nutzen im Vordergrund der Betrachtung steht und somit die ökonomische Dimension der Nachhaltigkeit priorisiert wird, während die Dimensionen Umwelt und Gesellschaft als einzuhaltende Nebenbedingungen berücksichtigt werden. Der langfristige wirtschaftliche Nutzen einer Immobilie wird gewahrt, wenn der langfristige Werterhalt gesichert und das Wertentwicklungsrisiko einer Immobilie reduziert ist (vgl. Meins and Burkhard (2009), S. 6, Meins and Burkhard (2014), S. 37). Aus diesem Grund wird das Verständnis einer nachhaltigen Immobilie aus Investitionssicht folgendermaßen definiert:

> *„Eine Immobilie ist aus Investitionssicht nachhaltig, wenn sie den wirtschaftlichen Nutzen für den Investierenden langfristig maximiert und dabei möglichst viele positive und möglichst wenige negative soziale und ökologische Auswirkungen hat. (...) In einer relativen Betrachtung (...) aus Investitionssicht [ist] diejenige Immobilie nachhaltiger, welche bei gleicher Rendite die tieferen Ertragsschwankungen und das tiefere Risiko eines Wertverlusts aufweist"* *(Meins and Burkhard (2014), S. 41).*

---

[53] Für weiterführende Informationen zur Nutzentheorie, siehe z.B. Olson (1968), Kunz (2004), S. 35 ff.

Diese Definition nach Meins and Burkhard (2014) bildet die konzeptionelle Grundlage für die Entwicklung des Nachhaltigkeitsratings in Kapitel 4. Um die Ertrags- und Kostenfolgen adäquat abzubilden, wird das Wertentwicklungsrisiko einer Immobilie als Zielgröße für die Operationalisierung der ESI-Indikatoren herangezogen. Da es keine allgemeingültige Definition des Immobilienwerts gibt, werden im Folgenden sowohl die zugrunde gelegte Wertdefinition dargelegt, als auch die im Kontext dieser Arbeit relevanten Determinanten der Wertentwicklung herausgearbeitet.

3.5 Immobilienwert

Für die Analyse von Immobilieninvestitionen steht neben der Investitions- und Risikorechnung die Ermittlung des Werts einer Immobilie zur Verfügung. Im Allgemeinen wird mit einer Bewertung die Zielsetzung verfolgt, eine Vermögensposition zu ermitteln, welche im Kontext der Immobilienwertermittlung die Immobilie für den Eigentümer darstellt. Da eine Immobilie von einer langen Lebensdauer gekennzeichnet ist und über den gesamten Lebenszyklus hinweg mehrfach verkauft und in diesem Zusammenhang auch bewertet wird, nimmt die Wertermittlung innerhalb der Immobilienwirtschaft einen wichtigen Stellenwert ein. Der Verkauf einer Immobilie stellt jedoch nur einen Bewertungsanlass dar. Darüber hinaus gibt es noch diverse andere Anlässe und Ziele, welche eine Bewertung erfordern, und mit verschiedenen Wertdefinitionen sowie Verfahren zur Ermittlung des Immobilienwerts einhergehen. Dabei sind die Begriffe Wert und Preis streng voneinander zu trennen und dürfen nicht gleichgesetzt werden (vgl. Leopoldsberger and Saffran (2005), S. 431, Brauer, K.-U. (Hrsg.) (2013), S. 29, Gromer (2012), S. 113).

Der Preis ist das Ergebnis einer spezifischen Transaktion und spiegelt daher die Vorstellungen des Verkäufers bzw. Käufers über ein spezifisches Grundstück wider. Daher ist der Preis von der individuellen, subjektiven Wertschätzung der Vertragsparteien geprägt. Der Wert entspricht dahingegen den aggregierten Preisvorstellungen einer Gruppe von Marktteilnehmern und gilt daher auch als objektivierter Preis, muss diesem jedoch nicht entsprechen. Ziel der Wertermittlung ist nicht das Finden des „richtigen" Preises, sondern die Ermittlung des Grundstückswerts auf der Grundlage des Angebots und der Nachfrage des Marktes. Auf diese Weise wird erreicht, dass der Wert über eine Einzelperson hinaus Gültigkeit aufweist und daher eine generell anerkannte Größe darstellt, die unabhängig von den Präferenzen und Verhältnissen des Verkäufers bzw. Käufers zu betrachten ist (vgl. Kleiber et al. (2010), S. 124, Gondring, H. (Hrsg.) (2009), S. 877, Schäfer et al. (2010), S. 237, Leopoldsberger and Saffran (2005), S. 431).

3.5.1 Wertbegriffe und Bewertungsanlässe

Der Begriff des Immobilienwerts kann in Abhängigkeit vom Anlass und der entsprechenden Zielsetzung der Bewertung von unterschiedlicher Bedeutung sein, eine allgemeingültige Definition für den Wert einer Immobilie gibt es jedoch nicht. Verschiedene Anlässe und Ziele einer Bewertung können beispielsweise der An- und Verkauf, die Beleihung, Enteignung oder Versteigerung einer Immobilie sein. Zudem können Vermögensauseinandersetzungen, Nachlassregelungen, Versicherungsabschlüsse, steuerliche Aspekte, Firmenübernahmen, etc., als Gründe für die Bewertung einer Immobilie genannt werden. Des Weiteren kann die Bewertung einer Immobilie der Performance Messung oder für weitere Informationszwecke dienlich sein (vgl. Leopoldsberger et al. (2008), S. 455). Diese zahlreichen Anlässe verdeutlichen, dass neben verschiedenen Wertbegriffen auch unterschiedliche Rechtsgrundlagen erforderlich sind und zugrunde gelegt werden müssen, welche der zusammenfassenden Übersicht in Abbildung 19 entnommen werden können (vgl. Brauer, K.-U. (Hrsg.) (2013), S. 29 f.). Da für die weiteren Überlegungen und Abgrenzungen lediglich der Marktwert von Relevanz ist, wird der Gegenstand der weiteren Ausführungen auf diesen eingegrenzt und für Informationen zu den unterschiedlichen Wertdefinition auf weiterführende Literatur[54] verwiesen.

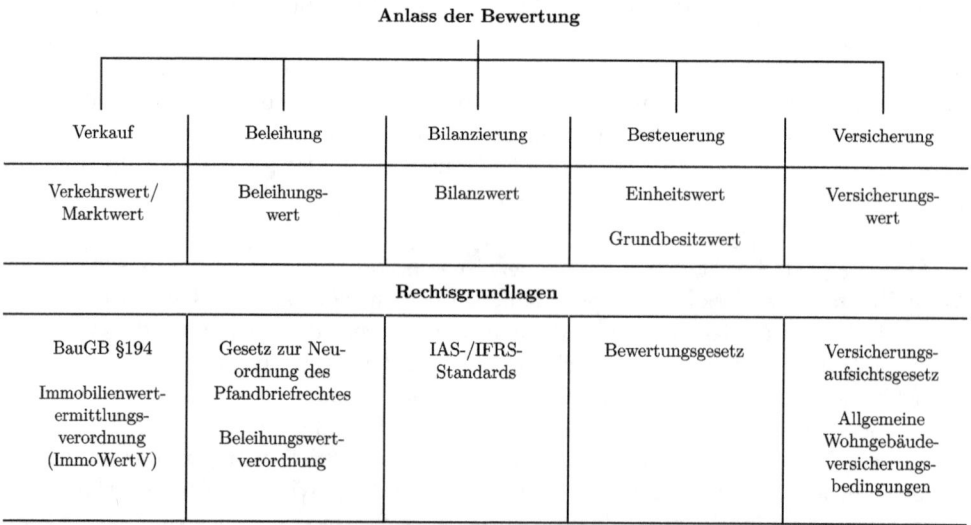

Abb. 19: Anlässe und Rechtsgrundlagen der Bewertung von Immobilien (Brauer, K.-U. (Hrsg.) (2013), S. 30)

---

[54] Zum Beispiel: Kleiber et al. (2010), S. 117 ff., Leopoldsberger et al. (2008), S. 460 ff., Brauer, K.-U. (Hrsg.) (2013), S. 29 ff., Gondring, H. (Hrsg.) (2009), S. 881 ff., Leopoldsberger (2008), S. 12 ff.

3.5.2 Verkehrswert (Marktwert) und normierte Wertermittlungsverfahren

Der Begriff Verkehrswert, welcher im Folgenden synonym mit dem Begriff Marktwert[55] verwendet wird, ist in §194 BauGB folgendermaßen definiert: *„Der Verkehrswert (Marktwert) wird durch den Preis bestimmt, der in dem Zeitpunkt, auf den sich die Ermittlung bezieht, im gewöhnlichen Geschäftsverkehr nach den rechtlichen Gegebenheiten und tatsächlichen Eigenschaften, der sonstigen Beschaffenheit und der Lage des Grundstücks oder des sonstigen Gegenstands der Wertermittlung ohne Rücksicht auf ungewöhnliche oder persönliche Verhältnisse zu erzielen wäre."* Während das BauGB die materielle Definition des Verkehrswerts (Marktwerts) enthält, bildet die Immobilienwertermittlungsverordnung (ImmoWertV) mit den darin verankerten, normierten Wertermittlungsverfahren die Rechtsgrundlage für die Ermittlung des Verkehrswerts sowie für die Ableitung der für die Wertermittlung erforderlichen Daten einschließlich der Bodenrichtwerte in Deutschland (vgl. Kleiber et al. (2010), S. 557). Ein Überblick über die normierten Verfahren wird im Folgenden gegeben (vgl. §8 und §§15–23, ImmoWertV, Leopoldsberger et al. (2008), S. 470 ff., Pfnür (2011), S. 60 ff., Gromer (2012), S. 121 ff., Leopoldsberger and Saffran (2005), S. 432 ff.):

Vergleichswertverfahren (§§15 und 16 ImmoWertV) Das Vergleichswertverfahren gilt als vorherrschendes Verfahren für die Bewertung des unbebauten wie auch bebauten Bodens (Bodenwert). Wenn eine ausreichende Anzahl vergleichbarer Grundstücke bzw. Transaktionen (Kaufpreise) zur Verfügung steht, kann dieses Verfahren auch für die Bewertung bebauter Grundstücke herangezogen werden, wobei dies in der Praxis zumeist nicht der Fall ist und sich daher die Ausführungen auf die Bodenwertermittlung fokussieren. Der Vergleichswert im Vergleichswertverfahren wird auf der Grundlage zeitnah durchgeführter und unter Marktbedingungen zustande gekommener Kaufpreise vergleichbarer Objekte ermittelt. Dabei wird zwischen dem unmittelbaren Preisvergleich und dem mittelbaren Preisvergleich differenziert. Beim unmittelbaren Preisvergleich erfolgt eine direkte Wertableitung aus realen Kaufpreisen hinreichend vergleichbarer Grundstücke. Liegen nicht genügend Vergleichsgrundstücke für einen unmittelbaren Preisvergleich vor, welche in allen Merkmalen mit dem zu bewertenden Objekt übereinstimmen, können Bodenrichtwerte herangezogen werden oder die Bodenwertermittlung mithilfe von Vergleichsgebieten durchgeführt werden.

---

[55] *„Die Definition des Marktwerts in § 194 BauGB ist materiell identisch mit der in § 16 Abs. 2 Satz 4 PfandBG gegebenen Definition des Marktwerts, mit der der Marktwert als der geschätzte Betrag definiert wird, für welchen ein Beleihungsobjekt am Bewertungsstichtag zwischen einem verkaufsbereiten Käufer und einem kaufbereiten Erwerber, nach angemessenem Vermarktungszeitraum, in einer Transaktion im gewöhnlichen Geschäftsverkehr verkauft werden könnte, wobei jede Partei mit Sachkenntnis, Umsicht und ohne Zwang handelt." (Kleiber et al. (2010), S. 404).* Diese oder auch die Marktwertdefinition der TEGoVA bzw. des IVSC *("Market value – the estimated amount for which an asset or liability should exchange on the valuation date between a willing buyer and a willing seller in an arm's length transaction, after proper marketing and where the parties had each acted knowledgeably, prudently and without compulsion." IVSC (2011), S. 12)* verdeutlichen die Legitimierung zur Gleichsetzung dieser Begrifflichkeiten. Jedoch gilt anzumerken, dass der Verkehrswert im Vergleich zum Marktwert die Erbwerbsnebenkosten nicht berücksichtigt (vgl. Gromer (2012), S. 116).

Ertragswertverfahren (§§17 bis 20 ImmoWertV) Das Ertragswertverfahren wird für die Bewertung bebauter Grundstücke angewandt, welche zur Ertragserzielung bestimmt sind und daher die Verzinsung des eingesetzten Kapitals im Vordergrund steht. Aus diesem Grund kommt das Ertragswertverfahren im Allgemeinen bei ertragsorientierten Objekten bzw. Renditeobjekten wie beispielsweise Geschäfts-, Mietwohn-, Hotel-, Fabrikgrundstücken, etc., sowie bei gewerblich genutzten und gemischt genutzten Grundstücken zur Anwendung und orientiert sich an den zukünftig erzielbaren Erträgen. Im Vergleich zu internationalen Verfahren werden in Deutschland der Wert der baulichen Anlage und der Bodenwert, die zusammen den Ertragswert bilden, getrennt voneinander ermittelt. Dies liegt darin begründet, dass für den Bodenwert eine unbegrenzte Restnutzungsdauer angenommen wird, da der Boden normalerweise keinen Wertverlust erleidet. Der Bodenwert wird mithilfe des Vergleichswertverfahrens nach §15 ImmoWertV ermittelt. Der Wert der baulichen Anlage wird in der Regel entweder durch eine direkte Kapitalisierung oder durch die Anwendung der Barwertmethode ermittelt. Somit stellt der Ertragswert den Barwert aller zukünftigen Erträge der Immobilie dar.

Sachwertverfahren (§§21 bis 23 ImmoWertV) Das Sachwertverfahren wird vornehmlich bei der Wertermittlung eigengenutzer Objekte wie beispielsweise eigengenutzte Wohnimmobilien (Ein- und Zweifamilienhäuser) und Industriegrundstücke eingesetzt, für die in der Regel nur eine unzureichende Anzahl an Vergleichsgrundstücken vorliegt und bei denen Renditeüberlegungen eine untergeordnete Rolle spielen. Darüber hinaus wird das Sachwertverfahren im deutschsprachigen Raum zur Kontrolle des Ertragswerts verwendet. Bei der Anwendung des Sachwertverfahren sind der Bodenwert, der Wert der baulichen Anlagen und der sonstigen Anlagen getrennt voneinander zu ermitteln. Für den Bodenwert wird ebenfalls das Vergleichswertverfahren nach §15 ImmoWertV herangezogen. Im Gegensatz zum Vergleichs- und Ertragswertverfahren, mit denen die Wertermittlung aufgrund von Marktbewegungen vorgenommen wird, orientiert sich das Sachwertverfahren an den Kosten, welche für die Neuerrichtung einer baulichen Anlage ersatzweise aufzuwenden wären. Auf der Grundlage dieser Kosten, den Herstellungskosten, sowie unter Berücksichtigung der Alterswertminderung und sonstiger wertbeeinflussender Umstände wird der Herstellungswert der baulichen Anlagen ermittelt, wobei nicht die tatsächlichen Herstellungskosten, sondern die Normalherstellungskosten (NHK) als Ausgangspunkt zugrunde gelegt werden.[56] Der Herstellungswert der Außenanlagen und sonstigen Anlagen wird nach Erfahrungssätzen oder ebenfalls nach den NHK ermittelt, sollten sie nicht bereits im Bodenwert erfasst sein.

Grundsätzlich sind an die Regelungen der ImmoWertV nur die behördlichen Gutachterausschüsse gebunden, wohingegen freien oder öffentlich bestellten und vereidigten Sachverständigen die Wahl des Wertermittlungsverfahren freigestellt wird. Diese müssen jedoch beachten, dass die normierten Verfahren anerkannte Methoden darstellen und daher mögliche Abweichungen im Wertgutachten zu begründen sind. Abweichun-

---

[56] Die Normalherstellungskosten sind marktübliche, durchschnittliche Herstellungskosten für bestimmte Gebäudetypen, welche für die Wiederherstellung einer baulichen Anlage aufzubringen wären (vgl. §§21 bis 23 ImmoWertV).

gen von den normierten Verfahren sind beispielsweise dann sinnvoll, wenn die Wertermittlung eines subjektiven, entscheidungsorientierten Wertes, nicht aber die Ermittlung des Verkehrswerts im Vordergrund steht. Als nicht normierte und in Deutschland angewandte Verfahren können vor allem die Discounted Cash-Flow (DCF) Methode und das Residualwertverfahren aufgeführt werden (vgl. Leopoldsberger et al. (2008), S. 470). Findet eines der drei normierten Verfahren Anwendung, so ist der als Ergebnis hervorgehende Vergleichs-, Ertrags- oder Sachwert nicht dem Verkehrswert eines Grundstücks gleichzusetzen, sondern unter der Berücksichtigung der Lage auf dem Grundstücksmarkt, der sogenannten Marktanpassung, als Bestandteil der drei normierten Verfahren zu bemessen. Darüber hinaus ist eine Heranziehung anderer Verfahrensergebnisse möglich. Hierbei sollte der Verkehrswert jedoch unter Würdigung der Aussagekraft des jeweiligen Ergebnisses abgeleitet werden (vgl. §8 Abs. 1 und 2 ImmoWertV). Dieser ist dann nur zeitlich begrenzt gültig, da sich die Wertverhältnisse am Markt ändern und sich der zugrunde gelegte Wertermittlungsstichtag auf einen fiktiven Transaktionszeitpunkt bezieht. Der Verkehrswert stellt denjenigen Wert dar, welcher im allgemeinen Grundstücksverkehr am wahrscheinlichsten zu erzielen ist (vgl. Schäfer et al. (2010), S. 237, Leopoldsberger et al. (2008), S. 461).

3.5.3 Verkehrswert und Nutzwert

Die vorangegangenen Ausführungen verdeutlichen, dass der Verkehrswert auf die allgemeine Einschätzung eines spezifischen Immobilienobjekts unter Berücksichtigung der Markteinschätzung ausgerichtet ist, den marktüblichen Wert. In Bezug auf nachhaltigkeitsrelevante Immobilieneigenschaften bedeutet dies, dass Nachhaltigkeitsaspekte bei der Wertermittlung nur in dem Ausmaß berücksichtigt werden dürfen, in welchem eine Differenzierung zwischen nachhaltigen und konventionellen Immobilien durch die Marktteilnehmer erfolgt. Zudem sind nur direkt monetär quantifizierbare Nachhaltigkeitsaspekte von Bedeutung, wohingegen indirekte oder nicht-monetär quantifizierbare Eigenschaften (z.B. gesellschaftliche oder umweltbezogene Aspekte) unberücksichtigt bleiben, wenn keine nachhaltigkeitsbezogenen Erweiterungen (z.B. Sensitivitätsanalysen, Risikodokumentationen, Erläuterungen zum Thema Nachhaltigkeit, etc.)[57] Eingang in das Wertgutachten finden (Lützkendorf and Lorenz (2014), S. 350 f). Doch auch bei konventionellen Immobilien erscheint es sinnvoll, Nachhaltigkeitsaspekte zu beachten. Einerseits kann bereits heute ein erhöhtes Risiko (z.B. Reduzierung der wirtschaftlichen Lebensdauer) für konventionelle Immobilien angenommen werden. Andererseits dürfte sich die Berücksichtigung von nachhaltigkeitsrelevanten Immobilieneigenschaften bei der Wertermittlung im Zuge der Etablierung von Nachhaltigkeit bei Immobilien zum Standard entwickeln und daraus resultierend der heutige Wertzuschlag für nachhaltige Immobilien (s.a. Tabelle 1 in Abschnitt 1.3) mittelfristig in einen Wertabschlag für konventionelle Immobilien wandeln (vgl. Annahmen zu den Risikoschätzungen der ESI-Indikatoren im Rahmen der Modellentwicklung in Abschnitt 4.4.3, s.a. Lützkendorf and Lorenz (2014), S. 350 f.).

---

[57] *Siehe auch* Lützkendorf and Lorenz (2014), S. 348 f., Meins et al. (2011).

Im angelsächsischen Raum gibt es neben der Definition des Verkehrswerts/Marktwerts (market value) auch die Definition des investorenspezifischen Nutzwerts (worth bzw. investment value). Dieser wird von dem International Valuation Standards Council (IVSC) bzw. der Royal Institution of Chartered Surveyors (RICS) folgendermaßen definiert:

> *„The value of an asset to the owner or a prospective owner for individual investment or operational objectives. (May also be known as worth.)"*
> *(RICS (2012), S. 7 bzw. IVSC (2011), S. 12).*

Der Nutzwert entspricht der maximal bzw. minimal erzielbaren Summe, welche ein Marktteilnehmer für eine Immobilie zu zahlen bereit ist. Hinsichtlich der Berücksichtigung von Nachhaltigkeitsaspekten bedeutet dies, dass bei der Wertermittlung das Ausmaß der Berücksichtigung in Abhängigkeit von subjektiven Investitionszielen und damit verbundenen Prämissen steht. Infolgedessen sind bei der Wertfindung auch indirekte oder nicht-monetär quantifizierbare Eigenschaften im Zusammenhang mit Nachhaltigkeitsaspekten einer Immobilie relevant, welche bei sozial verantwortlichen Investoren zu erhöhten Anforderungen an die Nachhaltigkeit einer Immobilie führen können. Vice versa bedeutet dies, dass bei konventionellen Immobilien nachhaltigkeitsrelevante Immobilienrisiken herangezogen werden können, welche aus Sicht eines sozial verantwortlichen Investors von Bedeutung sind, jedoch bei der Ermittlung des Marktwerts nicht oder nur unzureichend Berücksichtigung finden (vgl. Lützkendorf and Lorenz (2014), S. 351). Diese Immobilienrisiken, welche Einfluss auf die Wertentwicklung haben können, müssten unter Annahme eines vollkommenen Marktes in den Marktwert eingepreist werden. Aus den vorangegangenen Ausführungen kann abgeleitet werden, dass neben verschiedenen Formen des Marktversagens, für das unvollständige Informationen als eine der Ursachen genannt werden können, die Berücksichtigung dieser Risiken im Marktwert als präferenzunabhängige und objektivierte Größe nur in begrenztem Ausmaß möglich ist und aufgrund dessen die Wertentwicklung von den Marktteilnehmern nicht korrekt eingepreist werden kann (s.a. Meins and Burkhard (2014), S. 45). Demgegenüber steht das Verständnis des investorenspezifischen Nutzwerts, welcher unter definierten Investitionszielen und -prämissen die Berücksichtigung dieser Immobilienrisiken erlaubt.

Grundsätzlich eignen sich sowohl der Verkehrswert (Marktwert), als auch der investorenspezifische Nutzwert (market worth) für die Wertdefinition aus Investitionssicht. Jedoch empfiehlt es sich, den Marktwert nur für kurzfristige Betrachtungen heranzuziehen, wohingegen der market worth für eine langfristige Betrachtungsweise zugrunde zu legen ist, welcher die Abbildung der (langfristigen) Wertentwicklung ermöglicht (vgl. Meins and Burkhard (2014), S. 45 f.). Daher basiert die in der vorliegenden Arbeit verwendete Definition des Immobilienwerts auf der Wertdefinition des market worth. Darauf aufbauend werden im nachfolgenden Abschnitt die theoretischen Überlegungen zu den Determinanten der Wertentwicklung erläutert, welche dem Verständnis für die Herleitung und insbesondere die Operationalisierung der Nachhaltigkeitsmerkmale von ESI Deutschland in Kapitel 4 dienen.

3.5.4 Determinanten der Wertentwicklung

In den vorangegangenen Abschnitten wurde dargelegt, dass sich der Wert einer Immobilie im Wesentlichen durch das Grundstück bzw. die unmittelbare und regionale Lage (Mikro- und Makro-Lagemerkmale) sowie die Gebäudequalität (Objektmerkmale) zusammensetzt und unter Berücksichtigung des Angebots und der Nachfrage am Markt bestimmt wird (s.a. Abschnitt 3.5.2). Darüber hinaus sind für den Immobilienwert exogene Rahmenbedingungen aus Wirtschaft, Gesellschaft, Politik und Umwelt von Relevanz, welche den Markt beeinflussen. Als Beispiele können wirtschaftliche und gesellschaftliche Entwicklungen, regulatorische Rahmenbedingungen, Preisentwicklungen natürlicher Ressourcen oder umweltbezogene Anforderungen genannt werden (s.a. Abschnitt 3.1.2). Im Zusammenhang mit der vorliegenden Arbeit verfolgt eine verstärkte Berücksichtigung von Nachhaltigkeit im Immobilienwert insbesondere die Erstreckung des zeitlichen Betrachtungshorizonts. Dies ermöglicht die Abbildung der sich abzeichnenden Entwicklungen exogener Rahmenbedingungen (Megatrends), welche für die Wertentwicklung von besonderer Bedeutung sind, da deren langfristige Veränderungen Einfluss auf den Anteil der Lage- und Objektmerkmale einer Immobilie am gesamten Immobilienwert haben können (vgl. Meins and Burkhard (2009), S. 7 f.). Das bedeutet, dass sich langfristige Veränderungen exogener Rahmenbedingungen bei einer dynamischen Betrachtung auf Veränderungen der Nachfrage oder des Angebots auswirken, daher den relativen Wert einzelner Immobilienmerkmale verändern und infolgedessen die Wertentwicklung einer Immobilie beeinflussen. Zudem können Immobilienmerkmale mit negativen soziokulturellen und ökologischen Effekten durch Veränderungen der wirtschaftlichen, gesellschaftlichen, politischen und ökologischen Rahmenbedingungen negative Folgen für die Ein- und Auszahlungen einer Immobilie haben und daraus resultierend deren Risiko erhöhen (vgl. Meins and Burkhard (2014), S. 41). Aufgrund der Unsicherheiten bei der Bestimmung von langfristigen Entwicklungen, ist eine Risikobetrachtung sinnvoll. Bei dieser Betrachtung sind Immobilien dann nachhaltig, wenn sie unter sonst gleich bleibenden Bedingungen die Folgen eines langfristigen Wandels von exogenen Rahmenbedingungen gut bewältigen können. Daher minimiert eine nachhaltige Immobilie das Risiko einer Wertminderung und erhöht die Chance einer Wertsteigerung (vgl. Meins and Burkhard (2007), S. 9, Meins and Burkhard (2009), S. 7 f., Meins and Burkhard (2014), S. 47). Auf diese theoretischen Annahmen zu den Risiken und Chancen einer Immobilie in Bezug auf die Wertentwicklung stützen sich die im nachfolgenden Kapitel dargestellte Herleitung und Operationalisierung der wertrelevanten Nachhaltigkeitsmerkmale.

4 Modellentwicklung

Im Rahmen des vorliegenden Kapitels wird die Entwicklung des Nachhaltigkeitsratings ESI Deutschland dargestellt. Zu Beginn werden die Anforderungen an das Ratingmodell aufgezeigt, welche die Schwerpunkte und Prämissen für die Entwicklung des Ratings umfassen. Nach der anschließenden Darlegung der identifizierten, wertrelevanten Rahmenbedingungen werden darauf aufbauend die hergeleiteten Immobilienmerkmale erläutert, welche voraussichtlich zu einer veränderten Bewertung von Immobilien in der Zukunft führen. Diese werden zusammengefasst in fünf Nachhaltigkeitsmerkmalen dargestellt. Im Weiteren erfolgt die Betrachtung der spezifizierten und codierten Nachhaltigkeitsmerkmale. Darüber hinaus wird die Ermittlung der Gewichte der ESI-Indikatoren aufgezeigt, wofür ein risikobasiertes Gewichtungsmodell herangezogen wird. Nachdem die gewichteten Nachhaltigkeitsmerkmale beschrieben sind, wird die Überprüfung der ermittelten, relativen Gewichte jedes Indikators mittels einer Sensitivitätsanalyse erläutert. Den Abschluss dieses Kapitels bildet die Darstellung der Umsetzung und Anwendung des Ratingmodells. Hierfür wird auf die im Rahmen der Modellentwicklung durchgeführten Testanwendungen eingegangen sowie die Anwendung des Ratingmodells anhand eines Beispiels veranschaulicht, um abschließend weiterführende Anwendungsmöglichkeiten von ESI Deutschland in der Praxis aufzuzeigen.

4.1 Anforderungen an das Ratingmodell

Mit dem vorliegenden Modell wird die Zielsetzung verfolgt, nachhaltigkeitsrelevante Eigenschaften deutscher Büroimmobilien und deren Wertentwicklungsrisiko zu beurteilen, um daraus resultierend die Zukunftsfähigkeit dieser Immobilie aufzuzeigen. Aufgrund unterschiedlicher Standards, Normen, Gesetzesgrundlagen sowie Marktverhaltensweisen in verschiedenen Ländern, wird der geografische Rahmen für die Entwicklung und spätere Anwendung des Ratingmodells auf Deutschland eingegrenzt. Im Gegensatz zu vielen bestehenden Systemen, welche oftmals sehr zeit- und kostenintensiv sind, wird mit ESI Deutschland angestrebt, eine Bewertung in einem sogenannten „Quick-Check" durchzuführen. In diesem Zusammenhang ist die Praktikabilität des Modells von großer Bedeutung. Eine klare Struktur und übersichtliche Gestaltung stellen eine der Grundvoraussetzungen für eine einfache Handhabung und Anwendbarkeit des Modells dar, die es zu beachten gilt, um einen verhältnismäßig geringen zeitlichen Aufwand für die Datenerfassung zu ermöglichen. Des Weiteren ist auf die Plausibilität und Validität der einzelnen Modellkriterien (hier: Indikatoren) zu achten. Mittels Testanwendungen während der Modellentwicklung werden daher die theoretisch hergeleiteten Indikatoren an realen Objekten erprobt und bei Bedarf angepasst. Daneben kommt der Beurteilbarkeit der ESI-Indikatoren eine besondere Bedeutung zu. In diesem Zusammenhang ist es wichtig, die Indikatoren dahingehend zu überprüfen, ob die für die Beurteilung relevanten Informationen und Datengrundlagen in der Praxis verfügbar sind.

4.2 Wertrelevante Nachhaltigkeitsmerkmale

Ausgehend von dem in Kapitel 3 dargestellten Konzept von Nachhaltigkeit einer Immobilie aus Investitionssicht und den dargelegten Determinanten der Wertentwicklung für die Operationalisierung dieses Konzeptes gelten Immobilien dann als nachhaltig, wenn sie „ceteris paribus" den Folgen eines langfristigen Wandels von exogenen Rahmenbedingungen begegnen können und aufgrund dessen das Risiko einer Wertminderung reduzieren bzw. die Chance einer Wertsteigerung erhöhen (vgl. Abschnitte 3.4.4 und 3.5.4). Darauf aufbauend bilden langfristige Entwicklungen exogener Rahmenbedingungen den Ausgangspunkt für die Herleitung der wertrelevanten Nachhaltigkeitsmerkmale. Vor diesem Hintergrund werden diverse Szenarien ökologischer, ökonomischer, politischer und gesellschaftlicher Rahmenbedingungen in einem Betrachtungszeitraum von rund 30 Jahren analysiert.[58] Bezugnehmend auf Abschnitt 3.2 werden die analysierten Veränderungen exogener Rahmenbedingungen an dieser Stelle noch einmal zusammengefasst:

Klimawandel Die kontinuierliche Erwärmung des globalen Klimas ist nur eine Ausprägung des voranschreitenden und sich verstärkenden Klimawandels, die jedoch viele weitere negative Folgen mit sich bringt. In diesem Zusammenhang sind das Abschmelzen der Gletscher und Eiskappen, der Anstieg des mittleren globalen Meeresspiegels und der damit im Zusammenhang stehenden Bedrohung der Küstenregionen sowie Veränderungen in den Niederschlagsmengen, Windmustern und der Klimavariabilität zu nennen. Darüber hinaus ist eine Zunahme der Intensität, Eintrittshäufigkeit, Länge oder räumlichen Ausdehnung einiger Extremwetterereignisse zu erwarten, welche sich beispielsweise durch eine deutliche Steigerung der extremen Temperaturen und längere Hitzewellen oder die Zunahme und Intensivierung von Starkniederschlägen, welche die Wahrscheinlichkeiten für Hochwasser und Überflutungen erhöhen, auswirkt (vgl. Abschnitt 3.2.1).

---

[58] Ausgangspunkt für die Betrachtung ist das Jahr 2011. Da sich Trends verändern können, sollten die zugrunde liegenden Szenarien periodisch überprüft werden.

4.2. Wertrelevante Nachhaltigkeitsmerkmale

Energie- und Ressourcenverbrauch Die Bau- und Immobilienwirtschaft ist für einen wesentlichen Anteil des weltweiten Rohstoff- und Endenergieverbrauchs verantwortlich. Zudem wird Immobilien ein nicht unerheblicher Anteil des globalen Wasserverbrauchs, des Abfall- und Abwasseraufkommens sowie der Flächennutzung zugeschrieben. Mit der Einführung neuer Standards und Gesetze sowie der Verschärfung bestehender regulatorischer Rahmenbedingungen wird angestrebt, diese Verbräuche zu senken, wobei energie- und umweltpolitische Ziele im Vordergrund stehen. Dabei spielen die Erhöhung der Energieeffizienz und die Reduktion der Treibhausgasemissionen im Gebäudebereich eine wesentliche Rolle. Einerseits dient dies dem Erhalt der natürlichen Umwelt, andererseits soll auf diese Weise dazu beigetragen werden, den steigenden Preisen für fossile Energieträger, CO_2-Zertifikate und Strom entgegenzuwirken, welche nicht nur im Zusammenhang mit der Veränderung des globalen Klimas betrachtet werden können, sondern auch auf die Verknappung natürlicher Ressourcen zurückzuführen sind (vgl. Abschnitt 3.2.2).

Demografische Entwicklung Die demografische Entwicklung Deutschlands ist seit dem Jahr 2003 gekennzeichnet durch eine kontinuierliche Bevölkerungsabnahme und einen zunehmenden Anteil der älteren Wohnbevölkerung. Trotz erheblicher Zuwanderungen in den vergangenen Jahren kann das positive Wanderungssaldo die Mortalitätsrate langfristig nicht ausgleichen, welche aufgrund der bedeutenden Altersstrukturverschiebung der deutschen Bevölkerung zunehmen wird. Diese Faktoren haben insbesondere Auswirkungen auf die Zahl der Bevölkerung im Erwerbsalter (20- bis 64-Jährige), für die eine deutliche Schrumpfung vorausberechnet wird. Zudem beeinflusst der demografische Wandel die Größe und Struktur der Privathaushalte. Hinzu kommen starke Binnenwanderungsströme, welche vor allem durch Arbeitsplatzsuche ausgelöst werden und als regionalspezifische Veränderungen zu betrachten sind. Diese Entwicklungen haben ebenfalls Einfluss auf die Zahl der Erwerbstätigen (vgl. Abschnitt 3.2.3).

Wertewandel in der Gesellschaft Die Veränderungen der Wertvorstellungen und Verhaltensprämissen von Individuen wie der Individualismus wirken sich auf diverse Bereiche des gesellschaftlichen Zusammenlebens aus. Im Zusammenhang mit der demografischen Entwicklung zeigen sich hierbei Veränderungen in den Haushaltsgrößen und -strukturen, Auswirkungen auf die Gesamtzahl der Erwerbstätigen aufgrund eines verzögerten Eintritts in das Berufsleben sowie auf den Anteil der Stadtbevölkerung an der Gesamtbevölkerungszahl. Zudem ist neben der sozialen Mobilität auch die physische Mobilität bzw. Individualmobilität immer bedeutsamer geworden. Diese spiegelt sich in der steigenden Verkehrsleistung im Motorisierten Individualverkehr sowie in der deutschen Gesamtverkehrsleistung wider, wobei die Menge und relative Attraktivität des Öffentlichen Verkehrs abnehmen wird. Darüber hinaus stellen die zunehmende Verantwortungsübernahme gegenüber der Umwelt und Gesundheit weitere Entwicklungen des gesellschaftlichen Wertewandels dar, die sich in einem Bedeutungszuwachs von Aspekten der Umwelt- und Gesundheitsverträglichkeit bei Immobilien ausdrücken (vgl. Abschnitt 3.2.4).

Tab. 7: Übersicht über die exogenen Rahmenbedingungen

	Rahmenbedingungen[1]	Trends[2]
Wirtschaft	Arbeitslosenquote	?
	Arbeitsplätze	?
	Baulandpreise	?
	Baupreisindex	?
	Bautätigkeit	?
	Bereitgestelltes Geld eines Unternehmens für Miete	?
	Entwicklung des Bruttoinlandsprodukts (BIP)	?
	Verfügbares Einkommen privater Haushalte und dessen Verteilung	?
	Immobilienanlagen vs. andere Anlagen	?
	Konsum	?
	Leerstandsquote von Büroimmobilien	?
	Mietpreisentwicklung	?
	Neue Baumaterialien	↗*
	Neue Fahrzeugtechnologien	?
	Neue Gebäudetechnik	↗*
	Preisindex der Lebenshaltung	?
	Sparquote	?
	Strahlenbelastung aufgrund technischer Anlagen (elektromagnetische Felder, Antennen, etc.)	↗*
	Unternehmensgewinne	?
	Zahl der Bevölkerung im Erwerbsalter	↘[3]
	Zins langfristig	?
Gesellschaft	Anteil an arbeitenden Frauen	?
	Anteil der älteren Wohnbevölkerung	↗[4]
	Anzahl der Privathaushalte	↗[5]
	Anzahl der Personen je Privathaushalt	↘[6]
	Bevölkerungsdichte	?
	Bevölkerungszahl	↘[7]
	Gesundheitsbewusstsein	↗*
	Individualisierung	↗*
	Menge und relative Attraktivität des Motorisierten Individualverkehrs (MIV)	↗[8]
	Menge und relative Attraktivität des Öffentlichen Verkehrs (ÖV)	↘[9]
	Nationalitäten	?
	Präferenzen Marktteilnehmer (Trends)	?
	Sicherheitsbedürfnis/-empfinden	↗*
	Urbanisierung	↗[10]
	Zu- und Abwanderungen	?

Legende: ↗ zunehmender Trend, ↘ abnehmender Trend, ? keine Szenarien vorliegend

4.2. Wertrelevante Nachhaltigkeitsmerkmale

Tab. 7: Übersicht über die exogenen Rahmenbedingungen *(Forts.)*

	Rahmenbedingungen[1]	Trends[2]
Recht und Politik	Baulandreserven	↘*
	Einführung von CO_2-Abgaben	↗*
	Mietrecht	?
	Preisgestaltungsspielraum bei Mieten	?
	Steuerrecht	?
	Raumplanung, öffentliche Infrastruktur, Verkehrsplanung	?
	Subventionen	?
	Verschärfung von Gesetzen (Energieeffizienz)	↗[11]
Umwelt und Energie	Extreme Wetterereignisse (als Folge der Klimaerwärmung)	↗[12]
	Klimaerwärmung	↗[13]
	Preis fossiler Energieträger	↗[14]
	Strompreis	↗[15]
	Wassergebühren	↗*

Legende: ↗ zunehmender Trend, ↘ abnehmender Trend, ? keine Szenarien vorliegend

---

Anmerkungen:

* Hierzu liegen keine Szenarien vor, diese Annahmen stützen sich auf Expertenmeinungen.

hervorgehoben Die Selektion der relevanten Rahmenbedingungen erfolgt aufgrund von folgenden Kriterien:
- Die Veränderung der Rahmenbedingung hat eine große Wirkung auf den Immobilienwert.
- Die Entwicklung der Rahmenbedingung unterliegt einem eindeutigen Trend (wissenschaftliche Szenarien für die langfristige Entwicklung vorhanden oder der angenommene Trend basiert auf Expertenmeinungen).

[1] Die Liste der Rahmenbedingungen ist nicht abschließend, Wechselwirkungen zwischen Rahmenbedingungen sind möglich. Die Zuordnung der Rahmenbedingungen zu den Dimensionen Wirtschaft, Gesellschaft, etc. ist nicht immer eindeutig möglich.

[2] Es wird ein Zeithorizont von rund 30 Jahren betrachtet.

[3]+[4] Quelle: Statistisches Bundesamt (2015a)

[5]+[6] Quelle: Statistische Ämter des Bundes und der Länder (Hrsg.) (2011)

[7] Quelle: Statistisches Bundesamt (2015a)

[8]+[9] Quelle: BMVI (2014)

[10] Quelle: UN/DESA (2014)

[11] Quelle: Directive 2012/27/EU (2012)

[12] Quelle: IPCC (2012)

[13] Quelle: IPCC (2014b)

[14] Quelle: EIA (2014)

[15] Quelle: BMWi (2014)

Auf der Grundlage dieser sich verändernden Rahmenbedingungen werden im Weiteren zukünftige Anforderungen an Immobilien abgeleitet. Dafür werden jedoch nur diejenigen exogenen Rahmenbedingungen selektiert und weiter verfolgt, welche einen eindeutigen Trend aufweisen und es daher ermöglichen, langfristige Veränderungen zu prognostizieren sowie Aussagen über die Auswirkungen auf den Immobilienwert zu treffen (vgl. Abschnitt 3.2, s.a. Meins and Burkhard (2009), S. 7, Rohde (2011), S. 138). Die in Tabelle 7 aufgeführten Rahmenbedingungen stellen eine Auswahl an ausgewerteten Rahmenbedingungen dar, welche den langfristigen Immobilienwert beeinflussen können. Es sind diejenigen exogenen Rahmenbedingungen hervorgehoben, welche in wissenschaftlich fundierten Szenarien oder nach übereinstimmender Expertenmeinung[59] einen eindeutigen Entwicklungstrend[60] (zunehmender/abnehmender Trend) aufweisen und daher in einem kausalen Zusammenhang mit dem langfristigen Wert einer Büroimmobilie in Deutschland stehen. Die Liste der Rahmenbedingungen ist nicht abschließend und erhebt keinen Anspruch auf Vollständigkeit. Zudem gilt anzumerken, dass Wechselwirkungen zwischen den Rahmenbedingungen möglich sind und dass eine Zuordnung der Rahmenbedingungen zu den Dimensionen Wirtschaft, Gesellschaft, Recht und Politik sowie Umwelt und Energie nicht immer eindeutig gegeben ist.

Basierend auf der Annahme, dass langfristige Veränderungen exogener Rahmenbedingungen veränderte Anforderungen an Immobilien hervorrufen können und infolgedessen den Immobilienwert beeinflussen, werden mithilfe von Kausalketten Immobilienmerkmale abgeleitet, welche aufgrund der beschriebenen langfristigen Veränderungen exogener Rahmenbedingungen zukünftig stärker nachgefragt werden dürften (vgl. Meins and Burkhard (2009), S. 9, Rohde (2011), S. 138). In Anlehnung an das ökonomische Modell des Immobilienmarktes von DiPasquale and Wheaton (1996), welches in Abschnitt 3.1.2 näher beschrieben ist, wird in vier Wirkungsarten unterschieden: Veränderungen der exogenen Rahmenbedingungen können zu einer Veränderung des Angebotes an Neubauten, des Angebots an Nutzfläche, der Nachfrage nach Nutzfläche oder der Nachfrage nach Investitionsmöglichkeiten führen. Diese Veränderungen können qualitativer und/oder quantitativer Natur sein.

Quantitative Veränderungen führen zu einer rein mengenmäßigen Veränderung der Nachfrage oder des Angebots. Beispielsweise kann bei sinkender Zahl der Erwerbstätigen davon ausgegangen werden, dass die Nachfrage nach Bürofläche abnimmt, sich das Einkommen verringert und damit ein Rückgang der Nachfrage nach Immobilieninvestitionen entsteht. Qualitative Veränderungen hingegen rufen eine Verschiebung der Nachfrage nach oder des Angebots an Immobilien zugunsten von Immobilien mit bestimmten Merkmalen hervor. Als Folge der steigenden Preise fossiler Energieträger und der zunehmenden Verschärfung von gesetzlichen Rahmenbedingungen, kann beispielsweise davon ausgegangen werden, dass die Nachfrage nach energieeffizienten Immobilien steigen wird (vgl. Meins and Burkhard (2009), S. 9, Gromer (2012), S. 188). Schrittweise werden die selektierten Rahmenbedingungen hinsichtlich ihrer Wirkungen auf den Büroimmobilienmarkt analysiert, welche durch qualitative und quantitative

---

[59] Diese Trends sind mit dem Symbol * gekennzeichnet und können Tabelle 7 entnommen werden.
[60] Es werden deutschlandweite Trends dargestellt, welche im Rahmen einer Marktanpassung bei der konkreten Anwendung in der Wertermittlung nochmals regional zu überprüfen sind.

4.2. Wertrelevante Nachhaltigkeitsmerkmale

Veränderungen der nachgefragten Bürofläche ausgedrückt werden. Ergänzend zu den theoretischen Überlegungen hinsichtlich der Wirkungsmechanismen von exogenen Rahmenbedingungen auf den Büroimmobilienmarkt sei an dieser Stelle auf deren grafische Darstellung in Anhang B verwiesen.

Um die Herleitung der Immobilienmerkmale zu verdeutlichen, soll hier ein Beispiel folgen: Aufgrund des zunehmenden Anteils der älteren Wohnbevölkerung in Deutschland und der kontinuierlichen Abnahme der Bevölkerungszahl kann davon ausgegangen werden, dass der Bevölkerungsanteil der 20- bis 65-Jährigen (Bevölkerung im Erwerbsalter) deutlich schrumpfen wird (vgl. Abschnitt 3.2.3). Die Schrumpfung der Bevölkerung im Erwerbsalter wirkt sich einerseits auf die Zahl der Erwerbstätigen (X_a) sowie auf das verfügbare Einkommen privater Haushalte (X_g) aus. Obwohl die sinkende Zahl der Erwerbstätigen verschiedene Anpassungsmechanismen auslöst, welche den Rückgang des Erwerbstätigenpotenzials mildern, bleibt die sich abzeichnende demografische Entwicklung eine wesentliche langfristige Restriktion für das Angebot an Bürobeschäftigten. So hat der Rückgang der Erwerbstätigenzahl eine rückläufige Nachfrage nach Bürofläche zur Folge. Unter sonst gleichen Bedingungen führt die sinkende Erwerbstätigenzahl zudem zu einer geringeren Gehaltssumme, welche sich negativ auf die Nachfrage nach Immobilieninvestitionen auswirkt (quantitative Veränderungen) (vgl. Meins and Burkhard (2009), S. 9). Andererseits dürfte denjenigen Immobilien-Objektmerkmalen zukünftig mehr Bedeutung beigemessen werden, welche eine hohe Flexibilität hinsichtlich einer Nutzungs- und/oder Nutzeränderung aufweisen und die damit im Zusammenhang stehenden baulichen Maßnahmen vereinfachen (s.a. Rohde (2011), S. 147). Dies können beispielsweise Merkmale hinsichtlich der Bau- und Tragkonstruktion sein, welche es aufgrund der Konstruktionsweise, ausreichender Geschosshöhen, etc. erleichtern, andere Grundrisszonierungen zu ermöglichen und andere Gebäudetechnologien einzusetzen (qualitative Veränderungen). Die auf vergleichbare Weise identifizierten qualitativen Veränderungen der nachgefragten Bürofläche sind in Tabelle 8 aufgeführt. Zudem sei darauf hingewiesen, dass die quantitativen Veränderungen Anhang B entnommen werden können.

Tab. 8: Wirkung von Rahmenbedingungen auf den Büroimmobilienmarkt

Rahmenbedingungen[1]	Trends[2]	Qualitative Veränderungen der nachgefragten Bürofläche	
		Lagemerkmale	Objektmerkmale
Zahl der Bevölkerung im Erwerbsalter	↘[3]	-	Hohe Nutzungs-/ Umnutzungs- und Nutzerflexibilität
Neue Baumaterialien	↗*	-	Geringer Energieverbrauch/ hohe Energieeffizienz
Neue Gebäudetechnik	↗*	Standort an lärmbelasteten Lagen möglich (Lüftungsanlagen)	Geringer Energiebedarf/ hohe Energieeffizienz Zugänglichkeit und Reservekapazität Gebäudetechnik Hohe Raumluftqualität Geringe Lärmbelastung
Strahlenbelastung aufgrund technischer Anlagen (elektromagnetische Felder, Antennen, etc.)	↗*	Keine Belastung durch Elektrosmog (z.B. Antennen, Starkstromanlagen)	-
Anteil der älteren Wohnbevölkerung	↗[4]	Gute Anbindung an den Öffentlichen Verkehr	Altersgerechtes Bauen, z.B. Barrierefreiheit/ -armut (Aufzüge, überwindbare Höhendifferenzen, etc.)
Anzahl der Privathaushalte	↗[5]	Gute Anbindung an den Öffentlichen Verkehr	Hohe Nutzungs-/ Umnutzungs- und Nutzerflexibilität Erweiterbarkeit des Gebäudes
Anzahl der Personen je Privathaushalt	↘[6]	Gute Anbindung an den Öffentlichen Verkehr	Hohe Nutzungs-/ Umnutzungs- und Nutzerflexibilität
Bevölkerungszahl	↘[7]	Gute Anbindung an den Öffentlichen Verkehr	Hohe Nutzungs-/ Umnutzungs- und Nutzerflexibilität
Individualisierung	↗*	-	Hohe Nutzungs-/ Umnutzungs- und Nutzerflexibilität

(Wirtschaft)

Anmerkungen und Quellen:
*, [1]+[2] Siehe auch Anmerkungen zu Tabelle 7; [3]+[4] Quelle: Statistisches Bundesamt (2015a); [5]+[6] Quelle: Statistische Ämter des Bundes und der Länder (Hrsg.) (2011); [7] Quelle: Statistisches Bundesamt (2015a); s.a. Anhang B.

4.2. Wertrelevante Nachhaltigkeitsmerkmale

Tab. 8: Wirkung von Rahmenbedingungen auf den Büroimmobilienmarkt *(Forts.)*

	Rahmenbedingungen[1]	Trends[2]	Qualitative Veränderungen der nachgefragten Bürofläche	
			Lagemerkmale	Objektmerkmale
	Gesundheitsbewusstsein	↗*	Geringe/keine Belastungen durch Strahlungen, Feinstaub, Ozon, etc. Keine Belastung des Standorts (Altlasten)	Ausreichende Tageslichtversorgung/-anteile Geringe Lärmbelastung Hohe Raumluftqualität Individuelle Regulierbarkeit von Raumklima und Licht Keine Belastung durch Elektrosmog Keine gesundheitsschädigenden Baumaterialien Ökologische Baumaterialien
Wirtschaft	Menge und relative Attraktivität des MIV	↗[8]	-	-
	Menge und relative Attraktivität des ÖV	↘[9]	Gute Anbindung an den Öffentlichen Verkehr Ausreichende Taktung der ÖV-Verbindungen Erreichbarkeit: Kurze Distanzen (Zentrum, Handel, Naherholungsmöglichkeiten)	Ausreichende Anzahl an Fahrradabstellplätzen
	Sicherheitsbedürfnis/-empfinden	↗*	Lage hinsichtlich möglicher Naturgefahren	Objekt- und personenbezogene Sicherheitsvorkehrungen (Beleuchtung und Belichtung) Erfüllung gesetzlicher Anforderungen, z.B. Brandschutz
	Urbanisierung	↗[10]	Gute Anbindung an den Öffentlichen Verkehr Integration des Standorts	Hohe Nutzungs-/ Umnutzungs- und Nutzerflexibilität Erweiterbarkeit des Gebäudes
Recht und Politik	Baulandreserven	↘*	-	Effiziente Grundstücksnutzung Nutzungsflexibilität
	Einführung von CO_2-Abgaben	↗*	-	Geringer Energieverbrauch/ hohe Energieeffizienz Reduzierter Verbrauch fossiler Energieträger

Anmerkungen und Quellen:
*, [1]+[2] Siehe auch Anmerkungen zu Tabelle 7; [8]+[9] Quelle: BMVI (2014); [10] Quelle: UN/DESA (2014); s.a. Anhang B.

Tab. 8: Wirkung von Rahmenbedingungen auf den Büroimmobilienmarkt *(Forts.)*

	Rahmenbedingungen[1]	Trends[2]	Qualitative Veränderungen der nachgefragten Bürofläche	
			Lagemerkmale	Objektmerkmale
Recht und Politik	Verschärfung von Gesetzen (Energieeffizienz)	↗[11]	-	Hohe Gesamtenergieeffizienz/geringer Gesamtenergieverbrauch Nutzung erneuerbarer Energieträger Reduzierter Verbrauch fossiler Energieträger (Heizen und Warmwasser)
Gesundheit und Komfort	Extreme Wetterereignisse (als Folge der Klimaerwärmung)	↗[12]	Lage hinsichtlich möglicher Naturgefahren	Objektbezogene Sicherheitsvorkehrungen (z.B. Hochwasserschutz, Fassadenschutz) Technische Sicherheitseinrichtungen
	Klimaerwärmung	↗[13]	Lage hinsichtlich möglicher Naturgefahren	Geringer Kühlbedarf (natürliche Kühlung) Reduzierter Verbrauch fossiler Energieträger Bauliche Sicherheitsvorkehrungen
	Preis fossiler Energieträger	↗[14]	Gute Anbindung an den Öffentlichen Verkehr Erreichbarkeit: Kurze Distanzen (Zentrum, Handel, Naherholungsmöglichkeiten)	Nutzung erneuerbarer Energieträger Reduzierter Verbrauch fossiler Energieträger (Heizen und Warmwasser) Fahrradabstellplätze
	Strompreis	↗[15]	-	Nutzung erneuerbarer Energieträger Geringer Stromverbrauch
	Wassergebühren	↗*	-	Reduzierter Wasserverbrauch Niederschlagsentwässerung/ Abwasserentsorgung (Trennsystem) Regenwassernutzung

Anmerkungen und Quellen:

*, [1]+[2] Siehe auch Anmerkungen zu Tabelle 7; [11] Quelle:: Directive 2012/27/EU (2012); [12] Quelle: IPCC (2012);[13] Quelle: IPCC (2014b); [14] Quelle: EIA (2014); [15] Quelle: BMWi (2014); s.a. Anhang B.

4.2. Wertrelevante Nachhaltigkeitsmerkmale

Für die Herleitung der wertrelevanten Nachhaltigkeitsmerkmale sind jedoch vorrangig die qualitativen Veränderungen exogener Rahmenbedingungen und die damit einhergehenden Nachfrageänderungen relevant. Denn es kann angenommen werden, dass relativ betrachtet diese Immobilienmerkmale zukünftig an Bedeutung gewinnen dürften und daraus resultierend den Immobilienwert erhalten oder erhöhen (vgl. Meins and Burkhard (2009), S. 9). Vor diesem Hintergrund können zusammenfassend folgende Aussagen in Bezug auf die Auswirkungen auf den Büroimmobilienmarkt zur Herleitung der Nachhaltigkeitsmerkmale getroffen werden:

— Als Folge der demografischen Entwicklung (Bevölkerungsabnahme, sinkende Erwerbstätigenzahl, zunehmender Anteil der älteren Wohnbevölkerung, etc.), der Individualisierung und der Urbanisierung sowie der sinkenden Anzahl an Baulandreserven wird einer erhöhten Nutzungs- und Nutzerflexibilität von Immobilien zukünftig mehr Bedeutung beigemessen werden.

— Bedingt durch die Klimaerwärmung, den Preisanstieg von Strom und fossilen Energieträgern sowie durch die Verschärfung von Gesetzen hinsichtlich der Energieeffizienz von Gebäuden werden ein reduzierter Energie- und Stromverbrauch sowie reduzierte Treibhausgasemissionen immer bedeutsamer werden. Zusätzlich werden ein reduzierter Wasserverbrauch und alternative Entwässerungsmöglichkeiten angesichts steigender Wassergebühren immer relevanter werden.

— Aufgrund steigender Preise von fossilen Energieträgern und Strom, der Urbanisierung sowie der demografischen Entwicklung wird die Nachfrage nach öffentlichen und nicht motorisierten Verkehrsmitteln sowie die Wichtigkeit kurzer Distanzen und Erreichbarkeiten zunehmen.

— Verbunden mit gesellschaftlichen Trends wie einem zunehmenden Sicherheitsbedürfnis, insbesondere jedoch angesichts der Klimaerwärmung und der damit im Zusammenhang stehenden Zunahme extremer Wetterereignisse, werden bauliche Sicherheitsvorkehrungen (objekt- und personenbezogen) an Bedeutung gewinnen.

— Vor dem Hintergrund eines zunehmenden Gesundheitsbewusstseins in der Gesellschaft werden die Gesundheits- und Komfortaspekte einer Immobilie immer wichtiger werden.

Die hergeleiteten Lage- und Objektmerkmale, welche aufgrund veränderter Anforderungen resultierend aus langfristigen Entwicklungen der identifizierten Rahmenbedingungen stärker nachgefragt werden dürften, repräsentieren die wertrelevanten Nachhaltigkeitsmerkmale. Diese lassen sich in die fünf Gruppen Flexibilität und Umnutzbarkeit, Ressourcenverbrauch und Treibhausgase, Standort und Mobilität, Sicherheit sowie Gesundheit und Komfort gliedern. Die Nachhaltigkeitsmerkmale sind in Tabelle 9 dargestellt und werden nachfolgend zusammenfassend erläutert (s.a. Strunk and Stoy (2015)):

Tab. 9: Wertrelevante Nachhaltigkeitsmerkmale

Exogene Rahmenbedingungen	Nachhaltigkeitsmerkmale
Sinkende Erwerbstätigenzahl, Bevölkerungsabnahme, zunehmender Anteil der älteren Wohnbevölkerung, Individualisierung, sinkende Anzahl an Baulandreserven, Zunahme neuer Gebäudetechnik, Urbanisierung, zunehmende Anzahl der Privathaushalte, sinkende Personenanzahl je Privathaushalt	**Flexibilität und Umnutzbarkeit** Nutzungsflexibilität Nutzerflexibilität
Klimaerwärmung, zunehmende Verschärfung von Gesetzen (Energieeffizienz), Einführung von CO_2-Abgaben, steigender Preis fossiler Energieträger, steigender Strompreis, steigende Wassergebühren, Zunahme neuer Gebäudetechnik, Zunahme neuer Baumaterialien	**Ressourcenverbrauch und Treibhausgase** Energie und Treibhausgase Wasser
Steigender Preis fossiler Energieträger, steigender Strompreis, sinkende Menge und Attraktivität des Öffentlichen Verkehrs, Urbanisierung, zunehmender Anteil der älteren Wohnbevölkerung, Bevölkerungsabnahme, zunehmende Anzahl der Privathaushalte, sinkende Personenanzahl je Privathaushalt	**Standort und Mobilität** Öffentlicher Verkehr Nicht motorisierter Verkehr Erreichbarkeiten
Klimaerwärmung, Zunahme extremer Wetterereignisse, zunehmendes Sicherheitsbedürfnis	**Sicherheit** Naturgefahren Bauliche Sicherheitsvorkehrungen
Zunehmendes Gesundheitsbewusstsein, zunehmende Strahlenbelastung aufgrund technischer Anlagen, Zunahme neuer Gebäudetechnik, steigender Preis fossiler Energieträger, steigender Strompreis	**Gesundheit und Komfort** Kontaminationen Arbeitsplatzklima (Raumluft, Lärm/Schall, Tageslicht, etc.) Bauprodukte

Nachhaltigkeitsmerkmal Flexibilität und Umnutzbarkeit Das Nachhaltigkeitsmerkmal Flexibilität und Umnutzbarkeit, vorrangig hergeleitet aufgrund des demografischen Wandels, umfasst Immobilieneigenschaften in Bezug auf die Nutzungs- und Nutzerflexibilität einer Immobilie. Bei der Nutzungsflexibilität handelt es sich um die Möglichkeit, dass eine Büroimmobilie sowohl eine Umnutzung innerhalb derselben Nutzungsart (z.B. Einzelbüros in ein Großraumbüro) als auch in andere Nutzungsarten zulässt. In diesem Zusammenhang haben beispielsweise flexible Baukonstruktionen, ausreichende Geschosshöhen und Erweiterungsmöglichkeiten ein besonderes Gewicht. Die Nutzerflexibilität hingegen ermöglicht unterschiedlichen Nutzern die „Bewegungsfreiheit" innerhalb eines Gebäudes und den zugehörigen Außenanlagen, wofür der Grad der Barrierefreiheit einer Immobilie von Relevanz ist (s.a. BMUB (2016), S. 80). Nach-

4.2. Wertrelevante Nachhaltigkeitsmerkmale

haltige Immobilien zeichnen sich beispielsweise durch eine gute Zugänglichkeit zum Gebäude aufgrund entsprechender Grundstückstopografie, ebenso wie durch eine barrierefreie Erschließung innerhalb des Gebäudes (z.B. ausreichende Tür-/Flurbreiten, barrierefreier Aufzug) aus.

Nachhaltigkeitsmerkmal Ressourcenverbrauch und Treibhausgase Bei dem Nachhaltigkeitsmerkmal Ressourcenverbrauch und Treibhausgase[61] spielt es eine Rolle, wie gut eine Büroimmobilie die Verknappung von natürlichen Ressourcen und die damit einhergehenden steigenden Energie- und Wasserpreise, aber auch gesetzliche Vorschriften und Regulierungen als Folge der Klimaerwärmung (z.B. zunehmende Verschärfung von Gesetzen hinsichtlich der Gesamtenergieeffizienz eines Gebäudes und von CO_2-Abgaben, Vermeidung von Treibhausgasemissionen) bewältigen kann. Damit soll einerseits die Reduktion des Energiebedarfs und Wasserverbrauchs erreicht werden und andererseits die Abhängigkeit von Preissteigerungen gemindert werden, um auf diese Weise den Immobilienwert zu steigern. Aufgrund dessen sind für dieses Nachhaltigkeitsmerkmal Aspekte von Relevanz, die eine effiziente Energienutzung ermöglichen und einen reduzierten Energiebedarf herbeiführen sowie den Ausbau zur Nutzung erneuerbarer Energieträger für die Substitution von fossilen Energieträgern und Strom vorantreiben (s.a. IPCC (2014a), S. 675). Überdies können ein reduzierter Wasserverbrauch und eine Niederschlagsentwässerung auf dem eigenen Grundstück dazu beitragen, die Abhängigkeit von Wasser (Bedarfsdeckung und Entsorgung) und die damit verbundenen Kosten zu senken (s.a. Lützkendorf and Lorenz (2011), S. 346).

Nachhaltigkeitsmerkmal Standort und Mobilität Aufgrund steigender Preise fossiler Energieträger und dem zunehmenden Anteil der älteren Wohnbevölkerung kann davon ausgegangen werden, dass Erreichbarkeiten für Fußgänger immer wesentlicher werden, um der sinkenden Nachfrage nach öffentlichem und nicht motorisiertem Verkehr entgegenzuwirken. In diesem Kontext gelten Immobilien als nachhaltig, wenn sie für Fußgänger und Fahrradfahrer gut erschlossen sind und eine gute Anbindung an den Öffentlichen Verkehr (ÖV) und Infrastrukturen aufweisen (s.a. Meins and Burkhard (2009), S. 10). Daher sind für das Nachhaltigkeitsmerkmal Standort und Mobilität Faktoren wie kurze, fußläufige Distanzen zur nächsten ÖV-Haltestelle mit hoher Taktfrequenz der öffentlichen Verkehrsmittel sowie eine gute Erreichbarkeit des lokalen/regionalen Zentrums und der Naherholung ausschlaggebend, welche die Standortattraktivität erhöhen und den zunehmenden Verkehrsleistungen des Motorisierten Individualverkehrs durch verbesserte Erreichbarkeiten entgegenwirken.

---

[61] Die Treibhausgase werden zurzeit durch die stellvertretenden Indikatoren Energieaufwand (Teilindikator „8 Energetische Qualität") und Anteil erneuerbarer Energien (Teilindikator „9 Energieträger") ausgedrückt.

Nachhaltigkeitsmerkmal Sicherheit Als Folge des Klimawandels ist davon auszugehen, dass extreme Wetterereignisse wie Hochwasser, Hagel oder Sturm zunehmen werden. Aus diesem Grund sind die Lage einer Immobilie außerhalb einer Risikozone oder diesbezügliche bauliche Sicherheitsvorkehrungen von Bedeutung (s.a. Rohde (2011), S. 143). Denn diese Immobilien weisen ein geringeres Schadensrisiko hinsichtlich solcher Ereignisse auf, welches relevant für den Immobilienwert ist (s.a. BMVBS (2013), S. 25). Darüber hinaus werden bei diesem Nachhaltigkeitsmerkmal bauliche Sicherheitsvorkehrungen als Antwort auf ein zunehmendes Sicherheitsbedürfnis herangezogen. In diesem Zusammenhang sind beispielsweise Aspekte wie die Umsetzung von geeigneten Brandschutzmaßnahmen, eine ausreichende Beleuchtung und Belichtung von unübersichtlichen Stellen sowie technische Sicherheitseinrichtungen wichtig.

Nachhaltigkeitsmerkmal Gesundheit und Komfort Das Nachhaltigkeitsmerkmal Gesundheit und Komfort spiegelt die zunehmenden Gesundheitsansprüche an eine Büroimmobilie aufgrund eines steigenden Gesundheitsbewusstseins in der Gesellschaft wider. Vor diesem Hintergrund wird die Reduktion und der Schutz bzw. die Vermeidung von Belastungen und Kontaminationen immer bedeutsamer. Hierbei spielt die Abstinenz von Altlasten eine essenzielle Rolle. Zudem tragen geringe Strahlenbelastungen (elektromagnetische Felder und Radonimmissionen) und die Vermeidung von gesundheitsschädigenden Bauprodukten dazu bei, den steigenden Gesundheitsansprüchen gerecht zu werden (s.a. Rohde (2011), S. 144 f.). Neben den zunehmenden Gesundheitsansprüchen gewinnen auch Aspekte des Gebäudekomforts immer mehr an Bedeutung. In diesem Zusammenhang können Gebäudeeigenschaften wie eine gute Raumluftqualität, reduzierte Lärmbelastungen (z.B. geringe Lärmimmissionen durch einen erhöhten Schallschutz, Schutz gegen Schallübertragung) oder ausreichende Tageslichtversorgung aufgeführt werden, welche eine nachhaltige Immobilie auszeichnen und dazu beitragen, die Aufenthaltsqualität innerhalb eines Gebäudes sowie die Qualität des Arbeitsplatzklimas zu erhöhen (s.a. RICS (2009), S.10).

Im Rahmen der Spezifizierung der fünf Nachhaltigkeitsmerkmale können 23 Teilindikatoren identifiziert werden, die sich in 34 Sub-Teilindikatoren weiter differenzieren lassen. Eine Übersicht über die spezifizierten Nachhaltigkeitsmerkmale wird in Tabelle 10 gegeben, welcher in den nachfolgenden Abschnitten die Darstellung der codierten ESI-Indikatoren folgt.

4.2. Wertrelevante Nachhaltigkeitsmerkmale

Tab. 10: Zusammenfassende Übersicht der spezifizierten Nachhaltigkeitsmerkmale

Nachhaltigkeits-merkmale		Teilindikatoren	Sub-Teilindikatoren
Flexibilität und Umnutzbarkeit Nutzungsflexibilität/ Nutzerflexibilität	1	Flexibilität Baukonstruktion	Umbaubarkeit, Anpassbarkeit und Rückbaubarkeit der Baukonstruktion
			Flexibilität Grundriss
	2	Erweiterbarkeit	Horizontale und vertikale Erweiterbarkeit
	3	Geschosshöhe (Normalgeschoss)	
	4	Flexibilität Gebäudetechnik (Kabel/ Leitungen/Schächte)	Zugänglichkeit und Reservekapazität Gebäudetechnik
	5	Zugänglichkeit zum Gebäude	Überwindbare Höhendifferenzen
	6	Erschließung im Gebäude	
	7	Barrierefreie Toiletten	
Ressourcenverbrauch und Treibhausgase Energie und Treibhausgase/ Wasser	8	Energetische Qualität (Energiebedarf)	Energetische Qualität der Gebäudehülle und Heiztechnik
	9	Energieträger	Deckung des Wärme- und Strombedarfs durch die Erzeugung von erneuerbaren Energien
	10	Wasserverbrauch	Ausstattung mit wassersparenden Einrichtungen
	11	Niederschlagsentwässerung	
Standort und Mobilität	12	Erreichbarkeit Öffentlicher Verkehr (ÖV)	Erreichbarkeit ÖPNV und Fernverkehr
	13	Frequenz Öffentlicher Verkehr (ÖV)	Frequenz ÖPNV und Fernverkehr
	14	Erreichbarkeit lokales/regionales Zentrum und Naherholung	
	15	Fahrradabstellplätze	
Sicherheit	16	Lage hinsichtlich möglicher Naturgefahren	Zunehmende Sturm-, Hochwassergefährdung
	17	Bauliche Sicherheitsvorkehrungen	Beleuchtung/Belichtung
			Brandschutz
			Technische Sicherheitseinrichtungen
Gesundheit und Komfort	18	Raumluftqualität	Kontrolliertes Lüftungskonzept
	19	Schallschutz	Lärmimmissionen
	20	Lärmbelastung/Akustik (innen)	Luftschall, Trittschall, Geräusche aus haustechn. Anlagen und Betrieben
	21	Tageslichtversorgung	
	22	Individuelle Regulierbarkeit des Arbeitsplatzklimas	Einflussnahme durch den Nutzer
	23	Kontaminationen	Altlasten
			Radon
			Elektromagnetische Felder
			Gesundheitsschädigende Bauprodukte

4.3 Spezifizierte und codierte Nachhaltigkeitsmerkmale

Nachdem die Teilindikatoren und Sub-Teilindikatoren festgelegt sind, werden diese unter Berücksichtigung der deutschen Normen und Standards weiter spezifiziert und codiert. In diesem Zusammenhang werden die (Sub-)Teilindikatoren in Form von drei Ausprägungen differenziert und ausformuliert sowie mit den Werten +1, 0 und -1 codiert. Dabei gelten folgende Zuordnungen:

+1   günstigste Ausprägung: Die Immobilie erfüllt die Anforderungen des (Sub-)Teilindikators (übertrifft die gängigen Gebäudestandards und Normen)

0   durchschnittliche Ausprägung: Die Immobilie erfüllt die gängigen Gebäudestandards und Normen

-1   ungünstigste Ausprägung: Die Immobilie erfüllt nicht die Anforderungen des (Sub-)Teilindikators (liegt unterhalb der gängigen Gebäudestandards und Mindestanforderungen der Normen)

Diese Codierung ermöglicht durch die Angabe mit einem positiven oder negativen Vorzeichen gleichzeitig die explizite Ausweisung der Tendenz des beurteilten (Sub-)Teilindikators bzw. des Gesamtergebnisses, wohingegen beispielsweise eine prozentuale Codierung die Annahme implizieren könnte, dass es sich bei diesem Rating um eine absolute Angabe des Erfüllungsgrads von nachhaltigkeitsrelevanten Immobilieneigenschaften handle.

Die Herausforderung bei der Formulierung der Ausprägungen liegt in den Anforderungen an die Plausibilität in Kombination mit der Praktikabilität zur Beurteilung der Indikatoren. Für die Plausibilität ist die Aussagekraft und Eindeutigkeit der formulierten Anforderungen von großer Bedeutung. Darüber hinaus wird neben der Einhaltung bestehender Normen auf die Orientierung an den in der Praxis vorherrschenden Standards für deutsche Bestandsbauten Wert gelegt. Dies lässt sich anhand des Teilindikators „3 Geschosshöhe" beispielhaft verdeutlichen, dessen Anforderungen (als durchschnittliche Ausprägung wird eine Geschosshöhe (OKFF-OKFF) von 3,00 m bis 3,50 m formuliert) weit höher ausformuliert wären, würde der für Neubauten angenommene Standard in der Praxis einer Geschosshöhe von 3,50 m bis 3,80 m zugrunde gelegt werden.[62] Um den Anforderungen der Praktikabilität gerecht zu werden, wird für die Festlegung der Ausprägungen auf Daten- und Informationsgrundlagen zurückgegriffen, welche in der Regel in der Praxis vorliegen und daher eine Angemessenheit des Erhebungs-/Informationsbeschaffungsaufwandes sowie des zeitlichen Aufwandes hierfür gewährleisten (s.a. Abschnitt 4.1).

---

[62] Diese Angaben resultieren aus der Mitwirkung von Praxispartnern bzw. den im Rahmen der Modellentwicklung vorgenommenen Testanwendung (vgl. Abschnitt 4.7.2).

4.3. Spezifizierte und codierte Nachhaltigkeitsmerkmale

Größtenteils werden in den Ausprägungen des vorliegenden Modells Anforderungen formuliert, deren Erfüllungsgrad beurteilt wird. Beispielsweise wird mithilfe des Sub-Teilindikators „9 Energieträger" die Deckung des Wärmebedarfs durch erneuerbare Energien (Solarthermie, Umgebungs-, Erdwärme, etc.) bewertet. Diese wird mittels einer prozentualen Angabe beurteilt, wie in Tabelle 11 dargestellt ist.

Tab. 11: Beispiel: Sub-Teilindikator „9 Energieträger: Deckung Wärmebedarf durch erneuerbare Energien" – Beurteilung der Ausprägungen mittels des Erfüllungsgrades

Ausprägungen		
günstig (+1)	durchschnittlich (0)	ungünstig (-1)
≥50% des Wärmebedarfs des Gesamtgebäudes wird mittels erneuerbarer Energien erzeugt (Bezug dauerhaft gewährleistet, exkl. Fernwärme)	≥15% des Wärmebedarfs des Gesamtgebäudes wird mittels erneuerbarer Energien erzeugt (Bezug dauerhaft gewährleistet, exkl. Fernwärme)	<15% des Wärmebedarfs des Gesamtgebäudes wird mittels erneuerbarer Energien erzeugt (Bezug dauerhaft gewährleistet, exkl. Fernwärme)

Darüber hinaus wird teilweise die Möglichkeit einer nachträglichen Erfüllung der Anforderungen positiv berücksichtigt (vgl. Beispiel in Tabelle 12). Um dieser Möglichkeit keine zu hohe Bedeutung beizumessen, wird diese Option im Rahmen der Gewichtung (vgl. Abschnitt 4.4.3) der einzelnen (Sub-)Teilindikatoren relativiert.

Tab. 12: Beispiel: Sub-Teilindikator „17 Bauliche Sicherheitsvorkehrungen: Technische Sicherheitseinrichtungen" – Positive Berücksichtigung einer nachträglichen Erfüllung der Anforderungen

Ausprägungen		
günstig (+1)	durchschnittlich (0)	ungünstig (-1)
Technische Sicherheitseinrichtungen vorhanden (z.B. automatische Schließanlage, Videoüberwachungsanlage, Notrufsäulen)	Technische Sicherheitseinrichtungen nicht oder teilweise vorhanden oder mit kleinen baulichen Maßnahmen nachrüstbar	Technische Sicherheitseinrichtungen nicht vorhanden oder nur mit großen baulichen Maßnahmen nachrüstbar

In den nachfolgenden Abschnitten wird auf die weitere Spezifizierung und Codierung der wertrelevanten Nachhaltigkeitsmerkmale sowie auf die für die Beurteilung mit ESI Deutschland erforderliche Datengrundlage näher eingegangen (s.a. Strunk and Stoy (2015), S. 38 f.).

4.3.1 Indikatoren des Nachhaltigkeitsmerkmals Flexibilität und Umnutzbarkeit

Die Flexibilität und Umnutzbarkeit einer Immobilie wird durch die Nutzungs- und Nutzerflexibilität beurteilt. Da die Umnutzungsmöglichkeiten eines Gebäudes durch dessen statische und baukonstruktive Gegebenheiten restriktiert sind, wird bei der Nutzungsflexibilität des Gebäudes einerseits die Umbaubarkeit, Anpassbarkeit und Rückbaubarkeit der Baukonstruktion aufgrund einer vorliegenden Grundstrukturentrennung[63] in Primär- (Rohbau) und Sekundärstruktur (Innenausbau) und anderseits die Zonierungs- und Raumeinteilungsmöglichkeit aufgrund der Grundrissflexibilität mittels Plänen, einer Technische Due Diligence (TDD) oder einer Objektbegehung[64] bewertet. Zudem werden die Möglichkeiten einer horizontalen oder vertikalen Erweiterbarkeit des Gebäudes beurteilt, deren Realisierung vorrangig von baurechtlichen, statischen und wirtschaftlichen Einschränkungen abhängig ist (Datengrundlage: Statisches Gutachten/Bebauungsplan/Baugenehmigung). Darüber hinaus sind ausreichende Geschosshöhen[65] sowie eine gute Zugänglichkeit zu technischen Anlagen und eine ausreichende Reservekapazität der Gebäudetechnik bei Umnutzungsentscheidungen von Bedeutung, welche im Rahmen einer Objektbegehung oder mittels Objektdokumentationen (Pläne/TDD/Bauantrag) erhoben werden können.

Für die Bewertung der Nutzerflexibilität werden Indikatoren herangezogen, welche die Bewegungsfreiheit des Nutzers aufgrund einer entsprechenden Zugänglichkeit zum Gebäude (Grundstückstopografie), der Erschließung innerhalb des Gebäudes (ausreichende Tür-/Flurbreiten, barrierefreier Aufzug, etc.) sowie des Vorhandenseins von barrierefreien Toiletten beurteilen und mithilfe von Plänen, einer TDD oder einer Objektbegehung ermittelt werden können. Diese Indikatoren stützen sich auf DIN 18040-1: 2010-10 (Barrierefreies Bauen – Planungsgrundlagen – Teil 1: Öffentlich zugängliche Gebäude) und können zusammen mit den Indikatorcodierungen für die Beurteilung der Nutzungsflexibilität Tabelle 13 entnommen werden.

---

[63] Grundstrukturen der Gebäudeplanung (vgl. Lammel (2011), S. 461 ff., AGG (2006)):

1. Primärstruktur (Rohbau mit wetterschützender Hülle): Tragkonstruktion, Gebäudehülle, Erschließung, Grundstruktur Gebäudetechnik, etc.

2. Sekundärstruktur (Innenausbau): Innenausbau, gebäudetechnische Installationen, Beleuchtung, Sicherheitsinstallationen, Kommunikationsmittel, etc.

3. Tertiärstruktur (Gebäudetechnik): Einrichtung und Möbel, Geräte, Maschinen (inklusive ihrer Anschlüsse ab dem Sekundärsystem), EDV-Verkabelung, etc.

Anmerkung: Die vorliegende Arbeit beschränkt sich auf die Beurteilung von gebäudespezifischen Immobilieneigenschaften, die „vom Gebäude gegeben" oder mit diesem fest verbunden sind. Daher findet die Tertiärstruktur als nutzerspezifische Eigenschaft keine Berücksichtigung innerhalb des Ratings.

[64] Eine Alternative zur Objektbegehung stellt die Befragung des Objektverantwortlichen/Facility Managers dar. Wenn im Weiteren von einer Objektbegehung die Rede ist, sind damit beide Alternativen gemeint.

[65] Die Geschosshöhe wird von der Oberkante des Fertigfußbodens (OKFF) bis zur Oberkante des Fertigfußbodens des darüber liegenden Geschosses gemessen.

4.3. Spezifizierte und codierte Nachhaltigkeitsmerkmale

Tab. 13: ESI Deutschland: Indikatoren des Nachhaltigkeitsmerkmals Flexibilität und Umnutzbarkeit

	Teilindikatoren	Sub-Teilindikatoren	günstige Ausprägung (+1)	durchschnittliche Ausprägung (0)	ungünstige Ausprägung (-1)
1	Flexibilität Baukonstruktion	Umbaubarkeit, Anpassbarkeit und Rückbaubarkeit der Baukonstruktion	Grundstrukturentrennung in Primärstruktur (Rohbau) und Sekundärstruktur (Innenausbau), z.B. Skelettbau mit vorgehängter Fassade und leichtem Ausbau	—	Keine Grundstrukturentrennung in Primärstruktur (Rohbau) und Sekundärstruktur (Innenausbau), z.B. gemauertes Bauwerk (Abriss bei Umnutzung notwendig)
		Flexibilität Grundriss (Tragstruktur, Ausbauraster, Raumeinteilung)	Freie Raumeinteilung mit kleinen baulichen Eingriffen möglich (z.B. große Abstände zwischen den tragenden Bauteilen und günstiges Ausbauraster, Beispiel: Großraumbüro)	Freie Raumeinteilung nur mit großen baulichen Eingriffen möglich	Fixe Raumeinteilung (z.B. enge Tragstruktur)
2	Erweiterbarkeit	Horizontale Erweiterbarkeit (Grundstück) und vertikale Erweiterbarkeit (Aufstockung Grundriss)	Horizontale oder vertikale Erweiterbarkeit (+10-15% der BGF) ist möglich	—	Beides ist nicht möglich (z.B. aus baurechtlichen oder wirtschaftlichen Gründen)
3	Geschosshöhe[1] (Normalgeschoss)		Geschosshöhe (OKFF-OKFF) >3,50 m	Geschosshöhe (OKFF-OKFF) 3,00 m -3,50 m	Geschosshöhe (OKFF-OKFF) <3,00 m

Flexibilität und Umnutzbarkeit / Nutzungsflexibilität

Anmerkungen und Quellen:

[1] Die Geschosshöhe wird von Oberkante Fertigfußboden (OKFF) bis Oberkante Fertigfußboden des darüber liegenden Geschosses gemessen. Bei unterschiedlichen Geschosshöhen ist diejenige Geschosshöhe einzutragen, die überwiegt.

Tab. 13: ESI Deutschland: Indikatoren des Nachhaltigkeitsmerkmals Flexibilität und Umnutzbarkeit *(Forts.)*

Flexibilität und Umnutzbarkeit

Nutzerflexibilität / Nutzungsflexibilität

Teilindikatoren	Sub-Teilindikatoren	günstige Ausprägung (+1)	durchschnittliche Ausprägung (0)	ungünstige Ausprägung (-1)
4 Flexibilität Gebäudetechnik (Kabel/ Leitungen/ Schächte)	Zugänglichkeit Gebäudetechnik	Gute Zugänglichkeit (Schächte vorhanden, Zugänglichkeit ohne bauliche Maßnahmen möglich)	Mittlere Zugänglichkeit (Schächte vorhanden, jedoch bauliche Maßnahmen für die Zugänglichkeit notwendig)	Schlechte Zugänglichkeit (keine Schächte vorhanden bzw. baulich massiv umschlossen)
	Reservekapazität Gebäudetechnik	Kriterien: 1. Schächte mit Reservekapazität für weitere Leitungen 2. Ausreichend Platz im Technikraum für einen Systemwechsel vorhanden (+15-20% der technischen Funktionsfläche (TF)) – Beide Kriterien erfüllt –	– Ein Kriterium erfüllt –	– Kein Kriterium erfüllt –
5 Zugänglichkeit zum Gebäude außen	Überwindbare Höhendifferenzen	Mit Rollstuhl oder Gehilfe überwindbare Höhendifferenzen bis zum Gebäudeeingang	Mit kleinen baulichen Maßnahmen nachträglich anpassbar	Mit großen baulichen Maßnahmen nachträglich anpassbar
6 Erschließung im Gebäude[2]		Alle öffentlich genutzten und arbeitstechnisch relevanten Bereiche des Gebäudes sind nach DIN 18040-1:2010-10 barrierefrei	Das Erdgeschoss ist nach DIN 18040-1:2010-10 barrierefrei gegeben	Es ist keine Barrierefreiheit nach DIN 18040-1:2010-10 gegeben
7 Barrierefreie Toiletten[3]		Pro Geschoss ist mindestens eine barrierefreie Toilette vorhanden, entweder integriert in den geschlechtsspezifisch getrennten Bereich oder separat geschlechtsneutral ausgeführt	Barrierefreie Toiletten nicht in jedem Geschoss vorhanden, aber mindestens eine Toilette im Erdgeschoss	Keine barrierefreie Toilette vorhanden

Anmerkungen und Quellen:

(2) Normen/Richtlinien/Verweise: DIN 18040-1:2010-10: Barrierefreies Bauen – Planungsgrundlagen – Teil 1: Öffentlich zugängliche Gebäude.
(3) Normen/Richtlinien/Verweise: DIN 18040-1:2010-10: Barrierefreies Bauen – Planungsgrundlagen – Teil 1: Öffentlich zugängliche Gebäude.

4.3.2 Indikatoren des Nachhaltigkeitsmerkmals Ressourcenverbrauch und Treibhausgase

Das Nachhaltigkeitsmerkmal Ressourcenverbrauch und Treibhausgase[66] umfasst zum einen die Bewertung der energetischen Aspekte einer Immobilie (Energie und Treibhausgase), zum anderen wird beurteilt, ob die baulichen Gegebenheiten einer Immobilie zu einem geminderten Wasserverbrauch und einer reduzierten Abwasserentsorgung beitragen (Wasser). Die entsprechenden Codierungen sind in Tabelle 14 dargestellt.

Für die energetische Gebäudebewertung wird die energetische Qualität der Gebäudehülle und Heiztechnik (Energiebedarf) auf der Datengrundlage eines EnEV-Nachweises herangezogen. Um eine differenzierte Aussage über die energetische Qualität und Energieeffizienz der Immobilie treffen zu können, wird dieser Indikator mittels fünf Ausprägungen bewertet, welche sich auf die jeweiligen Anforderungen der Energieeinsparverordnung[67] stützen. Überdies spielt im Kontext einer energetischen Gebäudebewertung die Deckung des Wärme- und Strombedarfs mittels erneuerbarer Energien eine Rolle, welche im Zusammenhang mit der Unabhängigkeit bzw. Minderung von Preissteigerungen und der Vermeidung von Treibhausgasemissionen gesehen wird. Daher wird beurteilt, in welchem Maße der entsprechende Bedarf durch die Erzeugung erneuerbarer Energien am Standort erfolgt, welche den Bezug von Fernwärme respektive von Ökostrom[68] ausschließt (Datengrundlage Wärmebedarf: Objektbegehung/Objektverantwortlicher/TDD/Energieversorger, Datengrundlage Strombedarf: Energieausweis/Objektbegehung/Objektverantwortlicher).

Für die Beurteilung der Wasserabhängigkeit und Abhängigkeit von steigenden Wassergebühren einer Immobilie wird bewertet, ob wassersparende Einrichtungen vorhanden sind und ob eine verzögerte Abgabe von anfallendem Niederschlagswasser in die Abwassersysteme sowie eine Versickerung des Niederschlagswassers auf dem eigenen Grundstück erfolgt (z.B. über Retentionsbecken, Versickerungsbecken, etc.). Diese Informationen können bei einer Objektbegehung oder durch den Objektverantwortlichen in Erfahrung gebracht werden.

---

[66] Die Treibhausgase werden zurzeit durch die stellvertretenden Indikatoren Energieaufwand („8 Energetische Qualität") und Anteil erneuerbarer Energien („9 Energieträger") ausgedrückt.

[67] Verordnung über energiesparenden Wärmeschutz und energiesparende Anlagentechnik bei Gebäuden (Energieeinsparverordnung – EnEV):
EnEV 2016 vom 18. November 2013 (BGBl. I (2013), die derzeit rechtskräftige EnEV 2016 basiert auf der Verordnung aus dem Jahr 2014, welche eine erneute Erhöhung der Standards ab dem 1. Januar 2016 integriert),
EnEV 2014 vom 18. November 2013 (BGBl. I (2013)),
EnEV 2009 vom 30. April 2009 (BGBl. I (2009)),
EnEV 2004 vom 08. Dezember 2004 (BGBl. I (2004)).

[68] Der Bezug von Ökostrom ist nutzer-, jedoch nicht gebäudespezifisch und gewährleistet keine Unabhängigkeit von Strompreissteigerungen.

Tab. 14: ESI Deutschland: Indikatoren des Nachhaltigkeitsmerkmals Ressourcenverbrauch und Treibhausgase

Teilindikatoren		Sub-Teilindikatoren	günstige Ausprägung (+1)	durchschnittliche Ausprägung (0)	ungünstige Ausprägung (-1)
Ressourcenverbrauch und THG	8 Energetische Qualität (Energiebedarf) [4]	Energetische Qualität der Gebäudehülle	EnEV 2016 wird eingehalten ($\hat{=}$ i.d.R. Gebäude mit Baujahr 2016 oder jünger) = +1	EnEV 2014 wird eingehalten ($\hat{=}$ i.d.R. Gebäude mit Baujahr 2014 oder jünger) = +0,5	EnEV 2004 wird nicht eingehalten ($\hat{=}$ i.d.R. Gebäude mit dem Baujahr <2004) = -1
			EnEV 2009 wird eingehalten ($\hat{=}$ i.d.R. Gebäude mit Baujahr 2009 oder jünger) = 0		
		und Heiztechnik	EnEV 2004 wird eingehalten ($\hat{=}$ i.d.R. Gebäude mit Baujahr 2004 oder jünger) = -0,5		
Energie/THG	9 Energieträger	Deckung Wärmebedarf durch erneuerbare Energien (Solarthermie, Umgebungs-, Erdwärme, etc.) [5]	≥50% des Wärmebedarfs des Gesamtgebäudes wird mittels erneuerbarer Energien erzeugt (Bezug dauerhaft gewährleistet, exkl. Fernwärme)	≥15% des Wärmebedarfs des Gesamtgebäudes wird mittels erneuerbarer Energien erzeugt (Bezug dauerhaft gewährleistet, exkl. Fernwärme)	<15% des Wärmebedarfs des Gesamtgebäudes wird mittels erneuerbarer Energien erzeugt (Bezug dauerhaft gewährleistet, exkl. Fernwärme)

Anmerkungen und Quellen:

(4) Normen/Richtlinien/Verweise: Verordnung über energiesparenden Wärmeschutz und energiesparende Anlagentechnik bei Gebäuden (Energieeinsparverordnung – EnEV):
– EnEV 2016 vom 18. November 2013 (BGBl. I (2013))
– EnEV 2014 vom 18. November 2013 (BGBl. I (2013))
– EnEV 2009 vom 30. April 2009 (BGBl. I (2009))
– EnEV 2004 vom 08. Dezember 2004 (BGBl. I (2004)).

(5) Normen/Richtlinien/Verweise: Gesetz zur Förderung Erneuerbarer Energien im Wärmebereich (Erneuerbare-Energien-Wärmegesetz – EEWärmeG) vom 7. August 2008 (BGBl. I (2008)); Gesetz zur Umsetzung der Richtlinie 2009/28/EG zur Förderung der Nutzung von Energie aus erneuerbaren Quellen (Europarechtsanpassungsgesetz Erneuerbare Energien – EAG EE) vom 12. April 2011 (BGBl. I (2011)).

Anmerkung: Hintergrund der Codierung stellt die Unabhängigkeit von Preissteigerungen und Vermeidung von Treibhausgasemissionen dar.

4.3. Spezifizierte und codierte Nachhaltigkeitsmerkmale

Tab. 14: ESI Deutschland: Indikatoren des Nachhaltigkeitsmerkmals Ressourcenverbrauch und Treibhausgase *(Forts.)*

	Teilindikatoren	Sub-Teilindikatoren	günstige Ausprägung (+1)	durchschnittliche Ausprägung (0)	ungünstige Ausprägung (-1)
9	Energieträger	Deckung Strombedarf durch erneuerbare Energien (Fotovoltaik, Wind, etc.)[6]	≥25% des Strombedarfs des Gesamtgebäudes wird mittels erneuerbarer Energien erzeugt (Bezug dauerhaft gewährleistet, exkl. Ökostrom)	≥10% des Strombedarfs des Gesamtgebäudes wird mittels erneuerbarer Energien erzeugt (Bezug dauerhaft gewährleistet, exkl. Ökostrom)	<10% des Strombedarfs des Gesamtgebäudes wird mittels erneuerbarer Energien erzeugt (Bezug dauerhaft gewährleistet, exkl. Ökostrom)
10	Wasserverbrauch	Ausstattung mit wassersparenden Einrichtungen	Kriterien: 1. Wassersparende Armaturen vorhanden 2. Toiletten mit Stopp(Spar-)tasten vorhanden 3. Wasserlose Urinale vorhanden – Alle Kriterien erfüllt –	– Zwei Kriterien erfüllt –	– Ein/kein Kriterium erfüllt –
11	Niederschlagsentwässerung		Verzögerte Abgabe von anfallendem Niederschlagswasser in die Abwassersysteme und Versickerung des Niederschlagswassers auf dem eigenen Grundstück. Kriterien: 1. Verzögerte Wasserableitung, z.B. über Retentionsbecken, Dachretention (extensive Begrünung) mit Bodensubstrat (Flach- und Schrägdach) oder Staukanal 2. Versickerungen (Schachtversickerung, Versickerungsbecken) 3. Retention über Speichervolumen wie z.B. Zisternen – Zwei Kriterien erfüllt –	– Ein Kriterium erfüllt –	– Kein Kriterium erfüllt –

Anmerkungen und Quellen:

[6] Der Bezug von Ökostrom ist nutzer-, jedoch nicht gebäudespezifisch und gewährleistet keine Unabhängigkeit von Strompreissteigerungen.

4.3.3 Indikatoren des Nachhaltigkeitsmerkmals Standort und Mobilität

Mit den Indikatoren des Nachhaltigkeitsmerkmals Standort und Mobilität werden Merkmale erfasst, welche vorrangig die Lage der Immobilie sowie die damit zusammenhängenden Erreichbarkeiten und Distanzen von Infrastrukturen beurteilen (vgl. Tabelle 15). Daher werden bei diesem Nachhaltigkeitsmerkmal die fußläufigen Distanzen zu der nächsten ÖV-Haltestelle sowie die Anbindung an den Fernverkehr beurteilt, welche mithilfe eines (digitalen) Stadtplans oder im Rahmen einer Objekt-/Standortbegehung ermittelt werden können. Da in ländlichen Regionen Distanzen eine andere Bedeutung als im urbanen Raum aufweisen, wird bei der Beurteilung der Distanzen gemäß der Definition der Organisation for Economic Cooperation and Development (OECD) in urban/städtische und ländlich/strukturschwache Regionen mit einer Bevölkerungsdichte <150 EW/km² in Landkreisen und kreisfreien Städten differenziert (vgl. OECD (2011), S. 3).[69] Darüber hinaus wird eine mittlere Fußgängergeschwindigkeit von ca. 5 km/h zugrunde gelegt. Neben den Distanzen sind des Weiteren die Taktfrequenzen der öffentlichen Verkehrsmittel (ÖPNV und Fernverkehr) ausschlaggebend (Datenermittlungsgrundlage: Fahrplanauskunft der ÖV-Haltestelle oder der Deutschen Bahn).

Eine hohe Standortqualität wird zudem beeinflusst durch eine gute Erreichbarkeit des lokalen/regionalen Zentrums und der Naherholung. Auch bei diesen Indikatoren wird in den Ausprägungen hinsichtlich der Bevölkerungsdichte unterschieden, sodass sie vergleichbar mit den Indikatoren zur Erreichbarkeit des ÖV bewertet werden können. Neben einer fußläufigen Erschließung spielt im Zusammenhang mit einer zunehmenden Verkehrsleistungen im MIV die Attraktivitätserhöhung des nicht motorisierten Verkehrs (NMV) eine Rolle, welcher durch das Angebot von Fahrradabstellplätzen in ausreichender Anzahl abgebildet wird und durch den Objektverantwortlichen beurteilt werden kann.

---

[69] Für die Ermittlung der Bevölkerungsdichte kann beispielsweise der CEDIM RiskExplorer (2011) herangezogen werden.

4.3. Spezifizierte und codierte Nachhaltigkeitsmerkmale

Tab. 15: ESI Deutschland: Indikatoren des Nachhaltigkeitsmerkmals Standort und Mobilität

Teilindikatoren	Sub-Teilindikatoren	günstige Ausprägung (+1)	durchschnittliche Ausprägung (0)	ungünstige Ausprägung (-1)
12 Erreichbarkeit Öffentlicher Verkehr (ÖV)	Erreichbarkeit ÖPNV	Fußweg zur nächstgelegenen Haltestelle[7]: 1. Urban/städtisch: ≤250 m (≤ca. 3 min) oder 2. Ländlich/strukturschwach[8]: ≤500 m (≤ ca. 6 min)	Fußweg zur nächstgelegenen Haltestelle: 1. Urban/städtisch: >250 m und ≤400 m (>ca. 3 min und ≤ca. 5 min) oder 2. Ländlich/strukturschwach: >500 m und ≤800 m (>ca. 6 min und ≤ca. 10 min)	Fußweg zur nächstgelegenen Haltestelle: 1. Urban/städtisch: >400 m (>ca. 5 min) oder 2. Ländlich/strukturschwach: >800 m (>ca. 10 min)
	Erreichbarkeit Fernverkehr	Fußweg zum nächstgelegenen Haupt-/Fernbahnhof oder Fußweg + Reisezeit exkl. Wartezeit[7]: 1. Urban/städtisch: ≤750 m (≤ca. 10 min) oder 2. Ländlich/strukturschwach[8]: ≤10.000 m (≤ca. 10 min)	Fußweg zum nächstgelegenen Haupt-/Fernbahnhof oder Fußweg + Reisezeit exkl. Wartezeit: 1. Urban/städtisch: >750 m und ≤3.000 m (>ca. 10 min und ≤ca. 30 min) oder 2. Ländlich/strukturschwach: >10.000 m und ≤30.000 m (>ca. 10 min und ≤ca. 30 min)	Fußweg zum nächstgelegenen Haupt-/Fernbahnhof oder Fußweg + Reisezeit exkl. Wartezeit: 1. Urban/städtisch: >3.000 m (>ca. 30 min) oder 2. Ländlich/strukturschwach: >30.000 m (>ca. 30 min)

Standort und Mobilität

Anmerkungen und Quellen:
[7] Mittlere Fußgängergeschwindigkeit: ca. 5 km/h.
[8] Ländlich/strukturschwach: Bevölkerungsdichte <150 EW/km² (Definition gemäß OECD) in Landkreisen und kreisfreien Städten (OECD (2011), S. 3).

Tab. 15: ESI Deutschland: Indikatoren des Nachhaltigkeitsmerkmals Standort und Mobilität (Forts.)

Standort und Mobilität

Teilindikatoren	Sub-Teilindikatoren	günstige Ausprägung (+1)	durchschnittliche Ausprägung (0)	ungünstige Ausprägung (-1)
13 Frequenz Öffentlicher Verkehr (ÖV)	Frequenz ÖPNV	1. Urban/städtisch: ≤10 min oder 2.) Ländlich/strukturschwach[9]: ≤30 min	1. Urban/städtisch: >10 min und ≤20 min oder 2.) Ländlich/strukturschwach: >30 min und ≤2 Std.	1. Urban/städtisch: >20 min oder 2.) Ländlich/strukturschwach: >2 Std.
	Frequenz Fernverkehr	Zugverbindungen mindestens im 1-Stundentakt pro Fahrtziel zum nächstgelegenen Kernzentrum vorhanden	Zugverbindungen mindestens im 1-Stundentakt vorhanden	Zugverbindungen seltener als im 1-Stundentakt oder kein direkter Anschluss an den Fernverkehr vorhanden
14 Erreichbarkeit lokales/regionales Zentrum und Naherholung	Erreichbarkeit lokales/regionales Zentrum (z.B. Post, Bibliothek, Geschäfte, etc.)	Fußweg oder Fußweg + Reisezeit exkl. Wartezeit[10]: 1. Urban/städtisch: ≤500 m (≤ca. 6 min) oder 2. Ländlich/strukturschwach[9]: ≤5.000 m (≤ca. 5 min)	Fußweg oder Fußweg + Reisezeit exkl. Wartezeit: 1. Urban/städtisch: >500 m und ≤800 m (>ca. 6 min und ≤ca. 10 min) oder 2. Ländlich/strukturschwach: >5.000 m und ≤15.000 m (>ca. 5 min und ≤ca. 15 min)	Fußweg oder Fußweg + Reisezeit exkl. Wartezeit: 1. Urban/städtisch: >800 m (>ca. 10 min) oder 2. Ländlich/strukturschwach: >15.000 m (>ca. 15 min)

Anmerkungen und Quellen:

[9] Ländlich/strukturschwach: Bevölkerungsdichte <150 EW/km² (Definition gemäß OECD) in Landkreisen und kreisfreien Städten (OECD (2011), S. 3).

[10] Mittlere Fußgängergeschwindigkeit: ca. 5 km/h.

4.3. Spezifizierte und codierte Nachhaltigkeitsmerkmale

Tab. 15: ESI Deutschland: Indikatoren des Nachhaltigkeitsmerkmals Standort und Mobilität *(Forts.)*

	Teilindikatoren	Sub-Teilindikatoren	günstige Ausprägung (+1)	durchschnittliche Ausprägung (0)	ungünstige Ausprägung (-1)
14	Erreichbarkeit lokales/regionales Zentrum und Naherholung	Erreichbarkeit Naherholung (Park, Freiräume, Wald, etc.)	Fußweg[11]: ≤500 m (≤ca. 6 min)	Fußweg: >500 m und ≤800 m (>ca. 6 min und ≤ca. 10 min)	Fußweg: >800 m (>ca. 10 min)
15	Fahrradabstellplätze[12]		≥1 Stellplatz/80 m² NF oder 1 Stellplatz je 6 Arbeitsplätze bzw. ausreichend Platz für deren nachträgliche Erstellung	≥1 Stellplatz/160 m² NF oder 1 Stellplatz je 12 Arbeitsplätze bzw. ausreichend Platz für deren nachträgliche Erstellung	1 Stellplatz/≥200 m² NF oder Nachweis auf Befreiung im Einzelfall bzw. kein Platz oder nur Platz für eine nachträgliche Erstellung für 1 Stellplatz (≥200 m² NF)

Standort und Mobilität

Anmerkungen und Quellen:
[11] Mittlere Fußgängergeschwindigkeit: ca. 5 km/h.
[12] Anordnung im 90° Winkel: Länge x Breite = 200 cm x 60 cm Anordnung im 45° Winkel: Länge x Breite = 140 cm x ca. 45 cm.

4.3.4 Indikatoren des Nachhaltigkeitsmerkmals Sicherheit

Die Aspekte zur Sicherheit einer Immobilie werden einerseits über die Lage der Immobilie beurteilt, andererseits werden objekt- und personenbezogene, bauliche Sicherheitsvorkehrungen berücksichtigt. Um die Lage einer Immobilie hinsichtlich möglicher Naturgefahren (Sturm- und/oder Hochwassergefährdung) einzuschätzen, erfolgt die Beurteilung dieses Indikators mithilfe des CEDIM RiskExplorer, ergänzt durch die in Anhang E dargestellte Bewertungshilfe „Naturgefahrenpotenziale Deutschland." Die auf diese Weise gewonnenen Erkenntnisse dienen dazu, Rückschlüsse auf den Umfang des Gefahrenpotenzials der Immobilie ziehen zu können.

Neben dieser standortbezogenen Eigenschaft einer Immobilie werden zudem die baulichen, sicherheitsrelevanten Immobilienmerkmale mit diesem Nachhaltigkeitsmerkmal beurteilt. Dies umfasst die Bewertung der vorhandenen Beleuchtung und Belichtung[70], insbesondere an unübersichtlichen Stellen sowie die Überprüfung der brandschutzrelevanten Immobilieneigenschaften. Dafür wird die Einhaltung der in den jeweiligen Bundesländern gültigen Landesbauordnung (LBO)[71] und deren mögliche Übererfüllung in begrenztem Umfang abgefragt. Des Weiteren wird das Vorhandensein von technischen Sicherheitseinrichtungen (z.B. automatische Schließanlage, Videoüberwachungsanlage, Notrufsäulen) bewertet, um dem zunehmenden Sicherheitsbedürfnis in der Gesellschaft gerecht zu werden. Die notwendigen Informationen zur Bewertung der baulichen, sicherheitsrelevanten Immobilienmerkmale, welche in Tabelle 16 aufgeführt sind, können im Rahmen einer Objektbegehung oder mithilfe des Objektverantwortlichen bzw. einer TDD erfasst werden.

---

[70] DIN EN 1246-1:2003-03: Licht und Beleuchtung Beleuchtung von Arbeitsstätten. Teil 1: Arbeitsstätten in Innenräumen

[71] DIN 4102-2:1977-09: Brandverhalten von Baustoffen und Bauteilen – Bauteile – Begriffe, Anforderungen und Prüfungen. Da die Kompetenz für das Bauordnungsrecht bei den deutschen Bundesländern liegt, wird an dieser Stelle lediglich auf die Musterbauordnung (MBO) verwiesen.

4.3. Spezifizierte und codierte Nachhaltigkeitsmerkmale

Tab. 16: ESI Deutschland: Indikatoren des Nachhaltigkeitsmerkmals Sicherheit

	Teilindikatoren	Sub-Teilindikatoren	günstige Ausprägung (+1)	durchschnittliche Ausprägung (0)	ungünstige Ausprägung (-1)
Sicherheit	16 Lage hinsichtlich möglicher Naturgefahren[13]	Zunehmende Sturm-, Hochwassergefährdung	Risiken bestehen in geringem Umfang: Lage außerhalb roter Zone (Lage in grüner, gelber, orangener Zone)	Risiken bestehen in großem Umfang: Lage in roter Zone zuzüglich Radius von 20%, es wurden jedoch objektbezogene Sicherheitsvorkehrungen ergriffen	Risiken bestehen in großem Umfang: Lage in roter Zone zuzüglich Radius von 20%
	17 Bauliche Sicherheitsvorkehrungen	Beleuchtung/Belichtung[14]	Angemessene Beleuchtung und Belichtung insbesondere bei unübersichtlichen Stellen (z.B. Flure) vorhanden (DIN EN 1246-1:2003-03: Beleuchtungsstärke = 100 Lux)	Mit kleinen baulichen Maßnahmen nachrüstbar	Mit großen baulichen Maßnahmen nachrüstbar

Anmerkungen und Quellen:

[13] Anwendungs- und Bewertungshilfe: CEDIM RiskExplorer (2011) (URL: http://cedim.gfz-potsdam.de/riskexplorer/) und die in Anhang E dargestellte Bewertungshilfe „Naturgefahrenpotenziale Deutschland".

[14] Normen/Richtlinien/Verweise: DIN EN 1246-1:2003-03: Licht und Beleuchtung von Arbeitsstätten. Teil 1: Arbeitsstätten in Innenräumen.

Tab. 16: ESI Deutschland: Indikatoren des Nachhaltigkeitsmerkmals Sicherheit *(Forts.)*

Teilindikatoren	Sub-Teilindikatoren	günstige Ausprägung (+1)	durchschnittliche Ausprägung (0)	ungünstige Ausprägung (-1)
17 Bauliche Sicherheitsvorkehrungen	Brandschutz[15]	Einhaltung der Landesbauordnung (LBO) und alle weiteren Kriterien erfüllt (sofern nicht Bestandteil der baurechtlichen Auflagen): 1. Brandmeldeanlage vorhanden 2. Rauchmelder vorhanden 3. Sprinkleranlage vorhanden	Einhaltung der LBO und zwei weitere Kriterien erfüllt (sofern nicht Bestandteil der baurechtlichen Auflagen): 1. Brandmeldeanlage vorhanden 2. Rauchmelder vorhanden 3. Sprinkleranlage vorhanden	Brandschutz entspricht dem aktuellen Stand der Technik (Einhaltung der LBO)
	Technische Sicherheitseinrichtungen	Technische Sicherheitseinrichtungen vorhanden (z.B. automatische Schließanlage, Videoüberwachungsanlage, Notrufsäule)	Technische Sicherheitseinrichtungen nicht vorhanden oder nur teilweise vorhanden oder mit kleinen baulichen Maßnahmen nachrüstbar	Technische Sicherheitseinrichtungen nicht vorhanden oder nur mit großen baulichen Maßnahmen nachrüstbar

Anmerkungen und Quellen:

[15] Normen/Richtlinien/Verweise: DIN 4102-2:1977-09: Brandverhalten von Baustoffen und Bauteilen – Bauteile – Begriffe, Anforderungen und Prüfungen; da die Kompetenz für das Bauordnungsrecht bei den deutschen Bundesländern liegt, wird an dieser Stelle lediglich auf die Musterbauordnung (MBO) verwiesen.

4.3.5 Indikatoren des Nachhaltigkeitsmerkmals Gesundheit und Komfort

Mit dem Nachhaltigkeitsmerkmal Gesundheit und Komfort werden Indikatoren in Bezug auf standortbedingte, gesundheitsbelastende Kontaminationen sowie bauliche, objektbezogene Aspekte für die Beurteilung des Gebäudekomforts bewertet, welche in Tabelle 17 dargestellt sind. Dazu zählt die Umsetzung eines kontrollierten Lüftungskonzepts als Unterstützung der natürlichen Lüftung, welches bei lagebedingten Luftschadstoffbelastungen oder einem lärmbelasteten Standort einen wesentlichen Vorteil darstellt und eine gute Raumluftqualität gewährleistet.[72] Da die (Raum-)luftqualität durch verschiedene Schadstoffe und unter anderem durch hohe Strahlungswerte deutlich beeinträchtigt werden kann, werden des Weiteren die Immissionen durch Radon und elektromagnetische Felder bewertet. Überdies werden die Lärmbelastungen in Form von Lärmimmissionen (Schallschutz) auf der einen Seite und die Lärmbelastung innerhalb des Gebäudes (Akustik) andererseits auf der Grundlage von DIN 4109:1989-11 (Schallschutz im Hochbau – Anforderungen und Nachweise) beurteilt. Außerdem werden die Tageslichtversorgung aufgrund ausreichender Tageslichtanteile und die Möglichkeit der individuellen Regulierbarkeit von Temperatur, Luft und Licht abgefragt, welche den Komfort und die Qualität des Arbeitsplatzklimas deutlich beeinflussen können.

Die Datengrundlage dieser Indikatoren, mit Ausnahme des Indikators Radon, können mittels einer Objektbegehung, einer TDD, einer Umwelt Due Diligence (UDD) oder durch den Objektverantwortlichen bereitgestellt werden. Für den Indikator Radon wird die interaktive Suchmaschine radon-info zur Ermittlung der standortbedingten Radonkonzentration sowie die in Anhang E aufgeführte Bewertungshilfe „Radonkarte Deutschland" verwendet (radon-info (2011)).

Als weitere Aspekte gesundheitsbelastender Kontaminationen sowie in Bezug auf den Wert einer Immobilie spielen der Verdacht oder die Verwendung bzw. das Vorhandensein von gesundheitsschädigenden Bauprodukten und Altlasten eine wichtige Rolle, welche auf der Grundlage eines Altlastengutachtens, dem Altlastenkataster, einer TDD oder UDD bewertet werden. Da die Verwendung gesundheitsschädigender Bauprodukte wie beispielsweise PCB, Asbest oder Formaldehyd eine wesentliche gesundheitliche Gefährdung darstellen kann, erfolgt die Beurteilung mittels eines Nachweises durch ein Schadstoffgutachten.

Mit der Codierung und weiteren Differenzierung der (Sub-)Teilindikatoren ist die Spezifizierung der Nachhaltigkeitsmerkmale abgeschlossen. Im Weiteren werden mithilfe eines risikobasierten Gewichtungsmodells die relativen Gewichte der ESI-Indikatoren hergeleitet.

---

[72] DIN EN 13779: 2007-09: Lüftung von Nichtwohngebäuden – Allgemeine Grundlagen und Anforderungen für Lüftungs- und Klimaanlagen und Raumkühlsysteme;
DIN EN 15251: 2007-08: Eingangsparameter für das Raumklima zur Auslegung und Bewertung der Energieeffizienz von Gebäuden – Raumluftqualität, Temperatur, Licht und Akustik

Tab. 17: ESI Deutschland: Indikatoren des Nachhaltigkeitsmerkmals Gesundheit und Komfort

Gesundheit und Komfort

Teilindikatoren	Sub-Teilindikatoren	günstige Ausprägung (+1)	durchschnittliche Ausprägung (0)	ungünstige Ausprägung (-1)
18 Raumluftqualität.[16]	Kontrolliertes Lüftungskonzept	Kontrolliertes Lüftungskonzept umgesetzt (z.B. dezentrale mechanische Lüftungsanlage mit Wärmerückgewinnung als Unterstützung der natürlichen Lüftung, z.B. Fenster, Lüftungsklappe, Dauerlüfter, etc.)	Kontrolliertes Lüftungskonzept mit kleinen baulichen Maßnahmen umsetzbar	Kontrolliertes Lüftungskonzept nicht vorhanden und nur mit großen baulichen Maßnahmen umsetzbar
19 Schallschutz[17]	Lärmimmissionen	Geringe Lärmimmissionen durch Straßen-, Bahn-, Flug-, Schifffahrts-, Industrie- oder Gewerbelärm (z.B. Lage abseits von Hauptverkehrsstraßen, Außenlärmpegel =≤65 dB(A) oder Lärmschutzwand, sehr gute Isolierung der Außenwände und Fenster)	Mittlere Lärmimmissionen durch Straßen-, Bahn-, Flug-, Schifffahrts-, Industrie- oder Gewerbelärm (z.B. Lage an Verkehrsstraßen, Nähe zu Bahntrassen, Außenlärmpegel >66 dB(A) und ≤75 dB(A) oder gute Isolierung der Außenwände und Fenster)	Hohe Lärmimmissionen durch Straßen-, Bahn-, Flug-, Schifffahrts-, Industrie- oder Gewerbelärm (z.B. innerstädtische Lage an Hauptverkehrsstraßen, Lage neben Bahntrassen, Außenlärmpegel >75 dB(A) oder schlechte Isolierung der Außenwände und Fenster)

Anmerkungen und Quellen:

[16] Normen/Richtlinien/Verweise: DIN EN 13779: 2007-09. Lüftung von Nichtwohngebäuden – Allgemeine Grundlagen und Anforderungen für Lüftungs- und Klimaanlagen und Raumkühlsysteme; DIN EN 15251: 2007-08: Eingangsparameter für das Raumklima zur Auslegung und Bewertung der Energieeffizienz von Gebäuden – Raumluftqualität, Temperatur, Licht und Akustik.

[17] Normen/Richtlinien/Verweise: DIN 4109:1989-11: Schallschutz im Hochbau – Anforderungen und Nachweise.

4.3. Spezifizierte und codierte Nachhaltigkeitsmerkmale

Tab. 17: ESI Deutschland: Indikatoren des Nachhaltigkeitsmerkmals Gesundheit und Komfort *(Forts.)*

	Teilindikatoren	Sub-Teilindikatoren	günstige Ausprägung (+1)	durchschnittliche Ausprägung (0)	ungünstige Ausprägung (-1)
20	Lärmbelastung Akustik (innen)	Luftschall, Trittschall, Geräusche aus haustechnischen Anlagen und Betrieben	Das Gebäude wurde nach erhöhten Anforderungen von DIN 4109:1989-11 gebaut oder erneuert	Das Gebäude wurde nach den Mindestanforderungen von DIN 4109:1989-11 gebaut oder erneuert	Das Gebäude wurde vor 1989 gebaut und seither wurden keine spezifischen baulichen Maßnahmen bezüglich des Luftschalls, Trittschalls und der Geräusche aus haustechnischen Anlagen und Betrieben ergriffen bzw. das Gebäude erfüllt nicht die Mindestanforderungen von DIN 4109:1989-11
21	Tageslichtversorgung		Bei einem normal sonnigen Tag ist in der Regel keine künstliche Beleuchtung für 2/3 der Arbeitsplätze notwendig	—	Bei einem normal sonnigen Tag ist in der Regel dennoch eine künstliche Beleuchtung für 2/3 der Arbeitsplätze notwendig
22	Individuelle Regulierbarkeit des Arbeitsplatzklimas	Einflussnahme durch den Nutzer	Kriterien: 1. Temperatur (während und außerhalb der Heizperiode; Sonnenschutz) 2. Luft (Lüftungsanlage und Fenster) 3. Licht (Steuerung des Tages- und Kunstlichts, Blendschutz) – Alle Kriterien individuell regulierbar –	– Zwei Kriterien individuell regulierbar –	– Ein/kein Kriterium individuell regulierbar –

Gesundheit und Komfort

Anmerkungen und Quellen:

(18) Normen/Richtlinien/Verweise: DIN 4109:1989-11: Schallschutz im Hochbau - Anforderungen und Nachweise; DIN 4109:1989-11, Beiblatt 2: Schallschutz im Hochbau – Hinweise für Planung und Ausführung – Vorschläge für einen erhöhten Schallschutz – Empfehlungen für den Schallschutz im eigenen Wohn- oder Arbeitsbereich.

Tab. 17: ESI Deutschland: Indikatoren des Nachhaltigkeitsmerkmals Gesundheit und Komfort *(Forts.)*

Gesundheit und Komfort

Teilindikatoren	Sub-Teilindikatoren	günstige Ausprägung (+1)	durchschnittliche Ausprägung (0)	ungünstige Ausprägung (-1)
23 Kontaminationen	Altlasten (Grundstück und Gebäude)	Kein Verdacht auf Altlasten oder Altlasten nachweislich nicht vorhanden	—	Altlasten oder Verdacht auf Altlasten vorhanden
	Radon (ionisierend)[19]	Kategorie A	Kategorie B und C	Kategorie D und E
	Elektromagnetische Felder (nicht-ionisierend): Stromversorgungsnetz	Empfohlene Abstände eingehalten: 1. Hochspannungsleitungen: ≥ca. 180 m 2. Bahnstromanlagen (S-Bahn und Zug): ≥ca. 50 m 3. Transformatoranlagen: ≥ca. 5 m		Empfohlene Abstände nicht eingehalten: 1. Hochspannungsleitungen: <ca. 180 m 2. Bahnstromanlagen (S-Bahn und Zug): ≥ca. 50 m 3. Transformatoranlagen: ≥ca. 5 m
	Gesundheitsschädigende Bauprodukte	Gesundheitsschädigende Bauprodukte wie beispielsweise PCB, Asbest und Formaldehyd werden nachweislich nicht verwendet (Nachweis durch Schadstoffgutachten vorliegend)	Kein Verdacht auf die Verwendung von gesundheitsschädigenden Bauprodukten wie beispielsweise PCB, Asbest und Formaldehyd vorhanden, jedoch kein Nachweis durch Schadstoffgutachten vorliegend)	Verdacht auf die Verwendung oder nachweisliche Verwendung (Nachweis durch Schadstoffgutachten) von gesundheitsschädigenden Bauprodukten wie beispielsweise PCB, Asbest und Formaldehyd vorhanden

Anmerkungen und Quellen:

[19] Zur Ermittlung der Radonkonzentration am Standort wird die interaktive Suchmaschine radon-info sowie die in Anhang E aufgeführte Bewertungshilfe „Radonkarte Deutschland" verwendet (radon-info (2011)).

4.4 Gewichtung der wertrelevanten Nachhaltigkeitsmerkmale

ESI Deutschland fokussiert auf das Risiko einer Büroimmobilie aufgrund langfristiger Entwicklungen an Wert zu verlieren bzw. die Chance an Wert zu gewinnen. Daher soll anhand einer risiko- und szenarienbasierten Betrachtung die Zukunftsfähigkeit einer Büroimmobilie erfasst werden. Das bedeutet, dass die langfristigen Veränderungen exogener Rahmenbedingungen, welche den relativen Wert der einzelnen Immobilienmerkmale aufgrund veränderter Anforderungen an Immobilien beeinflussen können, anhand verschiedener Szenarien abgebildet werden und mit ihren Eintrittswahrscheinlichkeiten und möglichen Auswirkungen auf den Immobilienwert (Ausmaß) in die Gewichtung der einzelnen Immobilienmerkmale des Nachhaltigkeitsratings eingehen. Die relativen Gewichte werden mittels eines risikobasierten Gewichtungsmodells ermittelt, welches ursprünglich für das Projekt ESI Schweiz entwickelt wurde und im Rahmen dieser Arbeit modifiziert wird (s.a. Strunk and Stoy (2016), S. 1020 ff.). Dabei werden folgende Anforderungen an das risikobasierte Gewichtungsmodell gestellt:

- Abbildung bisher unzureichend berücksichtigter Wertaspekte:
  Für das Nachhaltigkeitsrating sind ausschließlich Immobilienmerkmale von deutschen Büroimmobilien relevant, welche aufgrund des Wandels exogener Rahmenbedingungen langfristigen Entwicklungen unterliegen sowie die Wertentwicklung einer Immobilie beeinflussen können, jedoch bisher nicht oder nicht ausreichend berücksichtigt werden. Auf diese Weise sollen mögliche zukünftige Veränderungen des langfristigen Immobilienwertes aufgrund einer Änderung in den Rahmenbedingungen abgebildet werden.

- Szenarienbasierte Betrachtung:
  Zur Begegnung von Unsicherheiten langfristiger Entwicklungen wird das Spektrum der möglichen Folgen bzw. der daraus resultierenden veränderten Anforderungen mithilfe von Szenarien modelliert.

- Risikobasierte Betrachtung:
  Die Auswirkungen langfristiger Entwicklungen auf den relativen Wert der einzelnen Immobilienmerkmale werden mittels Schätzungen der Eintrittswahrscheinlichkeiten und Ausmaße quantifiziert, um daraus resultierend die relativen Gewichte der einzelnen Immobilienmerkmale abzuleiten.

- Betrachtungszeitraum:
  Ausgangspunkt für die Betrachtung ist ein Zeitraum von 30 Jahren ab dem Zeitpunkt der Schätzungen im Jahr 2012.

Die Erfüllung dieser Anforderungen im Gewichtungsmodell erfolgt mittels der drei Modellkomponenten Szenarien, Eintrittswahrscheinlichkeiten und Ausmaße. Als Input für das Modell dienen Risikoschätzungen der Eintrittswahrscheinlichkeiten und Ausmaße der hinterlegten Szenarien jedes Sub-Teilindikators, welche von den „Experten der Risikoschätzungen"[73] auf der Basis eines Referenzobjektes durchgeführt wurden. Die einzelnen Modellkomponenten mit den zu schätzenden Parametern sowie deren Umsetzung im Modell werden in den nachfolgenden Abschnitten näher erläutert.

4.4.1 Szenarien

Für die Szenarienmodellierung gilt die grundlegende Annahme, dass langfristige Veränderungen exogener Rahmenbedingungen veränderte Anforderungen an Büroimmobilien hervorrufen bzw. zu Veränderungen der Nachfrage nach den in den Abschnitten 4.2 und 4.3 definierten Nachhaltigkeitsmerkmalen und deren Indikatoren führen. Eine nachhaltige Immobilie kann aufgrund ihrer „günstigen" Immobilienmerkmale leicht auf diese veränderten Anforderungen reagieren und wird einen konstanten Wert realisieren bzw. an Wert gewinnen. Umgekehrt wird eine Immobilie mit „ungünstigen" Immobilienmerkmalen diesem Wandel nur erschwert begegnen können und vermutlich an Wert verlieren. Um die Unsicherheit von zukünftigen, langfristigen Entwicklungen abzubilden, werden die möglichen Folgen anhand von vier Szenarien modelliert: Dem Maximalszenario (max.), dem Mediumszenario (med.), dem Minimalszenario (min.) und dem Nullszenario (0).

Die vier Szenarien werden auf der Grundlage der identifizierten langfristigen Entwicklungen (vgl. Tabelle 7) für jeden Sub-Teilindikator hergeleitet. Sie bilden die wahrscheinliche Bandbreite der zukünftigen Nachfrageänderungen und die daraus resultierenden möglichen Anforderungen für jeden Sub-Teilindikator ab, welche Immobilien aufgrund sich wandelnder Rahmenbedingungen in 30 Jahren erfüllen müssen. Dabei entsprechen das Maximal-, das Medium- und Minimalszenario jeweils dem angenommenen Standard der zukünftigen Nachfrage, welcher als Durchschnitt für alle Objekte (nicht nur für Neubauten) angesehen wird. Das Maximalszenario stellt die höchste wahrscheinliche Anforderung an einen Sub-Teilindikator dar, während in dem Medium- und Minimalszenario gemäßigte Anforderungen formuliert sind und daher Abstufungen zwischen dem Maximal- und Nullszenario repräsentieren. Das Nullszenario bildet den Fall ab, dass keine beachtliche Veränderung der entsprechenden Rahmenbedingung eintreten wird und infolgedessen keine veränderte Anforderung hervorgerufen wird. Zusammen sollen die vier Szenarien den realistischen Bereich der möglichen Entwicklungen abdecken. Bei der Modellierung der Szenarien wird davon ausgegangen, dass eines der Szenarien am Ende des Betrachtungszeitraums von 30 Jahren eintreten wird.

Beispiel A „Risikoschätzungen Kosten": Teilindikator „9 Energieträger"
Infolge der Klimaerwärmung, des Preisanstiegs von Strom und fossilen Energieträgern sowie der Verschärfung von Gesetzen hinsichtlich der Energieeffizienz von Gebäuden

---

[73] Die Expertengruppe der Risikoschätzungen besteht aus Immobilienbewertern und Immobilieneigentümern zur Durchführung der Ertragsschätzungen sowie aus Baukostenermittlern/-planern für die Schätzungen der Kostenfolgen (Kostenschätzungen); s.a. Anhang A.

4.4. Gewichtung der wertrelevanten Nachhaltigkeitsmerkmale

werden reduzierte Treibhausgasemissionen und ein reduzierter Energie- und Wasserverbrauch immer bedeutsamer. Daraus kann abgeleitet werden, dass die Preise für fossile Energieträger in der Zukunft ansteigen werden. Dies führt dazu, dass Immobilien zukünftig höhere Standards hinsichtlich der energetischen Qualität erfüllen müssen (vorzugsweise inkl. Nutzung erneuerbarer Energien). Aufgrund dessen kann es sein, dass der Markt zukünftig eine Deckung des Wärmebedarfs mittels erneuerbarer Energien $\geq$50% (Maximalszenario), $\geq$15% (Mediumszenario) und <15% (Minimalszenario) fordert, um die Verbräuche und Emissionen zu reduzieren und darüber hinaus eine höhere Unabhängigkeit von Preissteigerungen zu erzielen (vgl. Tabelle 18).

Tab. 18: Beispiel A „Risikoschätzungen Kosten": Szenarien-Formulierung

	Szenarien
max.	$\geq$50% der Wärmeerzeugung mittels erneuerbarer Energien (exkl. Fernwärme)
med.	$\geq$15% der Wärmeerzeugung mittels erneuerbarer Energien (exkl. Fernwärme)
min.	<15% der Wärmeerzeugung mittels erneuerbarer Energien (exkl. Fernwärme)
0	Keine Veränderung

Beispiel B „Risikoschätzungen Ertrag": Teilindikator „3 Geschosshöhe"
Aufgrund der langfristigen Veränderungen der sich abzeichnenden demografischen und gesellschaftlichen Entwicklung kann davon ausgegangen werden, dass die Zahl der Bevölkerung im Erwerbsalter abnehmen wird. Als Folge dieser Veränderung kann angenommen werden, dass der Flexibilität von Immobilien im Hinblick auf deren Umnutzbarkeit und Drittverwendungsfähigkeit (Nutzungs- und Nutzerflexibilität) zukünftig eine erhöhte Bedeutung beigemessen wird. Als allgemeine Anforderung an Immobilien bzw. als eintretendes Ereignis kann abgeleitet werden, dass von Gebäuden eine höhere Flexibilität bezüglich der Geschosshöhe[74] verlangt wird, um mit zukünftigen Nutzungsveränderungen umzugehen. Diese möglichen, zukünftigen Anforderungen (100%/50%/10% der Räume mit Geschosshöhe >3,50 m) werden in den in Tabelle 19 dargestellten Szenarien modelliert, deren Eintrittswahrscheinlichkeiten und Ausmaße im Weiteren geschätzt werden. Eine gesamthafte Übersicht aller ausformulierten Szenarien ist in Anhang C zu finden.

Tab. 19: Beispiel B „Risikoschätzungen Ertrag": Szenarien-Formulierung

	Szenarien
max.	Nutzungswechsel: 100% der Räume mit Geschosshöhe >3,50 m (sonst Red. Nettomietertrag)
med.	Nutzungswechsel: 50% der Räume mit Geschosshöhe >3,50 m (sonst Red. Nettomietertrag)
min.	Nutzungswechsel: 10% der Räume mit Geschosshöhe >3,50 m (sonst Red. Nettomietertrag)
0	Keine Veränderung

---

[74] Die Geschosshöhe wird von der Oberkante des Fertigfußbodens (OKFF) bis zu Oberkante des Fertigfußbodens des darüber liegenden Geschosses gemessen.

4.4.2 Eintrittswahrscheinlichkeiten

Wie bereits dargelegt, beschreiben die für jeden Sub-Teilindikator formulierten vier Szenarien unterschiedliche Anforderungen, welche Immobilien zukünftig aufgrund langfristiger Veränderungen exogener Rahmenbedingungen bewältigen müssen. Bei der Schätzung der Eintrittswahrscheinlichkeit jedes Sub-Teilindikators wird angegeben wie wahrscheinlich es ist, dass Immobilien die in den Szenarien beschriebenen Anforderungen in 30 Jahren erfüllen müssen. Die Einschätzung der Wahrscheinlichkeit, dass diese zukünftigen Anforderungen eintreten werden bzw. umgesetzt werden müssen, wird mit Werten zwischen 0 und 1 angegeben ($\hat{=}$ prozentuale Angabe). Dabei muss die Summe aller vier Wahrscheinlichkeiten den Wert 1 ergeben.

Beispiel A „Risikoschätzungen Kosten": Teilindikator „9 Energieträger"
Aufgrund der steigenden Preise für fossile Energien kann es sein, dass der Markt zukünftig eine Deckung des Wärmebedarfs durch erneuerbare Energien fordert. In dem vorliegenden Beispiel A (vgl. Tabelle 20) beträgt die geschätzte Wahrscheinlichkeit, dass die Marktteilnehmer zukünftig eine Deckung des Wärmebedarfs durch erneuerbare Energien ≥50% (Maximalszenario), ≥15% (Mediumszenario) und <15% (Minimalszenario) nachfragen jeweils 5% (0,05). Die Wahrscheinlichkeit, dass keine Änderung (Nullszenario) zu erwarten ist, wird mit 85% (0,85) geschätzt. Die abgebildete Schätzung entspricht dem gemittelten Wert aller abgegeben und im Rahmen eines Workshops validierten Schätzungen der „Experten der Risikoschätzungen (Kosten)."

Tab. 20: Beispiel A „Risikoschätzungen Kosten": Schätzung der Eintrittswahrscheinlichkeit jedes Szenarios

	Szenarien	Eintrittswahrscheinlichkeiten
max.	≥50% der Wärmeerzeugung mittels erneuerbarer Energien (exkl. Fernwärme)	0,05
med.	≥15% der Wärmeerzeugung mittels erneuerbarer Energien (exkl. Fernwärme)	0,05
min.	<15% der Wärmeerzeugung mittels erneuerbarer Energien (exkl. Fernwärme)	0,05
0	Keine Veränderung	0,85

Beispiel B „Risikoschätzungen Ertrag": Teilindikator „3 Geschosshöhe"
Angesichts des sich abzeichnenden demografischen Wandels und der damit einhergehenden sinkenden Erwerbstätigenzahl kann angenommen werden, dass die Umnutzbarkeit und Drittverwendungsfähigkeit einer Immobilie zukünftig immer bedeutsamer wird. Vor diesem Hintergrund wird die Wahrscheinlichkeit geschätzt, welchen Flexibilitätsgrad (100%/50%/10% der Räume mit Geschosshöhe >3,50 m) Marktteilnehmer im Hinblick auf die Geschosshöhe an Büroimmobilien stellen, um auf zukünftige Nutzungsveränderungen wie einen Nutzungswechsel (z.B. aufgrund des technologischen Wandels:

4.4. Gewichtung der wertrelevanten Nachhaltigkeitsmerkmale

Veränderte Anforderungen an die technische Gebäudeausstattung, Fußboden- und Deckenaufbau, etc.) reagieren zu können. Die für das Beispiel B in Tabelle 21 dargestellten Schätzungen von 23% (0,23) für das Maximalszenario, 18% (0,18) für das Mediumszenario, 17% (0,17) für das Minimalszenario und 42% (0,42) für das Nullszenario entsprechen ebenfalls den jeweiligen Mittelwerten der durch die „Experten der Risikoschätzungen (Ertrag)" abgegebenen Schätzungen für jedes Szenario. Alle weiteren Schätzergebnisse der Eintrittswahrscheinlichkeiten können Anhang C entnommen werden.

Tab. 21: Beispiel B „Risikoschätzungen Ertrag": Schätzung der Eintrittswahrscheinlichkeit jedes Szenarios

	Szenarien	Eintrittswahrscheinlichkeiten
max.	Nutzungswechsel: 100% der Räume mit Geschosshöhe >3,50 m (sonst Red. Nettomietertrag)	0,23
med.	Nutzungswechsel: 50% der Räume mit Geschosshöhe >3,50 m (sonst Red. Nettomietertrag)	0,18
min.	Nutzungswechsel: 10% der Räume mit Geschosshöhe >3,50 m (sonst Red. Nettomietertrag)	0,17
0	Keine Veränderung	0,42

4.4.3 Ausmaße: Ertrags- und Kostenfolgen

Unabhängig von der Einschätzung der Eintrittswahrscheinlichkeit eines Szenarios, wird darüber hinaus das Ausmaß jedes Szenarios geschätzt. Unter der Annahme, dass das jeweilige Szenario in 30 Jahren eintreten wird und die Immobilie die zukünftige Nachfrage nicht erfüllen kann bzw. der entsprechende Sub-Teilindiaktor „ungünstig" ausgeprägt ist (Wert -1), werden die Folgen für jeden Sub-Teilindikator als geschätzte Veränderung des Ertrags („Risikoschätzungen Ertrag": Ertragsfolgen) oder als geschätzte Mehrkosten („Risikoschätzungen Kosten": Kostenfolgen) ausgedrückt. Da es nicht möglich ist, die Auswirkungen auf die Kosten und Erträge exakt anzugeben, soll mithilfe von geschätzten Bandbreiten diesem Umstand Rechnung getragen werden. Diese Bandbreiten, die obere und untere Abweichung von dem Schätzwert des Ausmaßes, werden prozentual und als Teil der Ausmaßschätzungen angegeben. Um die Ausmaßschätzungen möglichst zu vereinheitlichen, dient ein Referenzobjekt als Grundlage (vgl. Anhang D).

Die „Risikoschätzungen Kosten" werden als geschätzte Mehrkosten in €/m² Brutto-Grundfläche (BGF) der Bereiche a, b und c nach DIN 277-1:2005-02 zur nachträglichen Erfüllung neuer Anforderungen im Rahmen einer regulären Modernisierung[75] angegeben. Dies bedeutet, dass nicht die absoluten Kosten zur nachträglichen Erfüllung der

---

[75] Unter einer regulären Modernisierung werden Modernisierungen der Gebäudehülle (Dämmung, Wärmeerzeugung, Fenster, Dach, etc.) und Innenmodernisierungen (Steigzonen, Nasszellen, Böden, etc.) verstanden.

Anforderungen, sondern lediglich die zusätzlichen Kosten (Mehrkosten) zur Erfüllung der in den Szenarien definierten Anforderungen Eingang in das Modell finden, welche als Schätzungen zu heutigen Kosten vorgenommen werden (d.h. zukünftige Kostenveränderungen beispielsweise aufgrund technologischen Fortschritts bleiben unberücksichtigt). Zur Validierung der geschätzten Mehrkosten werden jedoch sowohl die absoluten Kosten, als auch die Kosten einer regulären Modernisierung geschätzt.

Beispiel A „Risikoschätzungen Kosten": Teilindikator „9 Energieträger"
In Tabelle 22 wird beispielhaft die Ausmaßschätzung der Kostenfolgen für den Sub-Teilindikator „9 Energieträger: Deckung Wärmebedarf durch erneuerbare Energien" dargestellt. Für diesen Sub-Teilindikator wird bei ungünstiger Ausprägung des Gebäudes geschätzt, dass Mehrkosten von 80 €/m²BGF (Bandbreite[76]: +/-20%) im Rahmen einer regulären Modernisierung für die Nachrüstung zur Nutzung von erneuerbaren Energien für jedes Szenario zu erwarten sind, um eine Deckung des Wärmebedarfs $\geq$50% , $\geq$15% und <15% zu ermöglichen.

Tab. 22: Beispiel A „Risikoschätzungen Kosten": Schätzung des Ausmaßes als Kostenfolge

	Szenarien	Ausmaße ungünstig [€/m² BGF]			Bandbreiten Mehrkosten	
		Absolute Kosten	Kosten reg. Mod.	Mehr-kosten	unten	oben
max.	$\geq$50% der Wärmeerzeugung mittels erneuerbarer Energien (exkl. Fernwärme)	240	160	80	-0,2	+0,2
med.	$\geq$15% der Wärmeerzeugung mittels erneuerbarer Energien (exkl. Fernwärme)	240	160	80	-0,2	+0,2
min.	<15% der Wärmeerzeugung mittels erneuerbarer Energien (exkl. Fernwärme)	240	160	80	-0,2	+0,2
0	Keine Veränderung	0	0	0	0	0

Bei manchen Indikatoren ist es nicht möglich, Nachfrageänderungen bzw. zukünftige Anforderungen mittels Modernisierungen umzusetzen, da beispielsweise der Nutzen nicht in einem angemessenen Verhältnis zum Aufwand stehen würde oder aufgrund eines Zusammenhangs der Nachfrageänderung mit standortabhängigen Faktoren. Daher wird die Ausmaßschätzung dieser Indikatoren nicht als Kostenfolge, sondern als Veränderung des Ertrags ausgewiesen.

---

[76] Die Bandbreiten geben die obere und untere Abweichung vom Schätzwert des Ausmaßes an und werden prozentual abgegeben.

4.4. Gewichtung der wertrelevanten Nachhaltigkeitsmerkmale

Bei den „Risikoschätzungen Ertrag" wird die geschätzte Folge als Veränderung des Nettomietertrages bzw. als prozentuale Ertragsminderung des gesamten Nettomietertrags ausgedrückt. Dabei gilt die Annahme, dass heute ein Zuschlag bzw. eine Prämie für Immobilien mit „günstigen" Eigenschaften gezahlt wird und in der Zukunft ein Abschlag für Immobilien mit „ungüngstigen" Eigenschaften zu erwarten ist. Es wird nicht die Ertragsentwicklung von heute bis in die Zukunft geschätzt (Vergleich Ertrag heute – Ertrag in der Zukunft), sondern der Abschlag, mit dem der Markt zukünftig die „ungünstigen" Immobilien „abstraft" (vgl. Abschnitt 3.4.2). Das heißt, es wird eine Schätzung für die Differenz zwischen „günstigen" und „ungünstigen" Immobilien (Vergleich Ertrag „günstige" Immobilie – Ertrag „ungünstige" Immobilie in der Zukunft) abgegeben.

Beispiel B „Risikoschätzungen Ertrag": Teilindikator „3 Geschosshöhe"
Für die in Tabelle 23 abgebildete Ausmaßschätzung der Ertragsfolgen für den Teilindikator „3 Geschosshöhe" wird geschätzt, dass bei einem Nutzungswechsel eine Ertragsminderung von 4,17% (0,0417) mit einer Bandbreite von +50% (+0,5) bis -10% (-0,1) zu erwarten ist, wenn von 100% der Räume eine Geschosshöhe >3,50 m gefordert wird. Bei einer geforderten Geschosshöhe >3,50 m für 50% der Räume wird eine Ertragsminderung von 2,67% (0,0267) und für 10% der Räume ein Abschlag von 1,58% (0,0158), jeweils mit einer Bandbreite von +50% (+0,5) bis -10% (-0,1), angenommen. Wie auch die bereits beschriebenen Wahrscheinlichkeitsschätzungen, repräsentieren die Schätzergebnisse der beiden dargestellten Beispiele in Tabelle 22 und Tabelle 23 den Mittelwert der Schätzungen, welche durch die „Experten der Risikoschätzungen (Ertrag und Kosten)" erfolgten. Eine Gesamtübersicht der Ausmaßschätzungen befindet sich in Anhang C.

Tab. 23: Beispiel B „Risikoschätzungen Ertrag": Schätzung des Ausmaßes als Ertragsfolge

	Szenarien	Ausmaße ungünstig	Bandbreiten unten	oben
max.	Nutzungswechsel: 100% der Räume mit Geschosshöhe >3,50 m (sonst Red. Nettomietertrag)	0,0417	-0,1	+0,5
med.	Nutzungswechsel: 50% der Räume mit Geschosshöhe >3,50 m (sonst Red. Nettomietertrag)	0,0267	-0,1	+0,5
min.	Nutzungswechsel: 10% der Räume mit Geschosshöhe >3,50 m (sonst Red. Nettomietertrag)	0,0158	-0,1	+0,5
0	Keine Veränderung	0	0	0

4.4.4 Umsetzung im risikobasierten Gewichtungsmodell

Das risikobasierte Gewichtungsmodell umfasst die Modellkomponenten Szenarien S, Eintrittswahrscheinlichkeiten $\rho(x_i)$ und Ausmaße x_i für jedes Kriterium bzw. jeden Sub-Teilindikator K. Wie bereits dargelegt, wurden auf der Grundlage modellierter Szenarien und mithilfe eines Referenzobjektes Schätzungen der Eintrittswahrscheinlichkeiten und Ausmaße aller Szenarien jedes Sub-Teilindikators durch die „Experten der Risikoschätzungen" durchgeführt, welche dem Modell als Eingangsgrößen dienen. Wie die zunächst individuell erfolgten und im Rahmen eines Workshops validierten Risikoschätzungen im Modell angewandt werden, um die relativen Gewichte der ESI-Indikatoren herzuleiten, wird im Weiteren beschrieben.

Für die Verwendung aller Risikoschätzungen im Modell wird von der vereinfachenden Annahme ausgegangen, dass die Schätzungen der „ungünstigen" Ausprägung einer Immobilie symmetrisch sind zu den Schätzungen der „günstigen" Ausprägung („ungünstig: Abschlag Ertrag" ist symmetrisch zu „günstig: Prämie Ertrag", vgl. Abschnitt 3.4.2). Aus diesem Grund sind Schätzungen der „günstigen" Ausprägung für Immobilien nicht notwendig, da diese schon durch die Schätzungen für den „ungünstigen" Fall impliziert werden.

Zunächst erfordert die Verwendung der gesamten Ausmaßschätzungen im Modell eine Transformation der Ausmaßschätzungen der Kostenfolgen, da die Ausmaßschätzungen der Ertragsfolgen als prozentuale Veränderung des Nettomietertrags, die Ausmaßschätzungen der Kostenfolgen jedoch als geschätzte Mehrkosten in €/m² BGF ausgedrückt wurden. Nachdem diese mithilfe des geschätzten Verkehrswerts des Referenzobjekts[77] (vgl. Anhang D) von 1.750.000 Euro (950 €/m² BGF) für die Angabe als prozentuale Ertragsminderung des gesamten Nettomietertrags umgeschlüsselt sind, können alle Ausmaßschätzungen im Modell angewandt werden.

Die geschätzte Eintrittswahrscheinlichkeit der vier Szenarien $S_{max.} = x_1$, $S_{med.} = x_2$, $S_{min.} = x_3$, $S_0 = x_4$ jedes Sub-Teilindikators K wird mit Werten zwischen 0 und 1 angegeben (diskrete Verteilung der Werte) und lässt sich durch die Wahrscheinlichkeitsfunktion

$$\rho(x_i) = P(K = x_i) \qquad (8)$$

beschreiben. Dabei muss die Summe aller Wahrscheinlichkeiten gleich Eins (= 1) sein, dementsprechend gilt:

---

[77] Der Verkehrswert, abgeleitet vom Ertragswert, des verwendeten Referenzobjektes wurde von Mitgliedern des Projektbeirats (Immobilienbewertern) ermittelt bzw. validiert.

4.4. Gewichtung der wertrelevanten Nachhaltigkeitsmerkmale

$$\sum_i P(K = x_i) = P(K = x_1) + P(K = x_2) + P(K = x_3) + P(K = x_4) = 1 \quad (9)$$

Dazu wird der Träger T_K der Verteilung von K folgendermaßen definiert:

$$T_K = \{x_1, x_2, x_3, x_4\} \quad ; \quad P(K \in T_K) = 1 \quad (10)$$

Die Eintrittswahrscheinlichkeit verteilt sich für jeden Sub-Teilindikator K entsprechend der vier Szenarien auf vier Klassen (bijektive Zuordnung). Anhand der Beispiele A und B wird dies in den Abbildungen 20 und 21 grafisch dargestellt.

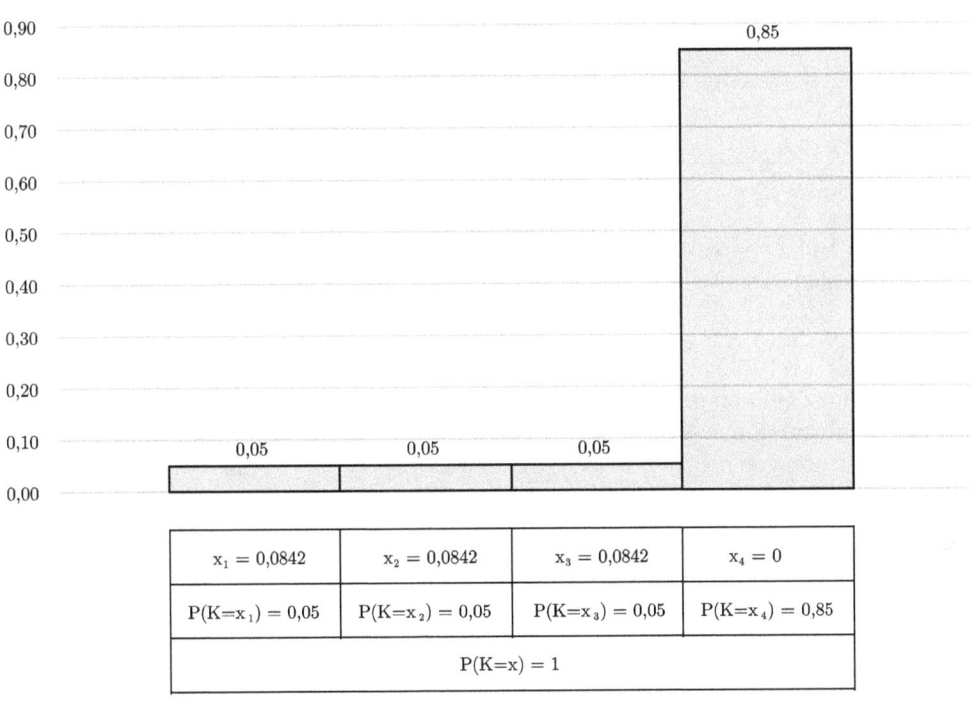

Abb. 20: Beispiel A – Häufigkeitsverteilung für Indikator K_{11} „9 Energieträger: Deckung Wärmebedarf durch erneuerbare Energien" (Eigene Darstellung)

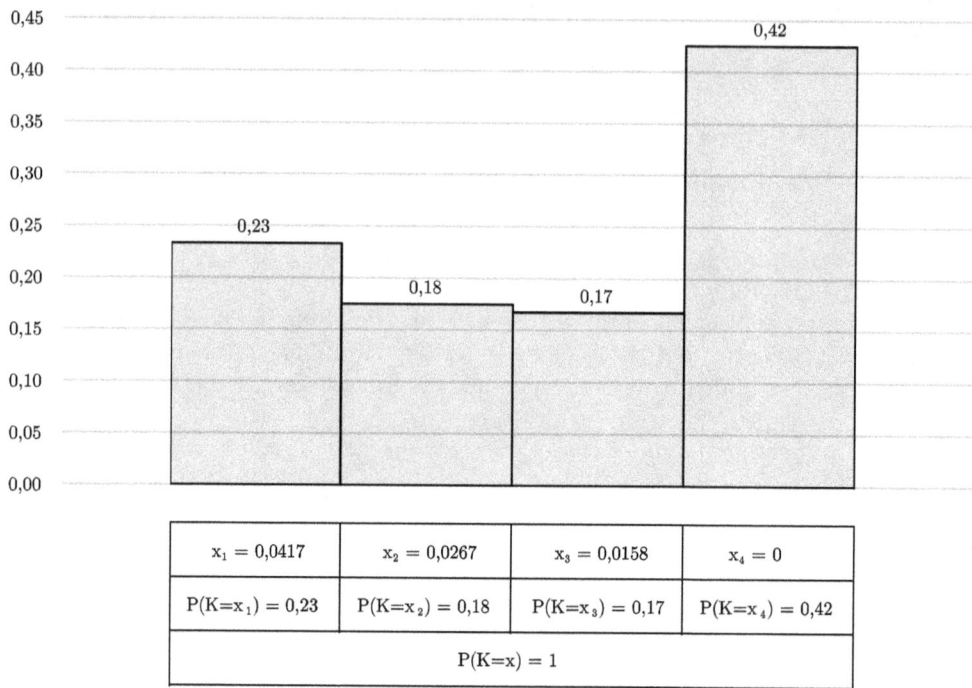

Abb. 21: Beispiel B – Häufigkeitsverteilung für Indikator K_4 „3 Geschosshöhe"
(Eigene Darstellung)

Durch die Multiplikation der Eintrittswahrscheinlichkeit $P(K = x_i)$ der einzelnen Szenarien mit dem entsprechendem Ausmaß x_i bei „ungünstiger" Ausprägung der Immobilie sowie durch das Addieren der Produkte ergibt sich das auf die restliche Gebäudelebenszeit bezogene Risiko, welches als Erwartungswert der relativen Wertänderung eines Sub-Teilindikators $E(K)$ ausgedrückt wird. Dabei gilt:

$$E(K) = \mu = \sum_{x_i \in K} x_i P(K = x_i) \qquad (11)$$

Auf diese Weise wird der Gesamteinfluss der 34 voneinander unabhängigen Sub-Teilindikatoren K auf die Veränderung des Nettomietertrags summarisch ermittelt (additives Modell, keine Kovarianzen). Dies wird beispielhaft für die Indikatoren „9 Energieträger" und „3 Geschosshöhe" in Tabelle 24 dargestellt, während die ermittelten Erwartungswerte aller Sub-Teilindikatoren Tabelle 25 entnommen werden können.

4.4. Gewichtung der wertrelevanten Nachhaltigkeitsmerkmale

Tab. 24: Beispiele A und B – Erwartungswerte der Indikatoren K_4 „3 Geschosshöhe" und K_{11} „9 Energieträger: Deckung Wärmebedarf durch erneuerbare Energien"

Szenarien			$P(K=x_i)$	x_i	$x_i P(K=x_i)$
K_4	**3 Geschosshöhe**				
	max. (x_1)	Nutzungswechsel: 100% der Räume mit Geschosshöhe >3,50 m (sonst Red. Nettomietertrag)	0,23	0,0417	0,0096
	med. (x_2)	Nutzungswechsel: 50% der Räume mit Geschosshöhe >3,50 m (sonst Red. Nettomietertrag)	0,18	0,0267	0,0048
	min. (x_3)	Nutzungswechsel: 10% der Räume mit Geschosshöhe >3,50 m (sonst Red. Nettomietertrag)	0,17	0,0158	0,0027
	0 (x_4)	Keine Veränderung	0,42	0	0
	$E(K)$				**0,0171**
K_{11}	**9 Energieträger:** **Deckung Wärmebedarf durch erneuerbare Energien**				
	max. (x_1)	Mind. 50% der Wärmeerzeugung mittels erneuerbarer Energien (exkl. Fernwärme)	0,05	0,0842	0,0042
	med. (x_2)	Mind. 15% der Wärmeerzeugung mittels erneuerbarer Energien (exkl. Fernwärme)	0,05	0,0842	0,0042
	min. (x_3)	Max. 15% der Wärmeerzeugung mittels erneuerbarer Energien (exkl. Fernwärme)	0,05	0,0842	0,0042
	0 (x_4)	Keine Veränderung	0,85	0	0
	$E(K)$				**0,0126**

Tab. 25: Erwartungswerte der relativen Wertänderung jedes Sub-Teilindikators

	Teilindikatoren	Sub-Teilindikatoren	Bez.	$E(K)$
1	Flexibilität Baukonstruktion	Umbaubarkeit, Anpassbarkeit und Rückbaubarkeit der Baukonstruktion	K_1	0,0258
		Flexibilität Grundriss	K_2	0,0171
2	Erweiterbarkeit	Horizontale und vertikale Erweiterbarkeit	K_3	0,0109
3	Geschosshöhe		K_4	0,0171
4	Flexibilität Gebäudetechnik	Zugänglichkeit Gebäudetechnik	K_5	0,0103
		Reservekapazität Gebäudetechnik	K_6	0,0103
5	Zugänglichkeit zum Gebäude	Überwindbare Höhendifferenzen außen	K_7	0,0075
6	Erschließung im Gebäude		K_8	0,0099
7	Barrierefreie Toiletten		K_9	0,0025
8	Energetische Qualität	Energetische Qualität der Gebäudehülle und Heiztechnik	K_{10}	0,1752
9	Energieträger	Deckung des Wärmebedarfs durch erneuerbare Energien	K_{11}	0,0126
		Deckung des Strombedarfs durch erneuerbare Energien	K_{12}	0,0051
10	Wasserverbrauch	Ausstattung mit wassersparenden Einrichtungen	K_{13}	0,0013
11	Niederschlagsentwässerung		K_{14}	0,0023
12	Erreichbarkeit ÖV	Erreichbarkeit ÖPNV	K_{15}	0,0078
		Erreichbarkeit Fernverkehr	K_{16}	0,0061
13	Frequenz ÖV	Frequenz ÖPNV	K_{17}	0,0084
		Frequenz Fernverkehr	K_{18}	0,0097
14	Erreichbarkeit Zentrum/Naherholung	Erreichbarkeit lokales/regionales Zentrum	K_{19}	0,0074
		Erreichbarkeit Naherholung	K_{20}	0,0054
15	Fahrradabstellplätze		K_{21}	0,0162
16	Lage hinsichtlich möglicher Naturgefahren	Zunehmende Sturm-, Hochwassergefährdung	K_{22}	0,0042
17	Bauliche Sicherheitsvorkehrungen	Beleuchtung/Belichtung	K_{23}	0,0025
		Brandschutz	K_{24}	0,0187
		Technische Sicherheitseinrichtungen	K_{25}	0,0169
18	Raumluftqualität	Kontrolliertes Lüftungskonzept	K_{26}	0,0221
19	Schallschutz	Lärmimmissionen	K_{27}	0,0259
20	Lärmbelastung/Akustik (innen)	Luftschall, Trittschall, Geräusche aus haustechnischen Anlagen und Betrieben	K_{28}	0,0232
21	Tageslichtversorgung		K_{29}	0,0229
22	Individuelle Regulierbarkeit des Arbeitsplatzklimas	Einflussnahme durch den Nutzer	K_{30}	0,0055
23	Kontaminationen	Altlasten	K_{31}	0,0368
		Radon	K_{32}	0,0130
		Elektromagnetische Felder	K_{33}	0,0178
		Gesundheitsschädigende Bauprodukte	K_{34}	0,0202

4.5 Gewichtete Nachhaltigkeitsmerkmale

Durch die Gegenüberstellung der Erwartungswerte der relativen Wertänderung jedes Sub-Teilindikators ergeben sich die relativen Gewichte der 34 Sub-Teilindikatoren, welche in der Tabelle 26 dargestellt sind. Die einzelnen Gewichte der Sub-Teilindikatoren lassen sich in die nachfolgenden fünf Nachhaltigkeitsmerkmale zusammenfassen:

- Flexibilität und Umnutzbarkeit: 18,6%

- Ressourcenverbrauch und Treibhausgase: 32,8%

- Standort und Mobilität: 10,2%

- Sicherheit: 7,1%

- Gesundheit und Komfort: 31,3%

Das höchste Gesamtgewicht weist das Nachhaltigkeitsmerkmal „Ressourcenverbrauch und Treibhausgase" mit fast 33% auf, welches von dem Teilindikator „8 Energetische Qualität" (rund 29%) dominiert wird. Die weiteren (Sub-)Teilindikatoren dieses Nachhaltigkeitsmerkmals, welche den Anteil erneuerbarer Energien sowie den Wasserverbrauch und die Niederschlagsentwässerung beurteilen, sind mit Gewichten zwischen 0,2% und 2,1% weniger bedeutsam.

Das Nachhaltigkeitsmerkmal „Gesundheit und Komfort" ist mit einem Gewicht von rund 31% fast gleichbedeutend mit dem Nachhaltigkeitsmerkmal „Ressourcenverbrauch und Treibhausgase". Jedoch gilt zu beachten, dass innerhalb des Nachhaltigkeitsmerkmals „Ressourcenverbrauch und Treibhausgase" nur fünf Sub-Teilindikatoren zusammengefasst werden, wohingegen das Nachhaltigkeitsmerkmal „Gesundheit und Komfort" neun Sub-Teilindikatoren aufweist. Das höchste Gewicht dieses Nachhaltigkeitsmerkmals besitzt der Sub-Teilindikator „23 Kontaminationen: Altlasten" mit 6,1%, gefolgt von dem Sub-Teilindikator „19 Schallschutz: Lärmimmissionen" mit 4,3%. Weiterhin sind die Indikatoren zur Beurteilung der Lärmbelastung/Akustik (innen), Raumluftqualität und Tageslichtversorgung mit jeweils fast 4% sowie Indikatoren zur Bewertung von Kontaminationen (Gesundheitsschädigende Bauprodukte und Elektromagnetische Felder) mit Gewichten von rund 3% von Bedeutung. Die geringsten Gewichte dieses Nachhaltigkeitsmerkmals weisen die Indikatoren zur Bewertung von Radon (2,2%) und der individuellen Regulierbarkeit des Arbeitsplatzklimas (0,9%) auf.

Mit einem Gesamtgewicht von 18,6% haben die neun Sub-Teilindikatoren des Nachhaltigkeitsmerkmals „Flexibilität und Umnutzbarkeit", dessen Indikatoren überwiegend zwischen Gewichten von 1,7% und 2,9% variieren, ebenfalls einen relativ großen Einfluss innerhalb des Ratings. Dabei sind die Flexibilität des Grundrisses und die Geschosshöhe (jeweils fast 2,9%) von größerer Bedeutung als Erweiterungsmöglichkeiten (1,8%), die Flexibilität der Gebäudetechnik und die Erschließung innerhalb des Gebäudes (jeweils rund 1,7%). Hinzu kommen die Indikatoren mit dem höchsten und geringsten Gewicht innerhalb dieses Nachhaltigkeitsmerkmals. Dies sind die Sub-Teilindikatoren zur Bewertung der Flexibilität der Baukonstruktion (4,3%) und dem Vorhandensein von barrierefreien Toiletten (0,4%).

Die einzelnen Gewichte des Nachhaltigkeitsmerkmals „Standort und Mobilität" zur Beurteilung der Erreichbarkeiten des Zentrums und der Naherholung sowie der Qualität (Erreichbarkeit und Frequenz) des Öffentlichen Verkehrs verteilen sich mit Ausnahme des Sub-Teilindiaktors „15 Fahrradabstellplätze" (2,7%) zwischen Gewichten von 0,9% und 1,6% relativ gleichmäßig. Zusammen resultieren die sieben Sub-Teilindikatoren dieses Nachhaltigkeitsmerkmals in einem Gesamtgewicht von rund 10%.

Das geringste Gewicht von ca. 7% weist das Nachhaltigkeitsmerkmal „Sicherheit" mit seinen vier Sub-Teilindikatoren auf. Hierbei sind die beiden Indikatoren zur Beurteilung von baulichen Sicherheitsvorkehrungen (Brandschutz und Technische Sicherheitseinrichtungen) mit rund 3% bedeutsamer als die Lage hinsichtlich möglicher Naturgefahren (0,7%) und die Beleuchtung innerhalb eines Gebäudes (0,4%).

Aus der Verteilung der relativen Gewichte innerhalb des Nachhaltigkeitsratings ESI Deutschland kann abgeleitet werden, dass deutsche Bestandsimmobilien mit der Nutzungsart Büro und Verwaltung ein geringeres relatives Wertverlustrisiko aufweisen, wenn die energetische Qualität der Gebäudehülle und Heiztechnik sowie die Schallschutzanforderungen an Lärmimmissionen mindestens den aktuellen Standards und Normen entsprechen (29,3% bzw. 4,3%), Altlasten nachweislich nicht vorhanden sind und baukonstruktive Strukturmerkmale die Umbaubarkeit, Anpassbarkeit und Rückbaubarkeit der Immobilie vereinfachen (6,1% bzw. 4,3%). Dies kann auf die Tatsache zurückgeführt werden, dass die Erfüllung der entsprechenden Anforderungen dieser Immobilienmerkmale mit einem erheblichen finanziellen (Mehr-)aufwand verbunden ist und/oder es sich um standortabhängige Merkmale handelt.

4.5. Gewichtete Nachhaltigkeitsmerkmale

Tab. 26: Gewichte des Nachhaltigkeitsratings ESI Deutschland

			Teilindikatoren	Sub-Teilindikatoren	Relative Gewichte		
Flexibilität und Umnutzbarkeit	Nutzungsflex.	1	Flexibilität Baukonstruktion	Umbaubarkeit, Anpassbarkeit und Rückbaubarkeit der Baukonstruktion	4,31%	15,29%	18,61%
				Flexibilität Grundriss	2,86%		
		2	Erweiterbarkeit	Horizontale und vertikale Erweiterbarkeit	1,83%		
		3	Geschosshöhe		2,85%		
		4	Flexibilität Gebäudetechnik	Zugänglichkeit Gebäudetechnik	1,72%		
				Reservekapazität Gebäudetechnik	1,72%		
	Nutzerflex.	5	Zugänglichkeit zum Gebäude	Überwindbare Höhendifferenzen	1,25%	3,32%	
		6	Erschließung im Gebäude		1,65%		
		7	Barrierefreie Toiletten		0,42%		
Ressourcenverbrauch und Treibhausgase	Energie und THG	8	Energetische Qualität (Energiebedarf)	Energetische Qualität der Gebäudehülle und Heiztechnik	29,26%	32,21%	32,82%
		9	Energieträger	Deckung des Wärmebedarfs durch erneuerbare Energien	2,11%		
				Deckung des Strombedarfs durch erneuerbare Energien	0,84%		
	Wasser	10	Wasserverbrauch	Ausstattung mit wassersparenden Einrichtungen	0,22%	0,61%	
		11	Niederschlagsentwässerung		0,39%		
Standort und Mobilität		12	Erreichbarkeit Öffentlicher Verkehr	Erreichbarkeit ÖPNV	1,31%	10,21%	10,21%
				Erreichbarkeit Fernverkehr	1,02%		
		13	Frequenz Öffentlicher Verkehr	Frequenz ÖPNV	1,40%		
				Frequenz Fernverkehr	1,62%		
		14	Erreichbarkeit Zentrum/Naherholung	Erreichbarkeit lokales/regionales Zentrum	1,24%		
				Erreichbarkeit Naherholung	0,91%		
		15	Fahrradabstellplätze		2,71%		
Sicherheit		16	Lage hinsichtlich möglicher Naturgefahren	Zunehmende Sturm-, Hochwassergefährdung	0,70%	7,07%	7,07%
		17	Bauliche Sicherheitsvorkehrungen	Beleuchtung/Belichtung	0,42%		
				Brandschutz	3,13%		
				Technische Sicherheitseinrichtungen	2,82%		

Tab. 26: Gewichte des Nachhaltigkeitsratings ESI Deutschland *(Forts.)*

		Teilindikatoren	Sub-Teilindikatoren	Relative Gewichte		
Gesundheit und Komfort	18	Raumluftqualität	Kontrolliertes Lüftungskonzept	3,69%	31,29%	**31,29%**
	19	Schallschutz	Lärmimmissionen	4,33%		
	20	Lärmbelastung/Akustik	Luftschall, Trittschall, Geräusche aus haustechn. Anlagen und Betrieben	3,87%		
	21	Tageslichtversorgung		3,83%		
	22	Individuelle Regulierbarkeit des Arbeitsplatzklimas	Einflussnahme durch den Nutzer	0,91%		
	23	Kontaminationen	Altlasten	6,14%		
			Radon	2,17%		
			Elektromagnetische Felder	2,97%		
			Gesundheitsschädigende Bauprodukte	3,38%		

4.6 Sensitivitätsanalyse

Um die Dispersion (Streuung) der ermittelten, relativen Gewichte auf der Ebene der Sub-Teilindikatoren beurteilen zu können, wird die Schwankungsintensität der Erwartungswerte mittels einer varianzbasierten Sensitivitätsanalyse untersucht. Dazu wird zunächst die Varianz $Var(K)$ bzw. σ_k^2 als erwartete quadratische Abweichung der Kriterien bzw. Sub-Teilindikatoren K von dem entsprechenden Erwartungswert $E(K)$ errechnet. Daraus wird die Standardabweichung σ_k abgeleitet, welche beschreibt, wie weit die Werte der vier Szenarien um den Erwartungswert streuen. Dabei gilt:

$$Var(K) = \sigma_k^2 = \sum_{x_i \epsilon K} (K - E(K))^2 P(K = x_i) \qquad (12)$$

$$\sigma_k = \sqrt{\sigma_k^2} \qquad (13)$$

Die beispielhaft in Tabelle 27 dargestellten ermittelten Standardabweichungen der Indikatoren „3 Geschosshöhe" (K_4), „8 Energetische Qualität: Energetische Qualität der Gebäudehülle und Heiztechnik" (K_{10}) und „9 Energieträger: Deckung des Wärmebedarfs durch erneuerbare Energien" (K_{11}) mit $\sigma_{k_4} = 0,0188$, $\sigma_{k_{10}} = 0,1443$ und $\sigma_{k_{11}} = 0,0310$ verdeutlichen, dass ein Vergleich von Standardabweichungen nur dann sinnvoll ist, wenn ähnliche Erwartungswerte $E(K)$ vorliegen. Dieser Fall ist be-

4.6. Sensitivitätsanalyse

reits in dem vorliegenden Beispiel mit $E(K_4) = 0,017083$, $E(K_{10}) = 0,175158$ und $E(K_4) = 0,0126$ nicht gegeben. Aus diesem Grund werden die errechneten Standardabweichungen auf einen Bezugspunkt relativiert.

Dies führt zur Definition der relativen Streuung der Szenarien um den Erwartungswert, des Variationskoeffizienten $VarK(K)$ als standardisiertes Streuungsmaß:

$$VarK(K) = \frac{\sigma_k}{E(K)} \quad (14)$$

Tab. 27: Berechnungsbeispiele der Standardabweichung für K_4, K_{10} und K_{11}

	$P(K = x_i)$	$E(K)$	$K - E(K)$	$K - E(K)^2$	σ_k^2	σ_k
K_4						
x_1	0,23	0,009591	0,024617	0,000605997	0,000139379	
x_2	0,18	0,004806	0,009617	9,24867E-05	1,66476E-05	
x_3	0,17	0,002686	-0,001283	1,64609E-06	2,79835E-07	
x_4	0,42	0,000000	-0,017083	0,000291829	0,000122568	
$E(K)$		0,017083				
σ_k^2					0,000278875	
σ_k						0,0166995
K_{10}						
x_1	0,37	0,124632	0,161684	0,026142	0,00967246	
x_2	0,30	0,050526	-0,006737	0,000045	1,36155E-05	
x_3	0,20	0,000000	-0,175158	0,030680	0,006136058	
x_4	0,13	0,000000	-0,175158	0,030680	0,003988437	
$E(K)$		0,175158				
σ_k^2					0,019810571	
σ_k						0,140750
K_{11}						
x_1	0,05	0,0042	0,071579	0,005124	0,000256	
x_2	0,05	0,0042	0,071579	0,005124	0,000256	
x_3	0,05	0,0042	0,071579	0,005124	0,000256	
x_4	0,85	0,0000	-0,012632	0,000160	0,000136	
$E(K)$		0,0126				
σ_k^2					0,000904	
σ_k						0,030069

Für jeden Erwartungswert eines Sub-Teilindikators wird der entsprechende Variationskoeffizient ermittelt. Dieser ist zusammen mit den entsprechenden Erwartungswerten für jeden Sub-Teilindikator von ESI Deutschland aus Tabelle 28 abzulesen.

Tab. 28: Erwartungswerte und Variationskoeffizienten der Indikatoren

Teilindikatoren	Sub-Teilindikatoren	Bez.	$E(K)$	$VarK(K)$
1 Flexibilität Baukonstruktion	Umbaubarkeit, Anpassbarkeit und Rückbaubarkeit der Baukonstruktion	K_1	0,0258	0,7934
	Flexibilität Grundriss	K_2	0,0171	1,2363
2 Erweiterbarkeit	Horizontale und vertikale Erweiterbarkeit	K_3	0,0109	0,9436
3 Geschosshöhe		K_4	0,0171	0,9776
4 Flexibilität Gebäudetechnik	Zugänglichkeit Gebäudetechnik	K_5	0,0103	0,5284
	Reservekapazität Gebäudetechnik	K_6	0,0103	0,5284
5 Zugänglichkeit zum Gebäude	Überwindbare Höhendifferenzen außen	K_7	0,0075	0,5303
6 Erschließung im Gebäude		K_8	0,0099	1,2810
7 Barrierefreie Toiletten		K_9	0,0025	0,6236
8 Energetische Qualität	Energetische Qualität der Gebäudehülle und Heiztechnik	K_{10}	0,1752	0,8036
9 Energieträger	Deckung des Wärmebedarfs durch erneuerbare Energien	K_{11}	0,0126	2,3805
	Deckung des Strombedarfs durch erneuerbare Energien	K_{12}	0,0051	1,5723
10 Wasserverbrauch	Ausstattung mit wassersparenden Einrichtungen	K_{13}	0,0013	1,0524
11 Niederschlagsentwässerung		K_{14}	0,0023	2,1875
12 Erreichbarkeit ÖV	Erreichbarkeit ÖPNV	K_{15}	0,0078	0,6437
	Erreichbarkeit Fernverkehr	K_{16}	0,0061	0,8648
13 Frequenz ÖV	Frequenz ÖPNV	K_{17}	0,0084	0,7055
	Frequenz Fernverkehr	K_{18}	0,0097	0,7459
14 Erreichbarkeit Zentrum/Naherholung	Erreichbarkeit lokales/regionales Zentrum	K_{19}	0,0074	0,5754
	Erreichbarkeit Naherholung	K_{20}	0,0054	0,8583
15 Fahrradabstellplätze		K_{21}	0,0162	0,7251
16 Lage hinsichtlich möglicher Naturgefahren	Zunehmende Sturm-, Hochwassergefährdung	K_{22}	0,0042	7,9932
17 Bauliche Sicherheitsvorkehrungen	Beleuchtung/Belichtung	K_{23}	0,0025	1,6997
	Brandschutz	K_{24}	0,0187	0,9030
	Technische Sicherheitseinrichtungen	K_{25}	0,0169	0,3457
18 Raumluftqualität	Kontrolliertes Lüftungskonzept	K_{26}	0,0221	1,8127
19 Schallschutz	Lärmimmissionen	K_{27}	0,0259	0,6530
20 Lärmbelastung/Akustik (innen)	Luftschall, Trittschall, Geräusche aus haustechnischen Anlagen und Betrieben	K_{28}	0,0232	0,6924
21 Tageslichtversorgung		K_{29}	0,0229	0,6786
22 Individuelle Regulierbarkeit des Arbeitsplatzklimas	Einflussnahme durch den Nutzer	K_{30}	0,0055	2,2832

4.6. Sensitivitätsanalyse

Tab. 28: Erwartungswerte und Variationskoeffizienten der Indikatoren *(Forts.)*

	Teilindikatoren	Sub-Teilindikatoren	Bez.	$E(K)$	$VarK(K)$
23	Kontaminationen	Altlasten	K_{31}	0,0368	0,5966
		Radon	K_{32}	0,0130	1,1097
		Elektromagnetische Felder	K_{33}	0,0178	0,7438
		Gesundheitsschädigende Bauprodukte	K_{34}	0,0202	1,2247

Das in Abbildung 22a dargestellte Streudiagramm zeigt die Gegenüberstellung der Wertepaare jedes Sub-Teilindikators K. Die Erwartungswerte sind auf der x-Achse und die entsprechenden Variationskoeffizienten auf der y-Achse abgetragen. Das Diagramm veranschaulicht die Schwankungsintensität der Erwartungswerte jedes Sub-Teilindikators, welche die relative Schätzgenauigkeit jedes Szenarios im Rahmen der Risikoschätzungen widerspiegeln. In dem Streudiagramm ist zu erkennen, dass zwei Sub-Teilindikatoren stark von allen Anderen abweichen, K_{10} und K_{22}.

Der Sub-Teilindikator K_{10}, welcher die energetische Qualität der Gebäudehülle und Heiztechnik beurteilt, weist den höchsten Erwartungswert $E(K_{10}) = 0,1752$ auf, verfügt jedoch über einen relativ kleinen Variationskoeffizienten $VarK(K_{10}) = 0,8036$. Der hohe Erwartungswert und das daraus resultierende hohe relative Gewicht dieses Sub-Teilindikators lässt sich darin begründen, dass die nachträgliche Erfüllung der in den Szenarien modellierten Anforderungen im Rahmen einer regulären Modernisierung, welche für diesen Indikator als Einhaltung bis hin zur Unterschreitung der rechtskräftigen EnEV um 40% formuliert sind, mit aufwendigen Modernisierungsmaßnahmen und damit einhergehenden hohen Kosten bzw. einem großen finanziellen Mehraufwand verbunden sein kann. Gleichzeitig sind die zahlreichen Möglichkeiten energetischer Modernisierungsmaßnahmen der Gebäudehülle und Heiztechnik sowie deren Kosten-Nutzen-Verhältnisse gut erforscht, dokumentiert und in der Praxis umgesetzt. Die zahlreichen Informationen und das umfangreiche Wissen darüber bietet eine verhältnismäßig hohe Kostensicherheit, welche sich in der geringen Dispersion widerspiegelt.

Dahingegen weist der Sub-Teilindikator K_{22} zur Bewertung der Lage hinsichtlich möglicher Naturgefahren einen sehr hohen Variationskoeffizienten von $VarK(K_{22}) = 7,9932$ auf, wobei der Erwartungswert mit $E(K_{22}) = 0,0042$ sehr gering ist. Zwar kann das Schadensausmaß aufgrund eines Naturgefahrenereignisses sehr hoch sein, jedoch wird die Eintrittswahrscheinlichkeit solcher Ereignisse im Zusammenhang mit hohen Schäden (ein Drittel, zwei Drittel oder gesamte Höhe des Gebäudewerts) und bezogen auf den Betrachtungszeitraum der modellierten Szenarien von 30 Jahren für sehr gering eingestuft. Dies wird mittels eines kleinen Erwartungswerts ausgedrückt, welcher allerdings gleichzeitig mit großen Unsicherheiten verbunden ist. Obwohl Beobachtungen aus der Vergangenheit zu Änderungen der Intensität, Eintrittshäufigkeit, etc. einiger Extremwetterereignisse Simulationen für die Zukunft ermöglichen, ist eine quantitative Aussage über zukünftige Schadensausmaße nur schwer möglich. Dies charakterisiert die sehr große Streuung des Sub-Teilindikators K_{22}.

Für eine genauere Betrachtung der weiteren ESI-Indikatoren werden die Indikatoren K_{10} und K_{22} in Abbildung 22b ausgeblendet. Aus dem Diagramm kann interpretiert werden, dass die Schwankungsintensität der Erwartungswerte nicht mit der Höhe der Erwartungswerte korreliert. Dies lässt sich darauf zurückführen, dass für die Eintrittswahrscheinlichkeit der vier Szenarien eines Sub-Teilindikators keine Normalverteilung, sondern eine Häufigkeitsverteilung je Sub-Teilindikator auf vier Klassen vorliegt. Aus diesem Grund liegen die Schätzungen der vier Szenarien innerhalb eines Sub-Teilindikators hinsichtlich der Schätzhöhe näher zusammen als die aggregierte Schätzung je Sub-Teilindikator im Vergleich zu den aggregierten Schätzungen anderer Sub-Teilindikatoren.

4.6. Sensitivitätsanalyse

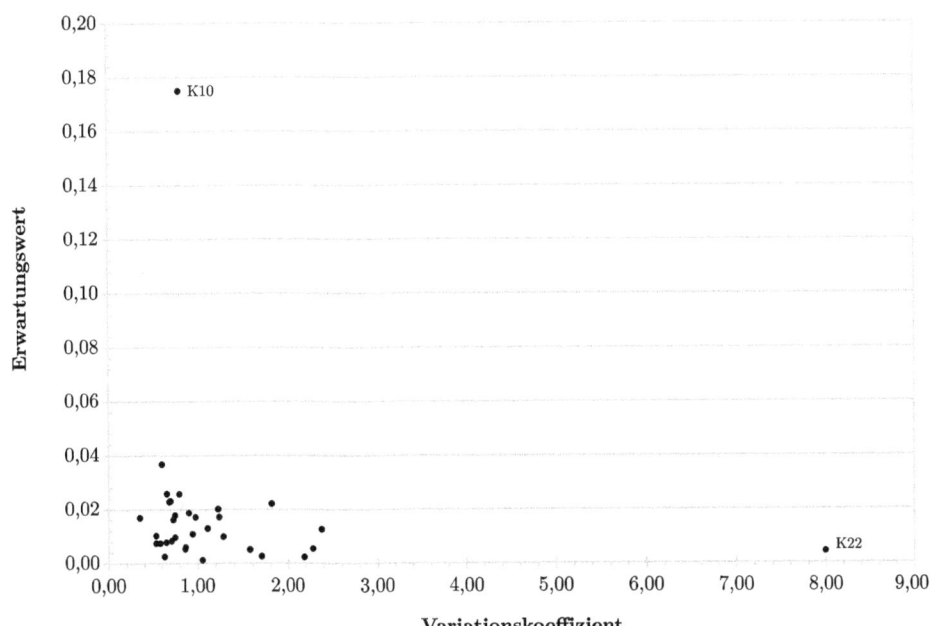

(a) Streuung aller Sub-Teilindikatoren

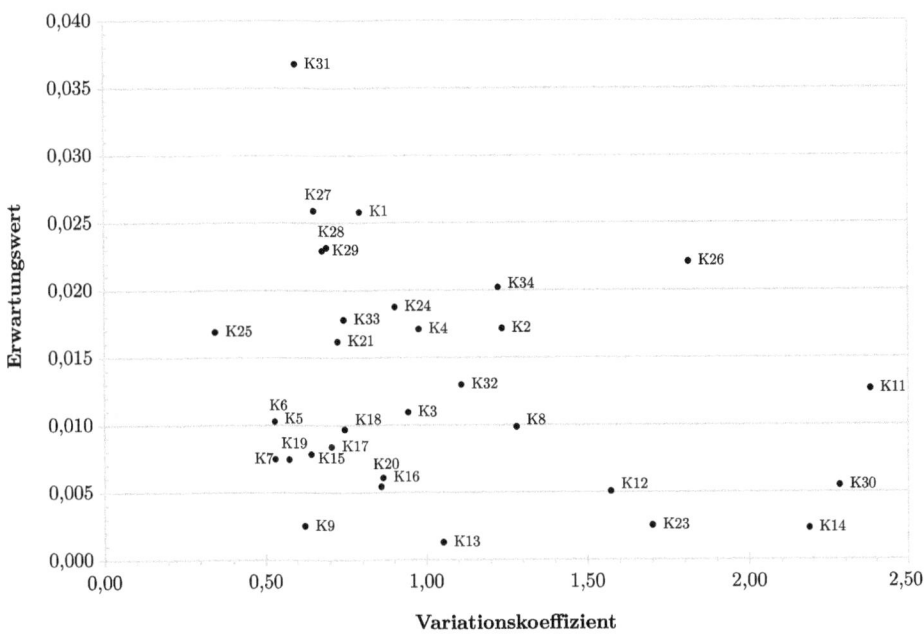

(b) Streuung der Sub-Teilindikatoren ohne K_{10} und K_{22}

Abb. 22: Streuung der ESI-Indikatoren (Eigene Darstellung)

4.7 Umsetzung und Anwendung des Ratingmodells

In den vorangegangenen Abschnitten wurde die Entwicklung des Ratingmodells ESI Deutschland zur Beurteilung der Zukunftsfähigkeit einer Büroimmobilie in Bezug auf nachhaltigkeitsrelevante Immobilieneigenschaften und deren Wertentwicklungsrisiken dargelegt. Dabei wurde der Plausibilität und Validität sowie insbesondere der Praktikabilität des Modells eine große Bedeutung beigemessen. In diesem Kontext waren die Verfügbarkeit der abgefragten Daten in der Praxis sowie eine klare, übersichtliche Modellstruktur und einfache Anwendbarkeit des Modells als Voraussetzungen für eine adäquate Beurteilung bei angemessenem Zeitaufwand von Relevanz.

Die Umsetzung dieser Anforderungen resultiert in dem in Tabelle 29 dargestellten Modellaufbau. Im Ergebnis identifiziert das Nachhaltigkeitsrating ESI Deutschland 34 Sub-Teilindikatoren zur Beurteilung nachhaltigkeitsrelevanter Gebäude- und Standortmerkmale im Hinblick auf das Wertentwicklungsrisiko. Diese lassen sich in 23 Teilindikatoren bzw. fünf übergeordnete Nachhaltigkeitsmerkmale gruppieren. Die 34 Sub-Teilindikatoren werden mithilfe von drei Ausprägungen kategorisiert, welche den Codierungen der Werte +1, 0 und -1 entsprechen. Dabei stellt die Codierung mit dem Wert +1 die günstigste Ausprägung dar (Immobilie übertrifft die gängigen Gebäudestandards und Normen). Die Codierung mit dem Wert 0 entspricht der durchschnittlichen Ausprägung (Immobilie erfüllt die gängigen Gebäudestandards und Normen), während die Codierung mit dem Wert -1 die ungünstigste Ausprägung widerspiegelt (Immobilie liegt unter den gängigen Gebäudestandards und Mindestanforderungen der Normen).

Tab. 29: Zusammenfassende Übersicht des Modellaufbaus

Nachhaltigkeitsmerkmale	Teilindikatoren	Sub-Teilindikatoren	Ausprägungen
Flexibilität und Umnutzbarkeit			
Nutzungsflexibilität			
Nutzerflexibilität			
Ressourcenverbrauch und Treibhausgase			
Energie und Treibhausgase			
Wasser	23 Teilindikatoren	34 Sub-Teilindikatoren	je 3 Ausprägungen
Standort und Mobilität			
Standort und Mobilität			
Sicherheit			
Sicherheit			
Gesundheit und Komfort			
Gesundheit und Komfort			

4.7. Umsetzung und Anwendung des Ratingmodells

4.7.1 Modellimplementierung und -anwendung

Mithilfe des Programms Microsoft Excel werden die erarbeiteten Ergebnisse in ein Gesamtmodell implementiert. Hierfür werden die für jeden Sub-Teilindikator ermittelten relativen Gewichte mit den in der Anwendung bewerteten Codierungen multipliziert und anschließend auf die Ebene der Nachhaltigkeitsmerkmale aggregiert, deren Summe das gemittelte Gesamtergebnis ergibt. Um das Gesamtergebnis zu ermitteln, erfolgt die Beurteilung eines Objektes anhand der codierten Ausprägungen jedes Sub-Teilindiaktors, welche ausformulierte Anforderungen unterschiedlicher Standards umfassen. Die codierten Ausprägungen lassen sich mittels einer Dropdown-Liste auf der Grundlage der in der Checkliste aufgeführten erforderlichen Informationen und Unterlagen zum Bewertungsobjekt sowie anhand der angegebenen Bewertungshilfen beurteilen (vgl. Anhang E). Bei nicht möglicher Beurteilung (z.B. aufgrund unzureichender Informationen) eines Sub-Teilindikators gilt es, diesen Indikator mit der Codierung -1 zu bewerten, um ein unverzerrtes Ergebnis zu erhalten. Ergänzend zur digitalen Modellimplementierung wird das Modell in einem Erhebungsbogen (Papierform) umgesetzt, welcher bei Objektbegehungen angewandt werden kann. Hierbei kann die Beurteilung der ESI-Indikatoren durch Markieren der entsprechenden Ausprägung des jeweiligen Indikators durchgeführt werden.

Die Beurteilung aller 34 Sub-Teilindikatoren führt auf diese Weise zum ESI-Gesamtergebnis. Sowohl die Summen der beurteilten Nachhaltigkeitsmerkmale, als auch das Gesamtergebnis werden mit Werten zwischen +1 und -1 dargestellt. Ein Gesamtergebnis von +1 impliziert die Tendenz eines verringerten Wertverlustrisikos, wohingegen ein Ergebniswert von -1 die Tendenz eines erhöhten Wertverlustrisikos widerspiegelt. Dies bedeutet, dass Immobilien, welche zu dem Wert +1 tendieren, ein verringertes Risiko im Hinblick auf nachhaltigkeitsrelevante Gebäude- und Standortmerkmale aufweisen und umgekehrt. Neben der Darstellung eines numerischen Gesamtergebnisses ermöglicht die ESI-Bewertung eine differenzierte Aussage über die Performance des Objekts auf der Ebene der fünf Nachhaltigkeitsmerkmale Flexibilität und Umnutzbarkeit, Ressourcenverbrauch und Treibhausgase, Standort und Mobilität, Sicherheit sowie Gesundheit und Komfort, welche in Diagrammen (z.B. in einem Spinnen- oder Säulendiagramm, Abbildung 23) grafisch veranschaulicht werden kann. Darüber hinaus besteht die Möglichkeit, die Teilergebnisse in Bezug auf die jeweils hinterlegten Gewichte anzuzeigen (vgl. Abbildung 24).

Um die Interpretation des ESI-Gesamtergebnisses und die Anwendung des Ratings in der Praxis zu veranschaulichen, soll an dieser Stelle ein Beispiel folgen, welches in Tabelle 30 dargestellt ist. Als Beispiel wird ein Objekt der Testanwendungen herangezogen. Das für das Beispielobjekt ermittelte ESI-Gesamtergebnis von 0,21 kann als verringertes Wertverlustrisiko interpretiert werden. Die Teilergebnisse auf der Ebene der Nachhaltigkeitsmerkmale verdeutlichen, dass das Objekt insbesondere in den Bereichen Sicherheit sowie Flexibilität und Umnutzbarkeit eine überdurchschnittliche Beurteilung erfährt, jedoch der Bereich Ressourcenverbrauch und Treibhausgase Defizite aufweist und gleichzeitig Optimierungspotenziale bietet.

Tab. 30: Beispielobjekt: Ermittlung des ESI-Ergebnisses

	Teilindikatoren	Sub-Teilindikatoren	Gewichte	Bewertung
1	Flexibilität Baukonstruktion	Umbaubarkeit, Anpassbarkeit und Rückbaubarkeit der Baukonstruktion	4,31%	1
		Flexibilität Grundriss	2,86%	1
2	Erweiterbarkeit	Horizontale und vertikale Erweiterbarkeit	1,83%	-1
3	Geschosshöhe		2,85%	0
4	Flexibilität Gebäudetechnik	Zugänglichkeit Gebäudetechnik	1,72%	1
		Reservekapazität Gebäudetechnik	1,72%	1
5	Zugänglichkeit zum Gebäude	Überwindbare Höhendifferenzen	1,25%	1
6	Erschließung im Gebäude		1,65%	0
7	Barrierefreie Toiletten		0,42%	0
	Gewichtetes Mittel Flexibilität und Umnutzbarkeit (Min.: -1/Max.: +1)			**0,54**
8	Energetische Qualität (Energiebedarf)	Energetische Qualität der Gebäudehülle und Heiztechnik	29,26%	0
9	Energieträger	Deckung Wärmebedarf durch erneuerbare Energien	2,11%	-1
		Deckung Strombedarf durch erneuerbare Energien	0,84%	-1
10	Wasserverbrauch	Ausstattung mit wassersparenden Einrichtungen	0,22%	-1
11	Niederschlagsentwässerung		0,39%	-1
	Gewichtetes Mittel Ressourcenverbrauch und Treibhausgase (Min.: -1/Max.: +1)			**-0,11**
12	Erreichbarkeit Öffentlicher Verkehr	Erreichbarkeit ÖPNV	1,31%	1
		Erreichbarkeit Fernverkehr	1,02%	1
13	Frequenz Öffentlicher Verkehr	Frequenz ÖPNV	1,40%	1
		Frequenz Fernverkehr	1,62%	1
14	Erreichbarkeit lokales/regionales Zentrum und Naherholung	Erreichbarkeit lokales/regionales Zentrum (z.B. Post, Bibliothek, Geschäfte, etc.)	1,24%	0
		Erreichbarkeit Naherholung (Park, Freiräume, Wald, etc.)	0,91%	-1
15	Fahrradabstellplätze		2,71%	-1
	Gewichtetes Mittel Standort und Mobilität (Min.: -1/Max.: +1)			**0,05**

4.7. Umsetzung und Anwendung des Ratingmodells

Tab. 30: Beispielobjekt: Ermittlung des ESI-Ergebnisses *(Forts.)*

	Teilindikatoren	Sub-Teilindikatoren	Gewichte	Bewertung
16	Lage hinsichtlich möglicher Naturgefahren	Zunehmende Sturm-, Hochwassergefährdung	0,70%	1
17	Bauliche Sicherheitsvorkehrungen	Beleuchtung/Belichtung	0,42%	1
		Brandschutz	3,13%	0
		Technische Sicherheitseinrichtungen	2,82%	1
	Gewichtetes Mittel Sicherheit (Min.: -1 / Max.: +1)			**0,56**
18	Raumluftqualität	Kontrolliertes Lüftungskonzept	3,69%	1
19	Schallschutz	Lärmimmissionen	4,33%	-1
20	Lärmbelastung/Akustik	Luftschall, Trittschall, Geräusche aus haustechn. Anlagen und Betrieben	3,87%	0
21	Tageslichtversorgung		3,83%	1
22	Individuelle Regulierbarkeit des Arbeitsplatzklimas	Einflussnahme durch den Nutzer	0,91%	1
23	Kontaminationen	Altlasten	6,14%	1
		Radon	2,17%	-1
		Elektromagnetische Felder	2,97%	-1
		Gesundheitsschädigende Bauprodukte	3,38%	1
	Gewichtetes Mittel Gesundheit und Komfort (Min.: -1/Max.: +1)			**0,27**

Economic Sustainability Indicator – ESI Deutschland

Nachhaltigkeitsmerkmale	Beispielobjekt			
Flexibilität und Umnutzbarkeit	0,10	von	0,19	**0,54**
Ressourcenverbrauch und Treibhausgase	-0,04	von	0,33	**-0,11**
Standort und Mobilität	0,02	von	0,10	**0,05**
Sicherheit	0,04	von	0,07	**0,56**
Gesundheit und Komfort	0,08	von	0,31	**0,27**
Economic Sustainability Indicator – ESI Deutschland (Min.: -1/Max.: +1)				**0,21**
Tendenz Wertentwicklungsrisiko (im Hinblick auf nachhaltigkeitsrelevante Gebäude- und Standortmerkmale)				**Verringertes Risiko eines Wertverlustes**

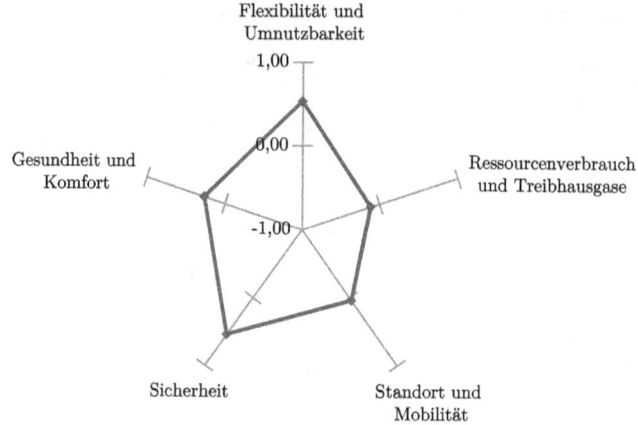

(a) Spinnendiagramm: Darstellung der codierten Teilergebnisse

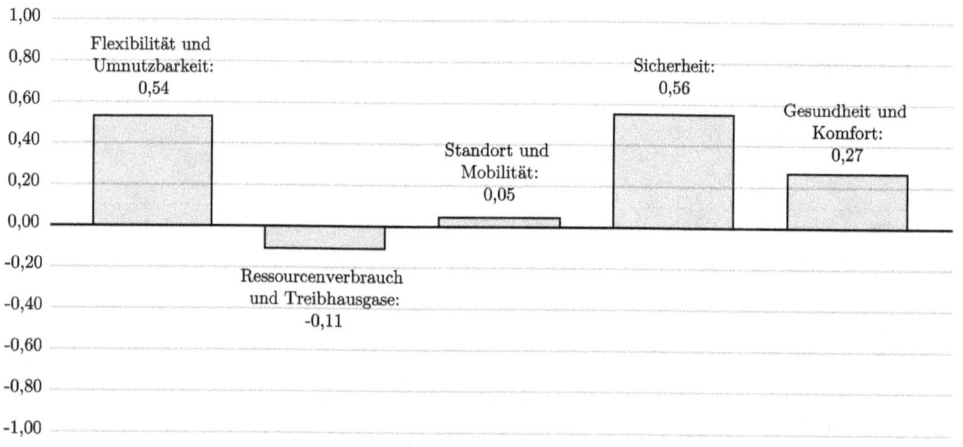

(b) Säulendiagramm: Darstellung der codierten Teilergebnisse

Abb. 23: Beispiele für die grafische Ergebnisdarstellung: Codierte Teilergebnisse (Eigene Darstellung)

Das beispielhaft vorgestellte Spinnendiagramm (vgl. Abbildung 23a) bildet die Ergebnisse als codierte Teilergebnisse auf der Ebene der Nachhaltigkeitsmerkmale mit den Werten zwischen -1 und +1 als maximal erreichbare Beurteilungen von innen nach außen ab. Je weiter außen die Datenpunkte liegen bzw. die Linie verläuft, desto geringer ist das Wertverlustrisiko. Eine weitere Möglichkeit der grafischen Ergebnisdarstellung bietet beispielsweise ein Säulendiagramm (vgl. Abbildung 23b), welches die codierten, positiven Teilergebnisse im positiven Diagrammbereich oberhalb des x-Achsenabschnitts anzeigt und die negativen, codierten Werte unterhalb des x-Achsenabschnitts abbildet. Umso mehr Säulen im positiven Bereich liegen und umso höher diese sind, desto geringer ist das Risiko eines Wertverlustes.

4.7. Umsetzung und Anwendung des Ratingmodells

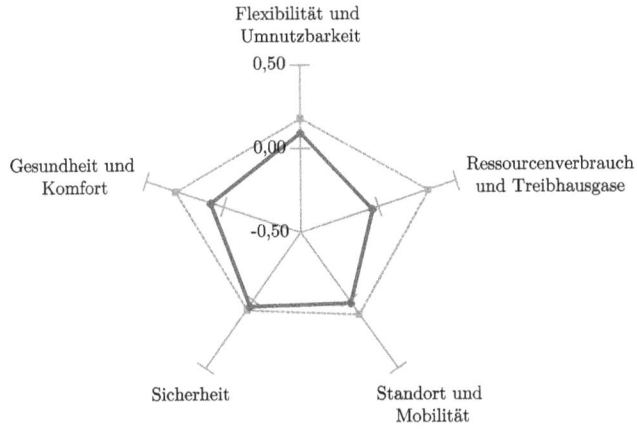

(a) Spinnendiagramm: Darstellung in Bezug auf die relativen Gewichte

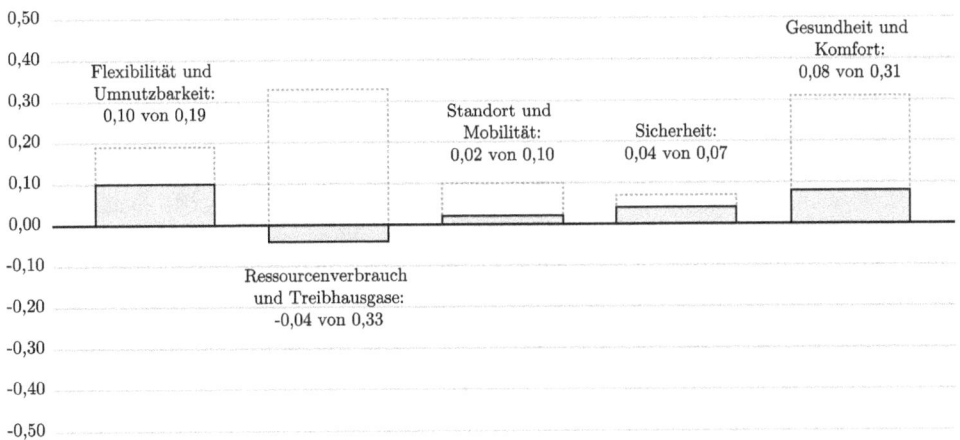

(b) Säulendiagramm: Darstellung in Bezug auf die relativen Gewichte

Abb. 24: Beispiele für die grafische Ergebnisdarstellung: Darstellung in Bezug auf die relativen Gewichte (Eigene Darstellung)

Darüber hinaus besteht die Möglichkeit, die Teilergebnisse in Verbindung mit den jeweils hinterlegten Gewichten darzustellen (Beispiele: Spinnen- und Säulendiagramm, Abbildung 24). In dieser Darstellungsform werden die erreichten Teilergebnisse je Nachhaltigkeitsmerkmal in Bezug auf die Verteilung der gewichteten Indikatoren abgebildet. Dabei repräsentiert die durchgezogene Linie im Spinnendiagramm bzw. die grau ausgefüllte Säule im Säulendiagramm die Performance des Bewertungsobjektes, während die gestrichelte Linie bzw. Säule jeweils den maximal erreichbaren prozentualen Anteil je Nachhaltigkeitsmerkmal am ESI-Gesamtergebnis darstellt. Bei einem Objekt mit einer überdurchschnittlich guten Performance in allen Bereichen ist die durchgezogene Linie identisch mit der gestrichelten Linie (Spinnendiagramm) bzw. sind die grau ausgefüllten und gestrichelt dargestellten Säulen (Säulendiagramm) gleich hoch. Die Beurteilung der Ergebnisse erfolgt analog der zuvor beschriebenen Interpretation der codierten Teilergebnisse. Das bedeutet, je weiter außen die Performance-Linie im Spinnendiagramm verläuft und sich der gestrichelt abgebildeten Linie (Maximum) annähert bzw. je höher die Säulen im Säulendiagramm bis zu einer maximalen Deckung mit der gestrichelt dargestellten Säule sind, desto geringer ist das Risiko eines Wertverlustes. Mithilfe dieser vergleichenden Darstellungen werden die vorhandenen Defizite und Optimierungspotenziale in Bezug auf die Bedeutung des jeweiligen Nachhaltigkeitsmerkmals grafisch ersichtlich.

4.7.2 Testanwendung: Praxistests

Zur Plausibilisierung und Validierung sowie für die Überprüfung der Anwendbarkeit und Praxistauglichkeit des im Rahmen der vorliegenden Arbeit auf theoretischer Basis entwickelten Modells, wird das Nachhaltigkeitsrating anhand von acht Objekten getestet. Bei den Objekten handelt es sich bewusst um Büroimmobilien unterschiedlicher Größe und Standards (Baujahr, Zustand, Technisierungsgrad, etc.) an verschiedenen Standorten in Deutschland, deren Objektdaten durch Mitglieder des Projektbeirats zur Verfügung gestellt werden.

Bereits während der Modellentwicklung dienen diese Objekte der Plausibilisierung und Optimierung der gewonnenen Ergebnisse. Nach Abschluss der Spezifizierung und Codierung der wertrelevanten Nachhaltigkeitsmerkmale und deren Sub-Teilindikatoren wird die Anwendbarkeit der ersten (noch ungewichteten) Version des Nachhaltigkeitsratings in einer ersten Testanwendung (Praxistests) untersucht. Dies umfasst die Anwendung der Modellstruktur in digitaler Form sowie die Anwendung eines Erhebungsbogens bei Objektbegehungen. Die Anwendung des Modells wird sowohl von Mitgliedern des Projektbeirats als auch von Personen durchgeführt, welche nicht an der Modellentwicklung beteiligt sind. Auf diese Weise kann die Formulierung der Kriterien auf Verständlichkeit, Transparenz, Plausibilität und Datenverfügbarkeit getestet werden. Darüber hinaus können praktische Erfahrungen gesammelt werden, um notwendige Modifikationen des Ratings vornehmen zu können. Einerseits wird in den Praxistests die Beurteilung der Sub-Teilindikatoren anhand einer Dropdown-Liste in der Excel-Tabelle oder durch Markieren der entsprechenden Ausprägung im Erhebungsbogen (Papierform) abgefragt. Andererseits beinhalten die Tests die Abfrage der Plausibilität der Formulierungen (Richtigkeit, Eindeutigkeit und Verständlichkeit) sowie der Strenge der abgefragten Größen und der Datenverfügbarkeit zur Beurteilung der Sub-Teilindikatoren. Ergänzend dazu ist in den Praxistests die Abfrage des Aufwandes von Relevanz. Dies umfasst den Aufwand für den Beurteilenden aufgrund der Sichtung der Unterlagen, der Objektbegehung, der Dateneingabe in die Excel-Tabelle bzw. der Beurteilung anhand des Erhebungsbogens sowie den Aufwand des Eigentümers für die Bereitstellung der abgefragten Daten.

In der Auswertung der ersten Praxistests zeigt sich, dass die Beurteilung der ESI-Indikatoren grundsätzlich plausibel ist und funktioniert. Der Aufwand für die Datenbereitstellung wird im Schnitt auf eineinhalb Stunden geschätzt. Der Aufwand für die Dateneingabe wird durchschnittlich mit drei Stunden angegeben, wobei sich dieser nach Einschätzung der Teilnehmenden nach mehrfacher Anwendung stark reduzieren lässt, was auch die Auswertung der zweiten Praxistests zu einem späteren Zeitpunkt belegt. Dennoch zeigt die Auswertung der ersten Tests, dass neben geringfügigen Formulierungsergänzungen auch eine Anpassung oder Neuformulierung der Ausprägungen einiger Sub-Teilindikatoren notwendig ist. Zurückzuführen ist dies beispielsweise auf die Strenge der Anforderungen einiger Ausprägungen und insbesondere auf die erforderliche Datengrundlage zur Beurteilung des jeweiligen Sub-Teilindikators. Aufgrund dessen werden im Rahmen der weiteren Modellentwicklung diverse Anpassungen der Sub-Teilindikatoren vorgenommen.

Die zweiten Praxistests dienen der Validierung des Gesamtmodells, welche nach dem Abschluss der Gewichtung aller ESI-Indikatoren durchgeführt werden. Die Umsetzung der zweiten Praxistests erfolgt in vergleichbarer Weise wie die Durchführung der ersten Praxistests. Neben einer letzten Überprüfung der bis dahin inhaltlich überarbeiteten Indikatoren auf Plausibilität und Transparenz sowie Praktikabilität und Datenverfügbarkeit werden im Rahmen der zweiten Praxistests die ermittelten relativen Gewichte jedes Sub-Teilindikators anhand der Testobjekte plausibilisiert. Dabei wird auf die Testobjekte der ersten Praxistests zurückgegriffen. In dieser Testreihe wird der Aufwand für die Dateneingabe der überarbeiteten (Sub-)Teilindikatoren durchschnittlich mit einer Stunde angegeben. Die Auswertung der zweiten Praxistests ergibt keine grundlegend neuen Erkenntnisse. Es werden lediglich unerhebliche Präzisierungen der Formulierungen vorgenommen, die jedoch keinen Einfluss auf das Gesamtergebnis haben.

Die beiden Testanwendungen bestätigen, dass sich ESI Deutschland für die Bewertung von nachhaltigkeitsrelevanten Immobilieneigenschaften und deren Wertentwicklungsrisiken innerhalb eines verhältnismäßig geringen zeitlichen Aufwandes eignet. Darüber hinaus können die ausformulierten Anforderungen und ermittelten Gewichte mittels der Testanwendungen plausibilisiert sowie die Anwendbarkeit des Modells auf der Grundlage von in der Praxis verfügbaren Daten in den Testanwendungen bestätigt werden. Daher wird die Plausibilität der Ergebnisse sowie die Praktikabilität des Gesamtmodells als validiert angesehen.

4.7.3 Weiterführende Anwendungsmöglichkeiten

Der Economic Sustainability Indicator beurteilt nachhaltigkeitsrelevante Eigenschaften einer Büroimmobilie in Deutschland hinsichtlich des Wertentwicklungsrisikos und bildet dieses mit Werten zwischen +1 und -1 ab. Die mithilfe des ESI-Ratings gewonnenen Informationen können beispielsweise bei Management- und Investitionsentscheidungen im Portfoliomanagement und als Grundlage für die Integration von Nachhaltigkeit in die Wertermittlung angewandt werden.

Es ist unbestritten, dass Lage- und Objektmerkmale, ergänzt durch das Marktumfeld, die wesentlichen Einflussgrößen des Immobilienwerts darstellen. Auch werden einige Immobilieneigenschaften, die sich unter Nachhaltigkeitsgesichtspunkten wieder finden lassen, bereits per Definition in der Wertermittlung mit erfasst oder indirekt berücksichtigt. Als Beispiel kann die Annahme eines bestimmten Mietausfallwagnisses bei der Wertermittlung mit dem Ertragswertverfahren genannt werden (vgl. Lützkendorf and Lorenz (2014), S. 349). Jedoch werden diese Aspekte oftmals zu intransparent dargestellt oder nicht stark genug berücksichtigt. Um die Dokumentation und Argumentation in Bewertungen mit weiteren Informationen zu ergänzen und daraus resultierend die Berücksichtigung von Nachhaltigkeitsaspekten im Rahmen des Bewertungsprozesses zu verbessern sowie die Transparenz des Bewertungsergebnisses zu erhöhen, kann das ESI-Rating herangezogen werden.

Es besteht die Möglichkeit, den Ratingwert von ESI oder dessen grafische Darstellung dem Wertgutachten beizufügen. Darüber hinaus können die ESI-Indikatoren als Nachhaltigkeits-Checkliste verwendet werden. Anhand dieser Checkliste ist zu prüfen, welche Nachhaltigkeitsmerkmale für die zu bewertende Immobilie von Relevanz sind, um die ESI-Indikatoren den einzelnen Parametern des Bewertungsverfahrens zuzuordnen und den Einfluss dieser Merkmale auf den Immobilienwert zu schätzen sowie mithilfe der Beschreibungen der ESI-Indikatoren darzustellen. Zusätzlich können die ESI-Teilergebnisse dazu verwendet werden, nachhaltigkeitsrelevante Chancen und Risiken aufzuzeigen und als Tendenz des Wertentwicklungsrisikos im Hinblick auf nachhaltigkeitsrelevante Gebäude- und Standortmerkmale des Bewertungsobjektes abzubilden, um das Bewertungsergebnis verständlicher darzustellen. An dieser Stelle sei auf den Leitfaden NUWEL für die Berücksichtigung von Nachhaltigkeitsaspekten in der Wertermittlung zur Anwendung in Deutschland, Österreich und der Schweiz hingewiesen.[78] Dieser zeigt anhand von Beispielen auf, welche Bewertungsparameter der verschiedenen, im deutschsprachigen Raum angewandten Bewertungsmethoden Möglichkeiten für eine Integration von Nachhaltigkeitsaspekten bieten (z.B. Abbildung 25).

Die Nachhaltigkeits-Checkliste kann zudem bei Investitionsentscheidungen Anwendung finden. Bei der Planung von Modernisierungen können auf der Grundlage der ESI-Teilergebnisse Optimierungspotenziale einer Immobilie identifiziert werden, um mithilfe der ESI-Indikatoren Modernisierungsmaßnahmen zu entwickeln. Darüber hinaus besteht die Möglichkeit, ESI für die strategische Planung und systematische Berücksichtigung von Nachhaltigkeit im Portfoliomanagement anzuwenden. Unter Verwendung des ESI-Werts als Zielwert können Optimierungsstrategien ausgearbeitet werden, um den Nachhaltigkeitsstandard eines Portfolios zu verbessern. Zudem gibt die Bewertung mit ESI Aufschluss darüber, welche Immobilien des Portfolios höhere Nachhaltigkeitsstandards und daraus resultierend ein höheres Wertentwicklungspotenzial bzw. geringere Wertschwankungen aufweisen. Diese Informationen können bei Ankaufs-/Verkaufs- und Modernisierungsentscheidungen hinzugezogen werden.[79]

---

[78] NUWEL wurde von einer trinationalen Arbeitsgruppe (Meins, E., Lützkendorf, T., Lorenz, D., Leopoldsberger, G., Frank, S. O., Burkhard, H.-P., Stoy, C. und Bienert, S.) unter Mitwirkung der Autorin erarbeitet (vgl. Meins et al. (2011)).
[79] Weiterführende Informationen finden sich bei Meins et al. (2012a), S. 35 ff.

4.7. Umsetzung und Anwendung des Ratingmodells

Parameter des Ertragswertverfahrens (mathematische Darstellung)*

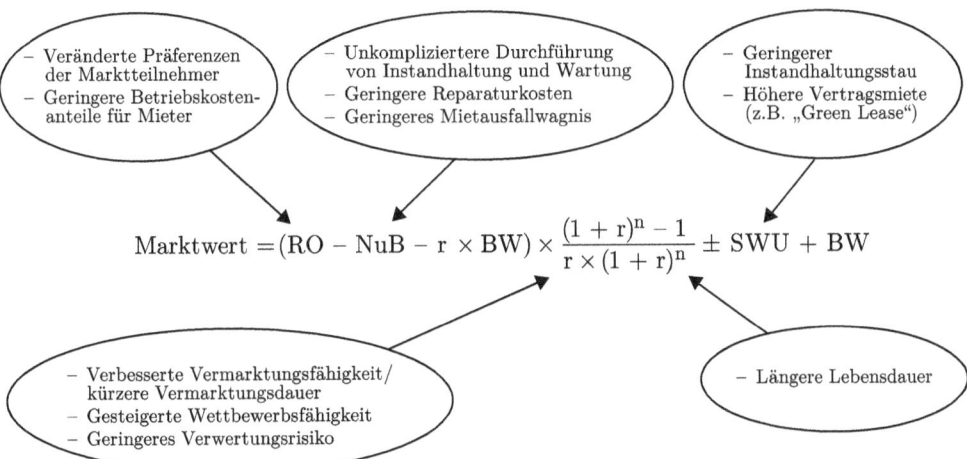

Erläuterungen:
RO: Rohertrag p.a.
NuB: Nicht umlagefähige Bewirtschaftungskosten
r: Liegenschaftszinssatz
n: Restnutzungsdauer
SWU: Sonstige wertbeeinflussende Umstände (z.B. wegen Mietvertragsvereinbarungen, die über/unter der Marktmiete liegen)
BW: Bodenwert
$\frac{(1+r)^n - 1}{r \times (1+r)^n}$: Vervielfältiger

* In Deutschland sieht die ImmoWertV bei allen Wertermittlungsverfahren eine Marktanpassung vor und legt fest, dass zunächst die Marktanpassung an die allgemeinen Wertverhältnisse auf dem Grundstücksmarkt zu erfolgen hat und erst dann die besonderen objektspezifischen Grundstücksmerkmale des zu bewertenden Grundstücks zu berücksichtigen sind (siehe §8 Abs. 2, ImmoWertV). Im Gegensatz dazu wird in der Österreichischen Norm 1802 bei allen Verfahren – also auch im Ertragswertverfahren – die Marktanpassung als letzter Schritt durchgeführt.
Daher wurde in der hier gewählten Darstellung des Ertragswertverfahrens in Deutschland und Österreich auf die Darstellung des Berechnungsschrittes der Marktanpassung verzichtet. Zum einen, um zu einer möglichst allgemeingültigen Abbildung zu gelangen und zum anderen, um zum Ausdruck zu bringen, dass im Ertragswertverfahren eine Marktanpassung vermieden werden sollte; sie sollte nur im Ausnahmefall zur Anwendung kommen, wenn Wert beeinflussende Umstände nicht über die übrigen Wertermittlungsparamter berücksichtigt werden können.

Abb. 25: Integrationsmöglichkeiten des Ertragswertverfahrens für Deutschland und Österreich (Meins et al. (2011), S. 23, nach Lorenz and Lützkendorf (2011), S. 656)

5 Vergleichende Betrachtung: ESI Deutschland – ESI Schweiz

Dieses Kapitel umfasst die vergleichende Betrachtung des im Rahmen der vorliegenden Arbeit entwickelten Ratingmodells für Deutschland mit dem Schweizer ESI-Rating (ESI Schweiz). Als Vergleichsgrundlage dient die Version von ESI Schweiz aus den Jahren 2011/12, welche zusammen mit der historischen Entwicklung des Schweizer Ratingmodells einleitend vorgestellt wird. Darauf aufbauend erfolgt der Vergleich der beiden Modelle, dessen Schwerpunkt auf der vergleichenden Betrachtung der inhaltlichen Zusammensetzung beider Ratings liegt. Ziel des Vergleichs ist das Herausarbeiten von Gemeinsamkeiten und Unterschieden zwischen ESI Deutschland und ESI Schweiz, um abschließend die Vergleichbarkeit der Ratings beurteilen sowie Rückschlüsse auf Divergenzen der Ergebnisse ziehen zu können.

5.1 CCRS Economic Sustainability Indicator (ESI Schweiz)

Der CCRS Economic Sustainability Indicator (ESI) wurde im Jahr 2007 am Center for Corporate Responsibility and Sustainability (CCRS) an der Universität Zürich und unterstützt von Vertretern aus der Praxis entwickelt. Mit dem Nachhaltigkeitsindikator ESI (2007) wurde die Zielsetzung verfolgt, wissenschaftlich fundierte und anwendungsorientierte Arbeitsgrundlagen für die Integration von Nachhaltigkeitsaspekten in die Wertermittlung von Immobilien zu erarbeiten, um die Rentabilität von Immobilienportfolios unter Berücksichtigung des holistischen Nachhaltigkeitsansatzes zu steigern. Vor diesem Hintergrund wurde im Rahmen der Indikatorentwicklung ein Konzept zur Nachhaltigkeit von Immobilienanlagen entwickelt, um wertrelevante Rahmenbedingungen und daraus abgeleitete Immobilienmerkmale von renditeorientierten Wohnimmobilien bzw. Mehrfamilienhäusern (MFH) zu identifizieren und zu bewerten (Meins and Burkhard (2007), S. 5). Der Nachhaltigkeitsindikator ESI (2007) umfasste 29 Kriterien (sogenannte Teilindikatoren), welche in die fünf Gruppen 1. Flexibilität/Polyvalenz, 2. Energieabhängigkeit, 3. Erreichbarkeit Infrastruktur, 4. Naturgefahren und 5. Immissionen gegliedert wurden. Da dieser Nachhaltigkeitsindikator für die Bewertung des Umgangs einer Immobilie mit Unsicherheiten konzipiert wurde, stellte er gleichzeitig einen Indikator für das spezifische Risiko einer Immobilie dar und konnte bei der Bewertung mit der Discounted Cash-Flow Methode (DCF-Methode) als Beta-Faktor im Kapitalisierungszinssatz eingesetzt werden (Meins and Burkhard (2007), S. 13). Im Rahmen von Praxistests wurde der Indikator an 12 Siedlungen mit insgesamt 165 Mehrfamilienhäusern bzw. 1.570 Wohnungen angewandt (Meins and Burkhard (2007), S. 14).

Auf der Grundlage des Nachhaltigkeitsindikators ESI (2007) erfolgte im Jahr 2009 eine Weiterentwicklung. Diese umfasste sowohl die inhaltliche Überprüfung, Aktualisierung und Plausibilisierung der Indikatorzusammensetzung sowie die Weiterentwicklung des Indikators für die Nutzung bei der Wertermittlung von Büro- und Handelsimmobilien (vgl. Meins and Burkhard (2009), S. 4, s.a. Meins et al. (2010)). In diesem Zusammenhang wurden die fünf Nachhaltigkeitsmerkmale zu den Gruppen 1. Flexibilität und Polyvalenz, 2. Energie- und Wasserabhängigkeit, 3. Erreichbarkeit Mobilität, 4. Sicherheit sowie 5. Gesundheit und Komfort weiterentwickelt, welche mithilfe von maximal 42 Teilindikatoren (Anzahl der Indikatoren in Abhängigkeit mit der Nutzungsart) beurteilt wurden (vgl. Meins and Burkhard (2009), S. 22.). Neben der inhaltlichen Überarbeitung wurde darüber hinaus die Gewichtung der bis dahin gleichgewichteten Teilindikatoren mittels eines risikobasierten Gewichtungsmodells hergeleitet und der Gesamteinfluss des Indikators auf den Immobilienwert in vertiefenden ökonometrischen Untersuchungen definiert (vgl. Meins and Burkhard (2009), S. 14 f., Holthausen et al. (2009), S. 1 f.). Die Integration des Nachhaltigkeitsindikators ESI (2009) in die DCF-Methode erfolgte als Risikozuschlag im Diskontierungszinssatz (Korrekturfaktor) an der Stelle des Objektrisikos und wurde normalerweise zusätzlich zu den bestehenden Risikozuschlägen verwendet (vgl. Abbildung 26). Der maximale Gesamteinfluss von ESI Schweiz (2009) hinsichtlich einer Wertüber- oder Wertunterschätzung durch die Vernachlässigung der im Indikator berücksichtigten Nachhaltigkeitsaspekte wurde mit -14,9% bzw. +6,6% des Immobilienwertes ermittelt (vgl. Meins and Burkhard (2009), S. 16 f.). Diese Version von ESI Schweiz ersetzte die bis dahin in der Praxis angewandte Version aus dem Jahr 2007. Zwischen den Jahren 2007 und 2009 wurden rund 200 Objekte der Nutzungsart Wohnen, Büro, Handel sowie Objekte gemischter Nutzung mit ESI bewertet (Meins and Burkhard (2009), S. 18).

Aufgrund der Praxiserfahrungen wurde der Schweizer Nachhaltigkeitsindikator ESI (2009) in den Jahren 2011/12 parallel zur Entwicklung von ESI Deutschland nochmals überarbeitet und weiterentwickelt. Dies beinhaltete sowohl die inhaltliche Überarbeitung der Schweizer ESI-Indikatoren, als auch die Weiterentwicklung der Gewichtung, welche die ursprüngliche Anwendung von ESI Schweiz (2009) als Korrekturfaktor (Zu- oder Abschlag im Diskontsatz) bei der Bewertung von Immobilien mit der DCF-Methode ersetzte. Einerseits wurde ESI zu einer für sich stehenden Anwendung, einem Nachhaltigkeitsrating („ESI-Rating"), weiterentwickelt, das als Grundlage für Investitionsentscheidungen und das Portfoliomanagement sowie für die Berücksichtigung von Nachhaltigkeitsaspekten bei der Wertermittlung verwendet werden kann (vgl. Meins et al. (2012b)). Andererseits wurde ein Discounted Cash-Flow Modell entwickelt, welches das ESI-Rating integriert und mithilfe von Risikosimulationen in Abhängigkeit

5.2. ESI Deutschland – ESI Schweiz

Praxisbeispiel 1: Mehrfamilienhaus Zentralschweiz
Eigentümerin SUVA, Bewertung pom+Consulting AG

Kurzbeschreibung
- 2 freistehende L-förmige Baukörper
- Grundrisse entsprechen den heutigen Anforderungen
- Moderner Ausbaustandard der Wohnungen
- Küchen und Nasszellen sind sehr modern
- Wohnhäuser vermitteln von aussen und innen einen sehr modernen Eindruck
- Gepflegte Umgebung
- Liegenschaft ist in einem sehr guten Zustand

Ergebnisse ESI®Indikator und Vorschläge für wertsteigernde Massnahmen

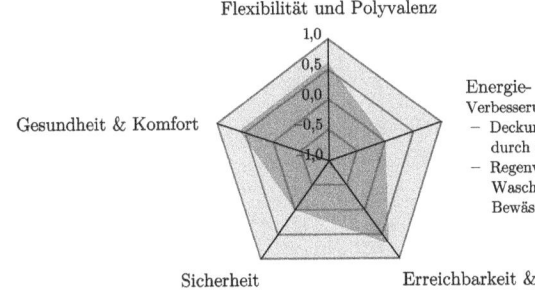

ESI®-Immobilienbewertung

Aktueller Fair Value (DCF-Standardbewertung)	CHF 28 190 000
CCRS Economic Sustainability Indicator ESI®	0,5
Korrekturfaktor	3,30%*
Nominalabweichung zur Standardbewertung	CHF 930 270
ESI®Fair Value	CHF 29 120 270

* Die Korrektur ergibt sich aus der Multiplikation des Wertes des ESI®-Indikators von 0,5 mit der Gewichtung von 6,6%.

Abb. 26: Anwendung von ESI Schweiz (2009) als Korrekturfaktor (Meins and Burkhard (2009), S. 15)

der Sub-Teilindikatoren von ESI den geschätzten Immobilienwert (und Diskontsatz) herleitet. Dieses DCF-Modell („ESI-DCF") kann bei Investitionsentscheidungen entlang des gesamten Lebenszyklusses einer Immobilie (Bestand und Neubau) eingesetzt werden (vgl. Meins et al. (2012b), S. 4 ff., Meins and Burkhard (2014), S. 15 f.).

5.2 ESI Deutschland – ESI Schweiz

Im Rahmen der vergleichenden Betrachtung des Nachhaltigkeitsratings ESI Deutschland mit dem ESI Schweizer Nachhaltigkeitsindikator ESI (2011/12) wird in den nachfolgenden Abschnitten näher auf das Schweizer ESI-Rating eingegangen, während an dieser Stelle auf weiterführende Informationen zu ESI-DCF verwiesen wird (z.B. Meins and Sager (2013), Meins and Burkhard (2014), S. 72 ff.).

5.2.1 Grundlagen

Die konzeptionelle Grundlage beider Nachhaltigkeitsratings stellt das Verständnis einer nachhaltigen Immobilie aus Investitionssicht dar (s.a. Abschnitt 3.4.4 und Meins and Burkhard (2014), S. 41). Für die Operationalisierung dieses Konzeptes wird das Wertentwicklungsrisiko herangezogen (s.a. Abschnitt 3.5.4 und Meins and Burkhard (2014), S. 44 ff.). Dabei stützen sich die Überlegungen von ESI Deutschland auf den investorenspezifischen Nutzwert (market worth), welcher beim Schweizer Rating ebenfalls zugrunde gelegt wird. Allerdings wird diese Wertdefinition bei ESI Schweiz um den in der Schweiz verbreiteten Wertbegriff des Nutz- oder Nutzungswertes (value in use) ergänzt (s.a. Abschnitt 3.5.3 und Meins and Burkhard (2014), S. 45 f.).[80] Dies hat jedoch keine inhaltlichen Konsequenzen für die weiteren theoretischen Überlegungen. Daher gilt für beide Ratings die Annahme, dass langfristige Veränderungen exogener Rahmenbedingungen Auswirkungen auf Veränderungen der Marktnachfrage oder des Marktangebots haben und aufgrund dessen den Wert einer Immobilie beeinflussen können. In diesem Kontext gelten Immobilien dann als nachhaltig, wenn sie bei einer dynamischen Betrachtung den Folgen dieser Veränderungen aufgrund ihrer Eigenschaften begegnen können und dadurch das Risiko einer Wertminderung reduzieren bzw. die Chance einer Wertsteigerung erhöhen (s.a. Abschnitt 3.5.4 und Meins and Burkhard (2014), S. 47).

Die Herleitung der wertrelevanten Nachhaltigkeitsmerkmale beider Ratings erfolgt auf der Grundlage exogener Rahmenbedingungen, welche im nachfolgenden Abschnitt dargestellt sind. Da sich die meisten analysierten Rahmenbedingungen auf nationale Gegebenheiten beziehen, können beide Nachhaltigkeitsratings ausschließlich in dem jeweiligen Land angewendet werden. Dieser Bezug kommt in der Zusammensetzung der Indikatoren sowie deren Codierung und Gewichtung (z.B. nationale Normen und Standards) noch deutlicher zum Ausdruck. Im Gegensatz zum Schweizer Rating, welches für die Bewertung der drei Immobiliennutzungsarten Wohnen bzw. Mehrfamilienhäuser, Büro und Handel konzipiert ist, beschränkt sich die Anwendung von ESI Deutschland auf die Beurteilung von Büroimmobilien (s.a. Abschnitt 1.2). Aus diesem Grund wird in dem vorliegenden Vergleich ESI Deutschland der Version des Nachhaltigkeitsindikators ESI Schweiz (2011/12) für Büroimmobilien gegenübergestellt. Jedoch gilt anzumerken, dass das Schweizer Rating grundsätzlich für die Nutzungsart Wohnen bzw. Mehrfamilienhäuser (MFH) ausgearbeitet und für die Beurteilung von weiteren Nutzungsarten im Nachgang spezifiziert wurde. Die daraus resultierenden Konsequenzen hinsichtlich der Vergleichbarkeit der beiden Ratings und deren Ergebnisse werden im Folgenden entsprechend aufgezeigt.

---

[80] „Als Nutz- oder Nutzungswert („value in use") wird die Gesamtheit der Nutzleistungen, welche vom Bewertungszeitpunkt an ohne weitere Gegenleistung erbracht werden, bezeichnet (Fierz 2005 und RICS 2012)" (Fierz (2005), S. 56, zitiert nach Meins and Burkhard (2009), S. 11). Diese Definition wird herangezogen, da bei dieser Wertdefinition nicht der Preis, sondern der Nutzen im Vordergrund steht und darüber hinaus die Abhängigkeit von der Zukunft zum Ausdruck kommt (Meins and Burkhard (2007), S. 7).

5.2.2 Wertrelevante Nachhaltigkeitsmerkmale und deren Indikatoren

Die wertrelevanten Nachhaltigkeitsmerkmale werden bei beiden Nachhaltigkeitsratings basierend auf den im vorangegangenen Abschnitt dargestellten konzeptionellen Grundlagen und Definitionen sowie mithilfe von Veränderungen exogener Rahmenbedingungen hergeleitet (vgl. Abschnitt 4.2 und Meins and Burkhard (2014), S. 49 ff.). Die analysierten wertbeeinflussenden Rahmenbedingungen von ESI Deutschland (ESI-D) und ESI Schweiz (ESI-CH) sind in Tabelle 31 dargestellt (s.a. Tabelle 7 in Abschnitt 4.2 und Meins and Burkhard (2014), S. 50 f.). Es wird ersichtlich, dass weitestgehend vergleichbare Rahmenbedingungen analysiert werden, welche jedoch auf verschiedenen Szenarien basieren und daher in teilweise unterschiedlichen Trends resultieren. Beispielsweise ist in Deutschland eine sinkende Bevölkerungszahl zu verzeichnen, während der Trend in der Schweiz gegenläufig zur deutschen Entwicklung ist. Alle selektierten und für die Herleitung der wertrelevanten Nachhaltigkeitsmerkmale zugrunde gelegten Rahmenbedingungen sind in Tabelle 31 hervorgehoben dargestellt. Die Rahmenbedingungen, welche nur im Rahmen von ESI Deutschland berücksichtigt sind, werden in der Übersicht mit einer Unterstreichung gekennzeichnet, während die selektierten Rahmenbedingungen, welche ausschließlich für ESI Schweiz von Bedeutung sind, kursiv markiert sind. Dabei wird deutlich, dass nur für ESI Deutschland beispielsweise die Individualisierung mit Einfluss auf die Erwerbstätigenzahl als langfristige wertbeeinflussende Entwicklung herangezogen wird, währenddessen beispielsweise die Anforderungen an die Anzahl privater Fahrzeugabstellplätze (Parkplatzverordnung) oder die Verdichtung aufgrund der Raumplanung ausschließlich für das Schweizer Rating von Bedeutung sind. Diese Divergenzen lassen sich auf folgende Gründe zurückführen:

– Unterschiedliche Nutzungsarten:
  Da ESI Deutschland auf die für den Büroimmobilienmarkt relevanten Rahmenbedingungen fokussiert, erfordert die Analyse der Szenarien teilweise andere Datengrundlagen als die Szenarienauswertung des Schweizer Ratings, welches vorrangig für Mehrfamilienhäuser konzipiert ist.

– Unterschiedliche nationale Gegebenheiten:
  Darunter werden unterschiedliche nationale Rahmenbedingungen und deren Relevanz für das jeweilige Land sowie unterschiedliche Standards und Gesetzgebungen verstanden. Als Beispiel kann die Verordnung über private Fahrzeugabstellplätze (Parkplatzverordnung) der Stadt Zürich aufgeführt werden, welche in Deutschland nicht zum Tragen kommt (vgl. Stadt Zürich (2010)).

– Unterschiedliche Analysezeitpunkte:
  Die Weiterentwicklung von ESI Schweiz erfolgte zeitlich versetzt zur Entwicklung von ESI Deutschland. Zwischen diesen Zeiträumen haben sich vereinzelt andere Rahmenbedingungen oder Ereignisse ergeben (z.B. Nuklearkatastrophe von Fukushima).

Tab. 31: Vergleichende Übersicht über die exogenen Rahmenbedingungen von ESI Deutschland und ESI Schweiz

	Rahmenbedingungen[1]	Trends[2] D[3]	CH[4]
Wirtschaft	Arbeitslosenquote	?	?
	Arbeitsplätze	?	?
	Baulandpreise	?	?
	Baupreisindex	?	?
	Bautätigkeit	?	?
	Bereitgestelltes Geld eines Unternehmens für Miete	?	?
	Entwicklung Bruttoinlandsprodukt (BIP)	?	?
	Verfügbares Einkommen privater Haushalte und dessen Verteilung	?	?
	Immo- vs. andere Anlagen	?	?
	Konsum	?	?
	Leerstandsquote Büroimmobilien	?	?
	Mietpreisentwicklung	?	?
	Neue Baumaterialien	↗*	↗*
	Neue Fahrzeugtechnologien	?	↗*
	Neue Gebäudetechnik	↗*	↗*
	Preisindex Lebenshaltung	?	?
	Sparquote	?	?
	Strahlenbelastung aufgrund technischer Anlagen (elektromagnetische Felder, Antennen, etc.)	↗*	↗*
	Unternehmensgewinne	?	?
	Zahl Bevölkerung im Erwerbsalter	↘	↘
	Zins langfristig	?	? ↗
Gesellschaft	Anteil an arbeitenden Frauen	?	-
	Anteil ältere Wohnbevölkerung	↗	↗
	Anzahl der Privathaushalte	↗	↗
	Anzahl der Personen je Privathaushalt	↘	↘
	Bevölkerungsdichte	?	-
	Bevölkerungszahl	↘	↗
	Gesundheitsbewusstsein	↗*	↗*
	Individualisierung	↗*	-
	Menge und relative Attraktivität des Motorisierten Individualverkehrs (MIV)	↗	↗
	Menge und relative Attraktivität des Öffentlichen Verkehrs (ÖV)	↘	↗
	Nationalitäten	?	?
	Präferenzen Marktteilnehmer (Trends)	?	?
	Sicherheitsbedürfnis/-empfinden	↗*	↗*
	Urbanisierung	↗*	↗*
	Wohnfläche (m² BGF) pro Person	-	↗
	Zu- und Abwanderungen	?	?

Legende: ↗ zunehmender Trend, ↗↗ stark zunehmender Trend, ↘ abnehmender Trend, ? keine Szenarien vorliegend

5.2. ESI Deutschland – ESI Schweiz

Tab. 31: Vergleichende Übersicht über die exogenen Rahmenbedingungen von ESI Deutschland und ESI Schweiz *(Forts.)*

	Rahmenbedingungen[1]	Trends[2] D[3]	CH[4]
Recht und Politik	*Anforderungen an die Anzahl priv. Fahrzeugabstellplätze (Parkplatzverordnung)*	–	↘*
	Baulandreserven	↘*	↘*
	Einführung von CO_2-Abgaben	↗*	↗*
	Mietrecht	?	?
	Preisgestaltungsspielraum Mieten	?	?
	Steuerrecht	?	?
	Raumplanung, öffentl. Infrastruktur, Verkehrsplanung	?	?
	Standort AKW und Lager für radioaktive Abfälle	–	↘*
	Subventionen	?	?
	Verdichtung aufgrund der Raumplanung	–	↗*
	Verschärfung von Gesetzen (Energieeffizienz)	↗	↗*
Umwelt und Energie	Wassergebühren	↗*	↗*
	Klimaerwärmung	↗	↗
	Preis fossiler Energieträger	↗	↗↗
	Preis Strom	↗	↗↗
	Extreme Wetterereignisse (als Folge der Klimaerwärmung)	↗	↗

Legende: ↗ zunehmender Trend, ↗↗ stark zunehmender Trend, ↘ abnehmender Trend, ? keine Szenarien vorliegend;
hervorgehoben: Selektierte Rahmenbedingung bei ESI-D und ESI-CH,
hervorgehoben+unterstrichen: Selektierte Rahmenbedingung nur bei ESI-D,
hervorgehoben+kursiv: Selektierte Rahmenbedingung nur bei ESI-CH

Anmerkungen:

* Hierzu liegen keine Szenarien vor, diese Annahmen stützen sich auf Expertenmeinungen.

(1) Die Liste der Rahmenbedingungen ist nicht abschließend, Wechselwirkungen zwischen Rahmenbedingungen sind möglich. Die Zuordnung der Rahmenbedingungen zu den Dimensionen Wirtschaft, Gesellschaft, etc. ist nicht immer eindeutig möglich.

(2) Es wird ein Zeithorizont von rund 30 Jahren betrachtet.

(3) Die Quellen der ausgewerteten Szenarien von ESI Deutschland können Tabelle 7 in Abschnitt 4.2 entnommen werden.

(4) Quellen ESI Schweiz (vgl. Meins and Burkhard (2014), S. 55 ff.): ARE (2006), BFE (2007a), BFE (2007b), BFS (2008), BFS (2010), econcept (2005), Directive 2010/31/EU (2010), OcCC (2007), Stadt Zürich (2010).

Die mithilfe der selektierten Rahmenbedingungen hergeleiteten Objekt- und Lagemerkmale, welche aufgrund der langfristigen Entwicklungen stärker nachgefragt werden dürften, stellen die Nachhaltigkeitsmerkmale aus Investitionssicht (wertrelevante Nachhaltigkeitsmerkmale) bei ESI-D und ESI-CH dar. Die wertrelevanten Nachhaltigkeitsmerkmale lassen sich thematisch in fünf Gruppen gliedern. Wie in Tabelle 32 dargestellt, erfolgt die thematische Gliederung von ESI Deutschland und ESI Schweiz auf vergleichbare Weise (s.a. Tabelle 9 in Abschnitt 4.2 und Meins and Burkhard (2014), S. 62). Dies bezieht sich sowohl auf die konvergierenden Themenfelder (Nachhaltigkeitsmerkmale), als auch auf die vergleichbare Zuordnung der deutschen und Schweizer ESI-Indikatoren zu den fünf Nachhaltigkeitsmerkmalen auf der Ebene der (Sub-)Teilindikatoren. Weiterhin haben die beiden Ratings gemeinsam, dass alle ESI-Indikatoren in der Regel mittels drei Ausprägungen[81] ausformuliert und mit den Werten +1, 0 und -1 codiert sind. Dabei entspricht der Wert +1 der günstigsten Ausprägung des jeweiligen Indikators, der Wert 0 ist der durchschnittlichen Ausprägung zugewiesen und der Wert -1 ist der ungünstigsten Ausprägung des zu bewertenden Indikators zugeordnet. Diese Zuordnung gilt sowohl für ESI Deutschland, als auch für ESI Schweiz (s.a. Abschnitt 4.3 und Meins and Burkhard (2014), S. 65).

Unterschiede zeigen sich in der Nummerierung der einzelnen Gliederungsebenen und in der Bezeichnung der Indikatoren auf der dritten Ebene[82], welche jedoch keine Auswirkungen auf die inhaltliche Zusammensetzung oder das Gesamtergebnis der Ratings aufweisen. Die in Tabelle 33 dargestellte vergleichende Übersicht über die deutschen und Schweizer ESI-Indikatoren für die Nutzungsart Büro zeigt auf, dass die Nummerierung aller Indikatoren von ESI Deutschland fortlaufend ist, wohingegen die Schweizer ESI-Indikatoren stärker untergliedert und entsprechend nummeriert sind (s.a. Abschnitt 4.3 und Meins and Burkhard (2014), S. 66 ff.).[83] Allerdings wirken sich die Unterschiede in der Gliederung der beiden Ratings sowie die unterschiedlichen nationalen Gegebenheiten und die damit im Zusammenhang stehende (Un-)bedeutsamkeit einzelner Indikatoren im jeweiligen Land auf die Anzahl der Indikatoren aus: Während das deutsche Rating 23 Teilindikatoren bzw. 34 Sub-Teilindikatoren umfasst, existieren bei ESI Schweiz 43 Subindikatoren für die Nutzungsart Mehrfamilienhäuser, 40 Subindikatoren für Büroimmobilien und 32 Subindikatoren für Handelsimmobilien (s.a. Abschnitt 4.2 und Meins and Burkhard (2014), S. 68).

---

[81] Vereinzelt existieren sowohl bei ESI-D, als auch bei ESI-CH Indikatoren, welche aufgrund der Plausibilität lediglich zwei Ausprägungen umfassen. Beispielsweise wird bei dem Indikator „23 Kontaminationen: Altlasten" (ESI-D) bzw. „5.1.6 Altlasten" (ESI-CH) der Verdacht auf Altlasten oder das nachweisliche Vorhandensein von Altlasten mit ja oder nein beurteilt (s.a. Tabelle 29 in Abschnitt 4.3.5 und Meins and Burkhard (2014), S. 150).

[82] Bei ESI-D werden die Kriterien der dritten Ebene als Sub-Teilindikatoren bezeichnet, während bei ESI-CH der Begriff Subindikatoren verwendet wird (s.a. Tabelle 29 in Abschnitt 4.7.1 und Meins and Burkhard (2014), S. 65).

[83] Als Beispiel für eine unterschiedliche Gliederung und Nummerierung kann der deutsche Indikator „9 Energieträger: Deckung Wärmebedarf durch erneuerbare Energien" aufgeführt werden, welcher bei ESI Schweiz als „2.1.2.1 Nutzung erneuerbarer Energie zur Deckung des Wärmebedarfs" bezeichnet wird (s.a. Abschnitt 4.3, Meins and Burkhard (2014), S. 66).

5.2. ESI Deutschland – ESI Schweiz

Tab. 32: Nachhaltigkeitsmerkmale von ESI Deutschland und ESI Schweiz

Nachhaltigkeitsmerkmale ESI Deutschland	Nachhaltigkeitsmerkmale ESI Schweiz
Flexibilität und Umnutzbarkeit	**Flexibilität und Polyvalenz**
Nutzungsflexibilität	Nutzungsflexibilität
Nutzerflexibilität	Nutzerflexibilität
Ressourcenverbrauch und Treibhausgase	**Ressourcenverbrauch und Treibhausgase**
Energie- und Treibhausgase	Energie und Treibhausgase
Wasser	Wasser
	Baumaterialien
Standort und Mobilität	**Standort und Mobilität**
Öffentlicher Verkehr	Öffentlicher Verkehr
Nicht motorisierter Verkehr	Nicht motorisierter Verkehr
Erreichbarkeiten	Standort
Sicherheit	**Sicherheit**
Naturgefahren	Naturgefahren
Bauliche Sicherheitsvorkehrungen	Bauliche Sicherheitsvorkehrungen
Gesundheit und Komfort	**Gesundheit und Komfort**
Kontaminationen	Raumluft
Arbeitsplatzklima (Raumluft, Lärm/Schall, Tageslicht, etc.)	Lärm
	Tageslicht
Bauprodukte	Strahlung
	Baumaterialien

Darüber hinaus werden bei einer Gegenüberstellung der Indikatorenzusammensetzung von ESI Deutschland und ESI Schweiz sowie in einer vergleichenden Betrachtung der ausformulierten Ausprägungen aller ESI-Indikatoren Unterschiede ersichtlich. Jedoch sei angemerkt, dass viele Indikatoren als vergleichbar eingestuft werden können. Diese Indikatoren sind in Tabelle 33 mit einem „x" gekennzeichnet. In einigen Fällen liegt lediglich eine andere Indikatorbezeichnung vor. Als Beispiel kann an dieser Stelle der deutsche Indikator „1 Flexibilität Baukonstruktion: Flexibilität Grundriss" aufgeführt werden, welcher bei ESI Schweiz als „1.1.1 Raumeinteilung" bezeichnet wird. Des Weiteren existieren Unterschiede in der Ausformulierung der Ausprägungen, welche auf die in dem jeweiligen Land vorherrschenden Normen und Standards zurückzuführen sind. Wie in Abschnitt 4.3 bereits dargelegt, ist bei der Festlegung der Codierung und Ausformulierung der Ausprägungen neben den rechtskräftigen Normen auch die Orientierung an den in der Praxis vorherrschenden Standards bestehender Büroimmobilien von großer Bedeutung. Vor diesem Hintergrund zeigen sich Unterschiede zwischen Deutschland und der Schweiz, welche innerhalb der Ratings mittels unterschiedlicher Anforderungen resultierend aus den Testanwendungen (Praxistests) zum Ausdruck kommen.

Um diese Unterschiede aufzuzeigen, soll an dieser Stelle ein Beispiel anhand des deutschen Indikators „3 Geschosshöhe (Normalgeschoss)" (ESI-CH: „1.1.2 Geschosshöhe") folgen: Bei ESI Deutschland ist die günstigste Ausprägung mit einer Geschosshöhe (OKFF–OKFF) >3,50 m definiert (ESI-CH: >3,70 m), während die durchschnittliche Ausprägung mit einer Geschosshöhe von 3,00 m–3,50 m (ESI-CH: 3,50 m–3,70 m) festgelegt ist und die ungünstigste Ausprägung mit einer Geschosshöhe <3,00 m (ESI-CH: <3,50 m) angegeben ist (s.a. Tabelle 13 in Abschnitt 4.3.1 und Meins and Burkhard (2014), S. 140). Diese Unterschiede sind jedoch erforderlich, um eine plausible Beurteilung vornehmen zu können, welche den in der Praxis umgesetzten Standards deutscher bzw. Schweizer Bestandsimmobilien entspricht.

Neben den miteinander vergleichbaren ESI-Indikatoren liegen Indikatoren vor, welche bei ESI Deutschland auf eine andere Art und Weise beurteilt werden als bei ESI Schweiz und umgekehrt, jedoch auf vergleichbare Aussagen eines Indikators abzielen. Diese sind in Tabelle 33 durch ein „(x)" kenntlich gemacht. Beispielsweise wird mithilfe des Indikators „6 Erschließung im Gebäude" von ESI Deutschland der Grad der Barrierefreiheit des zu bewertenden Objekts nach DIN 18040-1:2010-10 (Barrierefreies Bauen – Planungsgrundlagen – Teil 1: Öffentlich zugängliche Gebäude) beurteilt. Die in der Norm beschriebenen Anforderungen umfassen die vertikale Erschließung innerhalb des Gebäudes einschließlich der Aufzugsanlagen, Höhendifferenzen und Maximalneigungen von Rampen, Mindestflurbreiten und -türbreiten und dgl. Auf diese Weise werden die eben aufgeführten Einzelaspekte zusammengefasst beurteilt, während sie bei ESI Schweiz einer separaten Bewertung in Form von vier Subindikatoren (Indikatoren „1.2.1 Vorhandensein (rollstuhlgänger) Lift für alle Stockwerke, sofern mehrgeschossig", „1.2.2 Überwindbare Höhendifferenzen innen und aussen", „1.2.3 Genügend breite Türen" und „1.2.4 Genügend breite Korridore") unterliegen (s.a. Tabelle 13 in Abschnitt 4.3.1 und Meins and Burkhard (2014), S. 140 f.). Dies betrifft den Schweizer Indikator „3.1.1 Öffentlicher Verkehr" in umgekehrter Form, welcher bei ESI-D mittels Indikatoren zu den Erreichbarkeiten und Frequenzen des Öffentlichen Verkehrs (ESI-D: Indikatoren 12 und 13) beurteilt wird (s.a. Tabelle 15 in Abschnitt 4.3.3 und Meins and Burkhard (2014), S. 144).

Zudem existieren Indikatoren, deren Bewertung in der Schweiz auf einer anderen Datengrundlage basiert als in Deutschland, wenngleich der Gegenstand der Bewertung dieselbe Zielsetzung verfolgt. Auch diese Indikatoren sind mit einem „(x)" gekennzeichnet. Beispielsweise werden der Beurteilung der energetischen Qualität der Gebäudehülle und Heiztechnik (ESI-D: Indikator 8) die Anforderungen der EnEV zugrunde gelegt, während bei ESI-CH der Heizwärme- und Kühlbedarf (ESI-CH: Indikatoren 2.1.1.1 und 2.1.1.2[84]) mittels Grenzwerten von Schweizer Standards und Normen sowie deren Unterschreitungen bzw. mittels Temperaturangaben beurteilt wird (s.a. Tabelle 14 in Abschnitt 4.3.2 und Meins and Burkhard (2014), S. 142).

---

[84] Dieser Subindikator existiert bei ESI Deutschland nicht.

5.2. ESI Deutschland – ESI Schweiz

Tab. 33: Vergleichende Übersicht über die deutschen und Schweizer ESI-Indikatoren für die Nutzungsart Büro

	ESI Deutschland Teilindikatoren	ESI Deutschland Sub-Teilindikatoren	ESI Schweiz Subindikatoren		Vergleichbarkeit
1	Flexibilität Baukonstruktion	Umbaubarkeit, Anpassbarkeit und Rückbaubarkeit der Baukonstruktion	—		n.a.
		Flexibilität Grundriss	1.1.1	Raumeinteilung	x
2	Erweiterbarkeit	Horizontale und vertikale Erweiterbarkeit	—		n.a.
3	Geschosshöhe (Normalgeschoss)		1.1.2	Geschosshöhe	x
4	Flexibilität Gebäudetechnik (Kabel/Leitungen/ Schächte)	Zugänglichkeit Gebäudetechnik	1.1.3	Zugänglichkeit Kabel/Leitungen/ Haustechnik	x
		Reservekapazität Gebäudetechnik	1.1.4	Reservekapazität Kabel/Leitungen/ Haustechnik	x
5	Zugänglichkeit zum Gebäude	Überwindbare Höhendifferenzen außen	1.2.2	Überwindbare Höhendifferenzen innen und aussen	x
6	Erschließung im Gebäude		1.2.1	Vorhandensein (rollstuhlgänger) Lift für alle Stockwerke, sofern mehrgeschossig;	x
			1.2.2	Überwindbare Höhendifferenzen innen und aussen;	
			1.2.3	Genügend breite Türen;	
			1.2.4	Genügend breite Korridore	
7	Barrierefreie Toiletten		1.2.5	Sanitärräume rollstuhlgängig	x
8	Energetische Qualität (Energiebedarf)	Energetische Qualität der Gebäudehülle und Heiztechnik	2.1.1.1	Heizwärmebedarf in $MJ/m^2 a$	(x)
	—	—	2.1.1.2	Kühlbedarf	n.a.
9	Energieträger	Deckung Wärmebedarf durch erneuerbare Energien	2.1.2.1	Nutzung erneuerbarer Energie zur Deckung des Wärmebedarfs	x
		Deckung Strombedarf durch erneuerbare Energien	2.1.2.2	Nutzung erneuerbarer Energie zur Deckung des Strombedarfs	x

Legende: x= Vergleichbarkeit ist gegeben, (x)=Vergleichbarkeit ist teilweise gegeben, n.a.=Vergleichbarkeit ist nicht gegeben/Vergleich ist nicht möglich

5. Vergleichende Betrachtung: ESI Deutschland – ESI Schweiz

Tab. 33: Vergleichende Übersicht über die deutschen und Schweizer ESI-Indikatoren für die Nutzungsart Büro *(Forts.)*

ESI Deutschland Teilindikatoren	ESI Deutschland Sub-Teilindikatoren	ESI Schweiz Subindikatoren		Vergleichbarkeit
10 Wasserverbrauch	Ausstattung mit wassersparenden Einrichtungen	2.2.1	Wasserverbrauch	x
11 Niederschlagsentwässerung		2.2.2	Niederschlagsentwässerung	x
—		2.2.3	Regenwassernutzung	n.a.
—		2.3.1	Rezyklierbarkeit Baumaterialien	n.a.
12 Erreichbarkeit Öffentlicher Verkehr	Erreichbarkeit ÖPNV	3.1.1	Öffentlicher Verkehr	(x)
	Erreichbarkeit Fernverkehr	3.1.1	Öffentlicher Verkehr	(x)
13 Frequenz Öffentlicher Verkehr	Frequenz ÖPNV	3.1.1	Öffentlicher Verkehr	(x)
	Frequenz Fernverkehr	3.1.1	Öffentlicher Verkehr	(x)
14 Erreichbarkeit lokales/regionales Zentrum und Naherholung	Erreichbarkeit lokales/regionales Zentrum	3.3.1	Distanz lokales/regionales Zentrum	x
—		3.3.2	Distanz Einkaufsmöglichkeiten des täglichen Bedarfs	n.a.
	Erreichbarkeit Naherholung	3.3.3	Distanz Naherholung/Grünanlagen	x
—		3.3.4	Prestige-Lage/1A-Lage	n.a.
15 Fahrradabstellplätze		3.2.1	Veloabstellplätze	x
16 Lage hinsichtlich möglicher Naturgefahren	Zunehmende Sturm-, Hochwassergefährdung	4.1.1	Lage hinsichtlich möglicher Naturgefahren (zunehmende Hochwasser-, Lawinen-, Erdrutsch- und Erdsturzgefährdung)	x
—		4.2.1.1	Objektbezogene Sicherheitsvorkehrungen bez. Hochwasser	n.a.
—		4.2.1.2	Objektbezogene Sicherheitsvorkehrungen bez. Erdbeben	n.a.
17 Bauliche Sicherheitsvorkehrungen	Beleuchtung/Belichtung	4.2.2.1	Beleuchtung/Belichtung	x

Legende: x= Vergleichbarkeit ist gegeben, (x)=Vergleichbarkeit ist teilweise gegeben, n.a.=Vergleichbarkeit ist nicht gegeben/Vergleich ist nicht möglich

5.2. ESI Deutschland – ESI Schweiz

Tab. 33: Vergleichende Übersicht über die deutschen und Schweizer ESI-Indikatoren für die Nutzungsart Büro *(Forts.)*

ESI Deutschland Teilindikatoren	ESI Deutschland Sub-Teilindikatoren	ESI Schweiz Subindikatoren	Vergleichbarkeit
17 Bauliche Sicherheitsvorkehrungen	Brandschutz	4.2.2.2 Brandschutz	x
	Technische Sicherheitseinrichtungen	—	n.a.
18 Raumluftqualität	Kontrolliertes Lüftungskonzept	5.1.1 Raumluftqualität	x
19 Schallschutz	Lärmimmissionen	5.1.2.1 Aussenlärm	x
20 Lärmbelastung/Akustik (innen)	Luftschall, Trittschall, Geräusche aus haustechn. Anlagen und Betrieben	5.1.2.2 Innenlärm: Luftschall, 5.1.2.3 Innenlärm: Trittschall, 5.1.2.4 Innenlärm: Geräusche haustechnischer Anlagen und fester Einrichtungen im Gebäude	(x)
21 Tageslichtversorgung		5.1.3 Tageslichtanteile	x
22 Individuelle Regulierbarkeit des Arbeitsplatzklimas	Einflussnahme durch den Nutzer	—	n.a.
23 Kontaminationen	Altlasten	5.1.6 Altlasten	x
	Radon (ionisierend)	5.1.4.3 Radon (ionisierend)	x
	Elektromagnetische Felder (nichtionisierend): Stromversorgungsnetz	— (nur für Nutzungsart MFH)	n.a.
	—	5.1.5.1 Ökologische Baumaterialien bei Neubauten	n.a.
	Gesundheitsschädigende Bauprodukte	5.1.5.2 Gesundheitsschädigende Baumaterialien bei Altbauten	x

Legende: x= Vergleichbarkeit ist gegeben, (x)=Vergleichbarkeit ist teilweise gegeben, n.a.=Vergleichbarkeit ist nicht gegeben/Vergleich ist nicht möglich

Für die in Tabelle 33 mit „n.a." gekennzeichneten Indikatoren ist ein Vergleich der Nachhaltigkeitsratings nicht möglich, da der entsprechende Indikator nur in der Beurteilung von ESI Deutschland oder ESI Schweiz herangezogen wird. Das betrifft die nachfolgenden Indikatoren von ESI Deutschland, welche bei ESI Schweiz keine Beachtung finden:

- Teilindikator „1 Flexibilität Baukonstruktion: Umbaubarkeit, Anpassbarkeit und Rückbaubarkeit der Baukonstruktion",

- Teilindikator „2 Erweiterbarkeit: Horizontale und vertikale Erweiterbarkeit",

- Sub-Teilindikator „17 Bauliche Sicherheitsvorkehrungen: Technische Sicherheitseinrichtungen",

- Teilindikator „22 Individuelle Regulierbarkeit des Arbeitsplatzklimas: Einflussnahme durch den Nutzer",

- Sub-Teilindikator „23 Kontaminationen: Elektromagnetische Felder (nichtionisierend): Stromversorgungsnetz."[85]

Diese Indikatoren sind aufgrund des Operationalisierungsschwerpunkts des deutschen Nachhaltigkeitsratings auf der Nutzungsart Büro von Wichtigkeit, bleiben bei ESI Schweiz mit dem Fokus auf Wohnimmobilien jedoch unbeachtet.

Ein weiterer Indikator, dessen Bedeutung auf die Nutzungsart zurückzuführen ist und bei ESI Deutschland nicht berücksichtigt wird, ist der Schweizer Subindikator „3.3.2 Distanz Einkaufsmöglichkeiten des täglichen Bedarfs." Ebenfalls keine Beachtung beim deutschen Rating findet der Schweizer Subindikator „4.2.1.2 Objektbezogene Sicherheitsvorkehrungen bez. Erdbeben", welcher aufgrund der angenommenen erhöhten Erdbebengefährdung in der Schweiz als Folge extremer Wetterereignisse und der Klimaerwärmung für ESI-CH von Bedeutung ist und auch durch die Verankerung in der Schweizer Norm SIA 261:2014-07 verdeutlicht wird. Jedoch wird in Deutschland einer erhöhten Erdbebengefährdung keine mit der Schweiz vergleichbare Relevanz beigemessen, sodass dieser Indikator in Deutschland nicht greift. Zudem bestehen bei diesem Schweizer Indikator Konflikte hinsichtlich der Nutzenunabhängigkeit[86] der Indikatoren, welche auch bei dem Subindikator „4.2.1.1 Objektbezogene Sicherheitsvorkehrungen bez. Hochwasser" vorliegen. Aus diesem Grund wird dieser Subindikator bei ESI-D ebenfalls außer Acht gelassen und stattdessen in den Teilindikator „16 Lage hinsichtlich möglicher Naturgefahren: Zunehmende Sturm-, Hochwassergefährdung" integriert.

---

[85] Dieser Sub-Teilindikator wird bei ESI-CH nur für die Nutzungsart Wohnen mittels des Subindikators „5.1.4.2 Elektromagnetische Felder (nicht ionisierend): Stromversorgungsnetz" beurteilt (vgl. Meins and Burkhard (2014), S. 150).

[86] Die Nutzenunabhängigkeit ist gewährleistet, wenn die Zielerreichung eines Indikators möglich ist ohne dass die Erfüllung eines anderen Indikators vorausgesetzt wird (s.a. Abschnitt 2.1.1).

Neben diesem Subindikator existieren weitere Schweizer Indikatoren, welche bei ESI Deutschland bereits in anderen Indikatoren enthalten sind, daher keine gesonderte Beurteilung erfordern und stattdessen in den Ausformulierungen der Ausprägungen anderer Indikatoren zum Ausdruck kommen. Dies sind folgende Schweizer Indikatoren:

- Subindikator „2.1.1.2 Kühlbedarf", welcher mit Indikator „2.1.1.1 Heizwärmebedarf in MJ/m^2a" bei ESI-D mittels Teilindikator „8 Energetische Qualität der Gebäudehülle und Heiztechnik zusammengefasst beurteilt wird,

- Subindikator „2.3.1 Rezyklierbarkeit Baumaterialien", welcher bei ESI-D in Teilindikator „1 Flexibilität Baukonstruktion: Umbaubarkeit, Anpassbarkeit und Rückbaubarkeit der Baukonstruktion" enthalten ist,

- Subindikator „2.2.3 Regenwassernutzung", welcher beim deutschen Rating entfallen ist und stattdessen durch den Teilindikator „11 Niederschlagsentwässerung" beurteilt wird,

- Subindikator „5.1.5.1 Ökologische Baumaterialien bei Neubauten", welcher zusammen mit Subindikator „5.1.5.2 Gesundheitsschädigende Materialien bei Altbauten" bei ESI Deutschland durch den Sub-Teilindikator „23 Kontaminationen: Gesundheitsschädigende Bauprodukte" beurteilt wird.

Weitere Unterschiede zwischen den Indikatoren von ESI Deutschland und ESI Schweiz lassen sich auf unterschiedliche verfügbare Datengrundlagen zurückführen. So erfolgt die Beurteilung des Schweizer Indikators „3.3.4 Prestige-Lage/1A-Lage" mithilfe von den in der Schweiz etablierten Lage- und Standortratings, dem ZKB-Lagerating oder dem Standort- und Marktrating von Wüest & Partner (vgl. Meins and Burkhard (2014), S. 145). Da es in Deutschland an repräsentativen Daten dieser Art mangelt, wird auf eine mit ESI-CH vergleichbare Beurteilung der Lagequalität bei ESI-D verzichtet.

5.2.3 Relative Gewichte

Die Ermittlung der relativen Gewichte von ESI Deutschland und ESI Schweiz erfolgt mithilfe eines Risikomodells, für welches Schätzungen[87] der Eintrittswahrscheinlichkeiten und Ausmaße der für jeden Indikator hinterlegten Szenarien als Eingangsgrößen dienen (s.a. Abschnitt 4.4 und Meins and Burkhard (2014), S. 70). Als Grundlage der Schätzungen wird jeweils ein Referenzobjekt herangezogen. Bei ESI Deutschland handelt es sich hierbei um eine Büroimmobilie, während im Rahmen von ESI Schweiz eine Wohnimmobilie (Mehrfamilienhaus) zugrunde gelegt wird (s.a. Anhang D und Meins et al. (2012b), S. 32). Bei einem Vergleich der relativen Gewichte des deutschen und des Schweizer Ratings kommt der Fokussierung auf unterschiedliche Nutzungsarten im

---

[87] Die Schätzungen werden bezogen auf das jeweilige Land von Immobilienbewertern und Immobilieneigentümern (Ertragsschätzungen) sowie Vertretern der Baukostenermittlung und -planung (Kostenschätzungen) abgegeben, welche in Deutschland bzw. in der Schweiz tätig sind.

Rahmen der Operationalisierung der ESI-Indikatoren und der damit einhergehenden differierenden Schätzgrundlage eine wichtige Bedeutung zu, welche sich durch voneinander abweichende relative Gewichte ausdrückt.

Wie aus Tabelle 34 ersichtlich wird, weisen das Nachhaltigkeitsmerkmal Flexibilität und Umnutzbarkeit mit fast 19% (ESI-CH – Flexibilität und Polyvalenz: fast 14%) und das Nachhaltigkeitsmerkmal Sicherheit mit ca. 7% (ESI-CH: ca. 1%) deutlich höhere Gewichte bei ESI Deutschland als bei ESI Schweiz auf. In umgekehrter Weise ist das Nachhaltigkeitsmerkmal Standort und Mobilität bei dem Schweizer Rating doppelt so bedeutsam wie beim deutschen Rating (ESI-D: 10%, ESI-CH: ca. 23%). Diese Differenzen lassen sich insbesondere auf die bereits erwähnte unterschiedliche Nutzungsart als Schätzgrundlage, aber auch auf ein differierendes Marktumfeld und verschiedene gesetzliche Rahmenbedingungen in Deutschland und der Schweiz zurückführen.

Tab. 34: Relative Gewichte von ESI Deutschland und ESI Schweiz

ESI Deutschland		ESI Schweiz	
Flexibilität und Umnutzbarkeit	18,6%	Flexibilität und Polyvalenz	13,5%
Ressourcenverbrauch und Treibhausgase	32,8%	Ressourcenverbrauch und Treibhausgase	32,1%
Standort und Mobilität	10,2%	Standort und Mobilität	22,5%
Sicherheit	7,1%	Sicherheit	1,3%
Gesundheit und Komfort	31,3%	Gesundheit und Komfort	30,6%

Die daraus resultierende unterschiedliche Anzahl, Zusammensetzung und Relevanz der ESI-Indikatoren oder abweichende Szenarienmodellierung innerhalb des Risikomodells als Grundlage für die Risikoschätzungen wirken sich somit unmittelbar auf die relativen Gewichte der beiden Nachhaltigkeitsratings als additives Modell aus. Beispielsweise basieren die Ertragsschätzungen zum Schweizer Teilindikator „3.1 Öffentlicher Verkehr" auf den Wahrscheinlichkeits- und Ausmaßschätzungen der ÖV-Güteklassen als Indikator für die Beurteilung der Erschließung mit dem Öffentlichen Verkehr, während den Schätzungen im Rahmen von ESI Deutschland (Sub-Teilindikatoren 12 und 13) Szenarienmodellierungen zu den Erreichbarkeiten (Distanzen) und Frequenzen des öffentlichen Verkehrs und Fernverkehrs zugrunde liegen (s.a. Anhang C und Meins et al. (2012b), S. 35).

Die unterschiedliche Anzahl, Zusammensetzung und Relevanz der Indikatoren von ESI Deutschland im Vergleich zu ESI Schweiz zeigt sich zum Beispiel anhand der deutschen Indikatoren „1 Flexibilität Baukonstruktion", „2 Erweiterbarkeit" und „17 Bauliche Sicherheitsvorkehrungen". So werden die Umbaubarkeit, Anpassbarkeit und Rückbaubarkeit der Baukonstruktion (ESI-D: Teilindikator 1, relatives Gewicht: ca. 4%) oder die Erweiterbarkeit einer Immobilie (ESI-D: Teilindikator 2, relatives Gewicht: fast 3%) im Rahmen der Nachhaltigkeitsmerkmalsgruppe Flexibilität und Umnutzbarkeit bei ESI Deutschland als bedeutsam eingestuft, sind jedoch für die Beurteilung des Nachhaltigkeitsmerkmals Flexibilität und Polyvalenz von Schweizer Mehrfamilienhäusern nicht von Relevanz.[88] Ebenso wird den brandschutz- und sicherheitstechni-

---

[88] Demgegenüber werden bei ESI Schweiz die Flexibilität des Küchengrundrisses, die Abstellmöglich-

5.2. ESI Deutschland – ESI Schweiz

schen Immobilienmerkmalen (ESI-D: Sub-Teilindikatoren 17, relative Gewichte: jeweils ca. 3%) im Zusammenhang mit Büroimmobilien (ESI-D) eine größere Bedeutung beigemessen als in Bezug auf Wohnimmobilien (ESI-CH). Innerhalb des Nachhaltigkeitsmerkmals Sicherheit von ESI Deutschland determinieren diese beiden Indikatoren mit rund 6% fast das gesamte Gewicht dieses Nachhaltigkeitsmerkmals, während bei ESI Schweiz sicherheitstechnische Eigenschaften nicht relevant sind (ESI-CH: Indikator nicht vorhanden) und der Brandschutz nur eine untergeordnete Bedeutung aufweist (ESI-CH: Sub-Indikator „4.2.2.2 Brandschutz", relatives Gewicht: 0,1%) (s.a. Tabelle 26 in Abschnitt 4.5 und Anhang F).

Neben den aufgezeigten Differenzen haben die beiden Ratings gemeinsam, dass die zwei weiteren Nachhaltigkeitsmerkmale, Ressourcenverbrauch und Treibhausgase sowie Gesundheit und Komfort, mit Gewichten von jeweils rund 30% eine dominierende Stellung innerhalb des jeweiligen Ratings einnehmen. Damit stellen diese beiden Nachhaltigkeitsmerkmale sowohl bei ESI Deutschland, als auch bei ESI Schweiz etwa zwei Drittel des jeweiligen Gesamtgewichts. Dabei wird das Gewicht des Nachhaltigkeitsmerkmals Ressourcenverbrauch und Treibhausgase bei beiden Ratings maßgeblich durch den Sub-Teilindikator „9 Energetische Qualität" (ESI-D) bzw. durch den Sub-Indikator „2.1.1.1 Heizwärmebedarf in MJ/m^2a" (ESI-CH) determiniert, welche innerhalb der beiden Ratings ein relatives Gewicht von jeweils ca. 29% aufweisen (s.a. Tabelle 26 in Abschnitt 4.5 und Anhang F). Das verhältnismäßig hohe Gewicht des Nachhaltigkeitsmerkmals Gesundheit und Komfort liegt darin begründet, dass dieses im Vergleich zu anderen Nachhaltigkeitsmerkmalen eine größere Anzahl an Indikatoren umfasst. Bei ESI Deutschland besteht das Nachhaltigkeitsmerkmal Gesundheit und Komfort aus neun Indikatoren, innerhalb des Schweizer Ratings werden in dieser Gruppe zehn Indikatoren zusammengefasst,[89] während beispielsweise das Nachhaltigkeitsmerkmal Ressourcenverbrauch und Treibhausgase nur fünf Indikatoren aufweist. Darüber hinaus existieren innerhalb dieses Nachhaltigkeitsmerkmals einige Indikatoren, welche mit vergleichsweise hohen relativen Gewichten belegt sind. Als Beispiele können der Indikator „23 Kontaminationen: Altlasten" mit einem relativen Gewicht von ca. 6% sowie die Indikatoren „19 Schallschutz: Lärmimmissionen", „18 Raumluftqualität" „20 Lärmbelastung/Akustik", und „21 Tageslichtversorgung" aufgeführt werden, die jeweils über ein relatives Gewicht von rund 4% verfügen[90] (s.a. Tabelle 26 in Abschnitt 4.5 und Anhang F).

---

keit von Gehilfen und Kinderwägen sowie die Nutzbarkeit des Außenraumes (ESI-CH: Indikatoren 1.2.6, 1.2.7 und 1.2.8) bewertet. Die relativen Gewichte dieser Indikatoren gehen in die Summe des Gesamtgewichts für das Nachhaltigkeitsmerkmal Flexibilität und Polyvalenz mit ein, kommen jedoch bei der Bewertung der Nutzungsart Büro nicht zum Tragen (s.a. Anhang F, vgl. Meins et al. (2012b), S. 39, Meins and Burkhard (2014), S. 84).

[89] Für die Nutzungsart MFH liegen 12 Indikatoren zur Bewertung des Nachhaltigkeitsmerkmals Gesundheit und Komfort vor (s.a. Anhang F).

[90] Bei ESI Schweiz weisen die Indikatoren zur Beurteilung der Tageslichtanteile (ca. 9%), zur Bewertung von elektromagnetischen Feldern (fast 5%), Altlasten und Radon (rund 3%) die höchsten Gewichte innerhalb des Nachhaltigkeitsmerkmals Gesundheit und Komfort auf (s.a. Anhang F).

5.2.4 Anwendung

Der Economic Sustainability Indicator ermöglicht eine differenzierte Beurteilung der Nachhaltigkeit von Immobilien im Hinblick auf das Wertentwicklungsrisiko. Aufgrund der nationalen Gegebenheiten wie beispielsweise Standards, Normen und Marktverhaltensweisen beschränkt sich die Anwendbarkeit der Nachhaltigkeitsratings auf die jeweils nationalen Immobilienmärkte (s.a. Abschnitt 1.1 und Meins and Burkhard (2014), S. 17). Dabei fokussiert ESI Deutschland auf die Anwendung bei Büroimmobilien, welche bei ESI Schweiz um die Nutzungsarten Wohnen (Mehrfamilienhäuser) und Handel ergänzt ist (s.a. Abschnitt 5.1).

Aus der Bewertung der codierten ESI-Indikatoren, welche mit den für jeden Sub-Teilindikator hinterlegten Gewichten multipliziert und anschließend addiert werden, resultiert das Gesamtergebnis bei beiden Nachhaltigkeitsratings. Das mithilfe des Programms Microsoft Excel ermittelte Gesamtergebnis, welches bei ESI Schweiz zudem mittels der Web-Applikation „ESIweb" erfasst werden kann, wird sowohl bei ESI Deutschland als auch bei ESI Schweiz mit Werten zwischen +1 und -1 dargestellt. Dabei bilden positive Werte die Tendenz eines verringerten Wertverlustrisikos bzw. eines Wertsteigerungspotenzials ab, während negative Werte auf ein erhöhtes Risiko eines Wertverlusts hinweisen (s.a. Abschnitt 4.7.1 und ESIweb (2015)).Das jeweilige Gesamtergebnis der Nachhaltigkeitsratings, welches ergänzend zu einer numerischen Angabe auch grafisch dargestellt werden kann (z.B. in Form eines Diagramms), lässt sich durchschnittlich innerhalb von drei Stunden pro Objekt ermitteln (s.a. Abschnitt 4.7.1 und Meins and Burkhard (2014), S. 83).

Im Rahmen von Testanwendungen sind beide Ratings anhand von Objekten in der Praxis auf Plausibilität, Validität und Anwendbarkeit getestet (s.a. Abschnitte 4.7.2 und 5.1). ESI Deutschland und ESI Schweiz stellen somit einen praxis- und anwendungsorientierten Ansatz zur Bewertung von Nachhaltigkeit bei Immobilien dar, welcher sich als Grundlage bei Management- und Investitionsentscheidungen im Portfoliomanagement sowie bei der Berücksichtigung von Nachhaltigkeit in die Wertermittlung eignet. Für ESI Schweiz wird dies mittels weiterführenden Anwendungen in der immobilienwirtschaftlichen Praxis aufgezeigt und belegt, wodurch die vielseitigen Anwendungsmöglichkeiten des Economic Sustainability Indicators entlang eines gesamten Immobilienlebenszyklus zum Ausdruck kommen (s.a. Abschnitt 4.7.1 und Meins and Burkhard (2014), S. 83 ff.).

5.3 Zusammenfassende Beurteilung der Vergleichbarkeit

Aus den vorangegangenen Ausführungen kann geschlossen werden, dass die Nachhaltigkeitsratings ESI Deutschland und ESI Schweiz im Hinblick auf die konzeptionellen Grundlagen, die Vorgehensweise und Methode zur Entwicklung der Ratings sowie die Bewertungsweise und Datenerfassung für die Ermittlung des Ratingergebnisses und dessen Interpretationsweise überwiegend vergleichbar sind. Die inhaltliche Zusammensetzung beider Ratings, deren spezifizierte Indikatoren sowie insbesondere die ermittelten relativen Gewichte der Indikatoren weisen jedoch Divergenzen auf:

Beide Nachhaltigkeitsratings werden basierend auf der konzeptionellen Grundlage des Verständnisses einer nachhaltigen Immobilie aus Investitionssicht entwickelt, für welches das Wertentwicklungsrisiko als Zielgröße der Operationalisierung zugrunde gelegt wird. Für die Modellentwicklung, welche sowohl beim deutschen als auch Schweizer Rating unter Mitwirkung von Experten aus der Praxis und Forschung erfolgt, wird bei beiden Ratings die Nutzwertanalyse als methodische Herangehensweise gewählt. Daher sind die theoretischen und methodischen Grundlagen für beide Ratings als vergleichbar anzusehen.

Aufgrund der differierenden Nutzungsart als Operationalisierungsgrundlage und der damit einhergehenden unterschiedlichen Relevanz für das jeweilige Rating, werden für die Herleitung der Nachhaltigkeitsmerkmale des jeweiligen Ratings vereinzelt unterschiedliche Rahmenbedingungen herangezogen, welche bedingt durch die unterschiedlichen nationalen Gegebenheiten teilweise in unterschiedliche Trends resultieren. Dennoch werden vergleichbare Nachhaltigkeitsmerkmale (erste Gliederungsebene) sowie überwiegend vergleichbare Teilindikatoren (zweite Gliederungsebene) und Sub-Teilindikatoren (dritte Gliederungsebene) identifiziert. Aus diesem Grund wird auch die Strukturierung der Gliederungsebenen als grundsätzlich konvergierend angesehen, wobei Unterschiede in der Nummerierung der Indikatoren zu Divergenzen in der Indikatorenanzahl führen, welche jedoch keine Auswirkungen auf die Vergleichbarkeit der Bewertungsergebnisse beider Ratings haben.

Die Vergleichbarkeit der Bewertungsweise jedes (Sub-)Teilindikators mithilfe von drei codierten Ausprägungen ist ebenfalls weitestgehend gegeben. Allerdings differieren die Ratings in der Zusammensetzung der einzelnen Teilindikatoren und Sub-Teilindikatoren sowie in der Ausformulierung der Ausprägungen jedes Indikators. Diese Abweichungen sind einerseits auf die unterschiedlichen Nutzungsarten zurückzuführen. Andererseits sind als Gründe hierfür insbesondere die jeweils national vorherrschenden Rahmenbedingungen und das unterschiedliche Marktumfeld sowie die jeweils national geltenden Standards, Normen und Gesetze aufzuführen. Diese Modifikationen sind jedoch erforderlich, um die Plausibilität und Validität des Ratingergebnisses gewährleisten zu können. In diesem Zusammenhang sind zudem die Testanwendungen (Praxistests) von Bedeutung, welche sowohl die Modellentwicklung in Deutschland als auch in der Schweiz komplettieren. Auch die Umsetzung und Anwendung der beiden

Nachhaltigkeitsratings mithilfe des Programms Microsoft Excel sind als vergleichbar einzustufen. So erfolgt die Datenerfassung und Ermittlung des Gesamtergebnisses mittels der Codierungen und der jeweils hinterlegten Gewichte in einem additiven Modell bei ESI Deutschland auf vergleichbare Weise wie bei ESI Schweiz. Da dies zu einer konvergierenden Ergebnisdarstellung und -interpretation führt, eignen sich beide Ratings als Grundlage für die Berücksichtigung von Nachhaltigkeit bei Investitionsentscheidungen und der Wertermittlung von Immobilien.

Einen relevanten Unterschied zwischen ESI Deutschland und ESI Schweiz weisen die relativen Gewichte der ESI-Indikatoren auf, obwohl diese mithilfe eines Risikomodells auf vergleichbare Art und Weise ermittelt werden. Als wesentlicher Grund für die divergierenden relativen Gewichte der beiden Nachhaltigkeitsratings können die unterschiedlichen Nutzungsarten und die damit im Zusammenhang stehende differierende Schätzgrundlage in einem anderen nationalen Umfeld genannt werden. Während bei ESI Deutschland eine Büroimmobilie als Grundlage für die Szenarienmodellierungen und Risikoschätzungen dient, basiert das Schweizer Risikomodell auf einem Referenzobjekt mit der Nutzungsart Wohnen. Die auf dieser Basis ermittelten Gewichte von ESI Schweiz sind lediglich auf die Nutzungsart Büro übertragen und sind daher für Schweizer Büroimmobilien nur beschränkt gültig (vgl. Meins and Burkhard (2014), S. 84). Darüber hinaus ist zu berücksichtigen, dass es sich bei den Eingangsparametern des Risikomodells um Schätzungen handelt. Obwohl die Schätzungen nach besten Möglichkeiten sowie im Hinblick auf eine Maximierung der Objektivität mittels mehrerer unabhängiger voneinander abgegebenen Schätzungen durchgeführt sind, bleiben die Schätzungen selbst mit Unsicherheiten behaftet.

Abschließend lässt sich zusammenfassen, dass die Inhalte von ESI Deutschland und ESI Schweiz als weitestgehend konvergent eingestuft werden können, während eine Vergleichbarkeit der relativen Gewichte beider Ratings nicht gegeben ist. Um ein vergleichbares Ergebnis der Ratings ermitteln zu können, erscheint es daher sinnvoll, die Risikoschätzungen von ESI Schweiz erneut auf der Grundlage einer Büroimmobilie durchzuführen. Bis dahin sind die Gesamtergebnisse von ESI Deutschland und ESI Schweiz für die Nutzungsarbeit Büro nur als beschränkt konvergent einzustufen.

6 Schlussbemerkungen

Mit der vorliegenden Arbeit wird das Nachhaltigkeitsrating ESI Deutschland für die Bewertung der Nachhaltigkeit einer deutschen Büroimmobilie im Hinblick auf das Wertentwicklungsrisiko entwickelt. Damit einhergehend lässt sich die Zukunftsfähigkeit dieser Immobilie in Bezug auf wert- und nachhaltigkeitsrelevante Gebäude- und Standortmerkmale beurteilen und transparent abbilden. Hierfür werden nach einer Einleitung in die Thematik dieser Arbeit in Kapitel 1 die methodischen und theoretischen Grundlagen sowie die für die vorliegende Arbeit relevanten Definitionen in den Kapiteln 2 und 3 herausgearbeitet, welche dem Verständnis der Modellentwicklung in Kapitel 4 dienen. Die Ergebnisse der Modellentwicklung werden im Rahmen einer vergleichenden Betrachtung mit dem Schweizer ESI-Rating anschließend in Kapitel 5 analysiert und beurteilt. Im Folgenden werden die Erkenntnisse und Ergebnisse zusammenfassend wiedergegeben, um darauf aufbauend die Einschränkungen der vorliegenden Arbeit darzustellen sowie die Ansatzpunkte für weiterführende Forschungen aufzuzeigen.

Da sich grundsätzlich sowohl die Nutzwertanalyse als auch der Analytische Hierarchieprozess als Verfahren zur Unterstützung mehrkriterieller Entscheidungen für die Strukturierung des vorliegenden Nachhaltigkeitsratings sowie für die Abbildung von quantitativen und qualitativen Kriterien eignen, werden eingangs diese beiden Verfahren analysiert und die Vor- und Nachteile im Rahmen einer vergleichenden Betrachtung herausgearbeitet. Hierbei wird deutlich, dass die Vorzüge der Nutzwertanalyse aufgrund der einfacheren Umsetzung im Rahmen dieser Arbeit überwiegen. Zudem wird eine Vergleichbarkeit der generierten Ergebnisse mit dem Schweizer ESI-Rating angestrebt, welches die Grundlage der deutschen Modellentwicklung darstellt. Um die leicht kritisierbare Herleitung der Kriterienrangfolge, welche bei der Nutzwertanalyse zumeist mittels einer direkten Gewichtung vorgenommen wird, zu relativieren, wird im Rahmen der Modellentwicklung eine risiko- und szenarienbasierte Betrachtung zur Ermittlung der Gewichte herangezogen. Diese Erkenntnisse sowie die ebenfalls in Kapitel 2 dargelegte Abgrenzung des Ratingbegriffs, bilden die Grundlage für die methodische Herangehensweise zur Entwicklung des Nachhaltigkeitsratings.

Im Sinne eines theoretischen Grundlagenteils befasst sich Kapitel 3 zu Beginn mit den Grundlagen der Immobilienwirtschaft. Ausgehend von der Begriffsdefinition einer Immobilie werden die charakteristischen Besonderheiten einer Immobilie dargelegt, welche sich unmittelbar auf den Immobilienmarkt bzw. dessen Teilmärkte auswirken. Darauf aufbauend werden mithilfe des Vier-Quadranten-Modells die Wirkungsmechanismen von exogenen Veränderungen auf die Teilmärkte erläutert. Neben den Hauptdeterminanten wie Konjunktur und Zinsen stellen auch langfristige Veränderungen exogener Rahmenbedingungen (Megatrends) wichtige Determinanten des Angebots und der Nachfrage auf dem Markt für Immobilien dar. Zusammen mit dem Vier-Quadranten-Modell bilden die Megatrends das theoretische Fundament für die Herleitung der wertrelevanten Nachhaltigkeitsmerkmale im Rahmen der Modellentwicklung. Dazu werden die für die vorliegende Arbeit relevanten Entwicklungen des Klimawandels, des Energie- und Ressourcenverbrauchs, der Demografie und des Wertewandels in der Gesellschaft eingehend analysiert. Durch diese Szenarienauswertung wird einerseits die Dynamik unserer sich wandelnden Umwelt deutlich. Andererseits treten die negativen Einflüsse der Bau- und Immobilienwirtschaft beispielsweise infolge der Umweltbelastung und Ressourceninanspruchnahme in Erscheinung, welche gleichzeitig große Handlungspotenziale im Kontext einer nachhaltigen Entwicklung bieten.

Eine weitere Grundlage stellt die Erörterung des Leitbildes einer nachhaltigen Entwicklung sowie dessen Übertragung auf die Bau- und Immobilienwirtschaft dar. Dabei zeigt sich, dass unterschiedliche Konzepte und Begrifflichkeiten nachhaltiger Immobilien vorliegen (z.B. High Performance Building, Green Building, Sustainable Building), welche Nachhaltigkeit auf verschiedene Weise interpretieren und definieren. Diese verschiedenen Ansätze sind ebenfalls bei der Nachhaltigkeitsbewertung durch unterschiedliche Zertifizierungssysteme oder Labels wiederzufinden. So differieren die bislang weltweit angewandten Systeme in ihren Themenschwerpunkten und den ausgestalteten Kriterien mitunter erheblich. Zudem stützen sie sich auf teilweise sehr aufwendige Bewertungsmethodiken und zu erbringende Nachweise. Jedoch können nicht nur mittels Zertifizierungen ökonomische Anreize für Investitionen in Nachhaltigkeitsstandards generiert werden. Vielmehr existieren diverse Zusammenhänge zwischen ökonomischen Parametern (Bau- und Nutzungskosten, finanzielle Risiken, Wert, etc.) und den nachhaltigen Eigenschaften einer Immobilie, welche sich beispielsweise mittels Einsparungen oder Mehreinnahmen ausdrücken lassen. Dabei wird deutlich, dass nicht nur die ökonomischen Parameter bei Investitionsentscheidungen berücksichtigt werden sollten, sondern dass ebenso nachhaltigkeitsrelevante Aspekte von Bedeutung sein können.

Im Weiteren wird auf grundlegende Begriffe von Immobilieninvestitionen eingegangen. Hierbei wird aufgezeigt, dass für die Beurteilung des wirtschaftlichen Nutzens einer Immobilieninvestition neben der Rendite und dem Risiko auch die Risikobereitschaft von Bedeutung ist. Darauf aufbauend sowie auf Basis der vorangegangenen Ausführungen dieses Grundlagenkapitels wird das Begriffsverständnis einer nachhaltigen Immobilie im Kontext der vorliegenden Arbeit hergeleitet, welches die konzeptionelle Grundlage für die Entwicklung des Nachhaltigkeitsratings bildet. Dabei kommt zum Ausdruck, dass die Berücksichtigung von Nachhaltigkeit einen geeigneten Ansatz zur Erfassung vieler der Risiken darstellt, welche überwiegend aus der starken Zukunftsorientierung von Entscheidungen im Zusammenhang mit Immobilien resultieren.

Schlussbemerkungen

Um die Nachhaltigkeit bei Immobilien aus Investitionssicht zu beurteilen, wird das Wertentwicklungsrisiko als Zielgröße für die Operationalisierung im Rahmen der Modellentwicklung herangezogen. Da keine allgemeingültige Definition des Immobilienwerts existiert, werden im Weiteren die Grundlagen der Immobilienwertermittlung dargelegt. Diese ermöglichen die Abgrenzung der zugrunde gelegten Wertdefinition des investorenspezifischen Nutzwerts (market worth), welcher sich für eine langfristige Betrachtungsweise und die Abbildung der Wertentwicklung eignet. Den Abschluss von Kapitel 3 bildet die zusammenfassende Darstellung der Determinanten der Wertentwicklung. Bezugnehmend auf die Determinanten der Wertentwicklung und das Verständnis von Nachhaltigkeit einer Immobilie aus Investitionssicht gelten Immobilien im Kontext dieser Arbeit dann als nachhaltig, wenn sie „ceteris paribus" den Folgen eines langfristigen Wandels von exogenen Rahmenbedingungen begegnen können und aufgrund dessen das Risiko einer Wertminderung reduzieren bzw. die Chance einer Wertsteigerung erhöhen.

Ausgehend von diesen Annahmen als theoretisches Fundament und den Erkenntnissen aus der Analyse der langfristigen Veränderungen exogener Rahmenbedingungen wird im Rahmen der Modellentwicklung zunächst auf die Identifizierung der Nachhaltigkeitsmerkmale eingegangen. Mithilfe des Vier-Quadranten-Modells werden die Wirkungen von veränderten Rahmenbedingungen untersucht und die daraus resultierenden Anforderungen an Immobilien abgeleitet, welche in Zukunft voraussichtlich zu einer veränderten Bewertung von Immobilien führen können. Diese Anforderungen, ausgedrückt als Immobilienmerkmale, bilden die fünf wertrelevanten Nachhaltigkeitsmerkmale Flexibilität und Umnutzbarkeit, Ressourcenverbrauch und Treibhausgase, Standort und Mobilität, Sicherheit, sowie Gesundheit und Komfort. Im Anschluss daran wird die weitere Spezifizierung der Nachhaltigkeitsmerkmale erläutert. Die in diesem Arbeitsschritt ermittelten 23 Kriterien und 34 Unterkriterien, welche in dieser Arbeit als Teilindikatoren bzw. Sub-Teilindikatoren bezeichnet werden, sind mittels drei Ausprägungen differenziert sowie mit den Werten +1 (günstigste Ausprägung), 0 (durchschnittliche Ausprägung) und -1 (ungünstigste Ausprägung) codiert.

Im Rahmen der Operationalisierung der Nachhaltigkeitsmerkmale wird zudem auf die Ermittlung der Gewichte der ESI-Indikatoren eingegangen. Hierfür wird das angewandte risikobasierte Gewichtungsmodell vorgestellt, welches mittels Szenarien zukünftige Anforderungen für jeden Sub-Teilindikator modelliert. Als Modelleingangsgrößen dienen Risikoschätzungen der Eintrittswahrscheinlichkeiten und Ausmaße aller hinterlegten Szenarien auf der Basis eines Referenzobjektes. Als Resultat ergibt sich das auf die restliche Gebäudelebenszeit bezogene Risiko, welches als Erwartungswert der relativen Wertänderung eines Sub-Teilindikators abgebildet wird. Mittels einer Gegenüberstellung der Erwartungswerte, welche einer Sensitivitätsanalyse unterzogen werden, lassen sich die relativen Gewichte jedes Sub-Teilindikators ermitteln. Es zeigt sich, dass die Nachhaltigkeitsmerkmale Ressourcenverbrauch und Treibhausgase (32,8%) sowie Gesundheit und Komfort (31,3%) die höchsten Gewichte aufweisen. Damit stellen sie etwa zwei Drittel des Gesamtgewichts, während auf die drei weiteren Nachhaltigkeitsmerkmale ein Gewichtsanteil von einem Drittel des Gesamtgewichts entfällt (Flexibilität und Umnutzbarkeit: 18,6%, Standort und Mobilität: 10,2%, Sicherheit: 7,1%).

Abschließend wird in Kapitel 4 die Modellumsetzung und -anwendung dargelegt. Hierzu werden zunächst die zwei Testanwendungen (Praxistests) erläutert, welche der Validierung des Modells dienen. Während die Auswertungen der ersten Testanwendungen im Rahmen der Modellentwicklung inhaltliche Optimierungspotenziale aufzeigen, sind nach der Durchführung der zweiten Testanwendungen zum Abschluss der Modellentwicklung lediglich unwesentliche Modifikationen erforderlich. Die Testanwendungen verdeutlichen die Plausibilität und Anwendbarkeit des Modells und sollen den anwendungsorientierten Ansatz zum Ausdruck bringen, für welchen die in der Praxis vorherrschenden Standards und Normen sowie die verfügbaren Datengrundlagen zur Bewertung der Indikatoren von großer Bedeutung sind. Auf dieser Grundlage erfolgt die Beurteilung eines Objektes anhand der codierten Ausprägungen eines jeden Sub-Teilindiaktors, welchem das ermittelte Gewicht hinterlegt ist, und wird anhand eines Beispielobjekts veranschaulicht.

Das Gesamtergebnis von ESI Deutschland wird in einer Bandbreite mit Werten zwischen +1 und -1 dargestellt und kann als Tendenz des Wertentwicklungsrisikos bezüglich nachhaltigkeitsrelevanter Immobilieneigenschaften (Gebäude- und Standortmerkmale) interpretiert werden. Neben einem numerischen Gesamtergebnis wird die Performance des bewerteten Objekts auf der Ebene der fünf Nachhaltigkeitsmerkmale Flexibilität und Umnutzbarkeit, Ressourcenverbrauch und Treibhausgase, Standort und Mobilität, Sicherheit sowie Gesundheit und Komfort angegeben und zeigt dadurch die Optimierungspotenziale auf. Diese Informationen eignen sich für die strategische Planung und als Entscheidungsgrundlage bei Investitionsentscheidungen sowie für die Berücksichtigung von Nachhaltigkeitsaspekten bei der Wertermittlung von Immobilien. Denn nachhaltige Immobilien, welche aufgrund bestimmter Immobilienmerkmale die Folgen langfristiger Veränderungen exogener Rahmenbedingungen bewältigen können, tendieren zu einem verringerten Risiko eines Wertverlustes im Hinblick auf nachhaltigkeitsrelevante Gebäude- und Standortmerkmale und werden auch zukünftig wertstabil bleiben. Mit einem geschätzten Datenerfassungsaufwand von durchschnittlich drei Stunden pro Objekt, ist der Aufwand für die Bewertung mit ESI Deutschland als relativ gering einzustufen.

Um die Vergleichbarkeit der Ratings und deren Bewertungsergebnisse beurteilen zu können, wird in Kapitel 5 das im Rahmen dieser Arbeit entwickelte Ratingmodell für die Bewertung deutscher Büroimmobilien mit dem Schweizer ESI-Rating verglichen, welches einleitend dargestellt wird. Als Vergleichsgrundlage dient das Schweizer ESI-Rating für die Bewertung von Wohn-, Büro- und Handelsimmobilien aus den Jahren 2011/12, wobei der Vergleich auf die Schweizer Version für die Nutzungsart Büro eingegrenzt wird. Die vergleichende Betrachtung zeigt, dass die meisten untersuchten Rahmenbedingungen und hergeleiteten Indikatoren sowie deren ausformulierte Ausprägungen grundsätzlich als vergleichbar eingestuft werden können. Die existierenden Unterschiede lassen sich insbesondere auf die unterschiedlichen nationalen Gegebenheiten zurückführen und sind somit unumgänglich. Auch die Umsetzung der beiden Nachhaltigkeitsratings ist als grundsätzlich vergleichbar einzustufen. Größere Abweichungen werden bei einer Gegenüberstellung der ermittelten relativen Gewichte deutlich. Zwar haben beide Ratings auf der aggregierten Ebene der Nachhaltigkeitsmerkmale gemeinsam, dass die Nachhaltigkeitsmerkmale Ressourcenverbrauch und Treibhausgase sowie Gesundheit und Komfort mit Gewichten von jeweils rund 30% innerhalb des jeweiligen Ratings dominieren, doch sind direkte Vergleiche einzelner relativer Gewichte nicht möglich. Dies lässt sich durch die Fokussierung auf unterschiedliche Nutzungsarten im Rahmen der Operationalisierung der ESI-Indikatoren und der damit einhergehenden differierenden Schätzgrundlage (ESI Deutschland: Büroimmobilie, ESI Schweiz: Wohnimmobilie) begründen. Aufgrund dessen weist das Schweizer Modell für die Anwendung bei Büroimmobilien eine restriktive Gültigkeit auf. Um ein vergleichbares Ergebnis generieren zu können, ist eine erneute Durchführung der im risikobasierten Gewichtungsmodell angewandten Risikoschätzungen auf der Grundlage einer Schweizer Büroimmobilie erforderlich.

Allerdings ist auch die vorliegende Arbeit mit Einschränkungen verbunden. Angesichts der differierenden Gegebenheiten unterschiedlicher Länder, beschränkt sich die Anwendung des im Rahmen dieser Arbeit entwickelten Modells auf den geografischen Raum Deutschlands. Zudem kann ESI Deutschland aufgrund der Operationalisierungsgrundlagen nur für die Beurteilung von Immobilien mit der Nutzungsart Büro verwendet werden. Diese Aspekte beziehen sich zum einen auf die identifizierten Rahmenbedingungen zur Herleitung der Nachhaltigkeitsmerkmale sowie die inhaltliche Zusammensetzung der ESI-Indikatoren und deren ausformulierter Ausprägungen. Zum anderen gelten die aufgeführten Einschränkungen für die Szenarienmodellierungen im risikobasierten Gewichtungsmodell und für die Risikoschätzungen als Eingangsgrößen des Modells. Im Vergleich zu der oftmals im Rahmen der Nutzwertanalyse angewandten direkten Gewichtung, wird die Vorgehensweise zur Ermittlung der relativen Gewichte in dieser Arbeit als geeignet eingestuft. Dennoch können die Risikoschätzungen als kritischer Punkt der vorliegenden Arbeit angesehen werden, da sie als wesentliche Determinante des Risikomodells für die Qualität des Ergebnisses verantwortlich sind. Durch die gewählte Vorgehensweise mit mehreren unabhängig voneinander abgegebenen Schätzungen unterschiedlicher Experten wird angestrebt, die Schätzungen der Eintrittswahrscheinlichkeiten und Ausmaße jedes Szenarios zu objektivieren. Obgleich die Schätzungen nach bestem Gewissen vorgenommen wurden, bleiben die Schätzungen mit Unsicherheiten behaftet. Zuletzt sei angemerkt, dass sich die Schätzergebnisse auf den Zeitpunkt der Schätzungen im Jahr 2012 beziehen. Daher empfiehlt es sich, bei neuen Entwicklungen und Standards die Möglichkeit einer Aktualisierung der ESI-Indikatoren sowie deren zugrunde liegenden Informationen in Erwägung zu ziehen.

Die aufgezeigten Einschränkungen der Arbeit bieten gleichzeitig diverse Ansatzpunkte für weiterführende Forschungen sowie Weiterentwicklungsmöglichkeiten von ESI Deutschland, welche im Folgenden skizziert werden: Aufbauend auf die mithilfe der vorliegenden Arbeit gewonnenen Erkenntnisse, stellt eine empirische Untersuchung des Einflusses der definierten Ratingkriterien (ESI-Indikatoren) auf ökonomische Parameter wie den Immobilienwert und Mietertrag einen möglichen Forschungsansatz dar, welche jedoch eine Vielzahl an Immobilien voraussetzt. Die im Rahmen der vorliegenden Arbeit hergeleiteten ESI-Indikatoren bilden aufgrund der fundierten Operationalisierung der Nachhaltigkeitsmerkmale eine geeignete Basis, um mithilfe eines hedonischen Modells zunächst die Korrelationen und Abhängigkeiten zwischen den ESI-Indikatoren und dem Immobilienwert sowie dem Mietertrag zu analysieren. Darauf aufbauend könnte der Einfluss der definierten Merkmale auf den Wert und Mietertrag einer Immobilie quantifiziert werden. Dadurch könnte abgeleitet werden, welche nachhaltigen Immobilieneigenschaften den größten Einfluss auf die ökonomischen Parameter aufweisen bzw. in welchem Ausmaß sie den Wert und Mietertrag einer Büroimmobilie beeinflussen können. Darüber hinaus könnte mittels der gewonnenen Erkenntnisse über das Ausmaß der Wert- und Mietertragseinflüsse die Gewichtung des ESI-Ratings weiterentwickelt werden. Ein alternativer Ansatz zur Weiterentwicklung der relativen Gewichte des Ratings wäre eine vielfache Wiederholung der Risikoschätzungen. Die auf diese Weise generierten Daten könnten für eine statistische Auswertung herangezogen werden, um damit die geschätzten Wahrscheinlichkeiten und Ausmaße empirisch zu untersuchen. In diesem Zusammenhang wären auch Monte-Carlo-Simulationen oder die Entwicklung eines Discounted-Cashflow Modells denkbar, welche den relativen Anteil der ESI-Indikatoren am Risiko modellieren und erfassen.

Eine alternative Möglichkeit zur Weiterentwicklung der vorliegenden Arbeit bietet die Spezifizierung des Ratings für weitere Nutzungsarten in Deutschland. Dafür wäre einerseits die Modifikation der Indikatoren in Bezug auf deren Zusammensetzung und die zugrunde zu legenden Standards und Normen für die Ausformulierung der Ausprägungen relevant. Andererseits wären insbesondere die Anpassungen der Szenarienformulierungen zur Herleitung der Gewichte von großer Bedeutung. Neben dieser Weiterentwicklungsmöglichkeit könnte eine Modelladaption von ESI Deutschland auf andere Länder erfolgen, welche allerdings gute Kenntnisse der entsprechenden Immobilienmärkte erfordern. Darauf aufbauend könnte ein Vergleich der länderspezifischen Ratings vorgenommen werden, welcher insbesondere für internationale Investoren von Interesse sein könnte. Da die Vorgehensweise und Methode zur Entwicklung des vorliegenden Modells länderunabhängig anwendbar ist, liegt der Fokus dieser Weiterentwicklungsmöglichkeit auf der Operationalisierung der Nachhaltigkeitsmerkmale, welche an die nationalen Standards und Gesetzgebungen angepasst werden müssten. Analog der Modelladaption an weitere Nutzungsarten in Deutschland wären auch bei der Länderübertragung insbesondere eine Adaption der den Ausprägungen zugrunde gelegten Anforderungen sowie die Grundlagen für die Ermittlung der Indikatorengewichte von besonderer Wichtigkeit. Ergänzend zu den aufgezeigten Adaptionsmöglichkeiten des Modells wäre eine Weiterentwicklung der Anwendung in der Praxis in Form einer Software oder eines Onlinetools zusammen mit einem Handbuch denkbar, welches die Anwendung vereinfacht. Voraussetzung hierfür wäre eine Analyse, welche Aufschlüsse darüber gibt, wie unterschiedliche Anwender (z.B. Immobilieneigentümer, Objektverantwortliche, Wertermittler, etc.) das ESI-Rating anwenden.

Obgleich noch vielfältiger Forschungsbedarf besteht, soll die vorliegende Arbeit einen Beitrag dazu leisten, einer sich im Wandel befindlichen Umwelt gerecht zu werden, welche für Immobilien Wertänderungsrisiken implizieren kann. Aufgrund des Wissens über zukünftige Anforderungen an Immobilien sowie die mit Investitionen in nachhaltige Immobilieneigenschaften einhergehenden Chancen und Risiken, kann die Investitionsbereitschaft in nachhaltige Immobilien gestärkt und dadurch die Implementierung von Nachhaltigkeitsstandards in Deutschland vorangetrieben werden.

Literaturverzeichnis

AGG, 2006. Systemtrennung. Amt für Grundstücke und Gebäude des Kantons Bern (AGG), Bern.

Alda, W., Hirschner, J., Reichelt, J., Graf, D., 2011. Projektentwicklung in der Immobilienwirtschaft: Grundlagen für die Praxis. 4., aktualisierte und erweiterte Auflage. Vieweg+Teubner Verlag, Wiesbaden.

Anteneh, S., 1994. Zur Lösung komplexer mehrkriterieller Entscheidungsprobleme mittels Decision Support Systemen. Band 1588, Europäische Hochschulschriften. Peter Lang, Frankfurt am Main, Berlin, Bern, New York, Paris, Wien.

ARE, 2006. Perspektiven des schweizerischen Personenverkehrs bis 2030. Bundesamt für Raumentwicklung (ARE).

Arens, J., 2006. Megatrends: 1 Auswirkungen von Megatrends auf Immobilienzyklen, in: Praxishandbuch Immobilienzyklen. Wernecke, M. and Rottke, N. (Hrsg.). Immobilien Manager Verlag, Köln, S. 329–342.

Australian Government, 2008. Energy efficiency rating and house price in the act. Australian Government: Department of the Environment, Water, Heritage and the Arts, Canberra.

Baltes, P. B., 1999. Alter und Altern als unvollendete Architektur der Humanontogenese. Z Gerontol Geriat 32, S. 433–448.

Banfi, S., Filippini, M., Horehájová, A., Pióro, D., 2007. Zahlungsbereitschaft für eine verbesserte Umweltqualität am Wohnort: Schätzungen für die Städte Zürich and Lugano für die Bereiche Luftverschmutzung, Lärmbelastung und Elektrosmog von Mobilfunkantennen. Bundesamt für Umwelt BAFU, Centre for Energy Policy and Economics, ETH Zürich (Hrsg.), Bern.

BauGB, 2009. Baugesetzbuch vom 23. September 2004, BGBl. I S. 2414, zuletzt geändert durch Artikel 4 des Gesetzes vom 31. Juli 2009, BGBl. I S. 2585.

BBSR, 2015. Überflutungs- und Hitzevorsorge durch die Stadtentwicklung: Strategien und Maßnahmen zum Regenwassermanagement gegen urbane Sturzfluten und überhitzte Städte. Bundesinstitut für Bau-, Stadt- und Raumforschung (BBSR), Bonn.

Bechmann, A., 1978. Nutzwertanalyse, Bewertungstheorie und Planung. 1. Auflage. Haupt, Bern, Stuttgart.

Beck, U., 1986. Risikogesellschaft: Auf dem Weg in eine andere Moderne. Suhrkamp Verlag, Frankfurt am Main.

Belton, V., 1986. A comparison of the analytic hierarchy process and a simple multi-attribute value function. European Journal of Operational Research 26 (1), pp. 7–21.

Beyerle, T., 2010. Stand zur Umsetzung von Nachhaltigkeitsüberlegungen: Zertifizierung, Rating und Bewertung: 6 Nachhaltigkeit und Immobilienbewertung, in: Ökonomie vs. Ökologie: Nachhaltigkeit in der Immobilienwirtschaft. versusreihe. Rottke, N. B. (Hrsg.). Immobilien Manager Verlag, Köln, S. 243–258.

BFE, 2007a. Die Energieperspektiven 2035 – Band 2: Szenarios I bis IV. Bundesamt für Energie (BFE).

BFE, 2007b. Die Energieperspektiven 2035 – Band 4: Exkurse. Bundesamt für Energie (BFE).

BFS, 2008. Haushaltsszenarien: Entwicklung der Privathaushalte zwischen 2005 und 2030. Bundesamt für Statistik (BFS), Neuchâtel.

BFS, 2010. Szenarien zur Bevölkerungsentwicklung der Schweiz 2010–2060. Bundesamt für Statistik (BFS), Neuchâtel.

BGB, 2014. Bürgerliches Gesetzbuch in der Fassung der Bekanntmachung vom 2. Januar 2002 (BGBl. I S. 42, 2909; 2003 I S. 738), das zuletzt durch Artikel 1 des Gesetzes vom 22. Juli 2014 (BGBl. I S. 1218) geändert worden ist.

BGBl. I, 2004. Bekanntmachung der Neufassung der Energieeinsparverordnung EnEV): Vom 2. Dezember 2004 (ab 8. Dezember 2004 geltende Fassung). Das Bundesgesetzblatt (BGBl.). Bekannt gemacht im Bundesgesetzblatt I S. 3146.

BGBl. I, 2007. Verordnung über energiesparenden Wärmeschutz und energiesparende Anlagentechnik bei Gebäuden (Energieeinsparverordnung – EnEV) – Teil I: Vom 24. Juli 2007. Das Bundesgesetzblatt (BGBl.) Jahrgang 2007 Teil I Nr. 34, ausgegeben zu Bonn am 26. Juli 2007.

BGBl. I, 2008. Gesetz zur Förderung Erneuerbarer Energien im Wärmebereich (Erneuerbare-Energien-Wärmegesetz – EEWärmeG: Vom 7. August 2008. Das Bundesgesetzblatt (BGBl.) Jahrgang 2008 Teil I Nr. 36, ausgegeben zu Bonn am 18. August 2008.

Literaturverzeichnis

BGBl. I, 2009. Verordnung zur Änderung der Energieeinsparverordnung: Vom 29. April 2009. Das Bundesgesetzblatt (BGBl.) Jahrgang 2009 Teil I Nr. 23, ausgegeben zu Bonn am 30. April 2009.

BGBl. I, 2011. Gesetz zur Umsetzung der Richtlinie 2009/28/EG zur Förderung der Nutzung von Energie aus erneuerbaren Quellen (Europarechtsanpassungsgesetz Erneuerbare Energien) – EAG EE: Vom 12. April 2011. Das Bundesgesetzblatt (BGBl.) Jahrgang 2011 Teil I Nr. 17, ausgegeben zu Bonn am 15. April 2011.

BGBl. I, 2013. Verordnung zur Änderung der Energieeinsparverordnung: Vom 18. November 2013. Das Bundesgesetzblatt (BGBl.) Jahrgang 2013 Teil I Nr. 67, ausgegeben zu Bonn am 21. November 2013.

BiB, 2013. Bevölkerungentwicklung 2013: Daten, Fakten, Trends zum demografischen Wandel. Bundesinstitut für Bevölkerungsforschung (BiB), Wiesbaden.

Bienert, S., 2013. Vorstellung: IREBS International Real Estate Business School. dokwerk, Stuttgart: Prof. Dr. Sven Bienert, MRICS REV. Doktorandennetzwerk dokwerk, Jahrgang 2012/13, Stuttgart, 08. November 2013.

Bienert, S., Schützenhofer, C., Leopoldsberger, G., Bobsin, K., Leutgöb, K., Hüttler, W., Popescu, D., Mladin, E.-C., Boazu, R., Koch, D., Edvardsen, D. F., 2010. IMMOVALUE: Improving the market impact of energy certification by introducing energy efficiency and life-cycle cost into property valuation practice. Integration of energy performance and life-cycle costing into property valuation practice: supported by Intelligent Energy Europe (IEE).

BMAS, 2010. Nationale Strategie zur gesellschaftlichen Verantwortung von Unternehmen (Corporate Social Responsibility – CSR): Aktionsplan CSR der Bundesregierung. Bundesministerium für Arbeit und Soziales (BMAS), Berlin.

BMFSFJ, 2014. Individualisierung in der Risikogemeinschaft. Bundesministerium für Familie, Frauen, Senioren und Jugend (BMFSFJ). URL: http://www.bmfsfj.de/doku/Publikationen/spfh/9-Theoretische-grundlagen/9-1/9-1-1-individualisierung-in-der-risikogesellschaft,seite=1.html, Zugriff: 16.11.2014. Online Publikation.

BMU, BMBF, UBA, De-IPCC, 2013. Fünfter Sachstandsbericht des IPCC: Teilbericht 1 (Wissenschaftliche Grundlagen). Bundesumweltministerium (BMU), Bundesforschungsministerium (BMBF), Umweltbundesamt (UBA), Deutschen IPCC-Koordinierungsstelle (DE-IPCC).

BMUB, 1997. Protokoll von Kyoto zum Rahmenübereinkommen der Vereinten Nationen über Klimaänderungen. Bundesministerium für Umwelt, Naturschutz, Bau und Reaktorsicherheit (BMUB). URL: http://www.bmub.bund.de/fileadmin/bmu-import/files/pdfs/allgemein/application/pdf/protodt.pdf, Zugriff: 17.11.2015. Online Publikation.

BMUB, 2014. Aktionsprogramm Klimaschutz 2020: Kabinettsbeschluss vom 3. Dezember 2014. Bundesministerium für Umwelt, Naturschutz, Bau und Reaktorsicherheit (BMUB).

BMUB, 2015a. Klimaschützer schreiben Geschichte: Erstes globales Klimaschutzabkommen beschlossen. Pressemitteilung BMUB, Nr. 344/15 – Berlin, 12.12.2015. Bundesministerium für Umwelt, Naturschutz, Bau und Reaktorsicherheit (BMUB). URL: www.bmub.bund.de/N52703/, Zugriff: 18.03.2016. Online Publikation.

BMUB, 2015b. Klimaschutzplan 2050: Impulspapier des BMUB für den Auftakt des Beteiligungs- und Dialogprozesses (9. Juni 2015). Bundesministerium für Umwelt, Naturschutz, Bau und Reaktorsicherheit (BMUB).

BMUB, 2016. Leitfaden Nachhaltiges Bauen: Zukunftsfähiges Planen, Bauen und Betreiben von Gebäuden, 2nd Edition. Bundesministerium für Umwelt, Naturschutz, Bau und Reaktorsicherheit (BMUB), Berlin.

BMVBS, 2013. ImmoRisk: Risikoabschätzung der zukünftigen Klimafolgen in der Immobilien- und Wohnungswirtschaft. Forschungen Heft 159. Bundesministerium für Verkehr, Bau und Stadtentwicklung (BMVBS), Berlin.

BMVI, 2014. Verkehrsverflechtungsprognose 2030: Schlussbericht. Forschungsbericht FE-Nr.: 96.0981/2011. Bundesministerium für Verkehr und digitale Infrastruktur (BMVI).

BMWi, 2014. Entwicklung der Energiemärkte: Energiereferenzprognose. Endbericht. Studie im Auftrag des Bundesministeriums für Wirtschaft und Technologie (heute: Bundesministerium für Wirtschaft und Energie). Projekt Nr. 57/12. Bundesministerium für Wirtschaft und Energie (BMWi), Basel, Köln, Osnabrück.

BMWi, BMU, 2007. Bericht zur Umsetzung der in der Kabinettsklausur am 23./24.08.2007 in Meseberg beschlossenen Eckpunkte für ein Integriertes Energie- und Klimaprogramm. Berlin.

BNP Paribas Real Estate (Hrsg.), 2014. Market Focus: Investmentmarkt Green Buildings 2015, Stand: 31.12.2014.

Bone-Winkel, S., Schulte, K.-W., Focke, C., 2008. Begriff und Besonderheiten der Immobilie als Wirtschaftsgut, in: Immobilienökonomie - Band I: Betriebswirtschaftliche Grundlagen. 4. Auflage. Schulte, K.-W. (Hrsg.). Oldenbourg Wissenschaftsverlag, München, S. 3–25.

Brauer, K.-U. (Hrsg.), 2009. Grundlagen der Immobilienwirtschaft: Recht – Steuern – Marketing – Finanzierung – Bestandsmanagement – Projektentwicklung. 6. Auflage. Gabler Verlag, Wiesbaden.

Brauer, K.-U. (Hrsg.), 2013. Grundlagen der Immobilienwirtschaft: Recht – Steuern –

Marketing – Finanzierung – Bestandsmanagement – Projektentwicklung. 6. Auflage. Springer Gabler, Wiesbaden.

BREEAM, 2015a. BREEAM Certifications. URL: http://www.breeam.org/about.jsp?id=66, Zugriff: 15.06.2015.

BREEAM, 2015b. BREEAM Schemes. URL: http://www.breeam.org/podpage.jsp?id=54, Zugriff: 15.06.2015.

Breuer, W., Gürtler, M., Schuhmacher, F., 2010. Portfoliomanagement I: Grundlagen. 3., aktualisierte und überarbeitete Auflage. Gabler Verlag.

Brey, H.-M., 2010. Trends nachhaltiger Entwicklung: 4 Entwicklungen der Energie- und Klimapolitik und ihre Auswirkungen auf die Immobilienwirtschaft, in: Ökonomie vs. Ökologie: Nachhaltigkeit in der Immobilienwirtschaft. versusreihe. Rottke, N. B. (Hrsg.). Immobilien Manager Verlag, Köln, S. 327–346.

Brounen, D., Kok, N., 2011. On the economics of energy labels in the housing market. Journal of Environmental Economics and Management 62 (2011), pp. 166–179.

Buttler, M., 2009. Nachhaltigkeit im Hochbau. Grundlagen der Bauökonomie, Institut für Bauökonomie, Universität Stuttgart, Stuttgart, 30. Juni 2009.

Cajias, M., Piazolo, D., 2013. Green performs better: Energy efficiency and financial return on buildings. Journal of Corporate Real Estate 15 (1), pp. 53–72.

CEDIM RiskExplorer, 2011. CEDIM RiskExplorer Germany. URL: http://cedim.gfz-potsdam.de/riskexplorer/, Zugriff: 02.03.2011.

Chegut, A., Eichholtz, P., Kok, N., 2014. Supply, demand and the value of green buildings. Urban Studies 51 (1), pp. 22–43.

Chegut, A., Eichholtz, P., Kok, N., Quigley, J., 2010. The value of green buildings: New evidence from the United Kingdom. The American Economic Review 100 (5), pp. 2492–2509.

Cieleback, M., 2008. Einführendes Immobilienmarktmodell, in: Immobilienökonomie – Band IV: Volkswirtschaftliche Grundlagen. Schulte, K.-W. (Hrsg.). Oldenbourg Wissenschaftsverlag, München, Wien, S. 135–147.

Das, P., Wiley, J. A., 2014. Determinants of premia for energy-efficient design in the office market. Journal of Property Research 31 (1), pp. 64–86.

Deckers, R., Heinemann, G., 2008. Trends erkennen – Zukunft gestalten: Vom Zukunftswissen zum Markterfolg. BusinessVillage, Göttingen.

Deng, Y., Li, Z., Quigley, J. M., 2012. Economic returns to energy-efficient investments in the housing market: Evidence from Singapore. Regional Science and Urban Economics 42 (2012), pp. 506–515.

Deuser, V., 2011. Prozessorientierte Steuerung und Bewertung der spezifischen Risiken im Zuge der Entwicklung nachhaltiger Büroimmobilien. Dissertation. Schriftenreihe des Institutes für Baubetriebslehre der Universität Stuttgart: Herausgegeben von Prof. Dr.-Ing. Fritz Berner – Band 52.

Deutscher Bundestag, 1998. Schlussbericht der Enquete-Kommission Schutz des Menschen und der Umwelt: Ziele und Rahmenbedingungen einer nachhaltig zukunftsverträglichen Entwicklung. Konzept Nachhaltigkeit: Vom Leitbild zur Umsetzung. Deutscher Bundestag, 13. Wahlperiode, Drucksache 13/11200.

Deutscher Bundestag, 2002. Schlussbericht der Enquete-Kommission: Demographischer Wandel – Herausforderungen unserer älter werdenden Gesellschaft an den Einzelnen und die Politik. Deutscher Bundestag, 14. Wahlperiode, Drucksache 14/8800.

DGNB, 2015a. Das DGNB Zertifizierungssystem. Einzigartig flexibel. URL: http://www.dgnb-system.de/dgnb-system/de/system/zertifizierungssystem/, Zugriff: 25.06.2015.

DGNB, 2015b. DGNB angemeldete und zertifizierte Projekte. URL: http://www.dgnb-system.de/dgnb-system/de/projekte/, Zugriff: 25.06.2015.

DGNB, 2015c. Die Nutzungsprofile des DGNB Systems. URL: http://www.dgnb-system.de/de/nutzungsprofile/alle-nutzungsprofile/, Zugriff: 25.06.2015.

DIN 18040-1:2010-10, 2010. Barrierefreies Bauen – Planungsgrundlagen – Teil 1: Öffentlich zugängliche Gebäude. Deutsches Institut für Normung e.V. (DIN). Beuth Verlag, Berlin.

DIN 277-1:2005-02, 2005. Grundflächen und Rauminhalte von Bauwerken im Hochbau – Teil 1: Begriffe, Ermittlungsgrundlagen. Deutsches Institut für Normung e.V. (DIN). Beuth Verlag, Berlin.

DIN 4102-2:1977-09, 1977. Teil 2: Brandverhalten von Baustoffen und Bauteilen: Bauteile – Begriffe, Anforderungen und Prüfungen. Deutsches Institut für Normung e.V. (DIN). Beuth Verlag, Berlin.

DIN 4109:1989-11, 1989. Schallschutz im Hochbau: Anforderungen und Nachweise. Deutsches Institut für Normung e.V. (DIN). Beuth Verlag, Berlin.

DIN 4109:1989-11, Beiblatt 2, 1989. Beiblatt 2 zu DIN 4109:1989-11: Schallschutz im Hochbau: Hinweise für Planung und Ausführung: Vorschläge für einen erhöhten Schallschutz: Empfehlungen für den Schallschutz im eigenen Wohn- oder Arbeitsbereich. Deutsches Institut für Normung e.V. (DIN). Beuth Verlag, Berlin.

DIN EN 1246-1:2003-03, 2003. Licht und Beleuchtung: Beleuchtung von Arbeitsstätten – Teil 1: Arbeitsstätten in Innenräumen. Deutsches Institut für Normung e.V. (DIN). Beuth Verlag, Berlin.

DIN EN 13779: 2007-09, 2007. Lüftung von Nichtwohngebäuden: Allgemeine Grundlagen und Anforderungen für Lüftungs- und Klimaanlagen und Raumkühlsysteme. Deutsches Institut für Normung e.V. (DIN). Beuth Verlag, Berlin.

DIN EN 15251: 2007-08, 2007. Eingangsparameter für das Raumklima zur Auslegung und Bewertung der Energieeffizienz von Gebäuden: Raumluftqualität, Temperatur, Licht und Akustik. Deutsches Institut für Normung e.V. (DIN). Beuth Verlag, Berlin.

DiPasquale, D., Wheaton, W. C., 1996. Urban economics and real estate markets. Englewood Cliffs, New Jersey.

Directive 2002/91/EC, 2002. of the European Parliament and of the Council of 16 December 2002 on the energy performance of buildings.

Directive 2010/31/EU, 2010. of the European Parliament and of the Council of 19 May 2010 on the energy performance of buildings (recast).

Directive 2012/27/EU, 2012. of the European Parliament and of the Council of 25 October 2012 on energy efficiency, amending Directives 2009/125/EC and 2010/30/EU and repealing Directives 2004/8/EC and 2006/32/EC.

Doleschal, M., 2008. Entwicklung eines Immobilienrating-Systems: Anwendung bei Hotelimmobilien. Dissertation. European Business School. Books on Demand, Norderstedt.

DV/gif (Hrsg.), 2013. Wirtschaftsfaktor Immobilien 2013: Gesamtwirtschaftliche Bedeutung der Immobilienwirtschaft. Kurzfassung. Deutscher Verband für Wohnungswesen Städtebau und Raumordnung e.V. (DV) und Gesellschaft für Immobilienwirtschaftliche Forschung e.V. (gif), Berlin.

Ebert, T., Eßig, N., Hauser, G., 2010. Zertifizierungssysteme für Gebäude: Nachhaltigkeit bewerten. Internationaler Systemvergleich: Zertifizierung und Ökonomie. DETAIL Green Books. Institut für internationale Architektur-Dokumentation.

econcept, 2005. Arbeitsplätze durch Umlagerung von Treibstoffzollgeldern. Schlussbericht.

EIA, 2014. International Energy Outlook 2014: World petroleum and other liquid fuels – With projections to 2040. U.S. Energy Information Administration (EIA).

Eichholtz, P., Kok, N., Quigley, J., 2009. Doing well by doing good? An analysis of the financial performance of green office buildings in the USA. RICS Research Report.

Eichholtz, P., Kok, N., Quigley, J., 2010a. Doing well by doing good? Green office buildings. The American Economic Review 100 (5), pp. 2492–2509.

Eichholtz, P., Kok, N., Quigley, J., 2010b. Sustainability and the dynamics of green: New evidence on the financial performance of green office buildings in the USA. RICS Research Report, The Royal Institution of Chartered Surveyors (Hrsg.). London.

Eichholtz, P., Kok, N., Quigley, J., 2013. The economics of green building. The Review of Economics and Statistics 95 (1), pp. 50–63.

Elkington, J., 1994. Towards the sustainable corporation: Win-win-win business strategies for sustainable development. California Management Review 36 (2), pp. 90–100.

Ellison, L., Sayce, S., 2006. The sustainable property appraisal project. Kingston University (Hrsg.).

Ellison, L., Sayce, S., 2007. Assessing sustainability in the existing commercial property stock: Establishing sustainability criteria relevant for the commercial property investment sector. Property Management 25 (3), pp. 287–304.

Ellison, L., Sayce, S., Smith, J., 2007. Socially responsible property investment: Quantifying the relationship between sustainability and investment property worth. Journal of Property Research 24 (3), pp. 191–219.

ESIweb, 2015. ESIweb CCRS. URL: https://esiweb.ch/esiweb/, Zugriff: 22.06.2015.

Europäische Kommission, 2014. Mitteilung der Kommission an das Europäische Parlament, den Rat, den Europäischen Wirtschafts- und Sozialausschuss und den Ausschuss der Regionen: Ein Rahmen für die Klima- und Energiepolitik im Zeitraum 2020–2030. Brüssel, den 22.1.2014, COM(2014) 15 final. Brüssel.

Everling, O., Schneck, O., 2004. Das Raing ABC. Wiley-VCH, Köln.

Feige, A., Wallbaum, H., Janser, M., Windlinger, M., 2013a. Impact of sustainable office buildings on occupant's comfort and productivity. Journal of Corporate Real Estate 15 (1), pp. 7–34.

Feige, A., Wallbaum, H., McAllister, P., 2013b. Rental price and sustainability ratings: Which sustainability criteria are really paying back? Construction Management and Economics 31 (4), pp. 322–34.

Feri Euro Rating Services, 2015. Nachhaltigkeit von Immobilienobjekten. URL: http://fer.feri.de/de/produkte-dienstleistungen/immobilien/immobilienobjekte/nachhaltigkeit/, Zugriff: 15.04.2015. Online Publikation.

Fierz, K., 2005. Der Schweizer Immobilienwert. Schulthess, Zürich.

Fifka, M. S., 2011. Sustainability, Corporate Social Responsibility und Corporate Citizenship: ein Abgrenzungsversuch im Gegriffswirrwarr, in: Nachhaltiges Management: Sustainability, Supply Chain, Stakeholder. versusreihe. Haunhorst, E. und Willers, C. (Hrsg.). Books on Demand, Köln, S. 29–50.

Francke, H.-H., 2008. Immobilien als Vermögensgüter und Besonderheiten von Immobilieninvestitionen, in: Immobilienökonomie – Band IV: Volkswirtschaftliche Grundlagen. Schulte, K.-W. (Hrsg.). Oldenbourg Wissenschaftsverlag, München, S. 27–41.

Friedemann, T., Büchner, G., 2010. Grundlagen: 3 Nachhaltigkeit im Spannungsfeld von Staat und Markt: Eine Suche nach Konzepten, in: Ökonomie vs. Ökologie: Nachhaltigkeit in der Immobilienwirtschaft. versusreihe. Rottke, N. B. (Hrsg.). Immobilien Manager Verlag, Köln, S. 65–90.

Fuerst, F., Gabrieli, T., McAllister, P., 2012. A green winner's curse? Investor behavior in the market for eco-certified office buildings (July 20, 2012). URL: http://ssrn.com/abstract=2114528 or http://dx.doi.org/10.2139/ssrn.2114528, Zugriff: 22.11.2015. Online.

Fuerst, F., McAllister, P., 2009. New evidence on the green building rent and price premium. In: Annual Meeting of the American Real Estate Society. Monterey, CA.

Fuerst, F., McAllister, P., 2010. What is the effect of eco-labelling on office occupancy rates in the USA? Fibre Series. The Royal Institution of Chartered Surveyors. London.

Fuerst, F., McAllister, P., Nanda, A., Wyatt, P., 2015. Does energy efficiency matter to home-buyers? An investigation of EPC ratings and transaction prices in England. Energy Economics 48 (2015), pp. 145–156.

Fuerst, F., McAllister, P., Nanda, A., Wyatt, P., 2016. Energy performance ratings and house prices in Wales: An empirical study. Energy Policy 92 (2016), pp. 20–33.

Gehrlein, U., 2004. Nachhaltigkeitsindikatoren zur Steuerung kommunaler Entwicklung. VS Verlag für Sozialwissenschaften.

Geissler, S., Groß, M., Treberspurg, M., Djalili, M., Grünner, R., Bammer, O., Lipp, B., Fellner, M., 2010. Neue Immo-Standards: Weiterentwicklung von Immobilienbewertungsmethoden zur Differenzierung von nachhaltigen Gebäuden im Wertermittlungsergebnis. Endbericht Energie der Zukunft.

Geldermann, J., Lerche, N., 2014. Leitfaden zur Anwendung von Methoden der multikriteriellen Entscheidungsunterstützung – Methode: PROMETHEE.

Gertis, K., Hauser, G., Sedlbauer, K., Sobek, W., 2010. Stand zur Umsetzung von Nachhaltigkeitsüberlegungen: Zertifizierung, Rating und Bewertung: 3 Was bedeutet Platin? Zur Entwicklung von Nachhaltigkeitsbewertungsverfahren, in: Ökonomie vs. Ökologie: Nachhaltigkeit in der Immobilienwirtschaft. versusreihe. Rottke, N. B. (Hrsg.). Immobilien Manager Verlag, Köln, S. 175–200.

gif, 2004. Leitfaden Immobilienobjekt-Rating – Stand: September 2004. Gesellschaft für Immobilienwirtschaftliche Forschung e.V. (gif), Arbeitskreis 16 Immobilienrating, Wiesbaden.

gif, 2008. Definitionssammlung zum Büromarkt, 2nd Edition. Gesellschaft für Immobilienwirtschaftliche Forschung e.V. (gif), Arbeitskreis 2 Marktanalyse und Bedarfsprognosen, Wiesbaden.

Gondring, H., 2007. Risiko Immobilie: Methoden und Techniken der Risikomessung bei Immobilieninvestitionen. Oldenbourg Verlag, München, Wien.

Gondring, H., 2012. Zukunft der Immobilie: Megatrends des 21. Jahrhunderts: Auswirkungen auf die Immobilienwirtschaft. Immobilien Manager Verlag, Köln.

Gondring, H., Wagner, T., 2012. Facility Management: Handbuch für Studium und Praxis. 2. Auflage. Verlag Franz Vahlen, München.

Gondring, H. (Hrsg.), 2009. Immobilienwirtschaft: Handbuch für Studium und Praxis, 2nd Edition. Verlag Franz Vahlen, München.

Gromer, C., 2012. Die Bewertung von nachhaltigen Immobilien: Ein kapitalmarkttheoretischer Ansatz basierend auf dem Realoptionsgedanken. Dissertation. Universität Stuttgart, Betriebswirtschaftliches Institut, Abteilung III – Finanzwirtschaft. Springer Gabler.

Grunwald, A., Kopfmüller, J., 2012. Nachhaltigkeit. 2., aktualisierte Auflage. campus studium, Frankfurt, New York.

Götze, U., 2006. Investitionsrechnung: Modelle und Analysen zur Beurteilung von Investitionsvorhaben. 5., überarbeitete Auflage. Springer-Verlag, Berlin, Heidelberg.

Haedrich, G., Kuß, A., Kreilkamp, E., 1986. Der Analytic Hierarchy Process: Ein neues Hilfsmittel zur Analyse und Entwicklung von Unternehmens- und Marketingstrategien. Wirtschaftswissenschaftliches Studium 15. Jahrgang (3), S. 120–126.

Hanne, T., 1998. Multikriterielle Optimierung: Eine Übersicht. Diskussionsbeitrag Nr. 251. Diskussionsbeiträge des Fachbereichs Wirtschaftswissenschaft der Fern Universität Hagen, herausgegeben vom Dekan des Fachbereichs. FernUniversität Hagen.

Hartenberger, U., Lorenz, D., Antik, R., 2015. Drivers for change: Strengthening the role of valuation professionals in market transition: Market Insights Report of the RenoValue research project. Hartenberger, U., Lorenz, D., Antik, R. (Hrsg.).

Heinrich, L. J., Stelzer, D., 2009. Informationsmanagement: Grundlagen, Aufgaben, Methoden. 9., vollständig überarbeitete Auflage. Oldenbourg Verlag, München.

Heinzle, S. L., Boey Ying Yip, A., Low Yu Xing, M., 2013. The influence of green building certification schemes on real estate investor behaviour: Evidence from Singapore. Urban Studies 50 (10), pp. 1970–1987.

Holthausen, N., Meins, E., Christen, P., 2009. Risiko- und chancenbasierte Integration von Nachhaltigkeitsmerkmalen in der Immobilienbewertung: Modellentwicklung zur Gewichtung des ESI-Indikators, CCRS Working Paper Series: Working Paper No. 02/09. CCRS (Hrsg.), Universität Zürich, Zürich.

Horx, M., 2011. Das Megatrend-Prinzip: Wie die welt von morgen entsteht. Deutsche Verlags-Anstalt, München.

HTW Berlin, pom+International GmbH (Hrsg.), 2014. Process Management Real Estate Monitor 2014: Megatrends und ihr Einfluss auf die Immobilienwirtschaft. Hochschule für Technik und Wirtschaft Berlin (HTW Berlin), pom+International GmbH (Hrsg.).

Hugenroth, J., 2010. Stand zur Umsetzung von Nachhaltigkeitsüberlegungen: Zertifizierung, Rating und Bewertung: 1 Anforderungen und Grundkonzeption eines idealen Zertifizierungssystems für Nachhaltigkeit, in: Ökonomie vs. Ökologie: Nachhaltigkeit in der Immobilienwirtschaft. versusreihe. Rottke, N. B. (Hrsg.). Immobilien Manager Verlag, Köln, S. 133–156.

Hyland, M., Lyons, R. C., Lyons, S., 2013. The value of domestic building energy efficiency: Evidence from Ireland. Energy Economics 40 (2013), pp. 943–952.

ifmo, 2008. Mobilität 2025: Der Einfluss von Einkommen, Mobilitätskosten und Demografie. ifmo-studien. Institut für Mobilitätsforschung (ifmo) (Hrsg.).

ImmoWertV, 2010. Verordnung über die Grundsätze für die Ermittlung der Verkehrswerte von Grundstücken (Immobilienwertermittlungsverordnung – ImmoWertV) vom 19.05.2010, BGBl. S. 639.

Inglehart, R., 1977. The silent revolution: Changing values and political styles among western publics. Princeton University Press.

InvG, 2013. Investmentgesetz vom 15. Dezember 2003 (BGBl. I S. 2676), das zuletzt durch Artikel 4 des Gesetzes vom 7. Mai 2013 (BGBl. I S. 1162) geändert worden ist.

IPCC, 2007. Climate Change 2007: Synthesis Report. Intergovernmental Panel on Climate Change (IPCC).

IPCC, 2012. Managing the risks of extreme events and disasters to advance climate change adaptation: Special report of the Intergovernmental Panel on Climate Change. Intergovernmental Panel on Climate Change (IPCC). Cambridge University Press.

IPCC, 2014a. Climate Change 2014: Mitigation of Climate Change. Working Group III Contribution to the Fifth Assessment Report of the Intergovernmental Panel on Climate Change. Intergovernmental Panel on Climate Change (IPCC). Cambridge University Press, Cambridge, United Kingdom and New York, NY, USA.

IPCC, 2014b. Climate Change 2014: Synthesis Report. Intergovernmental Panel on Climate Change (IPCC).

IVSC, 2011. International Valuation Standards 2011. International Valuation Standards Council (IVSC).

Jayantha, W. M., Man, W. S., 2013. Effect of green labelling on residential property price: A case study in Hong Kong. Journal of Facilities Management 11 (1), pp. 31–51.

Jones Lang LaSalle, 2014. CESAR: Februar 2014.

Just, T., 2009. Demografie und Immobilien. Oldenbourg Wissenschaftsverlag, München.

Katzung, N., 2009. Nachhaltige Immobilienwerte: Experten tüfteln an Nachhaltigkeitsformel. Immobilien Zeitung Nr. 22/09 vom 04.06.2009.

Keenlyside, N., Ba, J., 2010. Prospects for decadal climate prediction. WIREs Climate Change 1 (5), pp. 627–635.

Kühmaier, M., 2011. Multikriterielle Entscheidungsunterstützung in der Holzernteplanung: Entwicklung eines GIS-basierten Bewertungsmodells für Holzerntesysteme und Demonstration am Beispiel der Forstverwaltung Wittgenstein. Südwestdeutscher Verlag für Hochschulschriften.

Kleiber, W., Fischer, R., Schröter, K., 2010. Verkehrswertermittlung von Grundstücken: Kommentar und Handbuch zur Ermittlung von Marktwerten (Verkehrswerten), Versicherungs- und Beleihungswerten unter Berücksichtigung der ImmoWertV. 6., vollständig neu bearbeitete Auflage 2010. Bundesanzeiger Verlag, Köln.

Knepel, H., Völxen, C. A., 2009. Verfahren, Prozesse und Methoden des Ratings von Einzelhandelsimmobilien: Immobilienmarkt- und Objektrating: Grundlage zur Wertermittlung von Shopping-Centern, in: Rating von Einzelhandelsimmobilien: Qualität, Potenziale und Risiken sicher bewerten. Everling, O., Jahn, O. und Kammermeier, E. (Hrsg.). Gabler-Verlag, Wiesbaden, S. 245–266.

Kok, N., Jennen, M., 2012. The impact of energy labels and accessibility on office rents. Energy Policy 46 (2012), pp. 489–497.

Kok, N., Miller, N. G., Morris, P., 2012. The economics of green retrofits. Journal of Sustainable Real Estate 4 (1), pp. 4–22.

Kommission der Europäischen Union, 2008. Vorschlag für eine Richtlinie des Europäischen Parlaments und des Rates zur Förderung der Nutzung von Energie aus erneuerbaren Quellen.

Kunz, V., 2004. Rational choice. Campus Verlag, Frankfurt am Main.

Lammel, E., 2011. Bürogebäude, in: Immobilienökonomie – Band III: Stadtplanerische Grundlagen. 2., vollständig überarbeitete Auflage. Schulte, K.-W. (Hrsg.). Oldenbourg Wissenschaftsverlag, München, S. 441–477.

Landgraf, D., Rohde, C., 2010. Stand zur Umsetzung von Nachhaltigkeitsüberlegungen: Zertifizierung, Rating und Bewertung: 5 Nachhaltigkeit und Immobilienfinanzierung, in: Ökonomie vs. Ökologie: Nachhaltigkeit in der Immobilienwirtschaft. versusreihe. Rottke, N. B. (Hrsg.). Immobilien Manager Verlag, Köln, S. 223–242.

LEED, 2015a. Choose which LEED rating system best suits your project. URL: http://www.usgbc.org/certification, Zugriff: 02.07.2015.

LEED, 2015b. Directory LEED Projects. URL: http://www.usgbc.org/projects, Zugriff: 02.07.2015.

LEED, 2015c. Top 10 countries for LEED in 2015. URL: http://www.usgbc.org/2015top10countries, Zugriff: 02.07.2015.

Leopoldsberger, G., 2008. Kontinuierliche Wertermittlung von Immobilien. Dissertation. Schriften zur Immobilienökonomie – Band 6. European Business School. Schulte, K.-W. (Hrsg.), Köln.

Leopoldsberger, G., Saffran, P., 2005. Instrumente des Immobilienmanagement: 3 Bewertung von Immobilien, in: Handbuch Immobilien-Investition. 2., vollständig überarbeitete Auflage. Schulte, K.-W.. and Bone-Winkel, S. and Thomas, M. (Hrsg.). Rudolf Müller Verlag, Köln, S. 429–460.

Leopoldsberger, G., Thomas, M., Naubereit, P., 2008. Immobilienbewertung, in: Immobilienökonomie – Band I: Betriebswirtschaftliche Grundlagen. 4. Auflage. Schulte, K.-W. (Hrsg.). Oldenbourg Wissenschaftsverlag, München, S. 453–528.

Levalisier, M., 2010. Globaler Standortwettbewerb und räumliche Fragmentierungsprozesse bei Büroimmobilien-Investitionen am Beispiel São Paulo. Dissertation. Band 21. Wirtschaft und Raum: Eine Reihe der Münchner Universitätsschriften, herausgegeben von Prof. D. Hans-Dieter Haas, Universität München. Hubert Utz Verlag, München.

Lifka, S., 2009. Entscheidungsanalysen in der Immobilienwirtschaft. Dissertation. Band 18. Wirtschaft und Raum: Eine Reihe der Münchner Universitätsschriften, herausgegeben von Prof. D. Hans-Dieter Haas, Universität München. Hubert Utz Verlag, München.

Lillich, L., 1991. Nutzwertverfahren. Physica-Verlag, Heidelberg.

Linsin, J., 2009. Analyse von Markt- und Portfoliorisiken: 1 Risikoklassen am Immobilienmarkt: Was sind Core, Core Plus, Balanced, Value-added, Opportunistic?, in: Praxishandbuch Immobilienmarktrisiken. Junius, K., Piazolo, D. (Hrsg.). Immobilien Manager Verlag, Köln, S. 27–44.

Lorenz, D., Lützkendorf, T., 2011. Sustainability and property valuation: Systematisation of existing approaches and recommendations for future action. Journal of Property Investment & Finance 29 (6), pp. 644–676.

Lützkendorf, T., 2007a. Nachhaltigkeitsmanagement, in: Managementleistungen im Lebenszyklus von Immobilien. 1. Auflage. Viering, M. G., Liebchen, J. H., Kochendörfer, B. (Hrsg.). Teubner Verlag, Wiesbaden, S. 365–391.

Lützkendorf, T., 2007b. Schwarze Zahlen mit Green Buildings. Karlsruher Transfer (36), S. 34–38.

Lützkendorf, T., 2009. Nachhaltiges Bauen: auf dem Weg zum Leitmarkt, in: Brennpunkt CO_2 Reduktion: Chancen für das Bauwesen. Stiftung Bauwesen (Hrsg.). Stuttgart, S. 61–75.

Lützkendorf, T., Lorenz, D., 2007. Integrating sustainability into property risk assessments for market transformation. Building Research & Information 35 (6), pp. 644–661.

Lützkendorf, T., Lorenz, D., 2011. Capturing sustainability-related information for property valuation. Building Research & Information 39 (3), pp. 256–273.

Lützkendorf, T., Lorenz, D., 2014. Investitionsmanagement: Corporate Real Estate (II): Einfluss nachhaltigkeitsorientierter Determinanten auf den Immobilienwert, in: CSR und Finance: Beitrag und Rolle des CFO für eine Nachhaltige Unternehmensführung. Management-Reihe Corporate Social Responsibility. Schulz, T. und Bergius, S. (Hrsg.). Springer Gabler, Berlin, Heidelberg, S. 341–355.

Maier, K. M., 2007. Risikomanagement im Immobilien- und Finanzierungswesen: Ein Leitfaden für Theorie und Praxis, 3rd Edition. Fritz Knapp Verlag, Frankfurt am Main.

McGrath, K. M., 2013. The effects of eco-certification on office properties: A cap rates-based analysis. Journal of Property Research 30 (4), pp. 345–365.

Meadows, D. L., Meadows, D. H., Milling, P., Zahn, E., 1972. Die Grenzen des Wachstums: Bericht des Club of Rome zur Lage der Menschheit. Aus dem Amerikanischen von H.-D. Heck, 1972. Deutsche Verlags-Anstalt, Stuttgart.

Meins, E., Burkhard, H.-P., 2007. Der Nachhaltigkeit von Immobilien einen finanziellen Wert geben: Economic Sustainability Indicator (ESI). CCRS (Hrsg.), Universität Zürich, Zürich.

Meins, E., Burkhard, H.-P., 2009. ESI Immobilienbewertung: Nachhaltigkeit inklusive. Der Nachhaltigkeit von Immobilien einen finanziellen Wert geben. CCRS (Hrsg.), Universität Zürich, Zürich.

Meins, E., Burkhard, H.-P., 2014. Nachhaltigkeit und Risiken bei Immobilieninvestitionen: Konzepte und Entscheidungsgrundlagen für die Praxis. Verlag Neue Züricher Zeitung, Zürich.

Meins, E., Feige, A., Gaebel, M., 2012a. Nachhaltigkeit und Immobilieninvestitionen: Die finanzielle Relevanz von Nachhaltigkeit für Portfoliostrategien. Projektdokumentation Dezember 2012. CCRS (Hrsg.), Universität Zürich.

Meins, E., Frank, S. O., Sager, D., Holthausen, N., 2012b. Der Nachhaltigkeit von Immobilien einen finanziellen Wert geben: Economic Sustainability Indicator ESI: Überarbeitung 2011/12. Dokumentation Dezember 2012. CCRS (Hrsg.), Universität Zürich, Zürich.

Meins, E., Lützkendorf, T., Lorenz, D., Leopoldsberger, G., Frank, S. O., Burkhard, H.-P., Stoy, C., Bienert, S., 2011. Nachhaltigkeit und Wertermittlung von Immobilien: Leitfaden für Deutschland, Österreich und die Schweiz (NUWEL). CCRS (Hrsg.), Universität Zürich, Zürich.

Meins, E., Sager, D., 2013. Sustainability and risk in real estate investments: Combining Monte Carlo simulation and DCF CCRS, Working Paper Series: Working Paper No. 01/13. CCRS (Hrsg.), Universität Zürich.

Meins, E., Wallbaum, H., Hardziewski, R., Feige, A., 2010. Sustainability and property valuation: A risk-based approach. Building Research & Information 38 (3), pp. 281–301.

Meixner, O., Haas, R., 2015. Wissensmanagement und Entscheidungstheorie: Theorien, Methoden, Anwendungen und Fallbeispiele. 3., vollständig überarbeitete Auflage. facultas Verlags- und Buchhandels AG, Wien.

Michelsen, C., Kholodilin, K., 2015. The market value of energy efficiency in buildings and the mode of tenure. In: Beiträge zur Jahrestagung des Vereins für Socialpolitik

2015: Ökonomische Entwicklung – Theorie und Politik. Session: Housing Market, No. G09–V3.

Miller, N., Spivey, J., Florance, A., 2008. Does green pay off? Journal of Real Estate Portfolio Management 14 (4), pp. 385–399.

Müller-Christ, G., Rehm, A., 2010. Corporate social responsibility as giving back to society? Der Gabentausch als Ausweg aus der Verantwortungsfalle. Nachhaltigkeit und Management, Band 7. Müller-Christ, G. und Hülsmann, M. (Hrsg.). LIT Verlag, Münster.

Naisbitt, J., 1982. Megatrends: Ten New Directions Transforming Our Lives. Warner Books.

Nentwig, B., 2009. Methodik und Struktur des Ratings von Einzelhandelsimmobilien, in: Rating von Einzelhandelsimmobilien: Qualität, Potenziale und Risiken sicher bewerten. Everling, O., Jahn, O. und Kammermeier, E. (Hrsg.). Gabler-Verlag, Wiesbaden, S. 363–372.

Newell, G., MacFarlane, J., Walker, R., 2014. Assessing energy rating premiums in the performance of green office buildings in Australia. Journal of Property Investment & Finance 32 (4), pp. 352–370.

OcCC, 2007. Klimaänderung und die Schweiz 2050: Erwartete Auswirkungen auf Umwelt, Gesellschaft und Wirtschaft. Organe consultatif sur les changements climatiques – Beratendes Organ für Fragen der Klimaänderung (OcCC). Bern.

OECD, 2011. OECD Regional Typology. Organisation for Economic Co-operation and Development (OECD).

Olson, M., 1968. Logik des kollektiven Handelns: Kollektivgüter und die Theorie der Gruppen. J. C. B. Mohr (Paul Siebeck), Tübingen.

Peters, M. L., Zelewski, S., 2008. Der Analytic Network Process (ANP) als Technik zur Lösung multikriterieller Entscheidungsprobleme unter Berücksichtigung von Abhängigkeiten zwischen Kriterien. Wirtschaftswissenschaftliches Studium 37. Jahrgang (9), S. 475–482.

PfandBG, 2010. Pfandbriefgesetz vom 22. Mai 2005, BGBl. I S. 1373, zuletzt geändert durch Artikel 12 des Gesetzes vom 9. Dezember 2010, BGBl. I S. 1900.

Pfnür, A., 2011. Modernes Immobilienmanagement: Immobilieninvestment, Immobiliennutzung, Immobilienentwicklung und -betrieb. 3, vollständig überarbeitete und aktualisierte Auflage. Springer-Verlag, Berlin, Heidelberg.

Pivo, G., Fisher, J. D., 2010. Income, value, and returns in socially responsible office properties. Journal of Real Estate Research 32 (3), pp. 243–270.

Pommer, A., 2007. Entscheidungsunterstützung in der Projektentwicklung. Dissertation. Bauhaus-Universität Weimar, Baumanagement und BauwirtschaftSchriftenreihe Bau- und Immobilienmanagement herausgegeben von Bernd Nentwig, Band 6.

Pyhrr, S. A., Cooper, J. R., Wofford, L. E., Kapplin, S. D., Lapides, P. D., 1989. Real Estate Investment: Strategy, Analysis, Decisions, 2nd Edition. John Wiley&Sons Inc.

radon-info, 2011. radon-info. URL: http://www.radon-info.de/shtml/wohnort.shtml, Zugriff: 02.03.2011.

Reed, R., Bilos, A., Wilkinson, S., Schulte, K.-W., 2009. International comparsion of sustainable rating tools. Journal of Sustainable Real Estate 1 (1), pp. 1–22.

Rehkugler, H., 2014. Wertparameter bei Spezialimmobilien: IV. Rendite- und Risiko: Ihre Bedeutung für die Verkehrswertermittlung, in: Spezialimmobilien von A-Z: Bewertung, Modelle, Benchmarks und Beispiele. 2., neu bearbeitete Auflage. Bobka (Hrsg.). Bundesanzeiger Verlag, Köln, S. 43–60.

Reichardt, A., Fuerst, F., Rottke, N. B., Zietz, J., 2012. Sustainable building certification and the rent premium: A panel data approach. Journal of Real Estate Research 34 (1), pp. 99–126.

RICS, 2009. Valuation information Paper 13: Sustainability and commercial property valuation. The Royal Institution of Chartered Surveyors (RICS).

RICS, 2012. RICS Valuation: Professional Standards. Incorporating the International Valuation Standards – March 2012. Global and UK edition. The Royal Institution of Chartered Surveyors (RICS).

RICS, 2013. Sustainability and commercial property valuation – RICS guidance note. The Royal Institution of Chartered Surveyors (RICS).

RICS, 2015. Grün kommt! Europäische Nachhaltigkeitsstatistik 2015 – Going for Green: Sustainable Building Certification Statistics. Europe 2015. RICS insight 2015. The Royal Institution of Chartered Surveyors (RICS).

Riedl, R., 2006. Analytischer Hierarchieprozess vs. Nutzwertanalyse: Eine vergleichende Gegenüberstellung zweier multiattributiver Auswahlverfahren am Beispiel Application Service Providing, in: Wirtschaftsinformatik als Schlüssel zum Unternehmenserfolg. Fink, K. und Ploder, C. (Hrsg.). Deutscher Universitats-Verlag, Wiesbaden, S. 99–128.

Robinson, S., McAllister, P., 2015. Heterogeneous price premiums in sustainable real estate? An investigation of the relation between value and price premiums. Journal of Sustainable Real Estate 7 (1), pp. 1–20.

Rohde, C., 2011. Integration von Nachhaltigkeitsaspekten in Prozesse des immobilienwirtschaftlichen Risikomanagements. Dissertation. Karlsruher Institut für Technologie (KIT), Fakultät für Wirtschaftswissenschaften. Karlsruher Schriften zur Bau-, Wohnungs- und Immobilienwirtschaft – Karlsruher Institut für Technologie, Lehrstuhl Ökonomie und Ökologie des Wohnungsbaus, Prof. Dr.-Ing. habil. Thomas Lützkendorf (Hrsg.) – Band 6.

Roland Berger Strategy Consultants (Hrsg.), 2010. Study on Sustainability in Real Estate Management.

Rottke, N. B., Reichardt, A., 2010. Grundlagen: 1 Nachhaltigkeit in der Immobilienwirtschaft: Implementierungsstand und Beurteilung, in: Ökonomie vs. Ökologie: Nachhaltigkeit in der Immobilienwirtschaft. versusreihe. Rottke, N. B. (Hrsg.). Immobilien Manager Verlag, Köln, S. 25–53.

Rüschen, T., 2009. Indirekte Beteiligung: Geschlossene Immobilienfonds im privaten Asset Management, in: Kapitalanlage mit Immobilien: Produkte – Märkte – Strategien. Brunner, M. (Hrsg.). Gabler Verlag, Wiesbaden, S. 121–144.

Saaty, T. L., 1980. The Analytic Hierarchy Process: Planning, Priority Setting, Resource Allocation. McGraw-Hill, New York et al.

Saaty, T. L., 1982. Decision making for leaders: The analytic hierarchy process for decisions in a complex world, new Edition. Lifetime Learning Publications, Atlanta, Georgia.

Saaty, T. L., 1986. Axiomatic Foundation of the Analytic Hierarchy Process. Management Science 32 (7), pp. 841–855.

Saaty, T. L., 1990a. An Exposition of the AHP in reply to the paper remarks on the Analytic Hierarchy Process. Management Science 36 (3), pp. 259–268.

Saaty, T. L., 1990b. How to make a decision: The Analytic Hierarchy Process. European Journal of Operational Research 48 (1), pp. 9–26.

Saaty, T. L., 2001. Decision making with dependence and feedback: The Analytic Network Process – The organization and prioritization of complexity, 2nd Edition. Pittsburgh.

Saaty, T. L., 2002. Decision-making with the AHP: Why is the principal eigenvector necessary. European Journal of Operational Research 145 (2003), pp. 85–91.

Saaty, T. L., 2004. Fundamentals of the analytic network process: Dependence and feedback in decision-making with a single network. Journal of Systems Science and Systems Engineering 13 (2), pp. 129–157.

Salvi, M., Horehájová, A., Neeser, J., 2010. Der Nachhaltigkeit von Immobilien einen finanziellen Wert geben: Der Minergie-Boom unter der Lupe. Eine Marktanalyse der ZKB. CCRS, Universität Zürich, Dr. Erika Meins (Hrsg.), Zürich.

Salvi, M., Horejájová, A., Müri, R., 2008. Der Nachhaltigkeit von Immobilien einen finanziellen Wert geben: Minergie macht sich bezahlt. CCRS, Universität Zürich, Dr. Erika Meins (Hrsg.), Zürich.

Sayce, S., Ellison, L., Parnell, P., 2007. Understanding investment drivers for UK sustainable property. Building Research & Information 35 (6), pp. 629–643.

Schäfer, H., Lützkendorf, T., Gromer, C., Rohde, C., 2010. ImmoWert: Integration von Nachhaltigkeitsaspekten in die Wertermittlung und Risikobeurteilung von Einzelimmobilien und Gebäudebeständen. Abschlussbericht Forschungsinitiative Zukunft Bau. Fraunhofer IRB Verlag, Stuttgart.

Schäfer, J., Conzen G. (Hrsg.), 2011. Praxishandbuch der Immobilien-Investitionen. 2. Auflage. C.H. Beck, München.

Schlöder, B., 1993. Soziale Werte und Werthaltungen: Eine Sozialpsychologische Untersuchung des Konzepts Sozialer Werte und des Wertwandels. Leske+Budrich, Opladen.

Schmidt, R., Terberger, E., 1997. Grundzüge der Investitions- und Finanzierungstheorie. Gabler Verlag.

Schneeweiß, C., 1991a. Planung 1: Systemanalytische und entscheidungstheoretische Grundlagen. Springer-Verlag, Berlin [u.a.].

Schneeweiß, C., 1991b. Spezielle Methoden und Instrumente: Kapitel 13 – Der Analytic Hierarchy Process als spezielle Nutzwertanalyse, in: Operations Research: Beiträge zur quantitativen Wirtschaftsforschung. G. Fandel, H. Gehring (Hrsg.). Springer-Verlag, Berlin, 183–195.

Schneider, D., 2013. Modell für das nachhaltige Immobilien-Portfoliomanagement betrieblicher Büro-Bestandsbauten. Dissertation. Karlsruher Institut für Technologie (KIT), Institut für Technologie und Management im Baubetrieb (TMB). Online-Ressource.

Schulte, K.-W., Holzmann, C., 2005. Grundlagen: 1 Investition in Immobilien, in: Handbuch Immobilien-Investition. 2., vollständig überarbeitete Auflage. Schulte, K.-W., Bone-Winkel, S., Thomas, M. (Hrsg.). Rudolf Müller Verlag, Köln, S. 21–44.

Schulte, K.-W., Strurm, V., Wiffler, M., 2008. Volkswirtschaftslehre und Immobilienökonomie, in: Immobilienökonomie – Band IV: Volkswirtschaftliche Grundlagen. Schulte, K.-W. (Hrsg.). Oldenbourg Wissenschaftsverlag, München, S. 1–26.

SIA 261:2014-07, 2014. Einwirkungen auf Tragwerke. Schweizer Ingenieur- und Architektenverein (SIA), Zürich.

Stadt Darmstadt, 2010. Mietspiegel Darmstadt 2010: Fortschreibung des Mietspiegel 2008. Magistrat der Wissenschaftsstadt Darmstadt, Amt für Wohnungswesen der Stadt Darmstadt.

Stadt Zürich, 2010. Verordnung über private Fahrzeugabstellplätze (Parkplatzverordnung). Gemeinderatsbeschluss vom 11. Dezember 1996 mit Änderung vom 7. Juli 2010.

Statistische Ämter des Bundes und der Länder (Hrsg.), 2011. Demografischer Wandel in Deutschland: Heft 1 – Bevölkerungs- und Haushaltsentwicklung im Bund und in den Ländern. Ausgabe 2011. Wiesbaden.

Statistisches Bundesamt, 2009. Bevölkerung Deutschlands bis 2060: 12. koordinierte Bevölkerungsvorausberechnung. Wiesbaden.

Statistisches Bundesamt, 2011. Bevölkerung und Erwerbstätigkeit: Entwicklung der Privathaushalte bis 2030. Ergebnisse der Haushaltsvorausberechnung. Wiesbaden.

Statistisches Bundesamt, 2015a. Bevölkerung Deutschlands bis 2060: 13. koordinierte Bevölkerungsvorausberechnung. Wiesbaden.

Statistisches Bundesamt, 2015b. Bevölkerung und Erwerbstätigkeit: Haushalte und Familien. Ergebnisse des Mikrozensus. Fachserie 1, Reihe 3. Wiesbaden.

Statistisches Bundesamt, 2016a. Alterung der Bevölkerung durch aktuell hohe Zuwanderung nicht umkehrbar. Pressemitteilung vom 20. Januar 2016 – 021/16.

Statistisches Bundesamt, 2016b. Haushalte 2014: Rund 40 Millionen Privathaushalte in Deutschland. URL: https://www.destatis.de/DE/ZahlenFakten/GesellschaftStaat/Bevoelkerung/ HaushalteFamilien/, Zugriff: 14.02.2016.

Stern, N., 2007. The economics of climate change: The Stern Review. Cambridge University Press, Cambridge, New York, Melbourne, Madrid, Cape Town, Singapore, Sao Paulo.

Strunk, S. O., Stoy, C., 2015. Ratingsystem zur Beurteilung des Wertentwicklungsrisikos von nachhaltigkeitsrelevanten Immobilienmerkmalen. GuG – Grundstücksmarkt und Grundstückswert, 26. Jahrgang, Heft 1/2015, S. 34–41.

Strunk, S. O., Stoy, C., 2016. Risk and scenario-based approach assessing sustainability. In: Sustainable Built Environment Conference 2016 in Hamburg. Strategies, Stakeholders, Success factors, 7th–11th March 2016. Conference Proceedings. pp. 1020–1029.

Trotz, R. (Hrsg.), 2004. Immobilien: Markt- und Objektrating: Ein praxiserprobtes System für die Immobilienanalyse. Immobilien Informationsverlag, Köln.

UBA, 2005. Klimawandel in Deutschland: Vulnerabilität und Anpassungsstrategien klimasensitiver Systeme. Climate Change 08/2005. Umweltbundesamt (UBA).

UBA, 2016. Klimapolitik: Wie geht es weiter nach Paris? 01.02.2016. URL: https://www.umweltbundesamt.de/themen/klimapolitik-wie-geht-es-weiter-nach-paris, Zugriff: 14.02.2016. Online Publikation.

UN/DESA, 2014. World Urbanization Prospects: The 2014 Revision. Highlights. United Nations – Department of Economic and Social Affairs (UN/DESA).

UNEP-FI, 2014. Sustainability metrics: Translation and impact on property investment and management. United Nations Environment Programme Finance Initiative (UNEP-FI) (Hrsg.).

UNFCCC, 2015. Adoption of the Paris agreement: Proposal by the President: Draft decision -/CP.21: Conference of the Parties Twenty-first session, Paris, 30 November to 11 December 2015. FCCC/CP/2015/L.9/Rev.1. Distr.: Limited, 12 December 2015. United Nations Framework Convention on Climate Change (UNFCCC).

United Nations (Hrsg.), 1992a. Rio Declaration on Environment and Development: The United Nations Conference on Environment and Development.

United Nations (Hrsg.), 1992b. United Nations Conference on Environment & Development: Rio de Janerio, Brazil, 3 to 14 June 1992. Agenda 21.

United Nations (Hrsg.), 1992c. United Nations Framework Convention on Climate Change. FCCC/INFORMAL/84. GE.05-62220 (E) 200705.

Urschel, O., 2010. Risikomanagement in der Immobilienwirtschaft: Ein Beitrag zur Verbesserung der Risikoanalyse und -bewertung. Dissertation. Karlsruher Schriften zur Bau-, Wohnungs- und Immobilienwirtschaft – Karlsruher Institut für Technologie, Lehrstuhl Ökonomie und Ökologie des Wohnungsbaus, Prof. Dr.-Ing. habil. Thomas Lützkendorf (Hrsg.) – Band 4.

von Carlowitz, H. C., 1713. Sylvicultura oeconomica oder Haußwirthliche Nachricht und Naturmäßige Anweisung zur Wilden Baum-Zucht.

von Hauff, M., Kleine, A., 2009. Nachhaltige Entwicklung: Grundlagen und Umsetzung. Oldenbourg Wissenschaftsverlag.

Vornholz, G., 2013. Volkswirtschaftslehre für die Immobilienwirtschaft: Studientexte Real Estate Management – Band I. Oldenbourg Wissenschaftsverlag, München.

Wallbaum, H., Kytzia, S., Kellenberger, S., 2011. Nachhaltig Bauen: Lebenszyklus, Systeme, Szenarien, Verantwortung. vdf Hochschulverlag.

Walzel, B., 2008. Unterscheidung nach Immobilienarten, in: Immobilienökonomie – Band I: Betriebswirtschaftliche Grundlagen. 4. Auflage. Schulte, K.-W. (Hrsg.). Oldenbourg Wissenschaftsverlag, München, S. 117–140.

Wameling, T., 2010. Immobilienwert und Energiebedarf: Einfluss energetischer Beschaffenheiten auf Verkehrswerte von Immobilien. Abschlussbericht. Forschungsprojekt EnerWert, AZ II 13 800 106-17. Fraunhofer IRB Verlag, Stuttgart.

Weber, K., 1993. Mehrkriterielle Entscheidungen. Oldenbourg Verlag, München, Wien.

WECD, 1987. Our common future. World Commission on Environment and Development (WECD). Oxford University Press, Oxford, New York.

Wellner, K., 2003. Entwicklung eines Immobilien-Portfolio-Management-Systems: Zur Optimierung von Rendite-Risiko-Profilen diversifizierter Immobilien-Portfolios. Dissertation. Universität Leipzig, Institut für Immobilienmanagement. Immobilienmanagement, Band 3. Books on Demand.

Wiley, J. A., Benefield, J., Johnson, K. D., 2010. Green design and the market for commercial office space. The Journal of Real Estate Finance and Economics 41 (2), pp. 228–243.

Wirtschaftslexikon, G., 1965. Wiesbaden.

Yoshida, J., Sugiura, A., 2010. Which greenness is valued? Evidence from green condominiums in Tokyo. Munich Personal RePEc Archive, MPRA Paper No. 23124. URL: http://mpra.ub.uni-muenchen.de/23124/, Zugriff: 12.04.2015. Online Publikation.

Yudelson, J., 2008. The green building revolution. Island Press, Washington.

Zangemeister, C., 1971. Nutzwertanalyse in der Systemtechnik: Eine Methodik zur multidimensionalen Bewertung und Auswahl von Projektalternativen. 2. Auflage. Wittemannsche Buchhandlung, München.

Zelewski, S., Peters, M. L., 2003. Lösung multikriterieller Entscheidungsprobleme mit Hilfe des Analytical Hierarchy Process. Das Wirtschaftsstudium 32 (10), S. 1210–1218.

ZIA, 2013a. Leitfaden zur Einführung von Nachhaltigkeitsmessungen im Immobilienportfolio. Zentraler Immobilien Ausschuss e.V. (ZIA). Berlin.

ZIA, 2013b. Nachhaltigkeit: Kodex, Berichte und Compliance. Zentraler Immobilien Ausschuss e.V. (ZIA). Berlin.

ZIA, 2015. Daten der Immobilienwirtschaft. Zentraler Immobilien Ausschuss e.V. (ZIA). URL: http://www.zia-deutschland.de/daten-und-fakten/daten-der-immobilienwirtschaft/, Zugriff: 04.12.2015. Online Publikation.

Zimmermann, H.-J., Gutsche, L., 1991. Multi-Criteria Analyse: Einführung in die Theorie der Entscheidungen bei Mehrfachzielsetzungen. Springer-Verlag, Berlin [u.a.].

Zimmermann, J., Schaule, M., 2011. Untersuchung des Einflusses von Merkmalen der Nachhaltigkeit auf den Verkehrswert von Immobilien. Forschungsbericht. Technische Universität München. TUM Schriftenreihe des Lehrstuhls für Bauprozessmanagement und Immobilienentwicklung – Band 26.

Anhang

Anhang A: Projektbeirat und Praxisaustausch

Mitglieder des Projektbeirats

Prof. Dr. Christian Stoy, Institut für Bauökonomie, Universität Stuttgart

Dr. Erika Meins, Center for Corporate Responsibility and Sustainability, Universität Zürich (Projektberatung)

Dr. Martin Leinemann, Union Investment Real Estate GmbH (Beiratsvorsitzender)

Pascal Atzert, Jones Lang LaSalle GmbH

Prof. Dr. Sven Bienert, IRE|BS Universität Regensburg

Christian von Eickstedt, Ernst & Young Real Estate GmbH

Stefanie Frensch, HOWOGE Wohnungsbaugesellschaft mbH

Prof. Dr. Franz Fürst, University of Reading

Iris Hagdorn, UBS Real Estate Kapitalanlagegesellschaft mbH

Ursula Hartenberger, Royal Institution of Chartered Surveyors (RICS)

Rüdiger Hornung, TÜV SÜD ImmoWert GmbH

Peter Hummel, RREEF Investment GmbH

Prof. Christine Kappei, Baukostenplanung Prof. C. Kappei

Prof. Dr. Gerrit Leopoldsberger, Dr. Leopoldsberger + Partner Grundstückssachverständigengesellschaft

Michael Loose, UBS Real Estate Kapitalanlagegesellschaft mbH

Prof. Dr. David Lorenz, Dr. Lorenz Property Advisors

Prof. Dr. Thomas Lützkendorf, Karlsruher Institut für Technologie (KIT)

Dr. Philipp Naubereit, MEAG MUNICH ERGO AssetManagement GmbH

Arnold Nehm, BKI Baukosteninformationszentrum Deutscher Architektenkammern GmbH

Heike Ostriga, Union Investment Real Estate GmbH

Klaus-Peter Ruland, BKI Baukosteninformationszentrum Deutscher Architektenkammern GmbH

Peter Schmid, Ingenieurbüro Schmid/The European Council of Construction Economists (CEEC)

Expertengruppe Risikoschätzungen

Pascal Atzert, Jones Lang LaSalle GmbH

Iris Hagdorn, UBS Real Estate Kapitalanlagegesellschaft mbH

Rüdiger Hornung, TÜV SÜD ImmoWert GmbH

Prof. Dr. Gerrit Leopoldsberger, Dr. Leopoldsberger + Partner Grundstückssachver-ständigengesellschaft

Arnold Nehm, BKI Baukosteninformationszentrum Deutscher Architektenkammern GmbH

Heike Ostriga, Union Investment Real Estate GmbH

Projektberatung Risikoschätzungen

Dr. rer. nat. Niels Holthausen, Ernst Basler + Partner

Dr. Daniel Sager, Meta-Sys AG

Testanwendungen (Praxistests)

Jones Lang LaSalle GmbH

RREEF Investment GmbH

TÜV SÜD ImmoWert GmbH

UBS Real Estate Kapitalanlagegesellschaft mbH

Union Investment Real Estate GmbH

Anhang B: Wertrelevante Nachhaltigkeitsmerkmale

Die Wirkungsmechanismen exogener Rahmenbedingungen auf den Büroimmobilienmarkt: Identifizierung der nachhaltigkeitsrelevanten Immobilienmerkmale

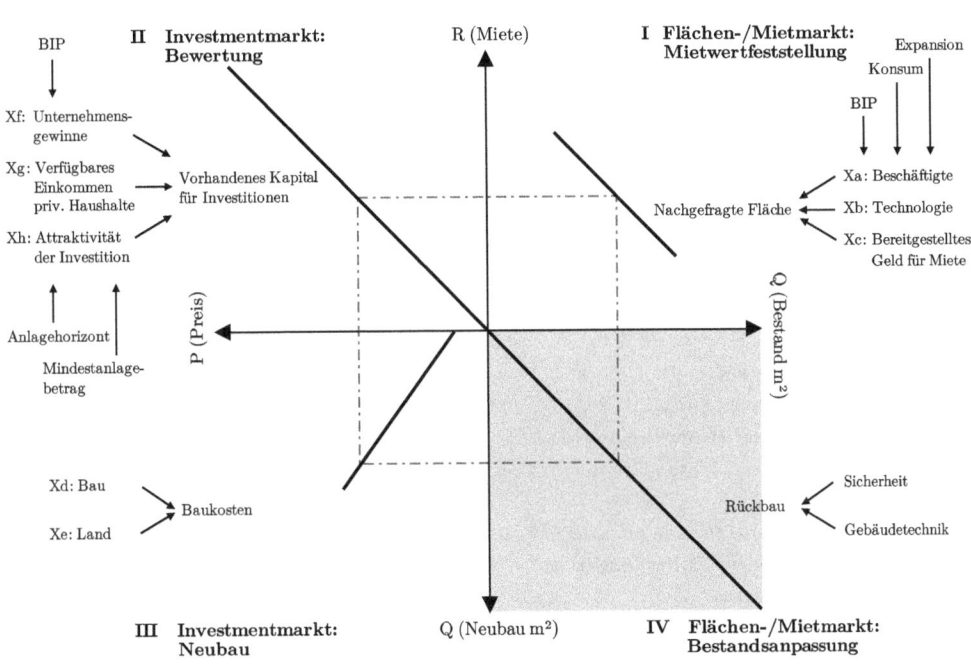

Quelle: Eigene Darstellung basierend auf dem Vier-Quadranten-Modell nach DiPasquale and Wheaton (1996), in Anlehnung an Meins and Burkhard (2009)

Tab. 35: Quantitative Veränderungen der nachgefragten Bürofläche

Rahmenbedingungen[1]		Trends[2]	Quantitative Veränderungen			
			Nachfrage Nutzfläche	Nachfrage Investitionen	Angebot Neubau	Bestand Nutzfläche
Wirtschaft	Zahl der Bevölkerung im Erwerbsalter	↘[3]	X_a	X_g	-	-
	Neue Baumaterialien	↗*	-	-	-	-
	Neue Gebäudetechnik	↗*	-	-	X_d	-
	Strahlenbelastung aufgrund technischer Anlagen (elektromagnetische Felder, Antennen, etc.)	↗*	-	-	-	-
Gesellschaft	Anteil der älteren Wohnbevölkerung	↗[4]	-	X_g	-	-
	Anzahl der Privathaushalte	↗[5]	-	X_g	-	-
	Anzahl der Personen je Privathaushalt	↘[6]	-	X_g	-	-
	Bevölkerungszahl	↘[7]	X_a	X_g	-	-
	Individualisierung	↗*	-	-	-	-
	Gesundheitsbewusstsein	↗*	-	-	-	-
	Menge und relative Attraktivität des MIV	↗[8]	-	-	-	-
	Menge und relative Attraktivität des ÖV	↘[9]	-	-	-	-
	Sicherheitsbedürfnis/-empfinden	↗*	-	-	-	-
	Urbanisierung	↗[10]	-	-	-	-
Recht und Politik	Baulandreserven	↘*	-	-	X_e	-
	Einführung von CO_2-Abgaben	↗*	-	X_h	-	-
	Verschärfung von Gesetzen (Energieeffizienz)	↗[11]	X_b	-	X_d	-
Gesundheit und Komfort	Extreme Wetterereignisse (als Folge der Klimaerwärmung)	↗[12]	-	-	-	-
	Klimaerwärmung	↗[13]	-	-	-	-
	Preis fossiler Energieträger	↗[14]	-	-	X_d	-
	Strompreis	↗[15]	-	-	-	-
	Wassergebühren	↗*	-	-	-	-

Legende: ↗ zunehmender Trend, ↘ abnehmender Trend, ? keine Szenarien vorliegend,
* Hierzu liegen keine Szenarien vor, diese Annahmen stützen sich auf Expertenmeinungen.

Anhang B: Wertrelevante Nachhaltigkeitsmerkmale 223

Tab. 35: Quantitative Veränderungen der nachgefragten Bürofläche *(Forts.)*

Anmerkungen:

(1) Die Liste der Rahmenbedingungen ist nicht abschließend, Wechselwirkungen zwischen Rahmenbedingungen sind möglich. Die Zuordnung der Rahmenbedingungen zu den Dimensionen Wirtschaft, Gesellschaft, etc. ist nicht immer eindeutig möglich.
(2) Es wird ein Zeithorizont von rund 30 Jahren betrachtet.
(3)+(4) Quelle: Statistisches Bundesamt (2015a)
(5)+(6) Quelle: Statistische Ämter des Bundes und der Länder (Hrsg.) (2011)
(7) Quelle: Statistisches Bundesamt (2015a)
(8)+(9) Quelle: BMVI (2014)
(10) Quelle: UN/DESA (2014)
(11) Quelle: Directive 2012/27/EU (2012)
(12) Quelle: IPCC (2012)
(13) Quelle: IPCC (2014b)
(14) Quelle: EIA (2014)
(15) Quelle: BMWi (2014)

Anhang C: Risikobasiertes Gewichtungsmodell

Gesamtübersicht „Risikoschätzungen Kosten"

Tab. 36: „Risikoschätzungen Kosten"

Szenarien			$P(K = x_i)$	x_i	$x_i P(K = x_i)$
K_1	\multicolumn{2}{l	}{1 Flexibilität Baukonstruktion:}			
	\multicolumn{2}{l	}{Umbaubarkeit, Anpassbarkeit und Rückbaubarkeit der Baukonstruktion}			
	max.	Höhere Kosten bei Umbau oder Anpassung von	0,05	0,0758	0,0038
	(x_1)	100% des Gebäudes			
	med.	Höhere Kosten bei Umbau oder Anpassung von	0,35	0,0455	0,0159
	(x_2)	50% des Gebäudes			
	min.	Höhere Kosten bei Umbau oder Anpassung von	0,50	0,0122	0,0061
	(x_3)	10% des Gebäudes			
	0	Keine Veränderung	0,10	0	0
	(x_4)				
	$E(K)$				**0,0258**
K_2	\multicolumn{2}{l	}{1 Flexibilität Baukonstruktion:}			
	\multicolumn{2}{l	}{Flexibilität Grundriss}			
	max.	Höhere Kosten bei Umbau oder Anpassung von	0,10	0,0758	0,0076
	(x_1)	100% der Innenwände			
	med.	Höhere Kosten bei Umbau oder Anpassung von	0,40	0,0202	0,0081
	(x_2)	50% der Innenwände			
	min.	Höhere Kosten bei Umbau oder Anpassung von	0,40	0,0037	0,0015
	(x_3)	10% der Innenwände			
	0	Keine Veränderung	0,10	0	0
	(x_4)				
	$E(K)$				**0,0171**
K_5	\multicolumn{2}{l	}{3 und 4 Flexibilität Gebäudetechnik:}			
K_6	\multicolumn{2}{l	}{Zugänglichkeit und Reservekapazität Gebäudetechnik}			
	max.	Höhere Kosten bei Gesamterneuerung der	0,35	0,0168	0,0059
	(x_1)	Anlagen und Leitungen			
	med.	Höhere Kosten bei Erneuerung von 50% der	0,50	0,0084	0,0042
	(x_2)	Anlagen und Leitungen			
	min.	Höhere Kosten bei Erneuerung von 10% der	0,10	0,0017	0,0002
	(x_3)	Anlagen und Leitungen			
	0	Keine Veränderung	0,05	0	0
	(x_4)				
	$E(K)$				**0,0103**

Tab. 36: „Risikoschätzungen Kosten" *(Forts.)*

Szenarien			$P(K = x_i)$	x_i	$x_i P(K = x_i)$
K_7	**5 Zugänglichkeit zum Gebäude:**				
	Überwindbare Höhendifferenzen außen				
	max. (x_1)	Modernisierung zur Anpassung von unüberwindbaren Höhendifferenzen für das gesamte Grundstück	0,10	0,0168	0,0017
	med. (x_2)	Modernisierung zur Anpassung von unüberwindbaren Höhendifferenzen für 50% des Grundstücks	0,35	0,0093	0,0032
	min. (x_3)	Modernisierung zur Anpassung von unüberwindbaren Höhendifferenzen für 25% des Grundstücks	0,50	0,0051	0,0025
	0 (x_4)	Keine Veränderung	0,05	0	0
	$E(K)$				**0,0075**
K_8	**6 Erschließung im Gebäude**				
	max. (x_1)	Modernisierung zum Erzielen der Barrierefreiheit nach DIN 18040-1:2010-10 für 75% des Gebäudes (Aufzug)	0,12	0,0347	0,0042
	med. (x_2)	Modernisierung zum Erzielen der Barrierefreiheit nach DIN 18040-1:2010-10 für 50% des Gebäudes (Aufzug)	0,30	0,0189	0,0057
	min. (x_3)	Modernisierung zum Erzielen der Barrierefreiheit nach DIN 18040-1:2010-10 für 10% des Gebäudes (Aufzug)	0,57	0	0
	0 (x_4)	Keine Veränderung	0,05	0	0
	$E(K)$				**0,0099**
K_9	**7 Barrierefreie Toiletten**				
	max. (x_1)	50% der Toiletten sind barrierefrei	0,05	0,0084	0,0004
	med. (x_2)	10% der Toiletten sind barrierefrei	0,10	0,0042	0,0004
	min. (x_3)	Eine Toilette im Erdgeschoss ist barrierefrei	0,80	0,0021	0,0017
	0 (x_4)	Keine Veränderung	0,05	0	0
	$E(K)$				**0,0025**

Tab. 36: „Risikoschätzungen Kosten" *(Forts.)*

Szenarien			$P(K=x_i)$	x_i	$x_i P(K=x_i)$
K_{10}	**8 Energetische Qualität (Energiebedarf):**				
	Energetische Qualität der Gebäudehülle und Heiztechnik				
	max. (x_1)	Modernisierung zur Unterschreitung der rechtskräftigen EnEV um 40%	0,37	0,3368	0,1246
	med. (x_2)	Modernisierung zur Unterschreitung der rechtskräftigen EnEV um 10%	0,30	0,1684	0,0505
	min. (x_3)	Modernisierung zur Einhaltung der rechtskräftigen EnEV	0,20	0	0
	0 (x_4)	Keine Veränderung	0,13	0	0
	$E(K)$				**0,1752**
K_{11}	**9 Energieträger:**				
	Deckung Wärmebedarf durch erneuerbare Energien				
	max. (x_1)	Mind. 50% der Wärmeerzeugung mittels erneuerbarer Energien (exkl. Fernwärme)	0,05	0,0842	0,0042
	med. (x_2)	Mind. 15% der Wärmeerzeugung mittels erneuerbarer Energien (exkl. Fernwärme)	0,05	0,0842	0,0042
	min. (x_3)	Max. 15% der Wärmeerzeugung mittels erneuerbarer Energien (exkl. Fernwärme)	0,05	0,0842	0,0042
	0 (x_4)	Keine Veränderung	0,85	0	0
	$E(K)$				**0,0126**
K_{12}	**9 Energieträger:**				
	Deckung Strombedarf durch erneuerbare Energien				
	max. (x_1)	Mind. 25% der Stromerzeugung mittels erneuerbarer Energien (exkl. Ökostrom)	0,10	0,0211	0,0021
	med. (x_2)	Mind. 10% der Stromerzeugung mittels erneuerbarer Energien (exkl. Ökostrom)	0,10	0,0168	0,0017
	min. (x_3)	Max. 10% der Stromerzeugung mittels erneuerbarer Energien (exkl. Ökostrom)	0,10	0,0126	0,0013
	0 (x_4)	Keine Veränderung	0,70	0	0
	$E(K)$				**0,0051**

Anhang C: Risikobasiertes Gewichtungsmodell

Tab. 36: „Risikoschätzungen Kosten" *(Forts.)*

Szenarien			$P(K=x_i)$	x_i	$x_i P(K=x_i)$
K_{13}	**10 Wasserverbrauch:**				
	Ausstattung mit wassersparenden Einrichtungen				
max. (x_1)	Vollständige Ausstattung mit wassersparenden Einrichtungen (Armaturen, Toiletten mit Stopp(Spar-)tasten, wasserlose Urinale): Alle Kriterien erfüllt		0,10	0,0053	0,0005
med. (x_2)	Ausstattung mit wassersparenden Einrichtungen (Armaturen, Toiletten mit Stopp(Spar-)tasten, wasserlose Urinale): Mind. 2 Kriterien erfüllt		0,60	0,0011	0,0006
min. (x_3)	Ausstattung mit wassersparenden Einrichtungen (Armaturen, Toiletten mit Stopp(Spar-)tasten, wasserlose Urinale): Mind. 1 Kriterium erfüllt		0,25	0,0005	0,0001
0 (x_4)	Keine Veränderung		0,05	0	0
$E(K)$					**0,0013**
K_{14}	**11 Niederschlagsentwässerung**				
max. (x_1)	Vollständige Niederschlagswasser-Entsorgung (Verzögerte Wasserableitung, Versickerung, Retention über Speichervolumen): Alle Kriterien erfüllt		0,05	0,0211	0,0011
med. (x_2)	Niederschlagswasser-Entsorgung (Verzögerte Wasserableitung, Versickerung, Retention über Speichervolumen): Mind. 2 Kriterien erfüllt		0,10	0,0084	0,0008
min. (x_3)	Niederschlagswasser-Entsorgung (Verzögerte Wasserableitung, Versickerung, Retention über Speichervolumen): Mind. 1 Kriterium erfüllt		0,10	0,0042	0,0004
0 (x_4)	Keine Veränderung		0,75	0	0
$E(K)$					**0,0023**
K_{22}	**16 Lage hinsichtlich möglicher Naturgefahren:**				
	Zunehmende Sturm-, Hochwassergefährdung				
max. (x_1)	Naturgefahren-Ereignis mit Schaden in Höhe von 100% des Gebäudewertes		0,00075	0,8421	0,0006
med. (x_2)	Naturgefahren-Ereignis mit Schaden in Höhe von 66% des Gebäudewertes		0,00120	0,4211	0,0005
min. (x_3)	Naturgefahren-Ereignis mit Schaden in Höhe von 33% des Gebäudewertes		0,02400	0,1263	0,0030
0 (x_4)	Keine Veränderung		0,97405	0	0
$E(K)$					**0,0042**

Tab. 36: „Risikoschätzungen Kosten" *(Forts.)*

Szenarien			$P(K = x_i)$	x_i	$x_i P(K = x_i)$
K_{23}	**17 Bauliche Sicherheitsvorkehrungen:**				
	Beleuchtung/Belichtung				
	max.	Umfassende Modernisierung zur Beleuchtung von	0,10	0,0126	0,0013
	(x_1)	unübersichtlichen Stellen			
	med.	Mittlere Modernisierung zur Beleuchtung von	0,10	0,0084	0,0008
	(x_2)	unübersichtlichen Stellen			
	min.	Geringfügige Modernisierung zur Beleuchtung	0,10	0,0042	0,0004
	(x_3)	von unübersichtlichen Stellen			
	0	Keine Veränderung	0,70	0	0
	(x_4)				
	$E(K)$				**0,0025**
K_{24}	**17 Bauliche Sicherheitsvorkehrungen:**				
	Brandschutz				
	max.	Umfassende Modernisierung zur Übererfüllung	0,10	0,0674	0,0067
	(x_1)	der LBO (Brandmeldeanlage, Rauchmelder, Sprinkleranlage): Alle Kriterien erfüllt			
	med.	Mittlere Modernisierung zur Übererfüllung der	0,10	0,0253	0,0025
	(x_2)	LBO (Brandmeldeanlage, Rauchmelder, Sprinkleranlage): Mind. 2 Kriterien erfüllt			
	min.	Geringfügige Modernisierung zur Einhaltung der	0,75	0,0126	0,0095
	(x_3)	Landesbauordnung			
	0	Keine Veränderung	0,05	0	0
	(x_4)				
	$E(K)$				**0,0187**
K_{25}	**17 Bauliche Sicherheitsvorkehrungen:**				
	Technische Sicherheitseinrichtungen				
	max.	Umfassende Modernisierung zur Ausrüstung mit	0,60	0,0211	0,0127
	(x_1)	technischen Sicherheitseinrichtungen			
	med.	Mittlere Modernisierung zur Ausrüstung mit	0,30	0,0126	0,0038
	(x_2)	technischen Sicherheitseinrichtungen			
	min.	Geringfügige Modernisierung zur Ausrüstung mit	0,05	0,0084	0,0004
	(x_3)	technischen Sicherheitseinrichtungen			
	0	Keine Veränderung	0,05	0	0
	(x_4)				
	$E(K)$				**0,0169**

Tab. 36: „Risikoschätzungen Kosten" *(Forts.)*

Szenarien			$P(K=x_i)$	x_i	$x_i P(K=x_i)$
K_{26}	**18 Raumluftqualität:**				
	Kontrolliertes Lüftungskonzept				
	max.	Umfassende Modernisierung zur Umsetzung eines	0,10	0,1263	0,0126
	(x_1)	kontrollierten Lüftungskonzepts			
	med.	Mittlere Modernisierung zur Umsetzung eines	0,10	0,0632	0,0063
	(x_2)	kontrollierten Lüftungskonzepts			
	min.	Geringfügige Modernisierung zur Umsetzung	0,10	0,0316	0,0032
	(x_3)	eines kontrollierten Lüftungskonzepts			
	0	Keine Veränderung	0,70	0	0
	(x_4)				
	$E(K)$				**0,0221**
K_{30}	**22 Individuelle Regulierbarkeit des Arbeitsplatzklimas:**				
	Einflussnahme durch den Nutzer				
	max.	Umfassende bauliche Anpassungen zur	0,10	0,0421	0,0042
	(x_1)	individuellen Regulierbarkeit von Temperatur,			
		Luft und Licht			
	med.	Mittlere bauliche Anpassungen zur individuellen	0,10	0,0084	0,0008
	(x_2)	Regulierbarkeit von Temperatur, Luft und Licht			
	min.	Geringe bauliche Anpassungen zur individuellen	0,10	0,0042	0,0004
	(x_3)	Regulierbarkeit von Temperatur, Luft und Licht			
	0	Keine Veränderung	0,70	0	0
	(x_4)				
	$E(K)$				**0,0055**
K_{34}	**23 Kontaminationen:**				
	Gesundheitsschädigende Bauprodukte				
	max.	Umfassende Modernisierung zur Beseitigung von	0,10	0,0842	0,0084
	(x_1)	gesundheitsschädlichen Bauprodukten			
	med.	Mittlere Modernisierung zur Beseitigung von	0,20	0,0337	0,0067
	(x_2)	gesundheitsschädlichen Bauprodukten			
	min.	Geringfügige Modernisierung zur Beseitigung von	0,30	0,0168	0,0051
	(x_3)	gesundheitsschädlichen Bauprodukten			
	0	Keine Veränderung	0,40	0	0
	(x_4)				
	$E(K)$				**0,0202**

Gesamtübersicht „Risikoschätzungen Ertrag"

Tab. 37: „Risikoschätzungen Ertrag"

Szenarien			$P(K = x_i)$	x_i	$x_i P(K = x_i)$
K_3	**2 Erweiterbarkeit:**				
	Horizontale vertikale Erweiterbarkeit				
	max. (x_1)	Möglichkeit der horizontalen oder vertikalen Erweiterbarkeit wird für alle Bestandsgebäude gefordert (sonst Red. Nettomietertrag)	0,09	0,0350	0,0032
	med. (x_2)	Möglichkeit der horizontalen oder vertikalen Erweiterbarkeit wird für 50% der Bestandsgebäude gefordert (sonst Red. Nettomietertrag)	0,25	0,0180	0,0045
	min. (x_3)	Möglichkeit der horizontalen oder vertikalen Erweiterbarkeit wird für 10% der Bestandsgebäude gefordert (sonst Red. Nettomietertrag)	0,31	0,0106	0,0033
	0 (x_4)	Keine Veränderung	0,35	0	0
	$E(K)$				**0,0109**
K_4	**3 Geschosshöhe**				
	max. (x_1)	Nutzungswechsel: 100% der Räume mit Geschosshöhe >3,50 m (sonst Red. Nettomietertrag)	0,23	0,0417	0,0096
	med. (x_2)	Nutzungswechsel: 50% der Räume mit Geschosshöhe >3,50 m (sonst Red. Nettomietertrag)	0,18	0,0267	0,0048
	min. (x_3)	Nutzungswechsel: 10% der Räume mit Geschosshöhe >3,50 m (sonst Red. Nettomietertrag)	0,17	0,0158	0,0027
	0 (x_4)	Keine Veränderung	0,42	0	0
	$E(K)$				**0,0171**

Anhang C: Risikobasiertes Gewichtungsmodell

Tab. 37: „Risikoschätzungen Ertrag" *(Forts.)*

Szenarien		$P(K=x_i)$	x_i	$x_i P(K=x_i)$
K_{15}	12 Erreichbarkeit Öffentlicher Verkehr: Erreichbarkeit ÖPNV			
max. (x_1)	ÖPNV-Anbindung (Fußweg) in max. 250 m (urban)/max. 500 m (ländlich) Distanz (sonst Red. Nettomietertrag)	0,13	0,0150	0,0020
med. (x_2)	ÖPNV-Anbindung (Fußweg) in max. 325 m (urban)/max. 650 m (ländlich) Distanz (sonst Red. Nettomietertrag)	0,13	0,0133	0,0017
min. (x_3)	ÖPNV-Anbindung (Fußweg) in max. 400 m (urban)/max. 800 m (ländlich) Distanz (sonst Red. Nettomietertrag)	0,50	0,0083	0,0042
0 (x_4)	Keine Veränderung	0,24	0	0
$E(K)$				0,0078
K_{16}	12 Erreichbarkeit Öffentlicher Verkehr: Erreichbarkeit Fernverkehr			
max. (x_1)	Fernverkehr-Anbindung (Fußweg + ggf. Reisezeit) in max. 750 m (urban)/ max. 10.000 m (ländlich) Distanz (sonst Red. Nettomietertrag)	0,08	0,0167	0,0013
med. (x_2)	Fernverkehr-Anbindung (Fußweg + ggf. Reisezeit) in max. 1.900 m (urban)/ max. 20.000 m (ländlich) Distanz (sonst Red. Nettomietertrag)	0,12	0,0133	0,0016
min. (x_3)	Fernverkehr-Anbindung (Fußweg + ggf. Reisezeit) in max. 3.000 m (urban)/ max. 30.000 m (ländlich) Distanz (sonst Red. Nettomietertrag)	0,47	0,0067	0,0031
0 (x_4)	Keine Veränderung	0,33	0	0
$E(K)$				0,0061

Tab. 37: „Risikoschätzungen Ertrag" *(Forts.)*

Szenarien			$P(K = x_i)$	x_i	$x_i P(K = x_i)$
K_{17}	**13 Frequenz Öffentlicher Verkehr:**				
	Frequenz ÖPNV				
	max. (x_1)	S-Bahn/Metro/Bus, etc. (ÖPNV) mind. im 10-Minuntentakt (urban)/ mind. im 30-Minuntentakt (ländlich) (sonst Red. Nettomietertrag)	0,30	0,0150	0,0045
	med. (x_2)	S-Bahn/Metro/Bus, etc. (ÖPNV) mind. im 15-Minuntentakt (urban)/ mind. im 1-Stundentakt (ländlich) (sonst Red. Nettomietertrag)	0,20	0,0117	0,0023
	min. (x_3)	S-Bahn/Metro/Bus, etc. (ÖPNV) mind. im 20-Minuntentakt (urban)/ mind. im 2-Stundentakt (ländlich) (sonst Red. Nettomietertrag)	0,23	0,0067	0,0015
	0 (x_4)	Keine Veränderung	0,27	0	0
	$E(K)$				**0,0084**
K_{18}	**13 Frequenz Öffentlicher Verkehr:**				
	Frequenz Fernverkehr				
	max. (x_1)	Zugverbindungen mind. im 1-Stundentakt pro Fahrtziel (sonst Red. Nettomietertrag)	0,30	0,0183	0,0055
	med. (x_2)	Zugverbindungen mind. im 1-Stundentakt (sonst Red. Nettomietertrag)	0,20	0,0133	0,0027
	min. (x_3)	Zugverbindungen seltener als im 1-Stundentakt/kein direkter Anschluss an den Fernverkehr vorhanden (sonst Red. Nettomietertrag)	0,23	0,0067	0,0015
	0 (x_4)	Keine Veränderung	0,27	0	0
	$E(K)$				**0,0097**

Tab. 37: „Risikoschätzungen Ertrag" *(Forts.)*

Szenarien			$P(K = x_i)$	x_i	$x_i P(K = x_i)$
K_{19}	**14 Erreichbarkeit lokales/regionales Zentrum und Naherholung:**				
	Erreichbarkeit lokales/regionales Zentrum				
	max. (x_1)	Lokales/regionales Zentrum (Fußweg + ggf. Reisezeit) in max. 500 m (urban)/ max. 5.000 m (ländlich) Distanz (sonst Red. Nettomietertrag)	0,17	0,0133	0,0023
	med. (x_2)	Lokales/regionales Zentrum (Fußweg + ggf. Reisezeit) in max. 650 m (urban)/ max. 10.000 m (ländlich) Distanz (sonst Red. Nettomietertrag)	0,27	0,0100	0,0027
	min. (x_3)	Lokales/regionales Zentrum (Fußweg + ggf. Reisezeit) in max. 800 m (urban)/ max. 15.000 m (ländlich) Distanz (sonst Red. Nettomietertrag)	0,37	0,0067	0,0025
	0 (x_4)	Keine Veränderung	0,19	0	0
	$E(K)$				**0,0074**
K_{20}	**14 Erreichbarkeit lokales/regionales Zentrum und Naherholung:**				
	Erreichbarkeit Naherholung				
	max. (x_1)	Naherholungsmöglichkeiten (Fußweg) in max. 500 m Distanz (sonst Red. Nettomietertrag)	0,17	0,0133	0,0023
	med. (x_2)	Naherholungsmöglichkeiten (Fußweg) in max. 650 m Distanz (sonst Red. Nettomietertrag)	0,23	0,0083	0,0019
	min. (x_3)	Naherholungsmöglichkeiten (Fußweg) in max. 800 m Distanz (sonst Red. Nettomietertrag)	0,30	0,0042	0,0013
	0 (x_4)	Keine Veränderung	0,30	0	0
	$E(K)$				**0,0054**
K_{21}	**15 Fahrradabstellplätze**				
	max. (x_1)	≥ 1 Stellplatz/80 m² NF oder 1 Stellplatz je 6 Arbeitsplätze bzw. ausreichend Platz (sonst Red. Nettomietertrag)	0,25	0,0325	0,0081
	med. (x_2)	≥ 1 Stellplatz/160 m² NF oder 1 Stellplatz je 12 Arbeitsplätze bzw. ausreichend Platz (sonst Red. Nettomietertrag)	0,25	0,0196	0,0049
	min. (x_3)	1 Stellplatz/≥ 200 m² NF oder Nachweis auf Befreiung im Einzelfall bzw. ausreichend Platz (sonst Red. Nettomietertrag)	0,25	0,0127	0,0032
	0 (x_4)	Keine Veränderung	0,25	0	0
	$E(K)$				**0,0162**

Tab. 37: „Risikoschätzungen Ertrag" *(Forts.)*

Szenarien			$P(K=x_i)$	x_i	$x_i P(K=x_i)$
K_{27}	**19 Schallschutz:**				
	Lärmimmissionen				
	max.	Keine Lärmimmissionen werden toleriert	0,30	0,0467	0,0140
	(x_1)	(Red. Nettomietertrag)			
	med.	Mittlere Lärmimmissionen werden toleriert	0,33	0,0283	0,0093
	(x_2)	(Red. Nettomietertrag)			
	min.	Hohe Lärmimmissionen werden toleriert	0,17	0,0150	0,0026
	(x_3)	(Red. Nettomietertrag)			
	0	Keine Veränderung	0,20	0	0
	(x_4)				
	$E(K)$				**0,0259**
K_{28}	**20 Lärmbelastung/Akustik (innen)**				
	Luftschall, Trittschall, Geräusche aus haustechnischen Anlagen und Betrieben				
	max.	Erfüllung von erhöhten Anforderungen nach	0,23	0,0417	0,0096
	(x_1)	DIN 4109:1989-11 wird für alle Bestandsgebäude			
		gefordert (sonst Red. Nettomietertrag)			
	med.	Erfüllung der Anforderungen nach	0,26	0,0325	0,0085
	(x_2)	DIN 4109:1989-11 wird für alle der			
		Bestandsgebäude gefordert			
		(sonst Red. Nettomietertrag)			
	min.	Erfüllung der Anforderungen nach	0,22	0,0233	0,0051
	(x_3)	DIN 4109:1989-11 wird für 50% der			
		Bestandsgebäude gefordert			
		(sonst Red. Nettomietertrag)			
	0	Keine Veränderung	0,29	0	0
	(x_4)				
	$E(K)$				**0,0232**
K_{29}	**21 Tageslichtversorgung**				
	max.	Kein ausreichender Tageslichtanteil	0,20	0,0433	0,0087
	(x_1)	(große Red. Nettomietertrag)			
	med.	Kein ausreichender Tageslichtanteil	0,28	0,0317	0,0089
	(x_2)	(mittelmäßige Red. Nettomietertrag)			
	min.	Kein ausreichender Tageslichtanteil	0,26	0,0208	0,0054
	(x_3)	(geringe Red. Nettomietertrag)			
	0	Keine Veränderung	0,26	0	0
	(x_4)				
	$E(K)$				**0,0229**

Anhang D: Referenzobjekt

Tab. 37: „Risikoschätzungen Ertrag" *(Forts.)*

Szenarien		$P(K = x_i)$	x_i	$x_i P(K = x_i)$
K_{31}	23 Kontaminationen:			
	Altlasten			
max. (x_1)	Nachfrage nach Immobilien mit Altlasten(-verdacht) bricht stark ein (Red. Nettomietertrag)	0,48	0,0575	0,0276
med. (x_2)	Nachfrage nach Immobilien mit Altlasten(-verdacht) bricht mittelmäßig ein (Red. Nettomietertrag)	0,23	0,0300	0,0069
min. (x_3)	Nachfrage nach Immobilien mit Altlasten(-verdacht) bricht geringfügig ein (Red. Nettomietertrag)	0,13	0,0175	0,0023
0 (x_4)	Keine Veränderung	0,16	0	0
$E(K)$				0,0368
K_{32}	23 Kontaminationen:			
	Radon			
max. (x_1)	Nachfrage nach Immobilien in einem Radongebiet bricht stark ein (Red. Nettomietertrag)	0,17	0,0400	0,0068
med. (x_2)	Nachfrage nach Immobilien in einem Radongebiet bricht mittelmäßig ein (Red. Nettomietertrag)	0,13	0,0242	0,0031
min. (x_3)	Nachfrage nach Immobilien in einem Radongebiet bricht geringfügig ein (Red. Nettomietertrag)	0,33	0,0092	0,0030
0 (x_4)	Keine Veränderung	0,37	0	0
$E(K)$				0,0130
K_{33}	23 Kontaminationen:			
	Elektromagnetische Felder: Stromversorgungsnetz			
max. (x_1)	Weder Strahlung durch Mobilfunk noch durch das Stromversorgungsnetz (sonst Red. Nettomietertrag)	0,38	0,0317	0,0120
med. (x_2)	Keine Strahlung durch das Stromversorgungsnetz (sonst Red. Nettomietertrag)	0,30	0,0192	0,0058
min. (x_3)	–	0,00	0	0
0 (x_4)	Keine Veränderung	0,32	0	0
$E(K)$				0,0178

Anhang D: Referenzobjekt

Objektdokumentation, Flächen und Rauminhalte

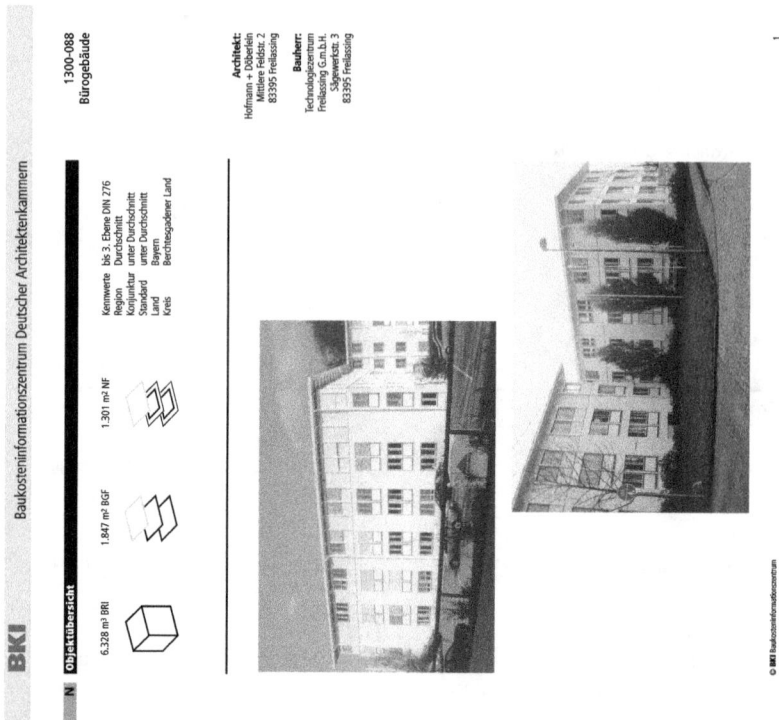

Anhang D: Referenzobjekt

1300-088 Bürogebäude

Objektbeschreibung

Nutzung
1 Untergeschoss
Büroräume für Radio- und TV-Anstalt
1 Erdgeschoss
Eingang; Architekturbüro; Versuchslabor; Multimedizienbieter
1 Obergeschoss
Internet-Provider; EDV-Betrieb
1 Dachgeschoss
Software-Hersteller und EDV-Betrieb

Grundstück
Bauraum: Freier Bauraum
Neigung: Ebenes Gelände

Besonderer Kosteneinfluß Grundstück:
Anbau an das bestehende Objekt (1300-087), aber selbständige Einheit

Markt
Hauptvergabezeit: 3. Quartal 1997
Baubeginn: 3. Quartal 1997
Bauende: 3. Quartal 1998
Konjunkturelle Gesamtlage: unter Durchschnitt
Regionaler Baumarkt: Durchschnitt

Baukonstruktion

Bauwerk - Baukonstruktionen
Stb-Massivbau; Streifenfundamente, Stb-Bodenplatte, d=15cm; Sauberkeitsschicht; Kunststeinbelag, Beschichtung, d=15cm; Kunststoff-Fenster, feststehender Sonnenschutz; Wollwärmeschutzsystem; Putz; Röhrenspantüren; Fliesen in Nassräumen; Deckenputz, gestrichen, Akustikdecken; Kaltdach mit Holzsparren und Kupfer-Doppelfalzdeckung; Baustelleneinrichtung, Gerüste, Anpassung am Altbau

Baugrube
Mutterboden abtragen d=20cm (1.193m²); Kies abtragen (3.977m³), Deponietiefbau Erdaushub (170m³), Hinterfüllen Fundament und Kellerwände (1.097m³), Abdeckung der Böschung (82m²) * Pumpensumpf herstellen

Gründung
Aushub nicht tragfähiger Boden (251m³) * Einzelfundamente B 25 (31m³), Streifenfundamente B 25 (72m³), Fundamentaushub * Stahlbetonbodenplatte B 25 d=15cm * Kunststeinbelag (4m²), Nadelfilz (208m²), PVC-Belag (10m²), Linoleum (4m²), Fliesen (21m²), Fliesestrich d=40mm (334m²), Zementestrich d=40mm (4m²), Isolierung V 60 S4 A1 (378m²); Isover TSD d=45mm (378m²), PE-Folien-Abdeckung (378m²); Edelstahlwinkelrahmen, Fußabstreifer (15) * Sauberkeitsschicht, unbewehrter Beton B 15 d=5cm (608m²)

Außenwände
Stb-Wand B 25 d=25cm (154m³) * Mauerwerk d=11,5cm (80m²), teils als Mauerpfeiler * Stb-Stützen 25/25cm (15m), Mauerverschlußbohnen * LM-Fensterelemente mit Wärmeschutzverglasung (815) und gedämmten Brüstungsfeldern (59m²), abschließbare Oliven (235), Fenstersimse (98m); Eingangstürelement (15), Alu-Tür (15), Brandschutztür (15) * Wärmedämmplatten PS d=50mm, Putz, Anstrich (332m²), Styrodur-Platten als Perimeterdämmung (122m²); Dreischichtplatten d=21mm, Fassadendämmung Klemmfilz (200m²), Lochblechstreifen, Anschluß Trapezblech; Attikablende (105m), h=80cm, Fallrohrverkleidung Alu 120/120 (72m), Leibungsblech Fenster (134m), Wandverkleidung verzinktes Trapezblech (126m²); Ausbesserungsarbeiten an Anschlüssen an Bestand Putz- und Grundierung (15m²) * Tiefengrund, Kalk-Gips-Putz, Verfugung am Fenster (370m), Beschichtung (308m²); Haftgrund, Wandfliesen, Kalk-Zement-Putz (24m²), Silikonfugen (28m); Heizkörperverkleidungen (7950), Stützenverkleidungen (450) * Sonnenschutzlamellen feststehend (93 St)

Innenwände
Lift-Schachtwände Ortbeton d= 24cm (189m²); Hlz Innenwände d=15cm (44m²); Aufzugsschacht verblenden (7m²), Hlz 12, d=24cm, Kernbohrungen (3250 für Wanddurchführungen Mauerwerk Innenziegel Hlz d=11,5cm (57m²); Aufzugsschacht verblenden (6,5m²); Aufdoppeln einer GK-Wand (12m²); GK-Metallständerwände (2.574m²); Mauerwerk Gasbeton d=11,5cm (5m²), Ausbesserungsarbeiten am Übergang zum Bestand; Vormauerungen in den Nassräumen (28m²) * Stb-Stützen 35/35cm (109m) * Holztürblätter (6450), Elektr. Türöffner (350), Einputzzargen (350), Stahlzargen anstreichen (3950), Schnellbauzargen (6150), Türschlösser, Rauchschutztüren (330), Brandschutztüren T-30 (250) T-90 (350), Fenster 98/116 (190), Revisionstürchen (2250) * GK-Vorsatzschale (291m²), Stahlbetonstützenverkleidung (60m²); Kalk-Zement-Putz (111m²), Feuchtraum-Isolierung PCI Haftgrund, Wand-

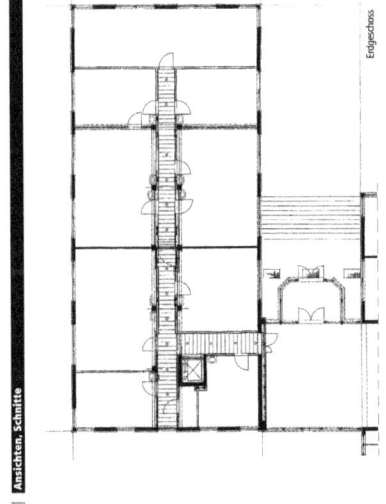

Ansicht West

Ansicht Ost

Erdgeschoss

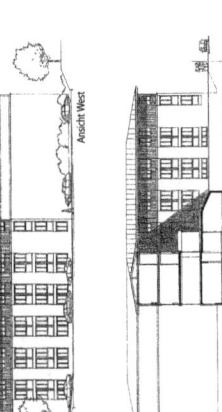

BKI Baukosteninformationszentrum Deutscher Architektenkammern 1300-088 Bürogebäude

Objektbeschreibung

Fliesen (99m²), Silikonfugen (101m); Trockenputz (85m²); Außenisolierarbeiten Putz an Anschluss an Bestand; Kalk-Gips-Innenputz (1.134,5m²); Wände spachteln (1.058m²); Beschichtung (1.461m²); Wände Bestand streichen (64m²); Anstrich auf Trockenputz (1.721m²); Kellertrennwände Weißhaftgiter (18m²); streichen (341m²) * Kellertrennwände Weißhaftgiter (18m²); WC-Trennwände (2St) (14m²)

Decken
Filigrandecken d=12cm (1.232m²); Ausbleich betonieren h=19cm; Stahlbetonrippendecke B 25 (133m²); Gleitlager (2St), Deckenbalken (82m²); StB-Decke B 25, Schalung (12m²), Stahlbetonunterzüge (437m²); gerade Stahltreppe, Kernbohrungen (265); * Nadelfilz- und Textil-Belag (904m²); Anschlagschienen (23m), TSD PS 20 SE d=30mm (1.032m²); Fliesestrich 30+10mm (930m²); Kunststeinböden (156m²); Grundieren mit PCI (15m²); Zementestrich, Trennschienen (17m); Naturstein (Verlegung; Kunststein Sockelplatten (173m); PVC-Belag (50m²); Linoleum-Boden (830m²); Anschlagschienen (9m), Abdecken mit ESP, hohl, PS 20SE d=30mm, Fliesesestrich * Beschichtung Decke (1.173m²); Raufaser, Anstrich (373m²); Innenanstrich (359m²), Dispersion (276m²); abgehängte OWA-Akustikdecke (154m²), abgehängte Akustikdecke Lochplatte D127 (66m²), runde Ausschnitte (80St); Decke tapezieren und streichen (780m²); Stahlträgerverkleidung (25St); Anschluss Altbau; Treppe und Treppenhaus renovieren und Streichen (122m²) * Treppengeländer (13,5m), Revisionstür (1St)

Dächer
KW-Sparren und Schalung (613m²); Anpassung Anschluss Altbau * Wärmedämmung, Dachabdichtung; Kupfer Doppelfalzdeckung (623m²); Rinnensammelbleche (59m²), Kastenrinne (99m), Schalung Dachbekleidung (133m²), Schalung rau (195m²) * Verdach Stahl-Glas-Konstruktion (Stahl verzinkt/VSG-Glas) (70), Brüstungsgeländer Edelstahl (25t), Bodentreppe zweiteilig Alu F 30, Trittleiter (15t), Schneefang (97m), Lüftungsgitter (1St)

Baukonstruktive Einbauten
Briefkastenanlage (15t)

Sonstige Maßnahmen für Baukonstruktionen
Baustelleneinrichtung, Schnurgerüst, Messerriß, Müll-WC, Raumtafeln (2St), Bauzaun, Baustix; Abspeerband, Abfallcontainer aufstellen, Bautür (3St) * Fassadengerüst (1.166m²), Schutznetz (289m²), Innenraumgerüst, Schutzgerüst (1St), Aufgerüst (5St), Aufgerüst unverschieblich, Schutzgerüst (5St), Unterfahrung des bestehenden Fundamentes, Anschluss beleben * Abbruch StB-Wand (4m²), MW-Wand (15m²), Deponiegebühr und Entsorgung Bauschutt (14m³), Sondermüll

---

BKI Baukosteninformationszentrum Deutscher Architektenkammern 1300-088 Bürogebäude

Objektbeschreibung
Abbruch / Entsorgung, Demontage: Leitungsverkleidungen (6St), Außenfensterbänke (3St), Fenster (75t), Scheinsstützen (6St), Sonnenschutzanlagen (7St), Rahmen (14m), Geländerdeckung (9m) * Entfernung Schuttcontainer (24m³) * Flächendach über Eingang abdecken (55m²); Küpische Baumontierung (873St); behelfsmäßiges Schließen der Fenster * Teppich reinigen, Feinreinigung, Dachrinnenreinigung

Technische Anlagen

Bauwerk - Technische Anlagen
Gebäudeentwässerung, Heizanlage, Wasserleitungen, Sanitäreinrichtung, Gaszentralheizung mit Brenner, Heizverteiler, Regeltechnik, Rohrleitungen, Kompaktheizkörper; Lüftungsanlage, Klimatisierung Besprechungsraum, Niederspannungsverteiler; Elektroleitungen, Kabelbahnen, Brüstungskanäle, Schalter, Dosen, Beleuchtung; Blitzschutz und Potentialausgleich, Telefonanlage und -leitungen, Türsprechanlage, Personenrufanlage, Brandmelder, Uhrenanlage, EDV-Netz; Personenaufzug; Feuerlöscher

Abwasser-, Wasser-, Gasanlagen
PVC-Grundleitungen (99m), Schmutzwasserleitungen; Fallrohre Kupfer (98m); Fäkalienhebeanlage, Tauchpumpe (15t) * KW-Leitungen (125m), WW-Leitungen (102m); Sanitäreinrichtung: Spülbecken (15t), Urinale (2St), Waschbecken (55t), WC-Becken (4St), Seifenspender (3St), Handtuchspender (5St), Papierkorb (5St), WC-Bürsten (4St), Waschtischablage (4St); Halter (4St); Kochendwassergerät (15t)

Wärmeversorgungsanlagen
Gaskessel mit Gasbrenner (15t), Heizungssicher (15t), Mischmotor (15t), Ausdehnungsgefäß (15t), Überprüfung Kamin; Mikroprozessorregler (3St), Außen- (15t), Kesseltemperatur (75t), Vorlauffuhler- (25t), Vorlauffühler (15t), Schaltschrank (15t), Schaltatfel (15t) * Heizungsventiler Vor- und Rücklauf (15t), Umwälzpumpe (2St), Abspeer- (5St), Strangabspeerventile (5St), Anschluss an bestehende Rohrleitung (65t), Gewinderrohr DN 20/25/40 (111m), Siederohr 60,3x76,1mm (87m), Kupferrohr DN 15 (206m), Einkammerverteiler (85t); Demontage Rohrleitungen * Kompaktheizkörper BH/BL 500/ 1000 (12St), 900/600 (5St), 600/2000 (15t), Heizkostenverteiler ISTA

Lufttechnische Anlagen
Lüftungsanlage; Rohrverteiler (15t), Ventilator (2St), Winkelfabritkit DN 100/125 (52m), Isolierung, Compakt-Rohr aus Alu DN 100 (4m), Brandschutzentfernung (45t), Brandfangehäuser; Gebläseeinsatz (85t), Einstufen-Thermostat (5St),

Starkstromanlagen
Zählenschrank (15t), Hauptsicherungsautomaten (645t), Scherungen (15t), Niederspannungsverteiler (165t) * Kabel (1.090m), Kabelleitungen NYM (10.153m), Aderleitungen (3.297m), Schwachstromkabel (1.577m); Stahlblechkabelbahn (140m), Kunststoffparzerrohr (8.603m), Brüstungskanal (477m), Fehlerstromschutzschalter (485t), Sicherungs-Automaten (305St), Stromschutzschalter (125t), Reihenklemmen (4915t); Schalter (173St), Steckdosen (1.493St) * Sicherheitsleuchten (6St), Systemgerätesleuchten (4St), Deckeneinbauleuchten (715t), Wand- (2St), Einbaustrahler (125t), RCE-Einbau- (9St), Einbauraster- 1x32 W (2St), Einbaubatterie-Sicherheits- (15t), Feuchtraum- (4St), Aufbauraterleuchten (2145t), Außenleuchte (6St) * Fundamenterder (114m); Potentialausgleich

Fernmelde- und informationstechnische Anlagen
Telefonanlage (300m), EDV-, Telefonanlage * Austausch Brandmelder, Funktionsprüfung * Einbau-Summer (2St), Codeschloß-Controller (2St), Systemtelefone (185t), elektrische Rufsignalgeber (185t), Netzgeräte (2St), Codeschloßmodul (15t) * Uhrenanlage (15t) * Kommunikationskabel Megaline (19.488m); Hausanschlussverstärker; Koaxialkabel (476m)

Förderanlagen
Personenaufzug (4 Haltestellen)

Nutzungsspezifische Anlagen
Feuerlöscher (15t), Austausch Rauchmelder, Brandschutztechnische Prüfung

Anhang D: Referenzobjekt

Kostenzusammenstellungen

Anhang

ESI Deutschland - Referenzobjekt Risikoschätzungen

Datenstand: 31.10.2012 Kostenstand: 2.Quartal 2011, DIN 276-1 : 2008-12

Zusammenfassung Kosten nach DIN 276

Kostengruppe		Menge	Einheit	KNW [€]	Zuschlag	Kosten [€] Aufrundung	Seite: 4 Summe [€]
	Zusammenstellung			Kosten			
100	Grundstück			550.000,00			550.000,00
200	Herrichten und Erschließen			23.170,45			23.170,45
300	Bauwerk - Baukonstruktionen			1.257.714,14			1.257.714,14
400	Bauwerk - Technische Anlagen			440.110,91			440.110,91
500	Außenanlagen			39.946,62			39.946,62
600	Ausstattung und Kunstwerke						
700	Baunebenkosten			288.285,48			288.285,48
	Gesamtkosten						**2.599.227,60**
	Kosten des Bauwerks						1.697.825,05
	Alle Kosten inkl. Mehrwertsteuer						

Zusammenstellung Mehrwertsteuer

				Netto	MwSt. Satz	MwSt.	Brutto
100	Grundstück			550.000,00			550.000,00
200	Herrichten und Erschließen			19.470,97	19,00	3.699,48	23.170,45
300	Bauwerk - Baukonstruktionen			1.056.902,63	19,00	200.811,51	1.257.714,14
400	Bauwerk - Technische Anlagen			369.841,10	19,00	70.269,81	440.110,91
500	Außenanlagen			33.568,59	19,00	6.378,03	39.946,62
600	Ausstattung und Kunstwerke						
700	Baunebenkosten			242.256,71	19,00	46.028,77	288.285,48
	Gesamtkosten			**2.272.040,00**		**327.187,60**	**2.599.227,60**
	Kosten des Bauwerks			1.426.743,73		271.081,32	1.697.825,05

Bauherr _____ Architekt _____
Ort, Datum, Unterschrift   Ort, Datum, Unterschrift

geprüft am: 02.11.2012   Alle Kosten inkl. Mehrwertsteuer
BKI Baukosteninformationszentrum Deutscher Architektenkammern GmbH, Bahnhofstr. 1, 70372 Stuttgart, Tel: 0711 954 854 0

ESI Deutschland - Referenzobjekt Risikoschätzungen

Datenstand: 31.10.2012 Kostenstand: 2.Quartal 2011, DIN 276-1 : 2008-12

Kostenzusammenstellung 2. Ebene detailliert

DIN 276	Bezeichnung / Beschreibungen	Menge	Einheit	KNW [€]	Seite: 4 Kosten [€]
100	Grundstück	1.000,000	FBG	550,00	550.000,00
200	Herrichten und Erschließen	1.000,000	FBG	23,17	23.170,45
220	Kommunalabgaben Wasser und Abwasser				
	Öffentliche Erschließung	1.000,000	FBG	23,17	23.170,45
300	Bauwerk - Baukonstruktionen	1.846,800	BGF	681,02	1.257.714,14
	Stb-Massivbau; Streifenfundamente, Stb-Bodenplatte, d=15cm, Stahlbetondecke; Kunststoffbelag, Beschichtung, Kunststoff-Fenster, festsehender Sonnenschutz; Vollwärmeschutzsystem, Putz; Röhrenspannbeton; Fliesen in Nassräumen; Deckenputz, gestrichen, Akustikdecken; Kaltdach mit Holzsparren und Kupfer-Doppelfalzdeckung; Baustelleneinrichtung; Gerüste; Anpassung am Altbau				
310	Baugrube	4.215,700	m³	7,21	30.395,20
	Mutterboden abtragen d=20cm (1.193m2), Kies abtragen (3.977m3), Deponiegebühr Erdaushub (170m3), Hinterfüllen Fundament und Kellerwände (1.097m3), Abdeckung der Bösching (82m2) * Pumpensumpf herstellen				
320	Gründung	468,300	m³	200,90	94.081,47
	Aushub nicht tragfähiger Boden (251m3) * Einzelfundamente B 25 (31m3), Streifenfundamente B 25 (72m3), Fundamentaushub * Stahlbetonbodenplatte B 25 d=15cm * Kunststeinbelag (44m2), Nadelfilz (208m2), PVC-Belag (10m2), Linoleum (4m2), Fliesen (21m2), Fliesestrich d=40mm (334m2), Zementestrich d=40mm (44m2), Hohlraumestrich AI 1 (373m2), kiener TSD d=45mm (373m2), PE-Folen-Abdeckung (378m2) Edelstahlwinkelrahmen, Fußbodenfeiler (15SI) * Saubekeitsschicht, unbewehrter Beton B 15 d=5cm (808m2)				
330	Außenwände	1.083,500	m²	354,19	383.764,87
	Stb-Wand B 25 d=25cm (154m2) * Mauerwerk d=11,5cm (80m2), teils als Mauerpfeiler * Stb-Stützen 25/25cm (15m), Mauerananschlussfliesen (15m), UM-Fensterelemente mit Wärmeschutzverglasung (81St) und geddämmten Brüstungsfeldem (59m2), anschließbare Olfven (23St), Fensterbänke (98m) * Eingangselement (1St), Au-Tür (1St), Brandschutztür (1St) * Wärmedämmbrämmung PS d=50mm, Putz, Anstrich (332m2), Styrodur-Platten als Perimetedämmung (122m2), Dreischichtplatten d=21mm, Fassadendämmung Klemmfilz (200m2), Lochblechstreifen Anschluß Trapzeblech; Attikabierdeckung (106m), Anchlusverankerung verzinktes Trapzblech (126m2), Fenster (134m), Wanverkleidung verzinktes Trapzblech (126m2), Ausbesserungsarbeiten am Anschluss am Bestand Putz- und Grundierung (15m2) * Tiefgrund, Kalk-Gips-Putz, Verfugung am Fenster (370m), Beschichtung (308m2); Haftgrund, Wandfliesen, Kalk-Zement-Putz (24m2), Silikonfugen (28m); Holzklappen-Isolierung (79St), Stützenverkleidungen (4St) * Sonnenschutzlamellen festsehand (93 St)				
340	Innenwände	1.467,400	m²	186,51	273.684,77
	Lift-Schachtwände Ortbeton d= 24cm (166m2); Hz Innenwände d=15cm (44m2); Aufzugschacht verblenden (7m2), Hz 12, d=24cm, Kernbohrungen (32St) für Wanddurchführungen * Mauerwerk Innenziegel Hz d=11,5cm (57m2); Aufzugschacht verblenden (6,5m2); Aufzugstür einer GK-Wand (12m2); GK-Metallständerwände (2,57m2); Mauerwerk Glasbeton d=11,5cm (5m2), Ausbesserungsarbeiten am Übergang zum Bestand; Vormauerungen in den Nassräumen (28m2) * Stb-Stützen 30/30cm (19m) * Holzfalttüren (44St), Elektr. Türöffner (3St), Einputzzagen (3St), Stahlzagen anstreichen (36St), Schnellbauzangen (61St), Türschlösser; Rauchschutztüren (3St), Brandschutztüren T-30 (23St) T-60 (3St), Fenster 90/116 (1St), Revisionstürchen (22St) * GK-Vorsatzschale (29m2), Stahlbetonuntersichtsverkleidung (8m2); Kalk-Zement-Putz (111m2), Feuchtraum-Isolierung PCI Haftgrund, Wandfliesen (59m2), Silikonfugen (101m); Trockenputz (85m2); Ausbesserungsarbeiten Putz am Anschluss am Bestand, Kalk-Gips-Innenputz (134,5m2), Wände spachteln (1.068m2); Beschichtung (1.461m2), Wandtapezieren (64m2), Anstrich auf Trockenputz (1.721m2), Treppenhaus Bestand streichen (341m2) * Kosterntrennwände Waldorfgitter (16m2), WC-Trennwände (6St)(41m2)				
350	Fliegründerung d=12cm (1.232m2), Ausleichsbeton bei=10cm, Stahlbetonrippendecke B 25 (133m2), Gleitlager (2St), Deckenabbruch (82m2); Stb-Decke B 25, Schalung (12m2), Stahlbetonunterzüge (437m); gerade Stahltreppe, Kernbohrungen (26St) * Nadelfilz und Textil-Belag (904m2), Anschlagschienen (23m), TSD PS 20 SE d=30mm (1.032m2), Fliesenetrich 30+10mm (800m2); Kunststeinboden (186m2), Grundieren mit PCI	1.377,100	m²	209,14	288.006,69

geprüft am: 02.11.2012   Alle Kosten inkl. Mehrwertsteuer
BKI Baukosteninformationszentrum Deutscher Architektenkammern GmbH, Bahnhofstr. 1, 70372 Stuttgart, Tel: 0711 954 854 0

Anhang D: Referenzobjekt

ESI Deutschland - Referenzobjekt Risikoschätzungen

Datenstand: 31.10.2012 Kostenstand: 2.Quartal 2011, DIN 276-1: 2008-12

Kostenzusammenstellung 2. Ebene detailliert

DIN 276	Beschreibung / Beschreibungen	Menge	Einheit	KKW [€]	Seite: 5 Kosten [€]
	(165m2), Zementestrich, Trennschichten (17m), Dampfsdiffusive Verfugung, Kunststein Sockelleisten (172m), PVC-Belag (56m2), Linoleum-Belag (8m2), Anstrichsprachigen (3m), Abdecken mit ESP, Isover, PS 20SE σ=30mm, Fliesestrich * Beschichtung Decke (1.172m2), Raufaser, Anstrich (373m2), Innenanstrich (358m2), Dispersion (276m2); abgehängte OWA-Akustikdecke (154m2), abgehängte Akustikdecke Lochplatte D127 (6m2), runde Ausschnitte (803St), Decke tapezieren und streichen (780m2), Stahltürverkleidung (25St); Anschluss Altbau: Treppe und Treppenhaus renovieren und Streichen (122m2) * Treppengeländer (13,5m), Revisionstür (1St)				
360	Dächer	623,500	m²	165,01	102.883,74
	KVH-Sparren und Schalung (613m2), Anpassung Anschluss Altbau * Wärmedämmung, Dachabdichtung, Kupfer Doppelfalzdeckung (623m2), Rinnenheinzuftiche (99m), Kastenrinne (69m), Dachrinnenheinzung * Gesims-Untersichtsverkleidung (132m2), Bauteil, Aluprofilband, Abfallcontainer aufstellen, Bauür (3St) * Fassadengerüst (1.166m2), Schutznetz (288m2), provisorisches Schutzgerüst (1St), Rolgerüst (3St), Auslegegerüst (192m2), Deckendurchbrüche (8m2) * Unterfangung von bestehenden Fundamenten, Entsorgung Bauschutt (14m3), Sondermüll Abbruch / Entsorgung, Demontage-Leitungsverkleidungen (6St), Außenfensterbänke (3St), Fenster (73St), Schachteinbau (3St), Sonnenschutzanlagen (73St), Rinnen (14m), Gesimsabdeckung (9m) * Entsorgung (5St), Bauteinzeiger (32m3) * Trockenbau (3St) * Fachschlussdicke der Fenster * Teppich reinigen, Feinreinigung, Dachrinnenreinigung				
370	Baukonstruktive Einbauten	1.846,800	BGF	2,50	4.617,00
	Briefkastenanlage (1St)				
390	Sonstige Maßnahmen für Baukonstruktionen	1.846,800	BGF	43,47	80.280,40
	Baustelleneinrichtung, Hebenlüge; Wasseranleitungen, Sanitäreinrichtung; Kompaktheizung mit Brenner, Heizzentrale; Regeltechnik, Rohrleitungen; Baustelleneinrichtungen; Erstellungen; Erschließungen; Anschluss; Bauzaun, Alexpertanrid, Abfallcontainer aufstellen, Baur (3St) * Fassadengerüst (1.166m2), Schutznetz (288m2), provisorisches Schutzgerüst (1St), Auslegegerüst ...; Personenaufzug, Feuerlöscher				
400	Bauwerk - Technische Anlagen	1.846,800	BGF	238,31	440.110,91
	Gebäudeentwässerung, Hebenlüge; Wasseranleitungen, Sanitäreinrichtung; Gasanschluss; Kompaktheizung; Lüftungsanlage; Klimatisierung; Beleuchtungsanlagen; Niedernspannungsverteilung; Elektroinstallation; Kabelanlage, Schalter; Dosen, Beleuchtung; Blitzschutz und Potenzialausgleich; Telefonanlage und -leitungen; Türsprechanlage; Personenaufzug; Brandmelder, Uhrenanlage, EDV-Netz; Personenaufzug; Feuerlöscher				
410	Abwasser-, Wasser-, Gasanlagen			24,68	45.579,02
	PVC-Grundleitungen (69m), Schmutzwasserleitungen; Fallrohre Kupfer (98m); Fäkallenhebeanlage, Tauchpumpe (1St) * KW-Leitungen (126m), WW-Leitungen (102m); Kaskentierung, Siebanreilung (15St) * Urinalie (2St); Waschtisch mit Sitzvorrichtung (2St) * Siebstumpfen (2St); Absperr- (3St), Strangabsperrventile (5St), Anschluss an bestehende Rohrleitung (6St), Gewindiohrer DN 20/25/40 (111m), Siederohr 60,3/76,1mm (67m), Kupferrohr DN 15 (206m), Einkammerverteiler (85St), Demontage Rohrleitungen * Kompaktlüftkörper BH/BL 500/1000 (1238St), 900/600 (5St), 600/2000 (1St), Heizkörperregler 15TA				
420	Wärmeversorgungsanlagen	1.846,800	BGF	49,70	91.785,96
	Gasheizkessel mit Gasbrenner (1St), Heizungsmischer (1St), Mischmotor (1St), Ausdehnungsgefäß (1St), Überprüfung Kamin; Mikroprozessregler (3St), Außen- (1St), Kesselvorfühler (1St), Vorlauffühler (1St), Schalter (1St); Kaminsanierung, Gasentspanner (1St), Umwälzpumpen (2St), Absperr- (3St), Strangabsperrventile (5St), Anschluss an bestehende Rohrleitung (6St), Gewindiohrer DN 20/25/40 (111m), Siederohr 60,3/76,1mm (67m), Kupferrohr DN 15 (206m), Einkammerverteiler (85St), Demontage Rohrleitungen * Kompaktlüftkörper BH/BL 500/1000 (1238St), 900/600 (5St), 600/2000 (1St), Heizkörperregler 15TA				
430	Lufttechnische Anlagen	1.846,800	BGF	6,32	11.671,78
	Lüftungsanlage; Rohrventilator (1St), Ventilator (2St), Winkelaufzschor DIN 1100/125 (32m), Isolierung (10m), Eisatzkasten (1St), DIN 1100 (4m), Brandschutzgebäude (4St); Kompakt-Quarz-Rohr aus Alu DN 100 (4m), Brandschutzabsperrventil (4St); Rückschlagklappe (5St), Gebäuseinsatz (8St); Einstab-Thermostat (5St), Nachlaufrelais (6St); Klimagerät, Wirkefilzdecke (10m), Formteile, Isolierung, Brandschutzabsperrventil NW 200 (4St), Schutzgitter (7St); Einstellthermostat (1St)				
440	Starkstromanlagen	1.846,800	BGF	98,07	181.115,68

geduckt am: 02.11.2012 Alle Kosten inkl. Mehrwertsteuer
BKI Baukosteninformationszentrum Deutscher Architektenkammern GmbH, Bahnhofstr. 1, 70372 Stuttgart, Tel: 0711 954 854 0

ESI Deutschland - Referenzobjekt Risikoschätzungen

Datenstand: 31.10.2012 Kostenstand: 2.Quartal 2011, DIN 276-1: 2008-12

Kostenzusammenstellung 2. Ebene detailliert

DIN 276	Beschreibung / Beschreibungen	Menge	Einheit	KKW [€]	Seite: 6 Kosten [€]
	Zählerschrank (1St), Hauptsicherungsautomaten (64St), Sicherungen (15St), Niederspannungsverteiler (16St) * Kabel (1.093m), Kabelanlagenkanal NYM (10.153m), Aderleitungen (3.267m), Schwachstromkabel (1.577m), Stahlblechkabelbahn (140m), Kabelspannkanal (77m), Kabelpritschen (46St), Fehlerstromschutzschalter (4St), Stromschutzschalter (3053), Stromschutzschalter (1253), Reihenklemmen (491St); Schalter (173St), Steckdosen (1.493St) * Sicherheitsleuchten (6St), Systempriorlleuchten (4St), Deckeneinbau- (71St), Wand- (25St), Einbaustrahler (125St), RCE-Einbau- (8St), Einbauraster- 1x32 W (23St), Einzelbatterie-Sicherheits- (1St), Feuchtraum- (4St), Aufbauraster leuchten (214St), Außenleuchten (1St) * Fundamenter der (114m); Potenzialausgleich				
450	Fernmelde- und informationstechnische Anlagen	1.846,800	BGF	39,11	72.228,35
	Telefonleitung (300m), EDV-, Telefonanlage * Austausch Brandmelder, Funktionsprüfung * Einbau-Summer (2St), Codeschloß-Controller (2St), Systemtelefone (16St), elektrische Rufsignalgeber (16St), Netzgeräte (2St), Codeschloßmodul (1St) * Uhrenanlage (1St) * Kommunikationskabel MegaLine (19.468m); Hausanschlußverstärker, Koaxialkabel (476m)				
460	Förderanlagen	1.846,800	BGF	19,83	36.622,04
	Personenaufzug (4 Haltestellen)				
470	Nutzungsspezifische Anlagen	1.846,800	BGF	0,60	1.108,08
	Feuerlöscher (15St), Austausch Rauchmelder, Brandschutztechnische Prüfung				
500	Außenanlagen	531,700	AUF	156,10	285.285,48
	Mutterboden abtragen und neuliefern (438m2); Asphaltbelag mit Unterbau (1.374m2); Beläge abbrechen und entsorgen (147m3); Außenbeläge für Stellplätze (112m); Entwässerungsrinne (112m), Grundleitungen (112m), Straßenabläufe, Kabeltrasse; Allurn/Buche vernetzen (5/3St), Sträucher und Büsche (1.435St), Zaun (40m), Grundleitungen (112m), Straßenabläufe, Kabeltrasse; Allurn/Buche vernetzen (5/3St), Sträucher und Büsche (1.435St), Zaun (40m)				
510	Geländeflächen				
520	Befestigte Flächen				
530	Baukonstruktionen in Außenanlagen	531,700	AUF		
540	Technische Anlagen in Außenanlagen	531,700	AUF		
700	Baunebenkosten	1.846,800	BGF		
	Anzeigen öffentliche Gewerkausschreibung; Honorar: Architekt, Tragwerksplaner, Elektroplaner, Planung Technische Ausrüstung; Prüfung Statik, Baugenehmigungsgebühr, Einrichtung und Statik, Spartenarbeit, Finzeller, Eröffnung Essen und Trinken, Rechnerpult, Stühle, Fotoarbeiten, Einladungskarten, Blumen; Bauwesenversicherung				

geduckt am: 02.11.2012 Alle Kosten inkl. Mehrwertsteuer
BKI Baukosteninformationszentrum Deutscher Architektenkammern GmbH, Bahnhofstr. 1, 70372 Stuttgart, Tel: 0711 954 854 0

ESI Deutschland - Referenzobjekt Risikoschätzungen

Datenstand: 31.10.2012 Kostenstand: 2.Quartal 2011, DIN 276-1 : 2008-12

Planungskennzahlen pro NF
Seite: 5

Bezeichnung	Einheit	Projekt	min	von	Mittel	bis	max
Flächen							
NF Nutzfläche	m²	1,00	1,00	1,00	1,00	1,00	1,00
FF Technische Funktionsfläche	m²	0,02	0,00	0,01	0,02	0,05	0,07
VF Verkehrsfläche	m²	0,15	0,02	0,11	0,19	0,27	0,31
NGF Netto-Grundfläche	m²	1,17	1,03	1,13	1,22	1,31	1,35
KGF Konstruktions-Grundfläche	m²	0,25	0,08	0,12	0,20	0,25	0,32
BGF Brutto-Grundfläche	m²	1,42	1,14	1,29	1,42	1,54	1,57
Rauminhalt							
BRI Brutto-Rauminhalt	m³	4,66	2,65	3,93	4,75	5,44	6,39
Lufttechnisch behandelte Flächen							
BHF Beheizte Fläche	m²		1,11	1,12	1,16	1,19	1,19
EF Entlüftete Fläche	m²		0,02	0,02	0,03	0,05	0,05
BEF Be- und Entlüftete Fläche	m²	0,02	0,02	0,02	0,02	0,02	0,02
TKF Teilklimatisierte Fläche	m²		0,00	0,00	0,00	0,00	0,00
KLF Klimatisierte Fläche	m²		0,00	0,00	0,00	0,00	0,00
Kostengruppen 2. Ebene							
310 Baugrube	m²	3,24	0,56	0,88	1,73	2,58	3,23
320 Gründung	m²	0,36	0,32	0,40	0,61	1,09	1,39
330 Außenwände	m²	0,83	0,56	0,71	0,92	1,17	1,24
340 Innenwände	m²	1,13	0,58	0,87	1,14	1,58	1,81
350 Decken	m²	1,06	0,24	0,52	0,92	1,10	1,22
360 Dächer	m²	0,48	0,31	0,50	0,70	1,41	1,68

gedruckt am: 02.11.2012 — Alle Kosten inkl. Mehrwertsteuer
BKI Baukosteninformationszentrum Deutscher Architektenkammern GmbH, Bahnhofstr. 1, 70372 Stuttgart, Tel: 0711 954 854 0

ESI Deutschland - Referenzobjekt Risikoschätzungen

Datenstand: 31.10.2012 Kostenstand: 2.Quartal 2011, DIN 276-1 : 2008-12

Planungskennzahlen pro BGF
Seite: 6

Bezeichnung	Einheit	Projekt	min	von	Mittel	bis	max
Flächen							
NF Nutzfläche	m²	0,70	0,63	0,65	0,70	0,79	0,87
FF Technische Funktionsfläche	m²	0,01	0,00	0,00	0,01	0,03	0,04
VF Verkehrsfläche	m²	0,10	0,02	0,08	0,13	0,17	0,19
NGF Netto-Grundfläche	m²	0,82	0,78	0,83	0,86	0,90	0,94
KGF Konstruktions-Grundfläche	m²	0,18	0,05	0,09	0,13	0,16	0,21
BGF Brutto-Grundfläche	m²	1,00	1,00	1,00	1,00	1,00	1,00
Rauminhalt							
BRI Brutto-Rauminhalt	m³	3,43	2,31	2,87	3,39	4,07	4,58
Lufttechnisch behandelte Flächen							
BHF Beheizte Fläche	m²		0,77	0,77	0,80	0,82	0,84
EF Entlüftete Fläche	m²		0,01	0,01	0,02	0,03	0,03
BEF Be- und Entlüftete Fläche	m²	0,02	0,01	0,01	0,01	0,01	0,01
TKF Teilklimatisierte Fläche	m²		0,00	0,00	0,00	0,00	0,00
KLF Klimatisierte Fläche	m²		0,00	0,00	0,00	0,00	0,00
Kostengruppen 2. Ebene							
310 Baugrube	m²	2,28	0,40	0,63	1,22	1,79	2,28
320 Gründung	m²	0,25	0,23	0,29	0,44	0,80	1,00
330 Außenwände	m²	0,59	0,51	0,51	0,65	0,80	0,84
340 Innenwände	m²	0,79	0,50	0,65	0,80	1,10	1,30
350 Decken	m²	0,75	0,21	0,38	0,63	0,75	0,79
360 Dächer	m²	0,34	0,23	0,35	0,50	1,04	1,20

gedruckt am: 02.11.2012 — Alle Kosten inkl. Mehrwertsteuer
BKI Baukosteninformationszentrum Deutscher Architektenkammern GmbH, Bahnhofstr. 1, 70372 Stuttgart, Tel: 0711 954 854 0

Anhang D: Referenzobjekt

ESI Deutschland - Referenzobjekt Risikoschätzungen

Datenstand: 31.10.2012 Kostenstand: 2.Quartal 2011, DIN 276-1:2006-12

Seite: 7

Planungskennzahlen pro BRI

Bezeichnung	Einheit	Projekt	min	von	Mittel	bis	max
Flächen							
NF Nutzfläche	m²	0,21	0,15	0,19	0,21	0,26	0,37
FF Technische Funktionsfläche	m²	0,00	0,00	0,00	0,00	0,01	0,01
VF Verkehrsfläche	m²	0,03	0,00	0,02	0,04	0,05	0,07
NGF Netto-Grundfläche	m²	0,24	0,19	0,22	0,26	0,31	0,38
KGF Konstruktions-Grundfläche	m²	0,05	0,01	0,02	0,04	0,06	0,07
BGF Brutto-Grundfläche	m²	0,29	0,21	0,25	0,30	0,35	0,43
Rauminhalt							
BRI Brutto-Rauminhalt	m³	1,00	1,00	1,00	1,00	1,00	1,00
Lufttechnisch behandelte Flächen							
BHF Beheizte Fläche	m²	0,00	0,20	0,20	0,23	0,25	0,26
EF Entlüftete Fläche	m²		0,00	0,00	0,00	0,01	0,01
BEF Be- und Entlüftete Fläche	m²		0,00	0,00	0,00	0,00	0,00
TKF Teilklimatisierte Fläche	m²		0,00	0,00	0,00	0,00	0,00
KLF Klimatisierte Fläche	m²		0,00	0,00	0,00	0,00	0,00
Kostengruppen 2. Ebene							
310 Baugrube	m²	0,07	0,12	0,19	0,34	0,54	0,66
320 Gründung	m²	0,07	0,05	0,07	0,11	0,17	0,21
330 Außenwände	m²	0,17	0,11	0,14	0,18	0,27	0,30
340 Innenwände	m²	0,23	0,11	0,15	0,22	0,26	0,28
350 Decken	m²	0,22	0,04	0,10	0,19	0,23	0,26
360 Dächer	m²	0,10	0,05	0,09	0,13	0,21	0,26

gedruckt am: 02.11.2012
Alle Kosten inkl. Mehrwertsteuer
BKI Baukosteninformationszentrum Deutscher Architektenkammern GmbH, Bahnhofstr. 1, 70372 Stuttgart, Tel: 0711 954 54 0

Verkehrswertermittlung

INDIKATION ZUM ZWECK DER RISIKOSCHÄTZUNGEN FÜR DAS NACHHALTIGKEITSRATING ESI DEUTSCHLAND*

Ermittlung des Ertragswerts	
Straße	Sägewertstraße 3
Adresse	83395 Freilassing
Objektart	Technologiezentrum
Nettomietfläche	1.495 m^2
Verhältnis Nettomietfläche zu BGF	81%
Bruttogrundfläche gesamt	1.846 m^2
Liegenschaftszinssatz	**6,25%**
Stichtag der Wertermittlung	22.11.2012
Baujahr	1998
Restnutzungsdauer in Jahren	36
Bodenwert	130.000 €

Nutzung	Mietfläche	Vertragsmiete		
		pro m^2	im Monat	im Jahr
Angenommene Vollvermietung über eine Dauer von 5 Jahren	1.495 m^2	8,00 €/m^2	11.962 €	143.543 €
Vertraglich vereinbarter Jahresrohertrag	1.495 m^2			143.543 €

Nachhaltig erzielbarer Jahresrohertrag		8,00 €/m^2		143.543 €

A. GEBÄUDEERTRAGSWERT

Nachhaltig erzielbarer Rohertrag		143.543 €
Bewirtschaftungskosten		
Verwaltungskosten	2,0% des nachhaltig erzielbaren Rohertrags	2.871 €
Nicht umlagefähige Betriebskosten	0,5% des nachhaltig erzielbaren Rohertrags	718 €
Kalk. Instandhaltungskosten	8,00 €/m^2 Mietfläche und Jahr	11.962 €
Mietausfallwagnis	4,0% des nachhaltig erzielbaren Rohertrags	5.742 €
Bewirtschaftungskosten		-21.292 €
entspricht dem nachhaltigen Rohertrag in % ca.		-14,8%
Jahresreinertrag		**122.251 €**

* Anmerkung: Die Ermittlung des Verkehrswertes erfolgt durch Mitglieder des Projektbeirats.

Anhang D: Referenzobjekt 245

ZU A. GEBÄUDEERTRAGSWERT

Bodenverzinsung

Bodenwert	130.000 €
Liegenschaftszinssatz	6,25%
Bodenverzinsung	**-8.125 €**
Gebäudereinertragsanteil	**114.126 €**

Rentenbarwertfaktor der baulichen Anlagen

Restnutzungsdauer in Jahren	36
Liegenschaftszinssatz	6,25%
Rentenbarwertfaktor der baulichen Anlagen	**14,196**
Gebäudeertragswert ohne Berücksichtigung sonstiger wertb. Umstände	**1.620.107 €**

B. SONSTIGE WERTBEEINFLUSSENDE UMSTÄNDE

Sonderwert aus mietvertraglichen Gegebenheiten	0 €
Sonstige wertbeeinflussende Umstände	0 €
Gebäudeertragswert inkl. Berücksichtigung sonstiger wertb. Umstände	**1.629.107 €**
Bodenwert	130.000 €

C. ERTRAGSWERT

	VERKEHRSWERT	1.750.000 €
ungerundet		1.750.107 €
pro m² Bruttogrundfläche		950 €

D. ANALYSE

Gesamtinvestitionskosten	bei 7,0% Erwerbsnebenkosten	1.870.000 €
Netto-Anfangsrendite		**6,84%**
Multiplikator		**12,2-fach**

Anhang E: Anwendung des Ratingmodells

Erforderliche Datengrundlage bei der Anwendung

Checkliste: Erforderliche Informationen und Unterlagen zur Bewertung mit ESI Deutschland

Adresse des Objekts
Baujahr
Jahr der letzten Modernisierung
Bebauungsplan/Baugenehmigung/Bauantrag
Grundstücks-/Architektenpläne
Gebäudedokumentationen, Baubeschreibungen
Flächenermittlung nach DIN 277-1:2005-02 (BGF, NF, TF)
Technische Due Diligence (falls vorhanden)
EnEV-Nachweis/Energieausweis
Internetzugang
Ansprechpartner Objektverantwortlicher
ggf. Objektbegehung

Falls Technische Due Diligence nicht vorhanden:
Statisches Gutachten
Informationen zum Energieversorger/Abrechnung
Informationen zum Stromanbieter/Abrechnung
Brandschutztechnische Stellungnahme oder Brandschutzkonzept
Schallschutznachweis
Altlastengutachten/Altlastenkataster/Umwelt Due Diligence
Schadstoffgutachten/Umwelt Due Diligence

Anhang E: Anwendung des Ratingmodells

Bewertungshilfen

Radonkarte Deutschland

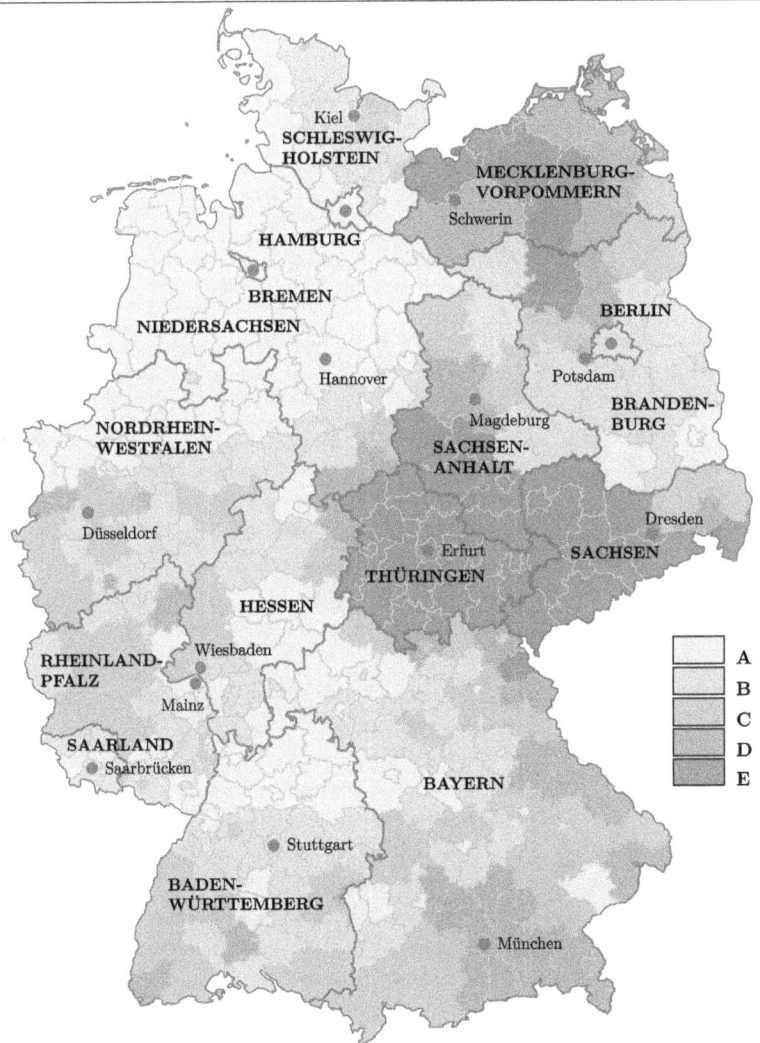

Erläuternden Text beachten!

Die Kategorien spiegeln die Dringlichkeit wider, mit der die Radonaktivitätskonzentration in der **Raumluft** gemessen werden sollte. Es handelt sich nicht um eine Gefährdungskarte!

Quelle: radon-info (2011)

Radonkarte Deutschland

**Kurzanleitung für die Nutzung der angegebenen Suchmaschine
(URL: http://www.radon-info.de/shtml/wohnort.shtml):**

Am unteren Ende der angegebenen Homepage befindet sich die Interaktive Suche.
1. Namen der Stadt eingeben und Anfrage absenden.
2. Suchergebnis wird angezeigt („Ihre Suche ergab folgendes Ergebnis").
4. In der tabellarischen Ergebnisübersicht sehen Sie als letzten aufgelisteten Punkt die Kategorie des Kreises (Kategorien A–E), welche den abgefragten Wert zur Beurteilung der Ausprägungen darstellt:

günstig	Kategorie A
durchschnittlich	Kategorie B und C
ungünstig	Kategorie D und E

Kategorien	Überschreitung der Radonkonzentration*	Empfehlungen für bestehende Gebäude	Bewertung
Kategorie A	in weniger als 5% der Gebäude	In bestimmten Gebäuden (z.B.: ältere Häuser (Baujahr vor 1960), nicht unterkellerte Häuser, bei Vorhandensein von Kellern mit Lehmböden, mit Naturstein gemauerte Häuser) können Langzeitmessungen sinnvoll sein.	Untersuchungen sind nur in Einzelfällen notwendig.
Kategorie B	in mehr als 5% der Gebäude	In bestimmten Gebäuden (z.B.: ältere Häuser (Baujahr vor 1960), nicht unterkellerte Häuser, bei Vorhandensein von Kellern mit Lehmböden, mit Naturstein gemauerte Häuser u.ä.) werden Langzeitmessungen empfohlen.	Untersuchungen sind sinnvoll.
Kategorie C	in mehr als 7,5% der Gebäude	Im Hauptaufenthaltsraum im Erdgeschoss (Schlafzimmer, Wohnzimmer) sollte eine Langzeitmessung durchgeführt werden.	Untersuchungen werden empfohlen.
Kategorie D	in mehr als 10% der Gebäude	Auch neuere Gebäude können verstärkt Radonprobleme aufweisen. Im Hauptaufenthaltsraum im Erdgeschoss (Schlafzimmer, Wohnzimmer) sowie im Keller sollten Langzeitmessungen durchgeführt werden.	Untersuchungen werden dringend empfohlen.
Kategorie E	in mehr als 15% der Gebäude	Auch neuere Gebäude können verstärkt Radonprobleme aufweisen. Im Hauptaufenthaltsraum im Erdgeschoss (Schlafzimmer, Wohnzimmer) sowie im Keller sollten unbedingt Langzeitmessungen durchgeführt werden.	Untersuchungen sind unbedingt notwendig!

* Überschreitung einer Radonkonzentration von 100 Bq/m^3 in der Raumluft bestehender Gebäude

Anhang E: Anwendung des Ratingmodells

Naturgefahrenpotenziale Deutschland

Kurzanleitung für die Nutzung der angegebenen Suchmaschine
(URL: http://www.radon-info.de/shtml/wohnort.shtml):

1. Namen der Stadt oder Postleitzahl unter "Search: Enter community name or postal code" eingeben und rechts daneben auf ">" klicken, um die Anfrage abzusenden (links oben, zu Beginn der Homepage).
2. Gesuchter Ort wird durch einen orangenen Pfeil auf der Karte markiert.
3. "Winter storm" bzw. „Flood" unter "Please select data" anwählen, sodass verschiedene Unterpunkte eingeblendet werden.
4. Bitte "Risk (100 year event)" anwählen.
5. Das Suchergebnis kann abgelesen werden:
a) durch Identifizierung der Kategoriefarbe (grün, gelb, orange, rot)
oder
b) durch Ablesen des angezeigten Wertes sowie Zuordnung des angezeigten Wertes mithilfe der nebenstehenden Legende zur Beurteilung der Ausprägungen.

Bitte ermitteln Sie auf vergleichbare Weise das Hochwasserrisiko
("Flood: Risk 200–500 year event"):

günstig	Lage außerhalb roter Zone (Lage in grüner, gelber, orangener Zone)
durchschnittlich	—
ungünstig	Lage in roter Zone zuzüglich Radius von 20%

Winter storm: Risk (100 year event)
Expected loss to dwellings [M €]

- 0
- >0–1
- >1–5
- >5–10
- >10–50
- >50–100
- no data

Flood: Risk (200-500 year event)
Expected loss to dwellings [M €]

- 0–5
- 5–10
- 10–25
- 25–50
- 50–250
- 250–2000
- >2000
- no data

Quelle: CEDIM RiskExplorer (2011)

Anhang F: Nachhaltigkeitsrating ESI Schweiz

Relative Gewichte von ESI Schweiz (2011/12)

Tab. 38: Indikatoren und relative Gewichte von ESI Schweiz (Meins et al. (2012b), S. 39 f.)

		Teilindikatoren	MFH	Büro	Handel	Relative Gewichte		
	1.1	**Nutzungsflexibilität**					6,6%	13,5%
	1.1.1	Raumeinteilung	x	x	x	0,35%		
	1.1.2	Geschosshöhe	x	x	x	6,26%		
	1.1.3	Zugänglichkeit Kabel/Leitungen/Haustechnik	x	x	x	0,02%		
	1.1.4	Reservekapazität Kabel/Leitungen/Haustechnik	x	x	x	0,02%		
	1.2	**Nutzerflexibilität**					6,9%	
1. Flexibilität und Polyvalenz	1.2.1	Vorhandensein (rollstuhlgänger) Lift für alle Stockwerke, sofern mehrgeschossig	x	x	x	0,87%		
	1.2.2	Überwindbare Höhendifferenzen innen und aussen	x	x	x	0,01%		
	1.2.3	Genügend breite Türen	x	x	x	1,11%		
	1.2.4	Genügend breite Korridore	x	x	x	1,09%		
	1.2.5	Sanitärräume rollstuhlgängig	x	x	x	0,00%		
	1.2.6	Flexibilität Grundriss Küche	x	–	–	0,04%		
	1.2.7	Abstellplatz für Gehhilfe/Kinderwagen	x	–	–	0,87%		
	1.2.8	Nutzbarkeit Aussenraum	x	–	–	1,89%		
	2.1	**Energie und Treibhausgase**					31,6%	32,1%
	2.1.1	Energiebedarf						
	2.1.1.1	Heizwärmebedarf in MJ/m^2a	x	x	x	29,26%		
2. Ressourcenverbrauch und Treibhausgase	2.1.1.2	Kühlbedarf	x	x	x	1,97%		
	2.1.2	Nutzung erneuerbarer Energie						
	2.1.2.1	Zur Deckung des Wärmebedarfs	x	x	x	0,17%		
	2.1.2.2	Zur Deckung des Strombedarfs	x	x	x	0,22%		
	2.2	**Wasser**					0,2%	
	2.2.1	Wasserverbrauch	x	x	x	0,01%		
	2.2.2	Niederschlagsentwässerung	x	x	x	0,08%		
	2.2.3	Regenwassernutzung	x	x	x	0,08%		
	2.3	**Baumaterialien**					0,3%	
	2.3.1	Rezyklierbarkeit Baumaterialien	x	x	x	0,28%		

Anhang F: Nachhaltigkeitsrating ESISchweiz 251

Tab. 38: Indikatoren und relative Gewichte von ESI Schweiz *(Forts.)*

		Teilindikatoren	MFH	Büro	Handel	Relative Gewichte		
3. Standort und Mobilität	3.1	Öffentlicher Verkehr					16,3%	22,5%
	3.1.1	Öffentlicher Verkehr	x	x	x	16,32%		
	3.2	Nicht motorisierter Verkehr					1,1%	
	3.2.1	Veloabstellplätze	x	x	x	1,11%		
	3.3	Standort					5,0%	
	3.3.1	Distanz lokales/regionales Zentrum	x	x	–	1,27%		
	3.3.2	Distanz Einkaufsmöglichkeiten des täglichen Bedarfs	x	x	–	1,21%		
	3.3.3	Distanz Naherholung/Grünanlagen	x	x	x	1,18%		
	3.3.4	Prestige-Lage/1A-Lage	x	x	x	1,38%		
4. Sicherheit	4.1	Lage hinsichtlich Naturgefahren					1,0%	1,3%
	4.1.1	Lage hinsichtlich möglicher Naturgefahren (zunehmende Hochwasser-, Lawinen-, Erdrutsch- und Erdsturzgefährdung)	x	x	x	1,01%		
	4.2	Bauliche Sicherheitsvorkehrungen					0,3%	
	4.2.1	Objektbezogene Sicherheitsvorkehrungen						
	4.2.1.1	Objektbezogene Sicherheitsvorkehrungen bez. Hochwasser	x	x	x	0,10%		
	4.2.1.2	Objektbezogene Sicherheitsvorkehrungen bez. Erdbeben	x	x	x	0,09%		
	4.2.2	Personenbezogene Sicherheitsvorkehrungen						
	4.2.2.1	Beleuchtung/Belichtung	x	x	x	0,05%		
	4.2.2.2	Brandschutz	x	x	x	0,10%		
5. Gesundheit und Komfort	5.1	Gesundheit und Komfort						30,6%
	5.1.1	Raumluftqualität	x	x	–	1,21%	1,2%	
	5.1.2	Lärmbelastung					3,4%	
	5.1.2.1	Aussenlärm	x	x	–	2,33%		
	5.1.2.2	Innenlärm: Luftschall	x	x	–	0,43%		
	5.1.2.3	Innenlärm: Trittschall	x	x	–	0,33%		
	5.1.2.4	Innenlärm: Geräusche haustechnischer Anlagen und fester Einrichtungen im Gebäude	x	x	–	0,35%		
	5.1.3	Tageslichtanteile	x	x	–	9,62%	9,6%	

Tab. 38: Indikatoren und relative Gewichte von ESI Schweiz *(Forts.)*

		Teilindikatoren	MFH	Büro	Handel	Relative Gewichte	
5. Gesundheit und Komfort		5.1.4 Belastungen durch Strahlung					**9,6%**
		5.1.4.1 Elektromagnetische Felder (nicht ionisierend): Mobilfunk	x	–	–	1,64%	
		5.1.4.2 Elektromagnetische Felder (nicht ionisierend): Stromversorgungsnetz	x	–	–	4,92%	
		5.1.4.3 Radon (ionisierend)	x	x	x	3,03%	
		5.1.5 Baumaterialien					**3,3%**
		5.1.5.1 Ökologische Baumaterialien bei Neubauten	x	x	x	1,66%	
		5.1.5.2 Gesundheitsschädigende Baumaterialien bei Altbauten	x	x	x	1,66%	
		5.1.6 Altlasten	x	x	x	3,41%	**3,4%**

www.ingramcontent.com/pod-product-compliance
Lightning Source LLC
Chambersburg PA
CBHW081945230426
43669CB00019B/2929